Rudolf/Bittler/Roth (Hrsg.)

Vorsorgevollmacht, Betreuungsverfügung und Patientenverfügung

AF733433

Vorsorgevollmacht, Betreuungsverfügung und Patientenverfügung

herausgegeben von

Jan Bittler
Rechtsanwalt, Fachanwalt für Erbrecht, Heidelberg

Wolfgang Roth
Rechtsanwalt, Fachanwalt für Erbrecht, Obrigheim

Michael Rudolf
Rechtsanwalt, Fachanwalt für Erbrecht, Angelbachtal

bearbeitet von

Felix Dommermühl
Rechtsanwalt, Fachanwalt für Erbrecht, Böblingen

Isabelle C. Losch
Rechtsanwältin, Fachanwältin für Erbrecht, Frankfurt am Main

Wolfgang Roth
Rechtsanwalt, Fachanwalt für Erbrecht, Obrigheim

Melanie Scharf
Rechtsanwältin, Fachanwältin für Erbrecht, Rottenburg

6. Auflage

zerb verlag

Hinweis:
Die Formulierungsbeispiele in diesem Buch wurden mit Sorgfalt und nach bestem Wissen erstellt, sie stellen jedoch lediglich Anregungen für die Lösung typischer Fallgestaltungen dar. Autoren und Verlag übernehmen keine Haftung für die Richtigkeit und Vollständigkeit der in dem Buch enthaltenen Ausführungen und Formulierungsmuster.

Bibliografische Information der Deutschen Nationalbibliothek

Die Deutsche Nationalbibliothek verzeichnet diese Publikation in der Deutschen Nationalbibliografie; detaillierte bibliografische Daten sind im Internet über http://dnb.d-nb.de abrufbar.

Die Deutsche Bibliothek – CIP Einheitsaufnahme

Rudolf/Bittler/Roth (Hrsg.)
Vorsorgevollmacht, Betreuungsverfügung und Patientenverfügung

Schriftenreihe der Deutschen Vereinigung für Erbrecht und Vermögensnachfolge e.V. – DVEV

6. Auflage 2024

zerb verlag, Bonn
ISBN 978-3-95661-154-4

Juristische Fachmedien Bonn GmbH
Rochusstr. 2–4
53123 Bonn

© 2024 by zerb verlag – eine Marke der Juristische Fachmedien Bonn GmbH

Das Werk einschließlich aller seiner Teile ist urheberrechtlich geschützt. Jede Verwertung, die nicht ausdrücklich vom Urheberrechtsgesetz zugelassen ist, bedarf der vorherigen Zustimmung des Verlages. Das gilt insbesondere für Vervielfältigungen, Bearbeitungen, Übersetzungen, Mikroverfilmungen sowie Einspeicherung und Verarbeitung in elektronischen Systemen.

Satz: Cicero Computer GmbH, Bonn
Druck: Hans Soldan Druck GmbH, Essen

Das Werk erscheint auch als Lizenzausgabe im Deutschen Notarverlag, Bonn ISBN 978-3-95646-302-0

Vorwort

Die Rechtspraxis verlangt immer stärker nach Beratung, Regelung und Gestaltung von Vorsorgevollmachten, Betreuungs- und Patientenverfügungen. Umfangreiche Rechtsprechung sowie neue Vorgaben des Gesetzgebers vor allem im betreuungsrechtlichen Bereich bedingten die umfangreiche Überarbeitung des vorliegenden Werks seit der 5. Auflage. Das Buch orientiert sich an den Bedürfnissen des Praktikers, wobei Diskussionen zwischen Rechtsprechung und Wissenschaft nur dort eingeflochten wurden, wo sie für die Anwendung in der Rechtspraxis notwendig sind.

Die grundlegende Modernisierung des Betreuungsrechts, die seit 1.1.2023 in Gesetzesform gegossen wurde, führte zu der Notwendigkeit, die Darstellung des systematischen Ineinandergreifens der neuen Vorschriften aufzuzeigen. Mit der Reform des Vormundschafts- und Betreuungsrechts soll die Selbstbestimmung von Menschen, die Unterstützung und Hilfe benötigen, gestärkt und in den Fokus gerückt werden. Dazu wurden nicht nur das Betreuungsrecht im BGB, sondern auch begleitende Vorschriften, wie z.B. im FamFG, neu gefasst, überarbeitet und ineinander verzahnt. Flankiert wird dieser Rechtsbereich durch das neue Betreuungsorganisationsgesetz mit der zugehörigen Betreuerregistrierungsverordnung. Die Reform umfasst auch das Vormundschaftsrecht, wobei die in der ehemaligen Verweisung des § 1908 i Abs. 1 S. 1 BGB a.F. genannten Bereiche nun in das Betreuungsrecht überführt wurden.

Eine Vielzahl obergerichtlicher Entscheidungen betrifft den Bereich der Vorsorgevollmacht und deren möglichen Missbrauch. Nicht selten behandeln Werke zu diesem Thema nur das „Außenverhältnis“, also die Vollmacht an sich (hinsichtlich Form, Inhalt etc.). Oft ausgeblendet ist das „Innenverhältnis“ zwischen Vollmachtgeber und Bevollmächtigtem. Gerade hier entscheidet sich, ob ein Vollmachtsmissbrauch vor Gericht erfolgreich angegriffen werden kann oder nicht. Speziell hierauf richtet sich ein umfangreich überarbeitetes Kapitel in der Neuauflage unter Berücksichtigung der aktuellen Rechtsprechung.

Eine Neuerung ergab sich auch durch die Neueinführung eines (befristeten) Ehegattenvertretungsrechts im gesundheitlichen Bereich. Der Praktiker findet in der vorliegenden Neuauflage hierzu ebenfalls hilfreiche Ausführungen.

Gestaltungsvorschläge und Formulierungshilfen sowie Praxistipps zu allen genannten Bereichen runden das Werk ab, so dass der Berater in jedem Stadium eines entsprechenden Mandats darauf zurückgreifen kann.

Unverändert sind Herausgeber und Autoren für konstruktive Anregungen und Verbesserungsvorschläge durch die Leser dankbar.

Obrigheim, Rottenburg, Böblingen, Frankfurt am Main im April 2023

Wolfgang Roth *Melanie Scharf*
Felix Dommermühl *Isabelle C. Losch*

Inhaltsverzeichnis

Literaturverzeichnis

Baumgärtel/Laumen/Prütting (Hrsg.), Handbuch der Beweislast, 5. Auflage 2023

Becker/Kingreen, SGB V – Gesetzliche Krankenversicherung, Kommentar, 8. Auflage 2022

Bengel/Reimann/Holtz/Röhl, Handbuch der Testamentsvollstreckung, 8. Auflage 2023

Bienwald/Sonnenfeld/Harm/Felix/Reh/Reinfarth, Betreuungsrecht, Kommentar, 7. Auflage 2023

Bormann/Diehn/Sommerfeldt, GNotKG, Kommentar, 4. Auflage 2021

Bumiller/Harders/Schwamb, FamFG, Kommentar, 13. Auflage 2022

Burandt/Rojahn, Erbrecht, Kommentar, 4. Auflage 2022

Damrau/Tanck (Hrsg.), Praxiskommentar Erbrecht, 4. Auflage 2020

Damrau/Zimmermann, Betreuungsrecht, Kommentar, 5. Auflage 2023

Diehn, Notarkostenberechnungen, 9. Auflage 2024

Dodegge/Roth, Systematischer Praxiskommentar Betreuungsrecht, 6. Auflage 2023

Dörndorfer/Wendtland/Gerlach/Diehn (Hrsg.), Beck'scher Online-Kommentar Kostenrecht, 44. Edition (Stand: 1.1.2024)

Frenz/Miermeister, Bundesnotarordnung, Kommentar, 5. Auflage 2020

Gerold/Schmidt, Rechtsanwaltsvergütungsgesetz, Kommentar, 26. Auflage 2023

Grüneberg, Bürgerliches Gesetzbuch, Kommentar, 83. Auflage 2024

Hahne/Schlögel/Schlünder (Hrsg.), Beck'scher Online-Kommentar FamFG, 49. Edition (Stand: 1.2.2024)

Hau/Poseck (Hrsg.), Beck'scher Online-Kommentar BGB, 68. Edition (Stand: 1.11.2023)

Heckschen/Herrler/Münch (Hrsg.), Beck'sches Notar-Handbuch, 8. Auflage 2024

Herberger/Martinek/Rüßmann/Weth/Würdinger (Hrsg.), jurisPraxisKommentar BGB, 10. Auflage

Horn (Hrsg.), Anwaltformulare Vorsorgevollmachten, 2. Auflage 2022

Jürgens, Betreuungsrecht, Kommentar, 7. Auflage 2023

Jurgeleit (Hrsg.), Betreuungsrecht, Kommentar, 5. Auflage 2023

Kerscher/Krug/Spanke (Hrsg.), Das erbrechtliche Mandat, 6. Auflage 2019

Korintenberg, Gerichts- und Notarkostengesetz, Kommentar, 22. Auflage 2022

Kroiß/Horn (Hrsg.), NomosKommentar BGB, Band 5: Erbrecht, 6. Auflage 2022

Kroiß/Horn/Solomon (Hrsg.), Nachfolgerecht – Erbrechtliche Spezialgesetze, Kommentar, 3. Auflage 2023

Kurze (Hrsg.), Vorsorgerecht, Kommentar, 2. Auflage 2023

Kurze, Die Reform des Vormundschafts- und Betreuungsrechts, 2022

Langenbucher/Bliesener/Spindler, Bankrechts-Kommentar, 3. Auflage 2020

Laufs/Kern/Rehborn, Handbuch des Arztrechts, 5. Auflage 2019

Limmer/Hertel/Frenz (Hrsg.), Würzburger Notarhandbuch, 6. Auflage 2021

Lipp, Handbuch der Vorsorgeverfügungen, 2009

Mayer/Kroiß (Hrsg.), NomosKommentar Rechtsanwaltsvergütungsgesetz, 8. Auflage 2021

Müller-Engels/Braun, Betreuungsrecht und Vorsorgeverfügungen in der Praxis, 6. Auflage 2022

Münch, Familienrecht in der Notar- und Gestaltungspraxis, 4. Auflage 2023

Münchener Kommentar zum BGB, 9. Auflage 2021–2024

Münchener Kommentar zum FamFG, 3. Auflage 2018, 2019

Münchener Vertragshandbuch, Band 6: Bürgerliches Recht II, 8. Auflage 2020

Nieder/Kössinger, Handbuch der Testamentsgestaltung, 6. Auflage 2020

Roth, Erben und Vererben bei rechtlicher Betreuung, 2. Auflage 2022

Sarres, Erbrechtliche Auskunftsansprüche, 3. Auflage 2017

Scherer (Hrsg.), Münchener Anwaltshandbuch Erbrecht, 6. Auflage 2024

Schneider/Volpert/Fölsch (Hrsg.), Gesamtes Kostenrecht, 3. Auflage 2021

Schöner/Stöber, Grundbuchrecht, 16. Auflage 2020

Schulte-Bunert/Weinreich, FamFG, Kommentar, 7. Auflage 2023

Schulze/Dörner/Ebert u.a., NomosHandkommentar BGB, 12. Auflage 2024

v. Seltmann (Hrsg.), Beck'scher Online-Kommentar RVG, 62. Edition (Stand: 1.12.2023)

Soergel, Bürgerliches Gesetzbuch, Kommentar, 14. Auflage

Spickhoff, Medizinrecht, Kommentar, 4. Auflage 2022

Staudinger, Kommentar zum Bürgerlichen Gesetzbuch, Neubearbeitung 2017 ff.

Sternal, FamFG, Kommentar, 21. Auflage 2023

Toussaint, Kostenrecht, Kommentar, 53. Auflage 2023

Trimborn v. Landenberg, Die Vollmacht vor und nach dem Erbfall, 4. Auflage 2023

Venzlaff/Förster/Dreßing/Habermeyer, Psychiatrische Begutachtung, 7. Auflage 2020

Zimmermann, Vorsorgevollmacht, Betreuungsverfügung, Patientenverfügung, Ehegattennotvertretungsrecht, 4. Auflage 2023

Zöller, Kommentar zur Zivilprozessordnung, 35. Auflage 2024

§ 1 Vorsorgevollmachten

A. Betreuungsrechtsänderungsgesetze

1 Die für die kautelarjuristische Praxis bedeutende Vorschrift des § 1896 Abs. 2 S. 2 BGB a.F. (nunmehr **§ 1814 Abs. 3 Nr. 1 BGB**) ist mit Inkrafttreten des Betreuungsgesetzes am 1.1.1992 erstmals in den Blickpunkt geraten:

§ 1896 Abs. 2 S. 2 BGB a.F. ermöglichte für den zukünftigen Fall eigener Geschäftsunfähigkeit oder auch bloßer Hilfsbedürftigkeit, eine dritte Person auf rechtsgeschäftlicher Grundlage zur Wahrnehmung der eigenen Angelegenheiten zu bevollmächtigen. Dieses Vollmachtsinstitut wird als **Vorsorgevollmacht** bezeichnet. Durch eine solche Vollmacht wird das Selbstbestimmungsrecht des Betroffenen gestärkt; die Bestellung eines Betreuers, eines Verhinderungsbetreuers gemäß § 1817 Abs. 4 BGB (§ 1899 Abs. 4 BGB a.F.) oder auch eines Kontrollbetreuers gemäß §§ 1815 Abs. 3, 1820 Abs. 3 BGB (§ 1896 Abs. 3 BGB a.F.) kann verhindert werden.

Das Betreuungsgesetz ermöglicht dem Betreuten somit die Erhaltung seiner Privatautonomie und gibt ihm ein Instrument zur Regelung seiner Wünsche vorrangig vor einem staatlichen Eingreifen durch eine Betreuerbestellung.

2 Die aktuellste Reform des Vormundschafts- und Betreuungsrechts[1] trat am 1.1.2023 in Kraft. Sie setzte die Vorgaben des Art. 12 der UN-Behindertenrechtskonvention um; die betreuungsrechtlichen Vorschriften wurden klarer geregelt.

Es sollen der Vorrang sozialrechtlicher Hilfen vor rechtlicher Betreuung, die Qualität der Betreuung sowie die Auswahl und Kontrolle von Betreuern, das Selbstbestimmungsrecht der Betroffenen („Unterstützen vor Vertreten") und die Finanzierung der unverzichtbaren Arbeit der Betreuungsvereine in Zusammenarbeit mit den Ländern gestärkt werden (Zeilen 6257–6266 des Koalitionsvertrags).[2] Folglich sollen der Gedanke des Selbstbestimmungsrechts sowie die Wünsche des zu Betreuenden in den Vordergrund rücken.

Auch mit dieser Reform hat der Gesetzgeber leider von einer Legaldefinition des Begriffs der **Vorsorgevollmacht** abgesehen. Der Gesetzgeber führt dazu aus, dass es sich um eine Vollmacht gemäß §§ 164 ff. BGB handelt, der in der Regel ein Auftrags- oder Geschäftsbesorgungsverhältnis zugrunde liegt. Diese soll die Vertretung des Vollmachtgebers im Falle der Aufhebung der rechtlichen Handlungsfähigkeit ermöglichen und somit die Bestellung eines Betreuers vermeiden;

1 Gesetz zur Reform des Vormundschafts- und Betreuungsrechts v. 4.5.2021, BGBl I 2021, 882.

2 Gesetzentwurf, BT-Drucks 19/24445, 245, Vorwort.

die Betreuung soll subsidiär sein. Der Vollmachtszweck – die Vorsorge – gehört zum Innenverhältnis.[3]

3 Zuvor gab es bereits verschiedene Reformen. Hintergrund war, dass es vor der ersten rechtlichen Regelung streitig war, ob eine Vorsorgevollmacht auch für den Bereich der persönlichen Angelegenheiten und Gesundheitsangelegenheiten rechtliche Wirkung entfaltet. Durch das am 1.1.1999 in Kraft getretene Betreuungsrechtsänderungsgesetz wurden die §§ 1904, 1906 BGB a.F. geschaffen, welche diese Frage zugunsten der Vorsorgevollmacht dahingehend bejahten, dass diese auch für den Bereich der persönlichen Angelegenheiten und Gesundheitsangelegenheiten rechtliche Wirkung entfaltet (vgl. nunmehr **§§ 1829, 1831 BGB**).[4]

Das Zweite Betreuungsrechtsänderungsgesetz trat am 1.7.2005 in Kraft mit dem Ziel, die Haushalte der Länder zu entlasten. Umgesetzt wurde dies durch das **Vormünder- und Betreuervergütungsgesetz** (VBVG). Vergütet wird nun nicht mehr nach dem tatsächlich geleisteten Zeitaufwand bzw. den tatsächlich angefallenen Auslagen, sondern pauschaliert. Die Regelungen zur **Vergütung** finden sich seit Inkrafttreten der aktuellen Reform des Vormundschafts- und Betreuungsrechts in den **§§ 1875–1881 BGB** sowie im **VBVG** in seiner neuen Fassung.

4 Das Instrument der **Patientenverfügung** war bis ins Jahr 2009 nicht gesetzlich geregelt, so dass große Unsicherheiten in Bezug auf deren Geltung und Bindungswirkung bestanden. Mit dem Ziel, für alle Beteiligten – also für den Betroffenen, für den Betreuer bzw. Bevollmächtigten sowie für Ärzte und das Pflegepersonal – mehr Rechtssicherheit zu schaffen, beschloss der Bundestag am 18.6.2009 das Dritte Gesetz zur Änderung des Betreuungsrechts (3. BtÄndG).[5] Das Gesetz trat zum 1.9.2009 in Kraft und sieht im Wesentlichen folgende Regelungen vor:

- Die Patientenverfügung wurde in den §§ 1901a, 1901b und 1904 BGB a.F. (nunmehr **§§ 1827, 1828 BGB**) gesetzlich verankert, mit einem Verweis in § 630d BGB.
- Zu ihrer Wirksamkeit bedarf die Patientenverfügung der Schriftform; sonstige Formerfordernisse wie die vorherige ärztliche Aufklärung oder eine regelmäßige Geltungsbestätigung sind nicht vorgesehen.
- Die Patientenverfügung ist verbindlich und der darin festgelegte Wille des Betroffenen unabhängig von Art und Stadium der Erkrankung zu beachten.
- Die Aufgaben von Betreuern und Bevollmächtigten beim Umgang mit Patientenverfügungen und bei der Feststellung des Patientenwillens wurden geregelt.
- Bei schwerwiegenden Entscheidungen über die Einwilligung, Nichteinwilligung oder den Widerruf einer Einwilligung ist eine Genehmigung des Betreuungsgerichts erforderlich, wenn zwischen Betreuer bzw. Bevollmächtigtem

3 BT-Drucks 19/24445, 245.
4 Vgl. hierzu *Müller*, DNotZ 1999, 107.
5 BGBl I 2009, 2286; BT-Drucks 16/8442, auf Basis der Beschlussempfehlung des Rechtsausschusses v. 8.6.2009, BT-Drucks 16/13314.

und behandelndem Arzt Zweifel über den festgelegten Willen des Betroffenen bestehen; bei einer einvernehmlichen Auslegung des Patientenwillens ist diese maßgeblich.

Parallel zum Dritten Betreuungsrechtsänderungsgesetz trat am 1.9.2009 das **Gesetz über das Verfahren in Familiensachen und in den Angelegenheiten der freiwilligen Gerichtsbarkeit (FamFG)** in Kraft[6] und löste das Gesetz über die Angelegenheiten der freiwilligen Gerichtsbarkeit (FGG) ab. Für Betreuungs- und Unterbringungsangelegenheiten ist seitdem das **Betreuungsgericht** zuständig. Das Verfahren in Betreuungs- und Unterbringungssachen ist in den §§ 271–341 FamFG geregelt. 5

Zum 26.2.2013 trat das Gesetz zur Regelung der betreuungsrechtlichen Einwilligung in eine **ärztliche Zwangsmaßnahme** in Kraft.[7] Dieses regelt, unter welchen Voraussetzungen eine Person auch gegen ihren natürlichen Willen ärztlich behandelt werden darf. § 1906 Abs. 3 und 3a BGB a.F. wurden neu gefasst bzw. neu eingefügt. Grundlage der Gesetzesänderung waren zwei Beschlüsse des BGH, nach denen es an einer den verfassungsrechtlichen Anforderungen genügenden gesetzlichen Grundlage für eine betreuungsrechtliche Zwangsbehandlung gefehlt habe.[8] 6

Zum 22.7.2017 wurden die neu eingefügten bzw. neu gefassten Absätze 3 und 3a aus der Regelung der freiheitsentziehenden Unterbringung in § 1906 BGB a.F. herausgetrennt und ärztliche Zwangsmaßnahmen nun in einer eigenständigen Vorschrift, dem neu eingeführten § 1906a BGB a.F., geregelt.[9] Die Voraussetzungen, unter denen eine Untersuchung des Gesundheitszustands, eine Heilbehandlung oder ein ärztlicher Eingriff gegen den natürlichen Willen des Betroffenen durchgeführt werden dürfen, wurden erweitert normiert und verschärft und zugleich das Selbstbestimmungsrecht der Betreuten gestärkt (siehe hierzu Rdn 184 ff.). Grundlage war ein Beschluss des BVerfG aus dem Jahr 2016, wonach die Beschränkung des Schutzes der gesetzlichen Regelung des § 1906 Abs. 3 BGB a.F. auf untergebrachte Betreute verfassungswidrig war: Danach war es mit der Schutzpflicht des Staates unvereinbar, dass eine ärztliche Behandlung einwilligungsunfähiger Betreuter, denen schwerwiegende gesundheitliche Beeinträchtigungen drohten, gegen ihren natürlichen Willen unter keinen Umständen möglich war, sofern sie zwar stationär behandelt wurden, aber nicht geschlossen 7

6 Gesetz v. 17.12.2008, BGBl I 2008, 2586.

7 Gesetz v. 18.2.2013, BGBl I 2013, 266.

8 BGH, Beschl. v. 20.6.2012 – XII ZB 99/12 und XII ZB 130/12, unter Verweis auf die Rspr. des BVerfG zur Zwangsbehandlung von im Maßregelvollzug Untergebrachten; vgl. BVerfG, Beschl. v. 23.3.2011 – 2 BvR 882/09, NJW 2011, 2113; BVerfG, Beschl. v. 12.10.2011 – 2 BvR 633/11, NJW 2011, 3571.

9 Gesetz zur Änderung der materiellen Zulässigkeitsvoraussetzungen von ärztlichen Zwangsmaßnahmen und zur Stärkung des Selbstbestimmungsrechts von Betreuten v. 17.7.2017, BGBl I 2017, 2426.

untergebracht werden konnten, weil sie sich der Behandlung räumlich nicht entziehen wollten oder hierzu körperlich nicht in der Lage waren.[10]

Seit Inkrafttreten der Reform des Vormundschafts- und Betreuungsrechts zum 1.1.2023 ist die Genehmigung des Betreuungsgerichts bei ärztlichen Zwangsmaßnahmen in **§ 1832 Abs. 2 BGB** geregelt.

8 Mit der Reform des Vormundschafts- und Betreuungsrechts wurde zum 1.1.2023 das **Ehegattenvertretungsrecht** geschaffen, welches in **§ 1358 BGB** normiert ist. Dieses Vertretungsrecht ist jedoch nicht umfassend und zeitlich beschränkt. Eine bestehende Vorsorgevollmacht und Patientenverfügung gehen dem Ehegattenvertretungsrecht stets vor (vgl. Rdn 193 ff.).

B. Sinn und Zweck der Vorsorgevollmacht

9 Die Vorsorgevollmacht berechtigt den Vorsorgebevollmächtigten zur rechtlichen Vertretung des Vollmachtgebers, verpflichtet diesen jedoch nicht zur persönlichen Betreuung. Etwas anderes gilt nur, wenn dies ausdrücklich geregelt wurde. Der Bevollmächtigte hat lediglich, vergleichbar einem Betreuer, die notwendigen tatsächlichen Hilfen zu besorgen, nicht selbst zu leisten.[11]

I. Vollmachten für vermögensrechtliche Angelegenheiten – Postmortale und transmortale Vollmacht

10 Originär dienen Vorsorgevollmachten der lebzeitigen Absicherung der eigenen, auch vorübergehenden, Handlungsunfähigkeit.[12] Sinnvoll kann eine Erweiterung auch auf eine trans- und postmortale Wirkung sein, da mit der Testamentserrichtung im Weiteren nur selten alle erforderlichen Vorsorgemaßnahmen für den Todesfall getroffen sind. Die Überlastung der Gerichte und Streitigkeiten unter den Erben führen nicht selten dazu, dass über den Nachlass bis zu einem halben Jahr oder länger nach dem Erbfall nicht verfügt werden kann. Wenngleich auch die Möglichkeit besteht, per letztwillige Verfügung auch einen Testamentsvollstrecker einzusetzen, besteht dennoch ein Vakuum bis zur Erteilung des Testamentsvollstreckerzeugnisses. Die trans- oder postmortale Vollmacht kann zum einen dieses Vakuum nach dem Todesfall schließen und sodann jedoch auch weiterhin selbstständig neben der Testamentsvollstreckung stehen und dem Voll-

10 BVerfG, Beschl. v. 26.7.2016 – 1 BvL 8/15, NJW 2017, 53.
11 BGH, Beschl. v. 16.11.2022 – XII ZB 212/22, BtPrax 2023, 59, 60 = DNotZ 2023, 365, 367.
12 Vgl. OLG Hamm, Beschl. v. 17.9.2002 – 15 W 338/02, FamRZ 2003, 324.

machtnehmer eigenständige Befugnisse neben dem Testamentsvollstrecker verleihen.[13] Sie kann die Testamentsvollstreckung ergänzen.[14]

Die Problemlösung liegt in der Erteilung entweder einer **postmortalen Vollmacht**, d.h. einer Vollmacht, die erst mit dem Tod wirksam wird, oder der Erweiterung des Wirkungsbereiches einer Vorsorgevollmacht mittels einer **transmortalen Vollmacht** über den Tod hinaus.[15] So kann der Bevollmächtigte sofort mit Eintritt des Erbfalles handeln. Dies sichert die kontinuierliche Vermögensverwaltung bis zu der Erteilung des Erbscheins oder der Erteilung eines Testamentsvollstreckerzeugnisses. Dadurch wird gewährleistet, dass Verbindlichkeiten im Zusammenhang mit der Beerdigung vom Nachlass beglichen werden können und auch die Verwaltung von Wertpapierdepots und anderen Vermögensteilen des Erblassers effektiv weiterbetrieben werden kann. 11

II. Vorsorgevollmacht für persönliche Angelegenheiten

Ist der Einzelne aufgrund einer psychischen Krankheit oder Behinderung oder aufgrund von Altersverwirrtheit nicht mehr in der Lage, über seine persönlichen Angelegenheiten zu entscheiden, wird ihm hierfür als gesetzlicher Vertreter ein Betreuer bestellt. Wurde vorab keine Vorsorgevollmacht verfasst, ggf. in Verbindung mit einer Patienten- und einer Betreuungsverfügung, besteht somit die Gefahr, dass zukünftig Behörden, Gerichte und Berufsbetreuer oder nicht gewünschte ehrenamtliche Betreuer anstelle eines persönlichen Vertrauten über die Lebensgestaltung des Betroffenen entscheiden. 12

Demgegenüber ermöglicht die Vorsorgevollmacht dem Einzelnen ein Stück Privatautonomie, indem durch die Bestimmung einer Vertrauensperson als Bevollmächtigter im Vorfeld einer etwaigen Betreuungsbedürftigkeit alle erforderlichen Angelegenheiten geregelt werden können.

Zudem kommt es durch das Instrument der Vorsorgevollmacht zu einer Entlastung der Betreuungsgerichte, da die Zahl der erforderlich werdenden Betreuerbestellungen eingeschränkt wird. Dies gilt allerdings nur partiell, da der Gesetzgeber nach §§ 1829 Abs. 5 und 1831 Abs. 5 BGB das Erfordernis einer betreuungsgerichtlichen Genehmigung für die hier geregelten Maßnahmen auch für den Bevollmächtigten eingeführt hat. 13

13 BGH, Beschl. v. 14.9.2022 – IV ZB 34/21, ErbR 2023, 38, 39.

14 *Werner*, ErbR 2023, 13, 14 (zur Reichweite sowie zur gegenseitigen Einschränkung der Rechte vgl. S. 16).

15 Ausführlich zu der Vollmacht nach dem Erbfall: *Kurze*, ZErb 2008, 399; *Schwander*, RNotZ 2019, 57.

C. Wirksamkeitsvoraussetzungen der Vollmacht

I. Vollmachten für vermögensrechtliche Angelegenheiten

1. Gesetzliche Formvorschriften

14 Die Vollmacht kann **grundsätzlich formfrei** erteilt werden, §§ 167, 168 BGB. Bei Geschäften des täglichen Lebens ist die Erteilung einer schriftlichen Vollmacht auch entbehrlich, da der Bevollmächtigte in aller Regel nach außen hin in eigenem Namen auftritt.

Dennoch wird eine **notarielle Beurkundung** der Vorsorgevollmacht oft vorzugswürdig sein.[16] Als Argument ist der höhere Beweiswert anzuführen, da der im engeren Sinne des Wortes beurkundete Vollmachtstext Dritten signalisiert, dass es sich hier um eine Erklärung handelt, die in einem mehrstufigen Verfahren nach Beratung und Erörterung zustande gekommen ist.[17] Demgegenüber ist bei nur **unterschriftsbeglaubigten** Texten oft nur schwer erkennbar, ob sie von einem Notar oder sonstigen Rechtsberater nach einem vorherigen Gespräch gefertigt oder vom Betreffenden irgendwo abgeschrieben wurden.[18]

Solche Bedenken können durch Ergänzung des folgenden Hinweises ausgeräumt werden, wobei dieser Zusatz keine Garantie ist, dass der Text vom Vollmachtgeber nach Übersendung in Gänze übernommen und nicht abgeändert worden ist: *„Nach ausführlicher und eingehender Beratung durch Rechtsanwältin/Rechtsanwalt … erteile ich folgende anwaltlich ausgearbeitete und formulierte Vorsorgevollmacht: …"*

Ausschlaggebend wird für den Vorzug der notariellen Beurkundung auch sein, dass zum einen gemäß § 11 BeurkG sich der Notar von der Geschäftsfähigkeit des Vollmachtgebers zu überzeugen hat und diese entsprechend prüft und zum anderen gemäß § 17 BeurkG der Notar verpflichtet ist, den Willen des Vollmachtgebers zu erforschen, dessen Erklärung klar und unzweideutig in die Urkunde aufzunehmen und über die jeweilige rechtliche Tragweite zu belehren. Weiter ist von Vorteil, dass, wenn die Urkunde verlorengehen sollte, die Möglichkeit der Erteilung einer neuen Ausfertigung besteht, wenn dies vom Vollmachtgeber gewollt und entsprechend in der Urkunde aufgenommen wurde (vgl. § 51 Abs. 2 BeurkG).

---

16 Ausführlich zur Abwägung Beglaubigung oder Beurkundung: Kurze/*Kurze*, Vorsorgerecht, § 167 BGB Rn 61–68.

17 Müller-Engels/Braun/*Renner/Braun*, Betreuungsrecht und Vorsorgeverfügungen in der Praxis, Rn 598 ff.

18 Müller-Engels/Braun/*Renner/Braun*, Betreuungsrecht und Vorsorgeverfügungen in der Praxis, Rn 598 ff.

Die Vollmacht zum Abschluss eines nach § 311b Abs. 1 BGB formbedürftigen **Vertrags über Grundstücke** ist gemäß § 167 Abs. 2 BGB grundsätzlich formfrei, bedarf aber gegenüber dem Grundbuchamt der Form des **§ 29 GBO**, also der öffentlichen Beurkundung oder Beglaubigung.[19] Zu beachten ist aber, dass die Vollmacht für die Abwicklung von Grundstücksgeschäften dann formbedürftig nach § 311b Abs. 1 BGB ist, wenn sie unwiderruflich erteilt wurde,[20] da dies bereits eine bindende Verpflichtung zum Erwerb oder der Veräußerung eines Grundstücks darstellt. Gleiches gilt für eine widerrufliche Vollmacht dann, wenn sie eine rechtliche oder tatsächliche Bindung des Vollmachtgebers zu einem Grundstücksgeschäft begründet.[21] 15

Ein Antrag auf Eintragung mittels einer im Außenverhältnis unbeschränkten und im Innenverhältnis beschränkten Vollmacht ist seitens des Grundbuchamtes lediglich abzulehnen, wenn das Grundbuchamt sichere Kenntnis vom Missbrauch der Vollmacht hat.[22]

Bei **Bank- und Kontovollmachten** (siehe dazu Rdn 91 ff.) ist zu beachten, dass viele Banken nur Vollmachten, die unter Verwendung der bankeigenen Vollmachtsformulare erstellt werden, akzeptieren wollen. Dies sollte vorab vom Vollmachtgeber in Erfahrung gebracht werden, da zuweilen selbst öffentlich beurkundete Vollmachten von Banken zurückgewiesen werden, wenngleich sich mehr und mehr die Ansicht durchsetzt, dass eine notarielle Vorsorgevollmacht, die auch Bankgeschäfte umfasst, akzeptiert werden muss.[23] Bei einer bereits erstellten Vorsorgevollmacht kann es jedenfalls sinnvoll sein, sich diese auch von Banken bestätigen zu lassen. 16

Im Ergebnis sind aber die Bedenken der Banken hinsichtlich vieler Punkte bei notariell beurkundeten Vollmachten nicht schlüssig. Zum einen wurde bei der notariell beurkundeten Vollmacht die Identität des Vollmachtgebers geprüft, auch ist die Echtheit der Unterschrift gewährleistet sowie gemäß § 11 BeurkG die Geschäftsfähigkeit zumindest geprüft. Zum anderen besteht in diesen Fällen für

19 BGH, Beschl. v. 3.2.2016 – XII ZB 454/15 und XII ZB 307/15, NJW 2016, 1516; OLG Celle, Beschl. v. 16.8.2019 – 18 W 33/19, FGPrax 2020, 10. Bei einer bedingten Vollmacht hat sich der Nachweis in der Form des § 29 GBO auch auf den Eintritt der Bedingung zu erstrecken, vgl. OLG Schleswig, Beschl. v. 21.12.2009 – 2 W 178/09, NJW-RR 2010, 1316.

20 OLG Celle, Beschl. v. 16.8.2019 – 18 W 33/19, FGPrax 2020, 10; Grüneberg/*Grüneberg*, § 311b Rn 20.

21 Grüneberg/*Grüneberg*, § 311b Rn 21.

22 OLG Köln, Beschl. v. 18.5.2020 – 2 Wx 61/20, ErbR 2020, 674.

23 Vgl. DNotI-Report 2015, 65 ff. m.w.N.; *Tersteegen*, RNotZ 2014, 98; LG Detmold, Urt. v. 14.1.2015 – 10 S 110/14, ZEV 2015, 353; LG Hamburg, Beschl. v. 30.8.2017 – 301 T 280/17, FamRZ 2018, 773 = ErbR 2018, 354 m. Anm. *Zimmermann*: Hier wurden der Bank nach der ungerechtfertigten Zurückweisung einer Vorsorgevollmacht die Kosten des Betreuungsverfahrens auferlegt.

die Bank ein Gutglaubensschutz gemäß § 172 BGB, wenn der Bank bei Ausführung des Geschäfts die Vollmacht im Original vorlag.[24]

Wurde vom Vollmachtgeber eine notariell beurkundete oder beglaubigte General- und Vorsorgevollmacht erteilt, welche den Wirkungsbereich „Vermögen" umfasst, soll der Bevollmächtigte auch zur Verfügung über Bankkonten berechtigt sein, auch wenn zugleich keine spezielle Bankvollmacht erteilt worden ist. Die Einrichtung einer Betreuung ist dann entbehrlich. Wird durch die Bank trotz allem die Bestellung eines Betreuers veranlasst, da sie die erteilte General- und Vorsorgevollmacht ablehnt, so sind ihr, wenn die Vollmacht ordnungsgemäß errichtet worden ist, gemäß § 81 Abs. 4 FamFG die Kosten des Verfahrens aufzuerlegen.[25] Macht die Bank die Verfügung des Bevollmächtigten trotz vorliegender notariell beurkundeter General- und Vorsorgevollmacht von unberechtigten Bedingungen abhängig, so besteht die Möglichkeit einer Schadensersatzpflicht.[26]

17 Neben der **Beglaubigung** einer Vorsorgevollmacht durch **Notare** nach § 40 BeurkG sieht § 7 BtOG (früher § 6 BtBG; das BtBG wurde zum 1.1.2023 vom BtOG abgelöst) die Möglichkeit einer Beglaubigung von Unterschriften und Handzeichen auf Vorsorgevollmachten durch die Urkundsperson bei der **Betreuungsbehörde** vor.[27] Problematisch ist jedoch, dass gemäß § 7 Abs. 1 S. 2 BtOG die transmortale Wirkung der Vollmacht dann wegfällt (vgl. Rdn 20).

18 In Baden-Württemberg ist auch der Ratschreiber zur öffentlichen Beglaubigung von Unterschriften und Abschriften befugt, vgl. § 35b Abs. 4 BWLFGG,[28] sowie in Hessen der Ortsgerichtsvorsteher nach § 13 HessOrtsGG und in Rheinland-Pfalz bestimmte kommunale Organe, vgl. §§ 1, 2 RhPfBeglG.[29]

---

24 *Müller-Engels*, in: Limmer/Hertel/Frenz, Würzburger Notarhandbuch, Teil 3 Kap. 3 Rn 17.

25 AG Altötting, Beschl. v. 26.11.2020 – XVII 466/20, FamRZ 2021, 979. Die vollständige Entscheidung kann unter www.gesetze-bayern.de abgerufen werden; LG Hamburg, Beschl. v. 30.8.2017 – 301 T 280/17, FamRZ 2018, 773, 774 = ErbR 2018, 354, 356.

26 LG Detmold, Urt. v. 14.1.2015 – 10 S 110/14, FamRZ 2015, 1522; AG Brandenburg a. d. Havel, Beschl. v. 3.6.2021 – 85 XVII 79/21, FamRZ 2021, 1745, 1746 m.w.V. = ErbR 2022, 355.

27 Seit dem 1.9.2009 ist im Gesetzestext klargestellt, dass es sich hierbei um eine „öffentliche" Beglaubigung handelt.

28 § 35a Abs. 4 BWLFGG regelt die Zuständigkeit. Die Form der Beglaubigung richtet sich nach § 40 BeurkG, vgl. OLG München NJW-RR 2010, 747.

29 Rechtsgrundlage ist § 68 BeurkG (bis zum 8.6.2017 § 63 BeurkG a.F.), wonach die Länder befugt sind, die Zuständigkeit für Beglaubigungen anderen Stellen zu übertragen.

Mit entsprechend wirksam beglaubigten Vollmachten können auch Eintragungen in das Grundbuch nach § 29 GBO[30] und in das Handelsregister nach § 12 HGB[31] veranlasst werden. Soll die Vollmacht auch zu **Grundstücksgeschäften nach dem Tod des Vollmachtgebers** eingesetzt werden, ist allerdings Vorsicht geboten. Nach einem Urteil des OLG Köln[32] genügt eine von der Betreuungsbehörde beglaubigte Vollmacht nicht den Anforderungen des § 29 GBO. Begründet wird dies damit, dass die Beglaubigungsbefugnis der Betreuungsbehörde allein der Vermeidung einer Betreuung diene und deshalb auf die Beglaubigung von Vorsorgevollmachten und Betreuungsverfügungen begrenzt sei. Nach dem Tod des Vollmachtgebers könne eine transmortal erteilte Vorsorgevollmacht als Nachlassvollmacht fortbestehen. Diesbezüglich fehle es jedoch an einer Beglaubigungsbefugnis der Betreuungsbehörde. 19

Problematisch ist die seit dem 1.1.2023 geltende Neuregelung in § 7 Abs. 1 S. 2 BtOG, wonach durch die Betreuungsbehörde beglaubigte Vollmachten entgegen dem Regelfall der §§ 168 S. 1, 672 S. 1 BGB keine transmortale Wirkung haben." Bitte prüfen Sie auch nochmals die Aussage zu 168, 672, da die Fortwirkung sich daraus nicht als Regel, sondern nur im Zweifelsfall ergibt. Dies entspricht nicht der Rechtsprechung des BGH vom 12.11.2020, welche besagt, dass solche Vollmachten grundbuchtauglich und transmortal wirksam sind.[33] 20

In § 34 BtOG wurde zwar aufgenommen, dass § 7 Abs. 1 S. 2 BtOG lediglich für Vollmachten gelten soll, welche durch die Betreuungsbehörde **seit** dem 1.1.2023 öffentlich beglaubigt worden sind. Es besteht somit nicht die Gefahr, dass die **vor** dem 1.1.2023 von einer Betreuungsbehörde beglaubigte Vollmacht eines Vollmachtgebers, der sodann geschäftsunfähig geworden ist, transmortal unwirksam wird und der Vollmachtgeber eine neue Vollmacht nicht mehr erteilen kann.

In der Praxis kann ein Rechtsberater nunmehr jedoch die Beglaubigung durch eine Betreuungsbehörde kaum anraten. Die Vollmacht besteht lediglich, wenn sie

30 OLG Celle, Beschl. v. 16.8.2019 – 18 W 33/19, FGPrax 2020, 10; OLG Karlsruhe, Beschl. v. 14.9.2015 – 11 Wx 71/15, ErbR 2017, 45; OLG Naumburg, Beschl. v. 7.11.2013 – 12 Wx 45/13, NJOZ 2014, 1013; OLG Jena, Beschl. v. 6.6.2013 – 9 W 266/13, FamRZ 2014, 1139.

31 Sofern sich aus der Vollmacht keine Einschränkung ergibt, vgl. OLG Karlsruhe, Beschl. v. 13.8.2013 – 11 Wx 64/13, ZEV 2014, 671. Eine post- oder transmortale Vollmacht berechtigt grds. nicht zur Anmeldung des Eintritts eines neuen Kommanditisten im Wege der Gesamtrechtsnachfolge zum Handelsregister, OLG München, Beschl. v. 31.3.2017 – 31 Wx 169/17, FGPrax 2018, 73 = WM 2018, 382.

32 OLG Köln, Beschl. v. 30.10.2019 – 2 Wx 327/19, FGPrax 2019, 255; a.A. OLG Karlsruhe, Beschl. v. 14.9.2015 – 11 Wx 71/15, ErbR 2017, 45.

33 BGH, Beschl. v. 12.11.2020 – V ZB 148/19, FamRZ 2021, 789 = NJW 2021, 1766 = DNotZ 2021, 710 = ErbR 2021, 522 (vorinstanzliche aufgehobene Entscheidung: OLG Köln, Beschl. v. 12.11.2020 – 2 Wx 327/19, FamRZ 2020, 716 = DNotZ 2020, 680 = FGPrax 2019, 255).

über den Tod hinaus erteilt wurde, als privatschriftliche weiter, ist mithin im Grundbuchverfahren nicht mehr zu verwenden.[34] Es ist vielmehr zu empfehlen, dass eine Vollmacht, die **postmortal Grundstücksgeschäfte** umfassen soll, **notariell** beglaubigt wird.

21 Stets zu beachten sind bei Vollmachtserteilung zu gesellschaftsrechtlichem Handeln[35] die Formvorschriften der §§ 134 Abs. 3, 135 AktG, § 2 Abs. 2 GmbHG und § 12 HGB.[36]

22 Letztlich ist auch aufgrund des Umfangs der Vollmacht jeweils zu prüfen, ob entweder eine öffentliche Beglaubigung oder Beurkundung angezeigt ist. Letztere ist wegen der verstärkten Akzeptanz einer notariell beurkundeten Vollmacht im Rechtsverkehr derzeit zu empfehlen. Weitere Vorteile sind hierbei auch die Feststellung der Geschäftsfähigkeit des Vollmachtgebers (§ 11 Abs. 1 BeurkG), der zweifelsfreie Nachweis der Urheberschaft sowie, wenn dies geregelt wurde, die Möglichkeit des Herstellens von weiteren Ausfertigungen im Bedarfsfall (§ 51 Abs. 2 BeurkG).[37] Kommt es den Beteiligten hingegen in erster Linie auf den zweifelsfreien Nachweis der Urheberschaft des Vollmachtgebers an und der Möglichkeit, auch Grundstücksgeschäfte tätigen zu können, kann die notarielle Beglaubigung der Vollmacht ausreichen. Ansonsten ist der sicherste Weg die Beurkundung, bei der sich nach derzeitigem Stand keine Probleme die transmortale Wirkung der erteilten Vollmacht betreffend ergeben.

23 Für die notarielle Beglaubigung fällt eine 0,2-Gebühr an, die mindestens 20 EUR und höchstens 70 EUR zzgl. Umsatzsteuer beträgt, KV 25100, 32014 GNotKG.

Die Beglaubigung durch die Betreuungsbehörde kostet pauschal 10 EUR, § 7 Abs. 4 BtOG.

Die Kosten der notariellen Beurkundung werden wertabhängig bemessen. Der Geschäftswert beträgt i.d.R. die Hälfte des Bruttovermögens des Vollmachtgebers, höchstens 1 Mio. EUR, vgl. § 98 Abs. 3, 4 i.V.m. § 38 S. 1 GNotKG. Aufgrund des Eventualcharakters der Vollmacht kann auch ein höherer Abschlag als 50 % möglich sein.[38] Nach KV 21200 GNotKG fällt eine 1,0-Gebühr aus dem

---

34 *Volmer*, FamRZ 2023, 820, 822.

35 Vgl. speziell zur Thematik von Vorsorgevollmachten bei Unternehmern: ausführlich Horn/*Hölscher*, Anwaltformulare Vorsorgevollmachten, § 2; *v. Proff*, DStR 2020, 1380; *Jocher*, notar 2014, 3; *Zecher*, ZErb 2009, 316; *Langenfeld*, ZEV 2005, 52; *Reymann*, ZEV 2005, 457.

36 Zur Vertretung im Rahmen der Anmeldung zum Handelsregister vgl. OLG Karlsruhe, Beschl. v. 13.8.2013 – 11 Wx 64/13, ZEV 2014, 671 m.w.N. m. Anm. *Schaub*.

37 Beck'sches Notar-Handbuch/*Reetz*, § 27 Rn 216. Weitere Ausfertigungen können allerdings dann nicht erteilt werden, wenn dies laut Vollmachtstext nur auf schriftliche Anweisung des Vollmachtgebers erfolgen soll, dieser aber geschäftsunfähig geworden ist, vgl. LG Nürnberg-Fürth, Beschl. v. 22.12.2011 – 12 T 7607/11, MittBayNot 2012, 317.

38 Vgl. *Vossius*, notar 2013, 383 f.

Geschäftswert an, mindestens 60 EUR zzgl. Umsatzsteuer. Wird das Grundverhältnis/Innenverhältnis unter Beteiligung des Bevollmächtigten mitbeurkundet, verdoppelt sich die Gebühr; nur wenn das Grundgeschäft einseitig bleibt, kommt es zu keiner Gebührenerhöhung. Bei Regelung des Innenverhältnisses zwischen Vollmachtgeber und Bevollmächtigtem verdoppelt sich somit die Gebühr auf 2,0, KV 21100 GNotKG, mindestens 120 EUR zzgl. Umsatzsteuer. Wenn der Vollmachtgeber dies aus Kostengründen scheut, kann es angeraten sein, die Gestaltung insgesamt vom Rechtsanwalt vornehmen zu lassen und dann ggf. beglaubigen zu lassen.[39]

Die Übermittlung des Antrags an das Vorsorgeregister ist gebührenfrei, Auslagen können allerdings durch den Notar verlangt werden, KV 32015 GNotKG.

Der Geschäftswert für die Beurkundung einer Patientenverfügung kann nach § 36 Abs. 3 GNotKG mit 5.000 EUR bewertet oder nach den Umständen des Einzelfalls nach billigem Ermessen bestimmt werden.

Die Errichtung einer Betreuungsverfügung und einer Patientenverfügung ist kostenrechtlich derselbe Beurkundungsgegenstand, § 109 Abs. 2 Nr. 1 GNotKG. Wird daneben noch eine Vorsorgevollmacht beurkundet, handelt es sich nach § 110 Nr. 3 GNotKG um verschiedene Beurkundungsgegenstände.

2. Geschäftsfähigkeit des Vollmachtgebers

Der Vollmachtgeber muss im **Zeitpunkt der Abfassung** der Vollmacht geschäfts- 24
fähig sein.[40] Geschäftsfähigkeit erfordert die Einsichtsfähigkeit sowie die Fähigkeit, nach dieser Einsicht zu handeln (der Vollmachtgeber muss somit die grundsätzliche Bedeutung des Erklärten verstanden haben und bewerten können);[41] sie ist nicht mit einem freien Willen gleichzusetzen.[42] Das Gericht hat gemäß § 26 FamFG von Amts wegen aufzuklären, ob der Vollmachtgeber bei Erteilung der Vollmacht geschäftsfähig war. Eine Vollmacht gilt so lange als wirksam erteilt, solange nicht mit an Sicherheit grenzender Wahrscheinlichkeit festgestellt werden kann, dass der Betroffene zu diesem Zeitpunkt geschäftsunfähig war.[43]

Zweifel an der Geschäftsfähigkeit des Erklärenden können vorliegen, wenn er bei Unterzeichnung der Vollmacht seinen Vornamen nicht richtig schreiben

39 Kurze/*Kurze*, Vorsorgerecht, § 167 BGB Rn 59.

40 Nach dem OLG München, Beschl. v. 5.6.2009 – 33 Wx 278/08, kann eine partielle, auf die Vollmachtserteilung beschränkte Geschäftsfähigkeit angenommen werden, wenn der Vollmachtgeber bewusst und in freier Willensentschließung eine Vertrauensperson bevollmächtigt, obwohl er im allg. Rechtsverkehr (wegen Demenz) nicht mehr umfassend geschäftsfähig ist, MittBayNot 2009, 382.

41 Grüneberg/*Götz*, § 1814 Rn 18.

42 BGH, Beschl. v. 15.6.2016 – XII ZB 581/15, NJW 2016, 2745.

43 BGH, Beschl. v. 29.7.2020 – XII ZB 106/20, NJW 2021, 63. m.w.V. = ErbR 2021, 83.

konnte. Bei Nichtkorrektur dieses Fehlers führt dies zu einem erheblichen Zweifel an der Geschäftsfähigkeit des Erklärenden, welcher dazu führt, dass man vom Grundsatz der Geschäftsfähigkeit nicht mehr ausgehen kann.[44]

Allein aufgrund des Vorliegens der in § 1814 Abs. 1 BGB genannten Voraussetzungen für die Bestellung eines Betreuers kann nicht der Schluss geführt werden, dass hiermit eine Geschäftsunfähigkeit einhergeht. Diese ist gemäß § 104 Nr. 2 BGB nur dann gegeben, wenn eine dauerhafte krankhafte Störung der Geistestätigkeit vorliegt, die geeignet ist, die freie Willensbestimmung auszuschließen.[45]

In problematischen Fällen wäre im Rahmen der Beratung darüber nachzudenken, ob der Vollmachtgeber auch ein neurologisches/psychiatrisches Attest vorlegt, auf das in der Urkunde Bezug genommen wird, welches die Geschäfts- und Testierfähigkeit bescheinigt.

25 Ein **späterer Wegfall** der Geschäftsfähigkeit ändert nichts an der Wirksamkeit der Vollmacht.[46]

26 Das OLG München beschloss im Jahr 2009,[47] dass eine partielle, auf die Vollmachtserteilung beschränkte Geschäftsfähigkeit angenommen werden kann, wenn der Vollmachtgeber bewusst und in freier Willensentschließung eine Vertrauensperson bevollmächtigt, obwohl er im allgemeinen Rechtsverkehr aufgrund leichter kognitiver Defizite – im entschiedenen Fall wegen einer fortschreitenden Demenz – nicht mehr umfassend geschäftsfähig ist. Demnach sind bloße Zweifel an der Geschäftsfähigkeit zum Zeitpunkt der Vollmachtserteilung nicht ausreichend, um eine Betreuung anzuordnen; erst wenn die Vollmacht konkrete Schwierigkeiten des Bevollmächtigten im Rechtsverkehr erwarten lässt, entfällt die Eignung der Vollmacht als Alternative zur Betreuung.

Ähnlich argumentiert das OLG Hamm,[48] wonach der in § 1814 Abs. 3 BGB (§ 1896 Abs. 2 S. 2 BGB a.F.) normierte Vorrang der Vorsorgevollmacht nicht dadurch überspielt werden darf, dass das Gericht Zweifel an der Wirksamkeit der Vollmacht nicht ausschließen kann; in diesem Fall ist den Zweifeln im Wege der Amtsermittlung (§ 26 FamFG) nachzugehen.

27 Mangels Formerfordernis nicht notwendig, aber im Hinblick auf zukünftigen Streit um die Geschäftsfähigkeit des Vollmachtgebers sinnvoll ist das Mitunterzeichnen der Vollmacht durch einen Zeugen bzw. die notarielle Beurkundung oder Beglaubigung.

28 Im Hinblick auf eine **notarielle Beurkundung** ist aber Folgendes zu beachten: Gemäß § 11 BeurkG ist der Notar verpflichtet, die Geschäftsfähigkeit zu prüfen

44 OLG Schleswig, Beschl. v. 27.1.2023 – 2 Wx 64/22, DNotZ 2023, 356.
45 BayObLG, Beschl. v. 8.2.2000 – 1Z BR 132/99, NJW-RR 2000, 1029, 1030.
46 BGH, Beschl. v. 2.8.2017 – XII ZB 502/16, NJW-RR 2017, 1411.
47 OLG München, Beschl. v. 5.6.2009 – 33 Wx 278/08, MittBayNot 2009, 382.
48 OLG Hamm, Beschl. v. 7.5.2009 – 15 Wx 316/08, DNotZ 2010, 61.

und bei fehlender Geschäftsfähigkeit die Beurkundung abzulehnen bzw. bei Zweifeln dies in der Niederschrift möglichst ausführlich zu vermerken. Seinen Bedenken muss ein Notar nachgehen.[49] Die Feststellung zur Geschäftsfähigkeit trifft der Notar jedoch nicht als Sachverständiger, sondern lediglich als „Zeuge des Geschehens", und dies steht in einem späteren Streit über die Geschäftsfähigkeit als Beweismittel zur Verfügung. Die rechtliche Schlussfolgerung, die der Notar aus der Wahrnehmung zur Geschäftsfähigkeit zieht, ist nicht Teil der Beweiskraft der öffentlichen Urkunde nach § 418 ZPO. Das Niedergeschriebene ist aber im Prozess bzw. im Erbscheinsverfahren gemäß § 286 ZPO bzw. §§ 26, 30 FamFG zu würdigen.[50] Die niedergeschriebenen Wahrnehmungen des Notars nehmen zwar an der Beweiskraft teil, nicht jedoch seine rechtlichen Schlussfolgerungen,[51] wobei Letztere aber eine wichtige indizielle Bedeutung haben.[52] Diese Beurteilung obliegt folglich vielmehr dem entscheidenden Gericht. Dabei ist die Feststellung des Notars nur ein Indiz und reicht für sich allein nicht aus, um aufgrund konkreter Umstände begründete Zweifel zu entkräften.[53] Auch das Grundbuchamt ist nicht an die Beurteilung der Geschäftsfähigkeit durch den Notar gebunden. Im Zweifel kann hier nach § 18 GBO im Wege einer Zwischenverfügung die Vorlage eines fachärztlichen Gutachtens verlangt werden.

Bei einer **Unterschriftsbeglaubigung** hat der Notar gemäß § 40 Abs. 2 BeurkG 29
nur zu prüfen, ob Gründe zur Versagung seiner Amtstätigkeit vorliegen. Nur wenn er dabei von der mangelnden Geschäftsfähigkeit überzeugt ist, hat er die Beglaubigung zu versagen. Bei Zweifeln muss der Notar im Beglaubigungsvermerk nicht darauf hinweisen, er kann dies aber tun. Für den Fall, dass der Notar jedoch die Urkunde selbst entworfen hat, hat er die Geschäftsfähigkeit entsprechend wie bei Beurkundung einer Willenserklärung zu prüfen.[54]

3. Zeitpunkt des Wirksamwerdens

Grundsätzlich wird eine Vollmacht mit **Erstellung und Zugang** wirksam. Da 30
eine Vorsorgevollmacht an sich erst eine in der Zukunft eintretende Versorgungsbedürftigkeit regeln will, ist zu überlegen, ob die Vollmacht erst mit Eintritt einer **aufschiebenden Bedingung** Wirksamkeit erlangen soll.[55]

---

49 Frenz/Miermeister/*Limmer*, BNotO, § 11 BeurkG Rn 4.

50 KG v. 7.9.1999 – 1 W 4291/98, FamRZ 2000, 912 = NJW 2001, 903.

51 MüKo-BGB/*Hagena*, § 28 BeurkG Rn 8; Frenz/Miermeister/*Baumann*, BNotO, § 28 BeurkG Rn 4.

52 OLG Düsseldorf, Beschl. v. 20.7.2018 – I-3 Wx 259/17, FamRZ 2019, 317 = FGPrax 2018, 252.

53 BayObLG, Beschl. v. 17.8.2004 – 1Z BR 53/04, FamRZ 2005, 658 zur Feststellung der Testierfähigkeit.

54 Frenz/Miermeister/*Limmer*, BNotO, § 40 BeurkG Rn 21.

55 Vgl. *Limmer*, ZNotP 1998, 322.

31 Verschiedene Modelle sind denkbar:
- Wirksamkeit erst mit Vorlage eines ärztlichen Attests über Handlungs-, Versorgungs- oder Geschäftsunfähigkeit bzw. Betreuungsbedürftigkeit des Vollmachtgebers
- Bei notarieller Vorsorgevollmacht wird der Notar angewiesen, Ausfertigungen erst nach Vorlage eines oder mehrerer Atteste über die Handlungs-, Versorgungs- oder Geschäftsunfähigkeit bzw. Betreuungsbedürftigkeit des Vollmachtgebers zu erteilen.

32 **Nachteil** dieser Modelle ist, dass im **Außenverhältnis** unklar bleibt, ob die Vollmacht wirksam ist. Es tritt ein Vakuum in der Versorgung des Vollmachtgebers ein, bis der Bevollmächtigte über die Vollmacht verfügen kann. Denn die Schwierigkeit besteht in der Praxis gerade auch darin, die Bedingung festzustellen, von deren Eintritt die Wirksamkeit der Vollmacht abhängt.

33 Wurde eine Vollmacht ausdrücklich für den Vorsorgefall erteilt (Geschäftsunfähigkeit oder Betreuungsbedürftigkeit des Vollmachtgebers), kann dies eine Beschränkung im Außenverhältnis darstellen. Bei Grundstücksgeschäften muss dem Grundbuchamt der Eintritt der aufschiebenden Bedingung durch öffentliche Urkunden nachgewiesen werden.[56] Ein ärztliches Attest, wonach der Vollmachtgeber geschäftsunfähig sei, genügt diesen Anforderungen nicht.[57] Eine aufschiebend bedingte Vollmacht führt somit zu Durchsetzungs- und Akzeptanzproblemen, da der Bevollmächtigte den Bedingungseintritt nachweisen muss.[58] Deshalb ist von der Erteilung einer Vollmacht unter einer der vorgenannten Bedingungen abzuraten.

34 Die Nachweispflicht gilt nicht für bloße Beschränkungen im Innenverhältnis.[59] Ist der Vollmachtstext insoweit nicht eindeutig oder bestehen berechtigte Zweifel, so kann das Grundbuchamt eine zusätzliche Erklärung des Vollmachtgebers in der Form des § 29 GBO verlangen, aus der sich ergibt, dass die Vollmacht im Außenverhältnis unbeschränkt erteilt werden sollte oder den Nachweis verlangen, dass die Voraussetzungen für den Eintritt des Vorsorgefalles erfüllt sind.[60]

35 Allein die Bezeichnung als Vorsorgevollmacht genügt nicht für die Annahme einer Bedingung, wenn gleichzeitig Anhaltspunkte für die sofortige unbedingte

56 OLG Frankfurt, Beschl. v. 9.10.2013 – 20 W 258/13, ZEV 2014, 313.

57 OLG Köln, Beschl. v. 10.4.2007 – 2 Wx 20/07, ZEV 2007, 592; OLG Schleswig, Beschl. v. 21.12.2009 – 2 W 178/09, NJW-RR 2010, 1316.

58 OLG Frankfurt, Beschl. v. 15.10.2010 – 20 W 399/10, FamRZ 2012, 1670 (Ls.).

59 OLG Frankfurt, Beschl. v. 9.10.2013 – 20 W 258/13, ZEV 2014, 313; OLG Frankfurt, Beschl. v. 29.6.2011 – 20 W 278/11, ZEV 2012, 378; OLG Köln, Beschl. v. 10.4.2007 – 2 Wx 20/07, ZEV 2007, 592.

60 OLG Frankfurt, Beschl. v. 29.6.2011 – 20 W 278/11, ZEV 2012, 378 = FGPrax 2011, 273; OLG Frankfurt, Beschl. v. 15.10. 2010 – 20 W 399/10, FGPrax 2011, 58 m. Bespr. *Doering-Striening*, FamFR 2011, 114.

Wirksamkeit der Vollmacht vorliegen. Das Gleiche gilt für die Angabe im Vollmachtstext, dass die Vollmacht der Vermeidung einer rechtlichen Betreuung diene; dies kann eine bloße Zweckerklärung sein.[61]

Will der Vollmachtgeber aus Sicherungsgründen dennoch erreichen, dass der Bevollmächtigte nicht über die Vollmacht verfügt, solange er als Vollmachtgeber selbst noch handlungsfähig ist, bleibt ihm die Möglichkeit einer Regelung der **Bedingung über das Innenverhältnis.**[62] Dies sollte jedoch in einem **separaten Dokument** geregelt werden, da zum einen die Voraussetzungen des Bedingungseintritts durch einen Dritten nicht geprüft werden müssen und es sich zum anderen um einen Vertrag handelt, der – im Gegensatz zur Vollmachtserteilung als einseitige Willenserklärung – durch zwei Personen geschlossen wird.[63] Der **Vorteil** liegt darin, dass eine im Außenverhältnis unbedingt erteilte Vollmacht von einer etwaigen Überprüfung des Bedingungseintritts befreit ist und **im Verhältnis gegenüber Dritten unbedingt** wirkt. Sicherungsmittel und Sanktionen werden im Innenverhältnis zwischen Vollmachtgeber und Bevollmächtigtem geregelt und treten nach außen nicht hemmend in Erscheinung. Zu beachten ist dabei, dass der Bevollmächtigte auch schon vor Eintritt der Handlungs-, Versorgungs- oder Geschäftsunfähigkeit bzw. Betreuungsbedürftigkeit missbräuchlich von der Vollmacht Gebrauch machen kann. Weitere Sicherungsinstrumente wie etwa eine Doppelbevollmächtigung bzw. eine Zustimmungspflicht des Kontrollbevollmächtigten zu bestimmten Geschäften können daher sinnvoll sein (vgl. Rdn 238 ff. zu weiteren Sicherungsmitteln gegen einen Vollmachtsmissbrauch). 36

Nach einem Beschluss des AG Lübeck[64] stehe eine Anweisung an den Bevollmächtigten im Innenverhältnis, nur bei Eintreten des Vorsorgefalles (etwa Krankheit) von der Vorsorgevollmacht Gebrauch zu machen, der Annahme einer im Außenverhältnis bedingten Vollmacht regelmäßig entgegen. Eben mittels einer solchen Gestaltung werde der Umweg über eine Betreuerbestellung vermieden und den Interessen des Vollmachtgebers und des Rechtsverkehrs Rechnung getragen. 37

4. Dauer der Wirksamkeit

Eine Vollmacht gilt grundsätzlich weiter, wenn der **Vollmachtgeber geschäftsunfähig wird oder verstirbt.** Da dies nicht ausnahmslos gilt, sollte im Rahmen einer Vorsorgevollmacht ausdrücklich klargestellt werden, ob die Vollmacht mit dem Tod des Vollmachtgebers enden soll oder nicht. Eine insoweit unklare Voll- 38

61 OLG Frankfurt, Beschl. v. 9.10.2013 – 20 W 258/13, ZEV 2014, 313; vgl. auch Anm. hierzu von *Litzenburger*, FD-ErbR 2014, 357571.

62 OLG Köln, Beschl. v. 10.4.2007 – 2 Wx 20/07, ZEV 2007, 592.

63 Kurze/*Kurze*, Vorsorgerecht, § 164 BGB Rn 104; *Kurze*, BtPrax 2018, 47, 52.

64 AG Lübeck, Beschl. v. 14.11.2011 – 4 XVII H 23481, FamRZ 2012, 898.

macht bedarf der Auslegung des Auftragsverhältnisses. Die §§ 168 S. 1, 672 S. 1, 675 BGB begründen nur eine **Zweifelsfallregelung**.

Die Vorsorgevollmacht, deren zugrunde liegendes Auftragsverhältnis darauf zugeschnitten ist, dem Bevollmächtigten für den Fall der Betreuungsbedürftigkeit des Vollmachtgebers eine rechtsgeschäftliche Vertretungsmacht einzuräumen, die der gesetzlichen Vertretungsmacht eines betreuungsgerichtlich bestellten Betreuers entspricht, kann ebenso wie dessen gesetzliche Vertretungsmacht im Bereich der Vermögensverwaltung mit dem Tod des Vollmachtgebers erlöschen.[65]

39 Je mehr die Vollmacht auf die Person des Vollmachtgebers zugeschnitten war und dessen persönliche Interessen betraf, desto eher wird eine Auslegung dazu führen, dass der Auftrag mit dem Tod des Auftraggebers erlöschen sollte.[66]

Soll also eine Vermögensverwaltung auch über den Tod hinaus sichergestellt sein, empfiehlt es sich, eine solche Regelung ausdrücklich in die Vollmacht mit aufzunehmen. Auch sollte klargestellt werden, dass die Vollmacht weder bei Handlungs-, Versorgungs- oder Geschäftsunfähigkeit noch bei Betreuungsbedürftigkeit des Vollmachtgebers erlöschen soll.

40 Sofern der Vollmachtgeber mehreren Personen eine Vollmacht erteilt hat, haben diese keine Möglichkeit, sich gegenseitig die Vollmacht zu entziehen und sie dadurch unwirksam werden zu lassen (siehe hierzu Rdn 77).

41 Mit dem **Tod des Bevollmächtigten** erlischt die Vollmacht, wenn in der Vollmachtsurkunde nichts anderes bestimmt ist, §§ 168 S. 1, 673 S. 1, 675 BGB. Dagegen führt die **Geschäftsunfähigkeit des Bevollmächtigten** nur dann zum Erlöschen von Grundverhältnis und Vollmacht, wenn diese von Dauer ist.[67]

5. Rechtsscheinswirkung der Vollmachtsurkunde

42 Nach § 172 Abs. 1 BGB entfaltet eine dem Bevollmächtigten schriftlich erteilte Vollmacht ihre Wirkung mit Vorlage gegenüber dem Geschäftspartner. Dieser darf auf den Inhalt der Vollmacht vertrauen, unabhängig vom wahren Bestand derselben. Es handelt sich hier um eine gesetzliche **Rechtsscheinshaftung**, die an das bewusste Inverkehrbringen der Vollmachtsurkunde durch den Vollmachtgeber anknüpft.[68]

Voraussetzung ist nach ständiger Rechtsprechung,[69] dass die den Rechtsschein erzeugende Vollmachtsurkunde selbst, also in Urschrift oder – bei notariell beur-

---

65 OLG Hamm, Beschl. v. 17.9.2002 – 15 W 338/02, FamRZ 2003, 324.

66 OLG München, Beschl. v. 7.7.2014 – 34 Wx 265/14, ZEV 2014, 615 m. Anm. *Zimmer.*

67 MüKo-BGB/*Schubert*, § 168 Rn 14.

68 MüKo-BGB/*Schubert*, § 172 Rn 1, 16.

69 BGH, Urt. v. 20.12.1979 – VII ZR 77/78, NJW 1980, 698; BGH, Urt. v. 15.10.1987 – III ZR 235/86, NJW 1988, 697; BGH, Urt. v. 22.10.1996 – XI ZR 249/95, NJW 1997, 312.

kundeter Vollmacht wegen §§ 45, 47 BeurkG – in Ausfertigung dem Vertreter ausgehändigt und dem Dritten vorgelegt wird.[70] Fotokopien, einfache und selbst beglaubigte Abschriften genügen nicht, da sie in unbeschränkter Zahl gefertigt werden können, nach h.M.[71] nicht der Rückgabepflicht nach § 175 BGB unterliegen und nichts über den Verbleib der Urschrift und den Fortbestand der Vollmacht besagen.[72]

6. Zweifel an der Wirksamkeit von Vorsorgevollmachten

Bestehen Zweifel an der Wirksamkeit einer Vollmacht, hat das Betreuungsgericht 43
im Wege der Amtsermittlung nach § 26 FamFG weitere Feststellungen zu treffen, um die Zweifel möglichst auszuräumen.[73] Nach der Rechtsprechung des BGH genügt ein bloßer Verdacht nicht, um die **Vermutung der Wirksamkeit** einer vorliegenden Vollmachtsurkunde zu erschüttern. Kann die Unwirksamkeit einer Vollmacht nicht positiv festgestellt werden, verbleibt es grundsätzlich bei einer wirksamen Bevollmächtigung.[74] Ist jedoch im Einzelfall die Akzeptanz der Vollmacht im Rechtsverkehr eingeschränkt, etwa weil Dritte die Vollmacht unter Verweis auf diese Bedenken zurückgewiesen haben oder dies konkret zu besorgen ist, kann die Anordnung einer Betreuung erforderlich sein.[75]

Müssen Eilmaßnahmen getroffen werden, genügen aber bereits konkrete Zweifel an der Wirksamkeit der Vollmacht.[76]

Liegen mehrere, verschiedenen Personen erteilte Vollmachten vor, ist aber zwei- 44
felhaft, welche davon wirksam ist, so ist diese Frage im Verfahren über die Anordnung einer Betreuung aufzuklären.[77] Ein bereits eingeleitetes Verfahren

70 Grüneberg/*Ellenberger*, § 172 Rn 3.

71 BGH, Urt. v. 14.5.2002 – XI ZR 155/01, NJW 2002, 2325.

72 Zu Problemen der Ausfertigung notarieller Vorsorgevollmachten *Waldner/Mehler*, MittBayNot 1999, 261.

73 BGH, Beschl. v. 17.2.2016 – XII ZB 498/15, NJW-RR 2016, 1025; OLG Hamm, Beschl. v. 7.5.2009 – 15 Wx 316/08, DNotZ 2010, 61.

74 BGH, Beschl. v. 30.8.2017 – XII ZB 16/17, NJW-RR 2017, 1281; BGH, Beschl. v. 19.10.2016 – XII ZB 289/16, NJW-RR 2017, 66; BGH, Beschl. v. 3.2.2016 – XII ZB 425/14, NJW 2016, 1514; BGH, Beschl. v. 15.6.2016 – XII ZB 581/15, NJW 2016, 2745 entgegen BGH, Beschl. v. 15.12.2010 – XII ZB 165/10, NJW 2011, 925; BGH, Beschl. v. 13.4.2011 – XII ZB 584/10, NJW 2011, 2135; BGH, Beschl. v. 15.8.2018 – XII ZB 10/18, NJW 2019, 237, 238; BGH, Beschl. v. 16.6.2021 – XII ZB 554/20, ErbR 2021, 846, 847; BGH, Beschl. v. 22.6.2022 – XII ZB 544/21, FamRZ 2022, 1556, 1557; BGH Beschl. v. 2.11.2022 – XII ZB 339/22, NJW 2023, 365 = FamRZ 2023, 228.

75 BGH, Beschl. v. 30.8.2017 – XII ZB 16/17, NJW-RR 2017, 1281; BGH, Beschl. v. 3.2.2016 – XII ZB 425/14, NJW 2016, 1514.

76 BayObLG OLGReport 2004, 435.

77 BayObLG, Beschl. v. 14.8.2003 – 3Z BR 149/03, DNotIReport 2003, 198 = FamRZ 2004, 402; OLG München, Beschl. v. 5.6.2009 – 33 Wx 278/08, MittBayNot 2009, 382.

darf nicht eingestellt werden, ohne dass zuvor geklärt ist, wer von den in Frage kommenden Bevollmächtigten vertretungsbefugt ist. Anderenfalls bliebe diese Frage zu Lasten des Betroffenen, seiner Wünsche oder seines mutmaßlichen Willens (früher: seines Wohls) offen, welche im Betreuungsrecht die oberste Richtschnur für das Handeln aller Beteiligten und damit auch des Betreuungsgerichts sind.

7. Widerruf

45 Eine Vorsorgevollmacht, welche ausschließlich im Interesse des Vollmachtgebers liegt, darf nicht unwiderruflich erteilt werden und kann jederzeit widerrufen werden (ausführlich zum Widerruf vgl. Rdn 296 ff.).

II. Vorsorgevollmacht für persönliche Angelegenheiten

1. Gesetzliche Formvorschriften

46 Zunächst gilt auch hier, dass die Vorsorgevollmacht **formlos** erteilt werden kann, § 167 Abs. 2 BGB.[78] Das Gesetz verlangt keine spezifische Form für die Vollmacht. Grundsätzlich würde danach jede Vollmacht genügen, die erkennen lässt, dass die persönlichen Angelegenheiten des Vollmachtgebers durch den Bevollmächtigten besorgt werden sollen. Gemäß § 1814 Abs. 3 S. 2 BGB ist eine Betreuerbestellung dann subsidiär.

47 Ein **Formerfordernis** wird lediglich in **§ 1820 Abs. 2 BGB** normiert, wonach ein Bevollmächtigter nur dann in medizinische Untersuchungen und Behandlungen bzw. in Unterbringungs- oder freiheitsentziehende Maßnahmen sowie in eine ärztliche Zwangsmaßnahme im Rahmen einer Unterbringung einwilligen darf, wenn die Vollmacht schriftlich erteilt ist und die jeweiligen Maßnahmen ausdrücklich umfasst.

2. Wirksamkeit

48 Erforderlich für eine wirksame Vollmachtserteilung ist die **Geschäftsfähigkeit des Vollmachtgebers bei Erteilung der Vollmacht.**[79] Begründet wird dies damit, dass die Vollmacht auf zeitlich nicht überschaubare Dauer wirkt und daher Einsichtsfähigkeit in die Zukunft voraussetzt, die dem Urteilsvermögen bei rechtlicher Geschäftsfähigkeit gleichkommt. Etwas anderes kann aber bei der Einwilligung in einzelne medizinische oder freiheitsbeschränkende Maßnahmen bzw.

78 MüKo-BGB/*Schubert*, § 167 Rn 14.

79 OLG Stuttgart, Beschl. v. 23.2.1994 – 8 W 534/93, FamRZ 1994, 1417; Grüneberg/*Götz*, vor § 1814 Rn 7.

sonstige nichtvermögensrechtliche Angelegenheiten gelten.[80] Hier kann u.U. eine **natürliche Einsichtsfähigkeit** ausreichen, um eine wirksame Vorsorgevollmacht, die sich auf die Einwilligung in Rechtsgutverletzungen und auf nichtvermögensrechtliche Angelegenheiten beschränkt, erteilen zu können.[81]

Soll die Bevollmächtigung der Vermeidung einer Betreuerbestellung dienen, darf sie im Bedarfsfall nicht wieder erloschen sein.[82] Ihre Wirksamkeit verliert die Vollmacht nicht dadurch, dass der Vollmachtgeber zu einem späteren Zeitpunkt nicht mehr geschäftsfähig ist.[83] Bei Zweifeln darüber, ob eine Vorsorgevollmacht wirksam widerrufen wurde, kann eine Betreuung erforderlich werden, wenn die Angelegenheiten des Betroffenen durch den Bevollmächtigten wegen der dadurch bedingt eingeschränkten Akzeptanz der Vollmacht im Rechtsverkehr nicht ebenso gut wie durch einen Betreuer besorgt werden können.[84] 49

3. Besonderheit: Vollmacht mit Entscheidungsbefugnissen für ärztliche Maßnahmen nach § 1829 BGB, Unterbringung nach § 1831 BGB und ärztliche Zwangsmaßnahmen nach § 1832 BGB

Umfasst die Vollmacht auch die Entscheidungsbefugnis zur Einwilligung des 50
Bevollmächtigten in **ärztliche Maßnahmen**, also **Untersuchungen des Gesundheitszustands**, eine **Heilbehandlung** oder einen **ärztlichen Eingriff** mit der begründeten Gefahr, dass der Vollmachtgeber aufgrund der Maßnahme stirbt oder einen schweren und länger dauernden gesundheitlichen Schaden erleidet, so bedarf die Bevollmächtigung nach § 1820 Abs. 2 BGB der **schriftlichen Form** (§ 126 BGB) und **muss die jeweiligen Maßnahmen ausdrücklich umfassen.**

Gleiches gilt nach § 1820 Abs. 2 BGB für eine **freiheitsentziehende Unterbringung** bzw. für **freiheitsbeschränkende Maßnahmen** sowie **für ärztliche Zwangsmaßnahmen** bzw. für die Verbringung des Betroffenen gegen seinen natürlichen Willen zu einem stationären Aufenthalt in ein Krankenhaus. Auch in diesen Fällen setzt die Einwilligung des Bevollmächtigten voraus, dass die Vollmacht schriftlich erteilt ist und die Einwilligung in diese Maßnahmen ausdrücklich umfasst.

Per Legaldefinition des § 1832 Abs. 1 BGB handelt es sich bei einer Untersuchung 51
des Gesundheitszustands, einer Heilbehandlung oder einem ärztlichen Eingriff gegen den natürlichen Willen des Betreuten bzw. Vollmachtgebers um eine **ärztliche Zwangsmaßnahme.** In allen vorbenannten Fällen muss aus der Vollmacht

80 Grüneberg/*Weidenkaff*, § 630d Rn 3; Grüneberg/*Götz*, § 1829 Rn 3, § 1831 Rn 6.

81 Kurze/*Kurze*, Vorsorgerecht, § 168 BGB Rn 21; Grüneberg/*Weidenkaff*, § 630d Rn 3; Grüneberg/*Götz*, 1829 Rn 3, § 1831 Rn 6.

82 BGH, Beschl. v. 27.6.2012 – XII ZB 24/12, NJW-RR 2012, 1281.

83 BGH, Beschl. v. 2.8.2017 – XII ZB 502/16, NJW-RR 2017, 1411.

84 BGH, Beschl. v. 19.8.2015 – XII ZB 610/14, NJW 2016, 159.

auch deutlich werden, dass die jeweilige Entscheidung **mit der begründeten Gefahr des Todes oder eines schweren und länger dauernden gesundheitlichen Schadens verbunden sein kann.**[85]

Eine Einwilligung in die vorbenannten Maßnahmen bedarf jeweils der **Genehmigung des Betreuungsgerichts**, §§ 1829 Abs. 1, 1831 Abs. 2, 1832 Abs. 2 BGB (siehe Rdn 153 ff.).

52 Bei der Feststellung, ob die Vollmacht auch die Übertragung der Entscheidungsbefugnisse über freiheitsbeschränkende Maßnahmen und Maßnahmen der Gesundheitssorge umfasst, ist nach Ansicht vieler Gerichte nach einem **engen Maßstab** zu urteilen, der keinen Zweifel an der Reichweite der Vollmacht lässt.[86] Hinreichend sicher, dass der Betroffene die Vollmacht gerade auch diesbezüglich erteilen wollte, ist es nur, wenn sich der Entschluss explizit aus der Vollmacht ergibt. Bei einem allgemeinen Vollmachtstext lässt sich nicht ausschließen, dass der Betroffene an diese Tragweite und Folge der Vollmacht nicht gedacht und diese Entscheidung daher nicht bewusst so getroffen hat.[87]

53 Auch eine notariell beurkundete Vollmacht, die es dem Vertreter gestattet, den Vollmachtgeber „in allen persönlichen und vermögensrechtlichen Angelegenheiten zu vertreten", ist in der Aussage zu pauschal und zeigt nicht, ob sich der Betroffene bei Abgabe der Erklärung bewusst war, welche weitreichenden Maßnahmen der Vertreter für ihn treffen kann. Aufgrund ihrer Unbestimmtheit ist die Vollmacht im Hinblick auf eine Einwilligung in eine Maßnahme nach §§ 1829, 1831 bzw. 1832 BGB ungenügend, was dazu führt, dass in einem solchen Fall die Anordnung einer Betreuung erforderlich wird.

54 Daher ist es dringend geboten, nicht bloß eine abstrakte Formulierung zu wählen, sondern die einzelnen Bereiche **so gegenständlich wie möglich** zu beschreiben.[88] Dabei empfiehlt sich eine enge Anlehnung an die gesetzliche Wortwahl bzw. die wörtliche Übernahme, um in aller Deutlichkeit sicherzustellen, dass der Betroffene bewusst und gewollt gerade auch in diesem Punkt Vollmacht erteilen wollte.[89]

Das Schriftformerfordernis ist in § 1820 Abs. 2 BGB für besondere Maßnahmen der medizinischen Behandlung oder der Freiheitsentziehung normiert, wobei die

85 BGH, Beschl. v. 6.7.2016 – XII ZB 61/16, ZErb 2016, 330; *Seibl*, NJW 2016, 3277.

86 Vgl. BVerfG (2. Kammer des Ersten Senats), Beschl. v. 7.1.2009 – 1 BvL 2/05, NJW 2009, 1803; LG Hamburg, Beschl. v. 12.7.1999 – 301 T 222/99, DNotZ 2000, 220; LG Düsseldorf, Beschl. v. 13.3.2000 – 19 T 145/00, NJW-RR 2001, 723.

87 Vgl. LG Krefeld, Beschl. v. 27.6.1996 – 6 T 190/96, MittRhNotK 1998, 17; OLG Stuttgart, Beschl. v. 23.2.1994 – 8 W 534/93, FamRZ 1994, 1417.

88 BGH, Beschl. v. 6.7.2016 – XII ZB 61/16, NJW 2016, 3297; *Kurze*, ZErb 2018, 25; *Seibl*, NJW 2016, 3277; *Müller*, ZEV 2016, 605.

89 BayObLG, Beschl. v. 17.12.2001 – 3Z BR 373/01, OLGReport 2002, 167.

Befugnis ausdrücklich niedergeschrieben werden muss; die Nennung der Norm allein genügt nicht.[90]

Nicht ausreichend ist folglich, lediglich auf die §§ 1829, 1831, 1832 BGB in der Vollmachtsurkunde zu verweisen.[91] Ebenfalls nicht ausreichend ist eine Ermächtigung zu allen Handlungen, die einem Betreuer nach §§ 1814 ff. BGB obliegen,[92] oder die Ermächtigung zu freiheitsbeschränkenden Maßnahmen (§ 1831 Abs. 4 BGB), wenn es um eine freiheitsentziehende Maßnahme geht (§ 1832 BGB).[93]

Insbesondere ist zu beachten, dass selbst eine umfassende Bevollmächtigung zur Vornahme von Rechtsgeschäften den Bevollmächtigten gerade nicht zur Vertretung des Vollmachtgebers in den Bereichen Gesundheitssorge und Bestimmung des Aufenthalts berechtigt.[94]

Für **Alt-Vollmachten** gilt Folgendes: Für die Beurteilung der Frage, ob eine 55
Vollmacht eine Maßnahme nach §§ 1829, 1831, 1832 BGB (§§ 1904, 1906, 1906a BGB a.F.) ausdrücklich umfasst, kommt es auf den Zeitpunkt der gerichtlichen Entscheidung über die Betreuungsanordnung und nicht auf den Zeitpunkt der Errichtung der Vollmacht an.[95]

Die meisten Vorsorgevollmachten, die vor Inkrafttreten des Gesetzes zur Regelung der betreuungsrechtlichen Einwilligung in eine ärztliche Zwangsmaßnahme im Februar 2013 errichtet wurden, dürften keine ausdrückliche Regelung der ärztlichen Zwangsmaßnahmen enthalten, zumal dies auch die amtlichen Vordrucke nicht vorsahen.[96] Da es in § 1906a BGB a.F. keine Übergangsregelung für Alt-Vollmachten gibt, gilt das Erfordernis der ausdrücklichen Regelung in der Vollmacht uneingeschränkt, so dass Alt-Vollmachten hinsichtlich der ärztlichen Zwangsmaßnahmen aktualisiert werden müssen, um eine Betreuerbestellung insoweit zu vermeiden.[97]

Eine Änderung der Vorsorgevollmachten, wenn die zuvor genannten Änderungen für Vollmachten, welche vor dem Februar 2013 erteilt wurden, berücksichtigt wurden, ist mit Inkrafttreten der Reform des Vormundschafts- und Betreuungsrechts[98] am 1.1.2023 nicht notwendig. Auf die Wirksamkeit der Vollmacht hat es keinen Einfluss, dass lediglich die alten Normen genannt werden. Vorsorgevoll-

---

90 Grüneberg/*Götz*, § 1820 Rn 3.

91 OLG Stuttgart, Beschl. v. 23.2.1994 – 8 W 534/93, FamRZ 1994, 1417, m. Anm. *Bühler*, BWNotZ 3/94, 68.

92 OLG Zweibrücken, Beschl. v. 29.4.2002 – 3 W 59/02, FamRZ 2003, 113.

93 LG Düsseldorf, Beschl. v. 13.3.2000 – 19 T 145/00, FamRZ 2000, 1315.

94 OLG Düsseldorf, Beschl. v. 6.12.1996 – 25 Wx 60/96, MittRhNotK 1998, 16.

95 OLG Zweibrücken, Beschl. v. 29.4.2002 – 3 W 59/02, FamRZ 2003, 113.

96 *Müller*, ZEV 2013, 304; *Dieckmann*, BWNotZ 2013, 34.

97 *Kurze*, ZErb 2018, 25; *Müller*, ZEV 2016, 605; *Müller*, ZEV 2013, 304.

98 Gesetz zur Reform des Vormundschafts- und Betreuungsrechts v. 4.5.2021, BGBl I 2021, 882.

machten sind der Auslegung zugänglich. Eine Verweisung auf § 1820 Abs. 2 BGB ist gedanklich vorwegzunehmen.[99]

D. Inhaltliche Gestaltung der Vorsorgevollmacht

I. Auswahl des Bevollmächtigten

1. Auswahl des Bevollmächtigten unter dem Aspekt des Erforderlichkeitsgrundsatzes nach § 1814 Abs. 3 Nr. 1 BGB

a) Ungeeignete Personen

56 Der Bevollmächtigte muss als solcher geeignet sein, den Vollmachtgeber zu vertreten. Denn nach **§ 1814 Abs. 3 Nr. 1 BGB** ist die Betreuung nur dann **subsidiär**, wenn die Angelegenheiten durch einen Bevollmächtigten gleichermaßen besorgt werden können. Ist der Bevollmächtigte zu einer Regelung der Angelegenheiten ungeeignet, kann eine Betreuung aus diesem Grund erforderlich werden.[100] Ungeeignet ist ein Bevollmächtigter, wenn er geschäftsunfähig ist.

57 Dem Betreuungsgericht stehen bei der Überprüfung, ob eine Betreuung erforderlich ist, nur **objektive Kriterien** zur Verfügung.[101] Die Interessen des Vollmachtgebers müssen konkret verletzt sein. Bloße Zweifel am Charakter oder den intellektuellen Kapazitäten der Fürsorgeperson, auch wenn sie nach ihrem bisherigen Lebenslauf berechtigt sein mögen, können nicht zur Erforderlichkeit der Betreuung führen. Der Bevollmächtigte wurde schließlich vom Vollmachtgeber freiwillig und persönlich ausgesucht.

58 Es genügt nicht, dass aus der objektivierten Sicht eines Richters die Wünsche, der mutmaßliche Wille bzw. die **Interessen des Betroffenen** eher oder besser durch einen professionellen Betreuer als durch den Bevollmächtigten wahrgenommen werden können.[102] Auch genügt es nicht, dass die Wertvorstellungen des Bevollmächtigten, nach denen er die Vollmacht ausübt, in Teilbereichen allgemeinen Wertvorstellungen zuwiderlaufen.[103] Auch Spannungen zwischen dem Bevollmächtigten einerseits und dem Pflegepersonal oder behandelnden Ärzten

99 *Kurze*, Die Reform des Vormundschafts- und Betreuungsrechts, § 5 Rn 5.

100 Vgl. zur fehlenden Eignung des Vorsorgebevollmächtigten BGH, Beschl. v. 19.7.2017 – XII ZB 141/16, ErbR 2018, 111; BGH, Beschl. v. 30.8.2017 – XII ZB 16/17, NJW-RR 2017, 1281; BGH, Beschl. v. 17.2.2016 – XII ZB 498/15, NJW-RR 2016, 1025; BGH, Beschl. v. 28.7.2015 – XII ZB 674/14, NJW 2015, 3572; BGH, Beschl. v. 13.2.2013 – XII ZB 647/12, NJW 2013, 1085.

101 *Walter*, FamRZ 1999, 688.

102 Grüneberg/*Götz*, § 1816 Rn 5; BGH, Beschl. v. 28.3.2018 – XII ZB 558/17, NJW-RR 2018, 705 = FamRZ 2018, 947 m. weit. Anm. *Fröschle*, S. 949.

103 LG Frankfurt, Beschl. v. 29.7.2002 – 2/28 T 109/02, FamRZ 2003, 632.

andererseits genügen nicht, die Vollmacht ungeachtet zu lassen und eine Betreuung einzurichten.[104]

Die Angelegenheiten des Betroffenen können aber dann durch den Bevollmächtigten nicht mehr ebenso gut wie durch einen Betreuer besorgt werden, wenn die Wahrnehmung den Wünschen des Betroffenen zwar entspricht, der Bevollmächtigte jedoch **nicht geeignet** ist (früher: wenn die Wahrnehmung durch den Bevollmächtigten eine konkrete Gefahr für das Wohl des Betroffenen begründete[105]). Ein Bevollmächtigter ist nicht geeignet, wenn sein Handeln nicht entsprechend den Maßgaben des § 1821 BGB erfolgt. Der vom Betroffenen gewünschte Bevollmächtigte muss willens und in der Lage sein, die Angelegenheiten des Volljährigen in den maßgeblichen Aufgabenbereichen nach Maßgabe des § 1821 BGB zu führen und den erforderlichen Kontakt mit dem Betroffenen zu halten.[106] Es ist danach zu beurteilen, ob er sich im Rahmen seines Handelns an die Zweckbindung der Bevollmächtigung hält, d.h. an den durch den Vollmachtgeber erteilten Auftrag und die damit verbundenen Weisungen und Wünsche des Vollmachtgebers.[107] Der Bevollmächtigte ist ebenfalls ungeeignet, wenn er eigenmächtig oder aufgrund des Verhaltens eines Dritten die Aufgaben nicht erfüllen kann.[108] **Erhebliche Zweifel an der Redlichkeit des Bevollmächtigten** liegen ebenfalls vor,[109] wenn etwa Vermögensdelikte im Raum stehen. Jedoch lässt allein der Umstand, dass der Bevollmächtigte aus dem Vermögen des Vollmachtgebers Schenkungen an sich selbst oder seine eigenen Angehörigen vornimmt, nicht ohne Weiteres darauf schließen, dass er unredlich sei. Wenn die Vorsorgevollmacht ausdrücklich zur Vornahme von Schenkungen berechtigt, kann der Bevollmächtigte hiervon auch Gebrauch machen. Für Zweifel an seiner Redlichkeit müssen weitere Aspekte hinzutreten, etwa konkrete Feststellungen über bestehende Beschränkungen der Schenkungsvollmacht im Innenverhältnis, insbesondere ob die Vermögensverfügungen dem früher geäußerten Willen des Vollmacht- 59

---

104 OLG Oldenburg, Beschl. v. 15.7.2002 – 5 W 97/02, Recht und Praxis 2003, 102.

105 BGH, Beschl. v. 19.7.2017 – XII ZB 141/16, ErbR 2018, 111; BGH, Beschl. v. 17.2.2016 – XII ZB 498/15, NJW-RR 2016, 1025; BGH, Beschl. v. 7.3.2012 – XII ZB 583/11, ZEV 2012, 372.

106 Grüneberg/*Götz*, § 1816 Rn 5.

107 BGH, Beschl. v. 29.3.2023 – XII ZB 515/22, BtPrax 2023, 140, 141 = DNotZ 2023, 861, 864 = ErbR 2023, 651; BGH, Beschl. v. 16.11.2022 – XII ZB 212/22, FamRZ 2023, 308, 309.

108 Grünberg/*Götz*, § 1814 Rn 19.

109 BGH, Beschl. v. 15.8.2018 – XII ZB 10/18, NJW 2019, 237; BGH, Beschl. v. 25.4.2018 – XII ZB 216/17, NJW-RR 2018, 899; BGH, Beschl. v. 17.2.2016 – XII ZB 498/15, NJW-RR 2016, 1025; BGH, Beschl. v. 26.2.2014 – XII ZB 301/13, ZEV 2014, 368; BGH, Beschl. v. 13.4.2011 – XII ZB 584/10, ZEV 2011, 433; BGH, Beschl. v. 19.5.2021 – XII ZB 518/20, FamRZ 2021, 1654, 1655; BGH, Beschl. v. 15.6.2022 – XII ZB 85/22, FamRZ 2022, 1647; BGH, Beschl. v. 16.11.2022 – XII ZB 212/22, BtPrax 2023, 59, 60.

gebers widersprachen oder eine konkrete Gefahr für dessen Wohl begründeten und deshalb einen **Vollmachtsmissbrauch** darstellten.[110]

In solchen Fällen genügt die Einsetzung eines Kontrollbetreuers gemäß § 1815 Abs. 3 BGB nicht.

Die Gefahr einer Fehlbesorgung besteht immer, wenn der Vollmachtnehmer gegen die Vereinbarung oder den erklärten oder mutmaßlichen Willen des Vollmachtgebers verstößt. Die Gefährdung ist immer anhand der konkreten Umstände des Einzelfalls festzustellen. Die Güter des Vollmachtgebers müssen hierbei gefährdet sein.[111]

Letztlich können die Angelegenheiten des Vollmachtgebers durch den Bevollmächtigten auch nur gleichermaßen besorgt werden, wenn der Vollmachtnehmer eine erhebliche Gefährdung für die Person des Vollmachtgebers sowie dessen Vermögen, entgegen den geäußerten Wünschen des Vollmachtgebers, welcher die Gefährdung aufgrund seiner Krankheit oder Behinderung nicht erkennt und nicht nach dieser Einsicht handeln kann, abwendet. Solchen Wünschen dürfte ein Betreuer nach § 1821 Abs. 3 Nr. 1 BGB nicht entsprechen, etwas anderes darf auch nicht für den Vollmachtnehmer gelten. In einem solchen Fall muss der Vollmachtnehmer in der Lage sein, den mutmaßlichen Willen des Vollmachtgebers zu ermitteln. Die Rechtsprechung legt somit betreffend die Eignung des Vollmachtnehmers dieselben Anforderungen wie die für einen Betreuer zu Grunde.[112]

60 Bei der Prüfung der Redlichkeit eines Vorsorgebevollmächtigten kann diesem das Verschulden seines im Betreuungsverfahren tätigen Rechtsanwalts nicht zugerechnet werden.[113]

61 Ferner sind Fälle denkbar, in denen eine Betreuung angeordnet wird, weil der Bevollmächtigte aus anderen als in seiner Person liegenden Gründen die Interessen des Vollmachtgebers nicht durchsetzen kann, so etwa bei Streitigkeiten zwischen Kindern des Vollmachtgebers, von denen nur eines bevollmächtigt ist. Wenn ein Dritter die Bemühungen des Vorsorgebevollmächtigten, für den Vollmachtgeber zu handeln, **durch eigenmächtiges und störendes Verhalten verei-**

---

110 BGH, Beschl. v. 13.2.2013 – XII ZB 647/12, NJW 2013, 1085; BGH, Beschl. v. 13.4.2011 – XII ZB 584/10, ZEV 2011, 433: bejaht beim Versuch, Gelder vom Konto der Vollmachtgeberin in einer Größenordnung von 17.000 EUR abzuheben; BGH, Beschl. v. 26.2.2014 – XII ZB 301/13, ZEV 2014, 368: bejaht beim Abhandenkommen von 15.000 EUR aus dem Vermögen der Vollmachtgeberin.

111 Kurze/*Kurze*, Vorsorgerecht, § 1820 Rn 22 mit weiteren Nachweisen betreffend die Rechtsprechung.

112 BGH, Beschl. v. 2.8.2023 – XII ZB 303/22, BtPrax 2024, 22.

113 BGH, Beschl. v. 13.2.2013 – XII ZB 647/12, NJW 2013, 1085, wo es der Prozessbevollmächtigte aus eingeräumtem Kanzleiverschulden unterließ, die ihm vom Vorsorgebevollmächtigten vorgelegten Unterlagen vollständig an das Betreuungsgericht weiterzuleiten.

telt, kann die Bestellung einer unbeteiligten Person zum Betreuer erforderlich werden.[114] Allerdings müssen auch hier konkrete Anhaltspunkte dafür vorliegen, dass der Bevollmächtigte von der ihm erteilten Vollmacht in einer Weise Gebrauch gemacht hat oder machen wird, die **nicht den Wünschen, dem mutmaßlichen Willen** (früher: dem Wohl) **oder dem Interesse des Betroffenen entspricht.**[115]

Im Falle der **Untätigkeit des Bevollmächtigten** könnte eine konkludente Kündigung des der Vollmacht zugrunde liegenden Grundverhältnisses durch den Bevollmächtigten vorliegen.[116] Es ist im Einzelfall zu prüfen, ob Beratungsangebote der Betreuungsbehörde oder der Betreuungsvereine abhelfen – wenn der Bevollmächtigte etwa mit den anstehenden Aufgaben überfordert ist –, anderenfalls ist eine Betreuung anzuordnen.[117] 62

Gleiches gilt für die Fälle, in denen sich der Bevollmächtigte **nicht durchsetzen** kann, sei es auch unverschuldet,[118] eine Bevollmächtigung **nicht zulässig** ist oder die Vollmacht **Lücken** enthält.[119]

b) Gesetzlicher Ausschluss bestimmter Personen nach § 1814 Abs. 3 i.V.m. § 1816 Abs. 6 BGB

Gemäß § 1814 Abs. 3 i.V.m. § 1816 Abs. 6 BGB scheiden alle Personen als Bevollmächtigte aus, die zu einem Träger von Einrichtungen oder Diensten, die in der Versorgung des Vollmachtgebers tätig sind, in einem **Abhängigkeitsverhältnis oder in einer engen Beziehung** stehen. Eine Ausnahme hiervon ist nur möglich, wenn die konkrete Gefahr einer Interessenkollision nicht besteht (§ 1816 Abs. 6 S. 2 BGB); dies muss im Einzelfall positiv festgestellt werden.[120] 63

§ 1814 Abs. 3 BGB normiert den grundsätzlichen **Vorrang der Bevollmächtigung** vor der Betreuerbestellung auf die Fälle, in denen die in § 1816 Abs. 6 BGB genannten Personen nicht Bevollmächtigte werden. Anders als in § 1816 Abs. 6 BGB, der ausdrücklich formuliert, dass die dort genannten Personen nicht zum Betreuer bestellt werden dürfen, wurde in § 1814 Abs. 3 BGB nicht formuliert, dieser Personenkreis dürfe nicht zum Bevollmächtigten ernannt werden. Somit kann nicht davon ausgegangen werden, dass der in § 1816 Abs. 6 BGB genannte Personenkreis absolut davon ausgeschlossen sei, zum Bevollmächtigten ernannt zu werden bzw. dass eine solche Vollmacht generell unwirksam sei. 64

---

114 BGH, Beschl. v. 7.8.2013 – XII ZB 671/12, ZEV 2013, 626; LG Meiningen, Beschl. v. 5.3.2018 – 4 T 31/18 und 4 T 32/18, ZErb 2018, 154.

115 BGH, Beschl. v. 15.8.2018 – XII ZB 10/18, NJW 2019, 237.

116 Jurgeleit/*Jurgeleit*, Betreuungsrecht, § 1814 Rn 38.

117 Jurgeleit/*Jurgeleit*, Betreuungsrecht, § 1814 Rn 38.

118 Kurze/*Kurze*, Vorsorgerecht, § 1814 BGB Rn 19.

119 Kurze/*Kurze*, Vorsorgerecht, § 1814 BGB Rn 24.

120 Grüneberg/*Götz*, § 1816 Rn 13.

65 Ist eine Person aus dem in § 1816 Abs. 6 BGB genannten Personenkreis Bevollmächtigter des Volljährigen, **muss das Betreuungsgericht nicht zwingend einen Betreuer bestellen**, vielmehr kann es auch hier die Erforderlichkeit der Betreuerbestellung verneinen (Subsidiaritätsprinzip).[121] Ob von der Bestellung eines Betreuers abgesehen werden kann, ist im Zeitpunkt der Betreuungsbedürftigkeit individuell zu überprüfen. Kommt das Gericht zu dem Ergebnis, dass die Bevollmächtigung den Interessen des Vollmachtgebers nicht zuwiderläuft, wird eine Betreuerbestellung nicht erforderlich sein (§ 1816 Abs. 6 S. 2 BGB).[122] Grundsätzlich kann daher auch eine in § 1816 Abs. 6 BGB genannte Person zum Bevollmächtigten ernannt werden; unter Umständen wird das Betreuungsgericht eine **Kontrollbetreuung** gemäß §§ 1815 Abs. 3, 1820 Abs. 3 BGB anordnen.

66 Im Einzelfall kann die Vollmacht dann nichtig sein, wenn sich die Heimleitung routinemäßig und in einem größeren Umfang als mit den Interessen des Heimes zu vereinbaren wäre, Vollmachten erteilen lässt und noch dazu die Aufnahme in das Heim von der Erteilung der Vollmacht abhängig macht und diesbezüglich Druck ausübt. Als vorrangig Bevollmächtigte kommt dieser Personenkreis darüber hinaus auch nicht in Betracht (§ 1816 Abs. 6 S. 1 BGB). In einem solchen Fall besteht mit an Sicherheit grenzender Wahrscheinlichkeit eine Interessenkollision (§ 1816 Abs. 6 S. 2 BGB), da die Ausnahmeregelung eng auszulegen ist.[123]

Gleiches muss für den Fall der Erteilung einer unwiderruflichen Vollmacht, insbesondere einer Generalvollmacht, gelten oder wenn jegliche Kontrollen ausgeschlossen sind.[124]

67 Kein Fall des gesetzlichen Ausschlusses war bis zur Reform des Vormundschafts- und Betreuungsrechts die Bevollmächtigung des Leiters oder der Mitarbeiter eines den Betroffenen versorgenden **ambulanten Pflegedienstes** (auch beim „betreuten Wohnen“), da es hier an einem Abhängigkeitsverhältnis zu einer Einrichtung, in der der Betroffene wohnt, fehlt.[125] Mit der Reform wurden zum 1.1.2023 neben den Beschäftigten von Wohneinrichtungen auch die Beschäftigten der ambulanten Dienste gemäß § 1814 Abs. 3 i.V.m. § 1816 Abs. 6 BGB erfasst, da deren Kontrolle zur Aufgabe des Vollmachtnehmers gehört.[126] Eine Bevollmäch-

121 OLG München, Beschl. v. 29.7.2005 – 33 Wx 115/05, FamRZ 2006, 441; BeckOK-BGB/*Müller-Engels*, § 1816 Rn 42.
122 Grüneberg/*Götz*, § 1816 Rn 13.
123 Grüneberg/*Götz*, § 1816 Rn 13.
124 Bienwald/Sonnenfeld/Harm/*Bienwald*, § 1896 Rn 96; *Walter*, FamRZ 1999, 688.
125 LG Bielefeld, Beschl. v. 6.10.2011 – 23 T 598/11, BeckRS 2012, 17603.
126 Grüneberg/*Götz*, § 1816 Rn 12.

tigung ist nach Eintritt in den Ruhestand möglich,[127] da sodann das Abhängigkeitsverhältnis oder enge Verhältnis üblicherweise nicht mehr besteht.[128]

2. Auswahl des Bevollmächtigten unter dem Aspekt der Missbrauchsvermeidung

Dem Missbrauch der Vollmacht wird am besten durch eine **sorgfältige Auswahl** 68
des Bevollmächtigten vorgebeugt. Der Bevollmächtigte muss eine **absolute Vertrauensperson** sein, damit die Erfüllung der Wünsche und des mutmaßlichen Willens des Vollmachtgebers gewährleistet ist.

Grundvoraussetzungen für einen geeigneten Bevollmächtigten sind:

- ein gegenseitiges und schon über einen längeren Zeitraum bestehendes Vertrauensverhältnis zwischen Vollmachtgeber und Bevollmächtigtem;
- insbesondere bei Vollmachten im persönlichen Bereich: Kenntnis und Verständnis der Grundeinstellung und der Wünsche des Vollmachtgebers;
- insbesondere bei Vollmachten im persönlichen Bereich: Fähigkeit und Zeit, die Wünsche des Vollmachtgebers gegenüber Dritten, insbesondere gegenüber Ärzten und dem Betreuungsgericht, vertreten zu können;
- Kenntnisse und Sachverstand hinsichtlich aller vermögensrechtlich anfallenden Aufgaben.

Dabei ist aber auch zu beachten, dass es bei einem Bevollmächtigten, der ver- 69
wandtschaftliche oder freundschaftliche Bindung zum Vollmachtgeber hat, in gewissen Entscheidungssituationen unter Umständen zu **Konflikten mit eigenen Bedürfnissen und Interessen** kommen kann (Gefahr der Subjektivität). Sollten hier bereits Probleme dahingehend auftauchen, dass im eigenen Umfeld des Vollmachtgebers keine geeignete Person gefunden werden kann, sollte von einer Bevollmächtigung im Zweifel abgeraten werden.

Ist eine Vollmacht zunächst wirksam erteilt, missbraucht der Bevollmächtigte 70
diese dann jedoch zum Nachteil des Vollmachtgebers, kann eine Betreuung angeordnet werden, wenn konkrete Anhaltspunkte für einen Missbrauch für das Betreuungsgericht erkennbar sind.[129]

---

127 OLG Schleswig, Beschl. v. 23.1.2002 – 2 W 210/01, FamRZ 2002, 984 (der vorliegende Fall beschäftigt sich mit der Einsetzung eines pensionierten Heimleiters, müsste jedoch denklogisch auch auf andere natürliche Personen anwendbar sein, jedoch wurde bis dato nicht entschieden; Grüneberg/*Götz*, § 1816 Rn 12.

128 MüKo-BGB/*Schneider*, § 1816 Rn 65.

129 BayObLG, Beschl. v. 9.4.2003 – 3Z BR 242/02, FamRZ 2003, 1219.

3. Der anwaltliche Vorsorgebevollmächtigte

71 Findet sich im näheren Umfeld keine geeignete Vertrauensperson zu Ausübung der Vorsorgevollmacht, kann ein **anwaltlicher Vorsorgebevollmächtigter**[130] gewählt werden. In solchen Fällen kann die Arbeit des Rechtsanwalts von der Beratung in die Begleitung oder Übernahme einer Bevollmächtigung übergehen.

72 Es hat für den Vollmachtgeber Vorteile, wenn ein Rechtsanwalt die Bevollmächtigung übernimmt oder aber dieser neben dem Hauptbevollmächtigten der zweite, unterstützende und kontrollierende Bevollmächtigte wird. Der Rechtsanwalt ist berufsrechtlich zur Unabhängigkeit und Verschwiegenheit verpflichtet, darf nur die Interessen seines Mandanten und damit des Vollmachtgebers wahrnehmen. Von Gesetzes wegen darf er sich in keinen Interessenkonflikt begeben.

Ein so unterstützter Bevollmächtigter wird seine Aufgabe zuverlässiger ausüben. Außerdem ist der Vollmachtgeber geschützt gegen Veruntreuung von Vermögen, einen voreiligen Umzug ins Pflegeheim oder sonstige Fremdbestimmung.

73 Auch für den Bevollmächtigten kann ein Rechtsanwalt als Unterstützungs- oder Kontrollbevollmächtigter hilfreich sein, z.B. um ihn bei Anfeindungen von außen zu beraten. Auskunfts- und Rechenschaftspflichten können von dem Unterstützungsbevollmächtigten erfüllt werden. Ein späterer Streit mit den Erben wird so sehr viel unwahrscheinlicher.

Wenngleich bei einer anwaltlichen Bevollmächtigung ein Vertrauensverhältnis im Rahmen des Mandats zunächst aufgebaut werden muss, sind alle weiteren Kriterien, die ein Bevollmächtigter besitzen muss, hier mehr als erfüllt.

74 Für die Gestaltung werden häufig Pauschalvergütungen, für die spätere Ausübung der Tätigkeit in der Regel Zeitvergütungen vereinbart.

II. Vollmachtstypen zur Regelung des Umfangs der Vertretungsmacht

75 Der Umfang der Vertretungsmacht richtet sich nach den Anordnungen des Vollmachtgebers. Die Vertretungsmacht kann nicht mehr Angelegenheiten als bei einer entsprechenden Betreuerbestellung umfassen.

Höchstpersönliche Rechtsgeschäfte wie bspw. Eheschließung, Testamentserrichtung, das Wahlrecht und häufig auch die Ausübung von vertraglichen Rückforderungsrechten sind auf einen Vertreter nicht übertragbar.[131]

---

130 Vereine, in denen Rechtsanwälte organisiert sind, die auf die Übernahme von Bevollmächtigungen und Unterstützung von Bevollmächtigten spezialisiert sind, sind etwa der „VorsorgeAnwalt e.V.“, www.vorsorgevollmacht-anwalt.de, oder die „Deutsche Vereinigung für Vorsorge- und Betreuungsrecht e.V.“, www.dvvb.de.

131 Grüneberg/*Götz*, § 1815 Rn 3.

In der Grundstruktur sind die folgenden **Vollmachtsregelungen** zu unterscheiden:

1. General- und Spezialvollmacht

Eine Vollmacht kann entweder für bestimmte Rechtsgeschäfte als **Spezialvollmacht** oder aber auch als alle Rechtsgeschäfte umfassende **Generalvollmacht** erteilt werden. 76

Lediglich im Rahmen der rechtsgeschäftlichen Vollmachten erscheint eine Einzelvollmacht, bspw. eine Kontovollmacht, sinnvoll. Wird dagegen eine Vorsorge dahingehend angestrebt, eine Betreuerbestellung zu vermeiden, erscheint allein eine Generalvollmacht hierzu geeignet. Anderenfalls besteht die Gefahr, dass seitens des Betreuungsgerichts ein Betreuer bestellt wird, wenn Maßnahmen erforderlich werden, die von der Vollmacht nicht erfasst sind.

2. Doppelbevollmächtigung

Im Falle der Verhinderung des Bevollmächtigten ist die **Kontinuität der Versorgung** des Betreuungsbedürftigen in Frage gestellt, möglicherweise wird sogar die Bestellung eines Betreuers erforderlich. 77

Als mögliche Lösung bietet sich für diesen Fall an, im Außenverhältnis eine **Doppelvollmacht**[132] derart zu erteilen, dass **beiden Vertretern dieselben Aufgaben übertragen** werden.[133] Dann können beide Bevollmächtigte jeweils unabhängig voneinander handeln. In der Vollmacht kann angeordnet werden, dass bei Meinungsverschiedenheiten die Entscheidung einem bestimmten Vertreter obliegt.

Bei Erteilung einer Generalvollmacht zugunsten zweier Vertreter stellt sich die **Frage, ob die Vertreter sich gegenseitig die Vollmacht entziehen können**. 78

Dies wurde vom OLG Karlsruhe[134] verneint mit der Begründung, das Widerrufsrecht stehe – falls die Vollmacht nichts Abweichendes bestimme – ausschließlich dem Vollmachtgeber und im Falle des Eintritts der Geschäftsunfähigkeit seinem gesetzlichen Vertreter, also einem Betreuer, zu. Anderenfalls würde die der mehrfachen Bevollmächtigung immanente gegenseitige Kontrolle der Bevollmächtigten verloren gehen. Zudem würde ein Wettlauf der Bevollmächtigten entstehen, wenn derjenige, der die Vollmacht des anderen zuerst widerruft, als alleiniger Vertreter verbleiben könnte. Dies könne nicht im Sinne des Vollmachtgebers gewesen sein. Eine Befugnis zum Widerruf der Vollmacht durch einen der Bevollmächtigten lasse sich nicht einmal dann aus der Vollmacht ableiten, wenn in der

132 Vgl. hierzu auch „Kontrollbevollmächtigung“, Rdn 321 ff.

133 Kerscher/Krug/Spanke/*Spanke/van de Loo*, Das erbrechtliche Mandat, § 7 Rn 687 ff.

134 OLG Karlsruhe, Beschl. v. 3.2.2010 – 19 U 124/09, FamRZ 2010, 1762.

Person des anderen Bevollmächtigten ein besonderer Widerrufsgrund, wie etwa eine Untreue zum Nachteil des Vollmachtgebers, vorliege.

Erhalten mehrere Personen gleichrangig die Vorsorgevollmacht, ist mangels abweichender Bestimmung keiner der beiden Bevollmächtigten berechtigt, die Vollmacht des anderen zu widerrufen.[135]

Um diese Problematik zu vermeiden, sollte das Recht zum Widerruf der Vollmacht in der Vollmachtsurkunde bzw. im zugrunde liegenden Innenverhältnis geregelt und ggf. ausgeschlossen bzw. für bestimmte Fälle ermöglicht sein. Zum Widerruf siehe im Einzelnen Rdn 296 ff.

79 Die **Doppelvollmacht mit wechselseitiger Kontrolle im Innenverhältnis** ist, soweit zwei geeignete Vertreter vorhanden sind, grundsätzlich zu empfehlen. Dabei sind die Details der Vollmachtserteilung nach dem jeweiligen Einzelfall abzustimmen. Als Grundmodell empfiehlt sich eine umfassende Bevollmächtigung beider Vertreter im Außenverhältnis, um bei Verhinderung eines Vertreters eine hinreichende Betreuung auch ohne Unterbevollmächtigung sicherzustellen. **Im Innenverhältnis** sollten allerdings zur Vermeidung von Konflikten **die jeweiligen Zuständigkeiten geregelt** sein.

80 Dabei hat die Doppelbevollmächtigung neben dem Vorteil der Kontinuität der Vertretung des Vollmachtgebers als weiteren Vorteil die dadurch mögliche **Arbeitsteilung der Bevollmächtigten** sowie den der gegenseitigen Kontrolle der Vertreter. Durch ein Vier-Augen-Prinzip wird hier eine gegenseitige Überwachung gewährleistet, da jeder Bevollmächtigte die Rechte aus dem Grundverhältnis gegenüber dem anderen ausübt. Diese Gestaltung entspricht somit einer **Kontrollbetreuung**, ohne dass jedoch ein ggf. anonymer Kontrollbetreuer von Seiten des Betreuungsgerichts bestellt werden muss.

81 Eine stärkere gegenseitige Überwachung wird durch eine **Gesamtvollmacht** ermöglicht, bei der ein Handeln der Vertreter **nur gemeinsam** möglich ist. Diese ist für viele Rechtsgeschäfte wenig praktikabel, da die Bevollmächtigten übermäßig gebunden sind, so dass hier letztlich die wechsel- oder einseitige Erteilung von Untervollmachten für bestimmte Rechtsgeschäfte im Einzelfall oder auch generell möglich sein sollte. Fehlt eine solche Öffnungsklausel und sind die Bevollmächtigten zu einer Kooperation nicht willens oder in der Lage, ist eine wirksame gemeinschaftliche Vertretung nicht möglich mit der Folge, dass u.U. ein Betreuer zu bestellen ist.[136]

---

135 OLG Karlsruhe, Beschl. v. 24.1.2022 – 10 W 8/21, FamRZ 2022, 736 = ErbR 2022, 350, 351.

136 BGH, Beschl. v. 31.1.2018 – XII ZB 527/17, NJW 2018, 1257.

3. Ersatzbevollmächtigung und Unterbevollmächtigung

Für den Fall, dass der Bevollmächtigte bspw. aus gesundheitlichen Gründen ausfällt, sollte der Vollmachtgeber einen **Ersatzbevollmächtigten** bestellen oder den Hauptbevollmächtigten ermächtigten, seinerseits einen Ersatzbevollmächtigten oder **Unterbevollmächtigten** zu benennen. 82

Eine Ersatz- oder Unterbevollmächtigung durch den Bevollmächtigten selbst sollte jedoch nur **zeitlich begrenzt** und lediglich für **bestimmte einzelne Rechtsgeschäfte** erteilt werden dürfen, so dass eine vollständige und dauerhafte Übertragung auf Dritte nicht möglich ist. Auch sollte die Übertragung der Vollmacht in persönlichen Angelegenheiten, wie ärztliche Maßnahmen, Unterbringung, ärztliche Zwangsmaßnahmen nebst stationärem Krankenhausaufenthalt, Maßnahmen des Fernmeldeverkehrs und Maßnahmen der passiven Sterbehilfe im weitesten Sinne u.a., ausgeschlossen sein.

Die Ersatzbevollmächtigung darf im Hinblick auf eine Kontinuität nicht an den Eintritt einer Bedingung geknüpft sein, deren Nachweis nur erschwert beigebracht werden kann. In der Regel sinnvoller ist daher eine Doppelbevollmächtigung zweier Bevollmächtigter nach außen hin und eine Regelung im Innenverhältnis, in welchem Rangverhältnis zueinander die Bevollmächtigten die Vertretung wahrnehmen sollen.

Wenn die Vorsorgevollmacht eine Betreuung dauerhaft ersetzen soll, muss die Frage einer Ersatzbevollmächtigung gelöst werden. Sind zwei oder mehr geeignete Bevollmächtigte vorhanden, die auch untereinander harmonieren, stellt sich das Problem nicht. Sie können nebeneinander als Hauptbevollmächtigte mit Einzelverfügungsbefugnis eingesetzt werden mit einer Ersetzungsregelung im Innenverhältnis. Schwieriger wird die Situation, wenn neben der persönlichen Vertrauensperson nur ein oder gar kein Ersatzbevollmächtigter genannt ist. Fällt auch dieser wegen Tod, Krankheit oder sonstiger Verhinderung weg, würde die Vorsorgevollmacht wegen „Personalmangel" ihre Wirkung verlieren und zu der ursprünglich nicht gewollten Betreuung führen. 83

Anders als bei der Betreuung besteht im Rahmen der Vorsorgevollmacht kein gesetzliches Verfahren der Neubesetzung. Davon ausgehend stellt sich die Frage, ob und wie im Bereich der Vorsorgevollmacht die **Benennung eines Ersatzbevollmächtigten durch Dritte** möglich ist. Dogmatische Bedenken hiergegen bestehen nicht. 84

Die Bestimmung einer Ersatzperson für eine Vertrauensstellung durch Dritte ist im Bereich der Testamentsvollstreckung schon seit langem anerkannt. Selbst wenn der Erblasser es nicht ausdrücklich angeordnet hat, wird das Nachlassgericht meist im Wege der ergänzenden Testamentsauslegung den Wunsch nach einer Testamentsvollstreckung nicht an der konkreten Person festmachen, sondern einen Ersatztestamentsvollstrecker bestimmen, wenn die ursprünglich bestimmte Person weggefallen ist. Es ist anerkannter Grundsatz der Testierfreiheit, dass der Erblasser einen Testamentsvollstrecker nicht nur durch das Nachlassgericht, sondern gemäß § 2198 BGB auch durch eine juristische Person bestimmen lassen kann.[137]

85 Entsprechendes ist auch bei Vorsorgebevollmächtigungen möglich. Eine **juristische Person** übt das Bestimmungsrecht durch ihr Vertretungsorgan aus. Ist ein eingetragener Verein vorgesehen,[138] wird der Vorstand bzw. der Geschäftsführer das Bestimmungsrecht ausüben; diese werden in der Vorsorgevollmacht ermächtigt.

86 Damit der so bestimmte Ersatzbevollmächtigte im Rechtsverkehr seine Legitimation hinreichend ableiten kann, müssen einige **Voraussetzungen** gegeben sein: Zum einen sollte die Verhinderung des/der zunächst berufenen Bevollmächtigten nicht als nachweisbare Rechtsbedingung aufgenommen werden. Eine Beschränkung im Innenverhältnis sollte ausreichen, um den Nachweis der Verhinderung, der gerade bei Krankheit des Hauptbevollmächtigten schwierig sein kann, nicht zum Hemmnis im Rechtsverkehr werden zu lassen.

Zum anderen muss die ordnungsgemäße Berufung durch den Dritten nachvollziehbar sein. Angesichts der Tatsache, dass diese Konstruktion bislang noch wenig verbreitet ist, dürfte der sicherste Weg die notarielle Beurkundung der Erklärung der Benennung des Ersatzbevollmächtigten sein. Der Notar wird dann eine weitere Ausfertigung der ursprünglichen Vollmacht, verbunden mit einer Ausfertigung der neuen Untervorsorgevollmacht dem neu benannten Ersatzbevollmächtigten aushändigen.

87 Bei einer entgeltlich geführten Vorsorgevollmacht muss auch das **Innenverhältnis** zum Vollmachtgeber geregelt sein. Da der Vollmachtgeber naturgemäß nicht mehr die Bedingungen aushandeln kann, zu denen der Ersatzbevollmächtigte arbeitet, sollte auf feststehende Vergütungsrichtlinien[139] verwiesen werden. Zum Vertragsschluss mit dem Ersatzbevollmächtigten sollte der Vollmachtgeber den Dritten (Verein) bevollmächtigen.

4. Vollmacht mit wechselseitiger Einsetzung der Ehegatten

88 Im Hinblick auf den besonderen Vertrauenscharakter einer Vorsorgevollmacht wird die Wahl des Bevollmächtigten meist auf einen nahen Angehörigen, bei Eheleuten insbesondere auch auf den Ehepartner[140] fallen. Die Praxis zeigt, dass sich gerade **Eheleute** oft **wechselseitig bevollmächtigen.** Dabei erfolgt die Bevollmächtigung des jeweils anderen oftmals nur im Hinblick auf die eigene Be-

137 MüKo-BGB/*Zimmermann*, § 2198 Rn 3.

138 Etwa der Verein „VorsorgeAnwalt e.V.“, www.vorsorgevollmacht-anwalt.de.

139 Wie etwa die des Vereins „VorsorgeAnwalt e.V“, www.vorsorgevollmacht-anwalt.de.

140 Zum Widerruf wechselbezüglicher Verfügungen eines gemeinschaftlichen Testaments im Falle der Geschäftsunfähigkeit des anderen Ehegatten siehe Rdn 123.

vollmächtigung und ist Ausdruck eines gegenseitigen Vertrauensbeweises. Zur Dokumentation dieser wechselseitigen Abhängigkeit sowie zur Sicherstellung der inhaltlichen Identität der gegenseitigen Bevollmächtigung können **beide Vorsorgevollmachten in nur einer Urkunde zusammengefasst** werden. Damit wird jeder Ehegatte sowohl Vollmachtgeber als auch gleichzeitig Bevollmächtigter des jeweils anderen Ehegatten.

Bei dieser Gestaltung muss die **Kontinuität der Bevollmächtigung** sichergestellt werden. Es ist empfehlenswert, hier im Rahmen einer Doppelbevollmächtigung neben dem jeweiligen Ehegatten noch einen weiteren Mitbevollmächtigten zu benennen.

III. Befugnisse des Bevollmächtigten bei rechtsgeschäftlichen Angelegenheiten

1. Post- und transmortale Vollmacht

Die **post- und transmortale Vollmacht**[141] ermöglicht es dem Bevollmächtigten, 89
auch nach dem Versterben des Vollmachtgebers unabhängig von Ermittlung und Willen der Erben und unabhängig von der Vorlage eines Erbscheins oder eines Testaments mit Eröffnungsvermerk rechtsgeschäftlich tätig zu werden. Aufgrund von ihm geschlossener Verträge scheiden Nachlassgegenstände aus dem Nachlass aus, während die Gegenleistungen in den Nachlass fallen. Darüber hinaus kann der Bevollmächtigte im Rahmen der ihm erteilten Vollmacht über Nachlassgegenstände auch unentgeltlich verfügen. Der Bevollmächtigte kann mithin alle Rechtsgeschäfte vornehmen, wie ursprünglich der Erblasser in eigener Person.[142]

Die **Wirkungen des rechtsgeschäftlichen Handelns des Bevollmächtigten** treten jedoch **nicht mehr in der Person des Erblassers, sondern des bzw. der Erben** ein.[143]

Eine namentliche Bezeichnung der Erben ist dabei nicht erforderlich.[144]

Die Vollmacht kann sowohl zu Lebzeiten als Rechtsgeschäft unter Lebenden erteilt werden als auch im Rahmen letztwilliger Verfügungen von Todes wegen,

141 Ausführlich hierzu *Schwander*, RNotZ 2019, 57.

142 OLG Hamburg, Beschl. v. 27.5.1966 – 2 W 14/66, DNotZ 1967, 31.

143 BGH, Urt. v. 23.2.1983 – Iva ZR 186/81, BGHZ 87, 19; OLG Frankfurt, Beschl. v. 27.6.2017 – 20 W 179/17, ErbR 2018, 157 m. Anm. *Wendt*; OLG Frankfurt, Beschl. v. 29.6.2011 – 20 W 168/11, ZEV 2012, 377; OLG Hamm, Beschl. v. 10.1.2013 – 15 W 79/12, ZEV 2013, 341.

144 LG Stuttgart, Beschl. v. 20.7.2007 – 1 T 37/2007 (1 T 37/07), ZEV 2008, 198; OLG Frankfurt, Beschl. v. 29.6.2011 – 20 W 168/11, ZEV 2012, 377.

wobei letzterer Fall problematisch ist, da die Übergangsfunktion der Vollmacht bis zum Zugang der Willenserklärung nicht gewährleistet ist.[145]

Bei seinem rechtsgeschäftlichen Handeln bedarf der Bevollmächtigte auch dann, wenn zu den Erben Minderjährige gehören, **nicht der Genehmigung des Familiengerichts**, selbst wenn dies bei eigenem Handeln der Erben erforderlich wäre.[146]

Die postmortale und die transmortale Vollmacht beziehen sich nur auf den Nachlass und erstrecken sich nicht auf das Privatvermögen des Erben, da insoweit nur der Erbe selbst wirksam Vollmacht erteilen kann.[147]

90 Umstritten ist die Frage, ob die Vollmacht durch **Konfusion** (Vereinigung von Schuldner- und Gläubigerstellung in einer Person) erlischt, **wenn der Bevollmächtigte den Erblasser allein beerbt hat.**[148] Diese Frage wirkt sich vor allem im Grundbuchverfahren aus und wird separat unter Rdn 132 ff. behandelt.

2. Sonderfall: Post- und transmortale Kontovollmacht

91 Grundsätzlich hat die Bank, wenn von einer post- oder transmortalen Kontovollmacht[149] Gebrauch gemacht wird,[150] die ihr erteilten Weisungen **unverzüglich und vorbehaltlos zu erfüllen**, und zwar unabhängig davon, ob zugleich eine **bankeigene Vollmacht** vorliegt oder nicht. Insbesondere ist die Bank nicht berechtigt oder verpflichtet, die Zustimmung des Erben abzuwarten oder durch Zuwarten den Widerruf der Vollmacht zu ermöglichen.[151] Bei einer zögerlichen Ausführung oder gar Verweigerung läuft die Bank Gefahr, sich **schadensersatzpflichtig** zu machen.[152]

92 Zur Überprüfung der Echtheit der Vollmachtsurkunde ist die Bank jedoch berechtigt – wenn nicht sogar verpflichtet –, die **Vorlage der Originalvollmacht** zu

145 *Werner*, ZErb 2019, 137, 138.

146 RGZ 88, 345; RGZ 106, 185; Bengel/Reimann/Holtz/Röhl/*Pauli*, § 5 Rn 128.

147 BGH, Urt. v. 23.2.1983 – IVa ZR 186/81, FamRZ 1983, 477; Grüneberg/*Weidlich*, § 1922 Rn 33 und vor § 2197 Rn 10.

148 Zur Darstellung des Streitstands: *Schwander*, RNotZ 2019, 57; *Joachim/Lange*, ZEV 2019, 62.

149 Zum Innenverhältnis bei einer erteilten Kontovollmacht siehe Rdn 259 ff.

150 Zum Gebrauch einer Bank- oder Kontovollmacht und zu Beweislastfragen sehr ausführlich *Pamp*, ErbR 2013, 194.

151 BGH, Urt. v. 25.10.1994 – XI ZR 239/93, NJW 1995, 250; DNotI-Report 2015, 65; *Glenk*, NJW 2017, 452.

152 Vgl. etwa LG Memmingen, Urt. v. 28.10.2019 – 22 O 257/19, ErbR 2020, 131: Auferlegung des Verzugsschadens des bevollmächtigten Erben, u.a. der Erbscheins- und Rechtsanwaltskosten; LG Detmold, Urt. v. 14.1.2015 – 10 S 110/14, ZEV 2015, 353; Grüneberg/*Weidlich*, vor § 2197 Rn 10.

verlangen, insbesondere dann, wenn die Vorlage im Text der Vollmachtsurkunde vorgesehen ist.[153]

Ist die Verfügungsbefugnis des Bevollmächtigten nicht bereits im Vollmachtsformular geregelt und lässt sich daher eine Einschränkung nicht erkennen, so ist der Umfang der Vertretungsmacht durch Auslegung zu ermitteln.[154]

Im Grundsatz anerkannt ist, dass die Verfügungsbefugnis **nur die üblichen Kontovorgänge** umfasst. Bei verständiger Auslegung einer Vollmacht kann nicht davon ausgegangen werden, dass diese auch zu einer Kontoauflösung oder Umwandlung in ein Einzelkonto berechtigt.[155] 93

Eine Ausnahme kann jedoch bei **gegenseitiger Bevollmächtigung von Ehegatten** bestehen, wenn beide Mitinhaber eines **Oder-Kontos** mit beiderseitiger Verfügungsbefugnis sind. Hier kann der Zweck der Bevollmächtigung auch darin liegen, dass der Bevollmächtigte nach dem Tod des anderen Kontoinhabers abgesichert sein soll und umgehend über das Guthaben verfügen kann. In so einem Fall ist eine transmortale Vollmacht zwischen Eheleuten dahin auszulegen, dass der überlebende Teil zu seiner Absicherung berechtigt ist, ein gemeinsames Konto, zu welchem er die Alleinzeichnungsbefugnis besitzt (Oder-Konto), in ein Einzelkonto umzuwandeln.

Es muss jedoch eine Schenkung auf den Todesfall gemäß § 2301 BGB vorliegen, wenn bereits mit Einräumung der Mitverfügungsbefugnis das erforderliche lebzeitige Vermögensopfer erfolgt, so dass für die Schenkung bei Einrichtung des Oder-Kontos der Wille der Ehegatten genügt, dass im Zeitpunkt des Todes die Forderung gegenüber der Bank auf den überlebenden Ehegatten übergehen und dieser Alleinberechtigter sein soll. Die alleinige Erteilung einer Vollmacht verbunden mit dem Wunsch des Erblassers, der andere Ehegatte möge sich das Guthaben übertragen, reicht nicht aus.[156]

Der länger lebende Ehegatte verliert seine Einzelverfügungsbefugnis auch nicht dadurch, dass neben ihm noch andere **Miterben** Rechtsnachfolger des erstverstorbenen Ehegatten geworden sind.[157] In diesem Fall können jedoch **Schadensersatz- oder Bereicherungsansprüche** der anderen Miterben entstehen, wenn es an einem Rechtsgrund für eine vorgenommene Verfügung gefehlt hat, weil der bevollmächtigte Ehegatte seine internen Befugnisse überschritten hat. 94

153 Zur Legitimationsprüfung durch die Bank ausführlich *Günther*, NJW 2013, 3681.

154 OLG Hamm, Urt. v. 7.12.1994 – 31 U 100/94, NJW-RR 1995, 564.

155 Vgl. auch BGH, Urt. v. 24.3.2009 – XI ZR 191/08, ZEV 2009, 306, wonach eine transmortale Vollmacht nicht zur Umschreibung eines Bankkontos auf den Bevollmächtigten berechtigt. BGH, Urt. v. 24.3.2009 – XI ZR 191/08, NJW-RR 2009, 979 = FamRZ 2009, 1053.

156 Grüneberg/*Weidlich*, § 2301 Rn 12.

157 BGH, Beschl. v. 10.6.2010 – Xa ZR 110/09, ZEV 2010, 478.

95 Etwas anderes gilt dann, wenn es sich um ein **Einzelkonto des Erblassers** handelt. Hier berechtigt eine dem Ehegatten erteilte transmortale Kontovollmacht weder zu Lebzeiten des Erblassers noch nach dessen Tod zur Umschreibung des Kontos auf den bevollmächtigten Ehepartner, wie vom BGH entschieden.[158] Denn mit dem Erbfall wird der Erbe Herr des Nachlasses; der Bevollmächtigte ist nicht zur Vornahme von Handlungen berechtigt, die den schutzwürdigen Interessen des/der Erben zuwiderlaufen. Die Einräumung einer Kontovollmacht ist damit kein geeignetes Mittel, um den überlebenden Ehegatten finanziell abzusichern.

96 Eine zu Zwecken der Vermögensverwaltung erteilte Kontovollmacht berechtigt den Bevollmächtigten grundsätzlich nicht dazu, das Vermögen des Vollmachtgebers zu **verschenken** und erst recht nicht dazu, dabei selbst als Schenker aufzutreten.[159] Im Hinblick auf die Pflichten, in die der Bevollmächtigte im Innenverhältnis zum Vollmachtgeber eingebunden ist, kann regelmäßig keine Rede davon sein, dass der Vollmachtgeber allein schon durch die Erteilung einer solchen Vollmacht den betreffenden Vermögensgegenstand „aus der Hand geben" will (vgl. Rdn 271 ff.).

Praxistipp

Um im Zusammenhang mit einer Kontovollmacht zukünftigen Streit zu vermeiden, sollte das Innenverhältnis in der Vollmacht geregelt sein. Dabei sind insbesondere die Fragen des Umfangs der Bevollmächtigung sowie die Möglichkeit des transmortalen Handelns zu regeln. Wurde ein bankeigenes Vollmachtformular verwendet, das keinen Raum für eine Regelung des Innenverhältnisses lässt, sollte dieses zusätzlich geregelt werden.

97 Dem Bevollmächtigten stehen gegenüber der Bank die gleichen **Auskunftsansprüche** zu wie dem Kontoinhaber, und zwar auch dann, wenn die Bank diesem – etwa durch laufende Kontoauszüge – bereits Auskunft erteilt hat.[160]

Eine Kontovollmacht berechtigt den Bevollmächtigten nicht zur Kreditaufnahme, auch nicht in Form einer Kontoüberziehung.[161]

Allein die Einräumung einer transmortalen Kontovollmacht stellt grundsätzlich keine Erbeinsetzung des Bevollmächtigten dar.[162]

---

158 BGH, Urt. v. 24.3.2009 – XI ZR 191/08, ZEV 2009, 306: Hier wurde die Bank, die das Girokonto des Erblassers aufgrund einer Vollmacht auf die Ehefrau überschrieben hatte, zur Auszahlung des Kontobetrages an den allein erbenden Sohn verurteilt.

159 BGH, Beschl. v. 7.10.1998 – 3 StR 370/98, NJW 1999, 435.

160 Vgl. hierzu *Pamp*, ErbR 2013, 194.

161 Staudinger/*Schilken*, § 167 Rn 85 m.w.N.; nach teilweise vertretener Auffassung sind vorübergehende Kontoüberziehungen im banküblichen Rahmen von der Vollmacht gedeckt, vgl. Langenbucher/Bliesener/Spindler/*Müller-Christmann*, 1.Teil 1. Kap III 5.

162 Vgl. OLG München, Beschl. v. 15.7.2010 – 31 Wx 33/10, ZErb 2010, 299: Die Erblasserin hatte der Konto- und Vorsorgebevollmächtigten durch Testament ihre Wohnungseinrichtung zugewiesen, was als Vermächtnis und nicht als Erbeinsetzung ausgelegt wurde.

3. Vollmacht und Testamentsvollstreckung

Sofern **Vollmacht für den späteren Testamentsvollstrecker**[163] erteilt wird, kann die Kopplung von Testamentsvollstreckeramt und Generalvollmacht dazu verwendet werden, die Rechte des Testamentsvollstreckers auszuweiten.[164] So kann der Testamentsvollstrecker schon vor Amtsbeginn aufgrund einer erteilten Vollmacht über den Nachlass verfügen; nach Amtsbeginn kann die erteilte Vollmacht die Befugnisse des Testamentsvollstreckers erweitern. 98

Die Aufgabenkreise und Befugnisse von **Testamentsvollstrecker und einem anderen Bevollmächtigten** können sich vielfach überschneiden und somit zu **Kollisionen** führen. Umstritten ist, ob die Anordnung einer Testamentsvollstreckung die Vollmacht in ihrer Wirkung einschränkt. Bedeutsam für einen Vertragspartner ist hier somit, ob er sich auf den Bestand einer erteilten Vollmacht verlassen darf, auch wenn er von der Testamentsvollstreckung Kenntnis erlangt hat.

Trotz einer kontrovers geführten Diskussion[165] kann nach h.M. und Rspr. ein durch trans- oder postmortale Vollmacht Bevollmächtigter nicht durch die Anordnung einer Testamentsvollstreckung in seiner Verfügungsberechtigung beschränkt werden.[166] **Beide Befugnisse bestehen isoliert nebeneinander.**[167] Erlangt ein Vertragspartner Kenntnis von der Testamentsvollstreckung, so besteht grundsätzlich kein Anlass für diesen, anzunehmen, der Erblasser habe die Vollmacht widerrufen wollen. Gerade bei einer **postmortalen Vollmacht**, die erst ab dem Tod des Vollmachtgebers Wirkung entfaltet, ist anzunehmen, dass nach dem Willen des Erblassers die Rechte des Testamentsvollstreckers durch die des Bevollmächtigten eingeschränkt sein sollen.[168] In jedem Einzelfall ist der wirkliche Wille des Erblassers anhand der erteilten Vollmacht sowie der Anordnung der Testamentsvollstreckung, wobei es auf die zeitliche Reihenfolge der Erteilung und der Anordnung nicht ankommt, durch Auslegung der beiden Urkunden zu erforschen, insbesondere ob und inwieweit der Erblasser voneinander unabhängige Machtbefugnisse begründen wollte. Die Begleitumstände, der verfolgte Zweck und die bestehende Interessenlage können dabei immer Berücksichtigung finden.[169] 99

163 Siehe auch *Schwander*, RNotZ 2019, 57; *Becker*, ZEV 2018, 692; *Kurze*, ZErb 2008, 399.

164 BGH, Urt. v. 18.6.1962 – II ZR 99/61, NJW 1962, 1718.

165 Dargestellt bei Bengel/Reimann/Holtz/Röhl/*Zinger*, § 1 Rn 39; *Becker*, ZEV 2018, 692.

166 OLG München, Beschl. v. 15.11.2011 – 34 Wx 388/11, ZErb 2012, 18, OLG München, Beschl. v. 26.7.2012 – 34 Wx 248/12, ErbR 2013, 33; OLG Frankfurt, Beschl. v. 29.6.2011 – 20 W 168/11, ZEV 2012, 377; BGH, Urt. v. 18.6.1962 – II ZR 99/61, NJW 1962, 1718; MüKo-BGB/*Schubert*, § 168 Rn 41; Grüneberg/*Weidlich*, vor § 2197 Rn 12.

167 Zum Verhältnis von Testamentsvollstreckung und Vollmacht und die Auswirkungen im Grundbuchverfahren *Weidlich*, MittBayNot 2013, 196; siehe auch *Amann*, MittBayNot 2013, 367.

168 OLG München, Beschl. v. 26.7.2012 – 34 Wx 248/12, ErbR 2013, 33.

169 BGH, Beschl. v. 14.9.2022 – IV ZB 34/21, DNotZ 2023, 631, 635.

Die Rechtsstellung als Bevollmächtigter geht also durch die Ernennung eines Testamentsvollstreckers nicht verloren. Beide stehen im Außenverhältnis selbstständig nebeneinander. Der Vollmachtnehmer leitet seine Befugnis vom Erblasser und nicht vom Testamentsvollstrecker ab.[170]

100 Allerdings kann der **Testamentsvollstrecker** die einem Dritten erteilte Vollmacht **widerrufen**, sofern dies nicht ausdrücklich oder konkludent ausgeschlossen ist, vgl. § 2208 Abs. 1 S. 1 BGB.[171] Einen konkludenten Ausschluss wird man in der Regel bei einer postmortalen Vollmacht annehmen können.[172]

101 Es besteht auch die Möglichkeit des **Alleinerben** oder bei einer Erbengemeinschaft jedes **Miterben** mit Wirkung für sich, die einem Dritten oder dem Testamentsvollstrecker erteilte Vollmacht zu widerrufen (siehe Rdn 296 ff.). Gegen einen Widerruf der Vollmacht kann der Testamentsvollstrecker dadurch geschützt werden, dass die Beibehaltung derselben den Erben zur Auflage gemacht und deren Einhaltung durch den Testamentsvollstrecker überwacht wird. Auch kann die Erfüllung dieser Anordnung zur Bedingung für die Beibehaltung der Erbenstellung gemacht werden.[173]

102 Wurde der Testamentsvollstrecker gleichzeitig auch **Generalbevollmächtigter** aufgrund postmortaler Vollmacht, so **unterliegt** er bei seinem Tätigwerden im Rahmen der Vollmacht **nicht den Beschränkungen eines Testamentsvollstreckers.** So kann er aufgrund einer Vollmacht etwa dazu ermächtigt sein, unentgeltliche Verfügungen zu treffen oder vom Verbot des Selbstkontrahierens befreit werden.

Praxistipp

Sofern in der letztwilligen Verfügung des Mandanten Testamentsvollstreckung angeordnet wurde oder wird, ist darauf zu achten, dass dies auf bereits bestehende oder zu erstellende Vollmachten abgestimmt ist, um spätere Streitigkeiten über die Befugnisse von Testamentsvollstrecker und Bevollmächtigtem zu vermeiden.

103 Bei bestehender Testamentsvollstreckung fehlt in der Regel ein Bedürfnis für die Anordnung einer Nachlasspflegschaft nach § 1960 BGB.[174]

---

170 Grüneberg/*Weidlich*, vor § 2197 Rn 12; Anm. *Müller-Engels* zu BGH, Beschl. v. 14.9.2022 – IV ZB 34/21, DNotZ 2023, 631, 637.

171 Kurze/*Kurze*, Vorsorgerecht, § 168 BGB Rn 30; *Becker* ZEV 2018, 692 mit Formulierungsbeispielen für Vollmacht und Testament zur Regelung des Konkurrenzverhältnisses.

172 MüKo-BGB/*Schubert*, § 168 Rn 54; *Mensch*, NotBZ 2013, 420.

173 *Nieder/Kössinger*, § 15 Rn 101.

174 BGH, Beschl. v. 17.7.2012 – IV ZB 23/11, ZEV 2013, 36; LG Stuttgart, Beschl. v. 17.7.2009 – 1 T 61/09, BeckRS 2009, 22046; *Roth*, NJW-Spezial 2010, 231.

4. Vollmacht und Nachlasspflegschaft

Trotz Vorliegens einer transmortalen Vollmacht ist es rechtlich möglich, dass das Nachlassgericht eine **Nachlasspflegschaft zur Sicherung des Nachlasses gemäß § 1960 BGB** anordnet,[175] insbesondere dann, wenn das Gericht keine Kenntnis von der Vollmacht hat. 104

Ein **Sicherungsbedürfnis** ist gegeben, wenn ohne Eingreifen des Nachlassgerichts der Bestand des Nachlasses gefährdet ist, was sich nach dem Interesse des endgültigen Erben zum Zeitpunkt der gerichtlichen Entscheidung beurteilt.[176] Das Sicherungsbedürfnis kann grundsätzlich fehlen, wenn die Nachlassangelegenheiten von einer bevollmächtigten handlungsfähigen Person erledigt werden können und missbräuchliche Verfügungen vor Erbscheinserteilung ausgeschlossen sind.[177] Dennoch ist im Einzelfall die Anordnung einer Nachlasspflegschaft denkbar, etwa bei Zweifeln an der Wirksamkeit der Vollmacht oder an der Neutralität des Bevollmächtigten. Das OLG München bejahte das Sicherungsbedürfnis auch für den Fall, wenn die vom Erblasser erteilte Vollmacht von dem bestellten Nachlasspfleger bereits widerrufen wurde.[178] Dieser hat eine entsprechende Befugnis.[179] Denn die Bestellung des Nachlasspflegers durch das Nachlassgericht sei rechtsbegründend und selbst beim Fehlen der materiellrechtlichen Voraussetzungen für die Pflegschaft bis zu deren Aufhebung wirksam.

Gegen die Anordnung der Nachlasspflegschaft hat der Bevollmächtigte kein Beschwerderecht nach § 59 Abs. 1 FamFG, da er nicht in seinen subjektiven Rechten beeinträchtigt wird; der Nachlasspfleger wird vielmehr aufgrund eines fremden Rechts tätig.[180] Anders ist dies, wenn der Bevollmächtigte zugleich als Testamentsvollstrecker eingesetzt ist, da ihm dann ein eigenes Beschwerderecht 105

---

175 BGH, Beschl. v. 17.7.2012 – IV ZB 23/11, ZEV 2013, 36; OLG München, Beschl. v. 16.8.2018 – 31 Wx 145/18, MittBayNot 2019, 481; OLG Stuttgart, Beschl. v. 27.5.2015 – 8 W 147/15, ErbR 2016, 159; *Everts*, NJW 2010, 2318; *Roth*, NJW-Spezial 2010, 231.

176 OLG Frankfurt, Beschl. v. 26.9.2019 – 21 W 65/19, ZEV 2020, 95; OLG München, Beschl. v. 16.8.2018 – 31 Wx 145/18, MittBayNot 2019, 481.

177 OLG Frankfurt, Beschl. v. 26.9.2019 – 21 W 65/19, ZEV 2020, 95; OLG München, Beschl. v. 16.8.2018 – 31 Wx 145/18, MittBayNot 2019, 481; OLG Stuttgart, Beschl. v. 27.5.2015 – 8 W 147/15, ErbR 2016, 159; OLG Karlsruhe, Beschl. v. 2.5.2003 – 14 Wx 3/03, FGPrax 2003, 229.

178 OLG München, Beschl. v. 16.8.2018 – 31 Wx 145/18, MittBayNot 2019, 481.

179 BGH, Urt. v. 25.10.1994 – XI ZR 239/93, NJW 1995, 250; DNotI Report 2013, 84, 85.

180 OLG Hamm, Beschl. v. 19.12.2013 – I-15 W 122/13, ZErb 2014, 143; OLG München, Beschl. v. 26.2.2010 – 31 Wx 16/10, NJW 2010, 2364.

zusteht. Zur Vermeidung einer Nachlasspflegschaft sollte der **Erblasser daher Testamentsvollstreckung** anordnen.[181]

Praxistipp

Bei der Gestaltung von Vorsorge- und sonstigen Vollmachten ist die Errichtung einer letztwilligen Verfügung mit der Anordnung einer Testamentsvollstreckung zu empfehlen.

5. Vollmacht und Nachlassverwaltung bzw. Nachlassinsolvenz

106 Die Nachlassverwaltung und die Nachlassinsolvenz sind gemäß § 1975 BGB Mittel der Haftungsbeschränkung des Erben auf den Nachlass.

Im **Nachlassinsolvenzverfahren** gelten die allgemeinen Grundsätze der Insolvenzordnung. § 117 Abs. 1 InsO normiert, dass mit Eröffnung des Insolvenzverfahrens eine vom Schuldner erteilte Vollmacht, die sich auf das zur Insolvenzmasse gehörende Vermögen bezieht, erlischt. Demnach **erlöschen** durch die Anordnung eines Nachlassinsolvenzverfahrens **alle bestehenden Vollmachten kraft Gesetzes**; der Nachlassinsolvenzverwalter muss diese nicht widerrufen.

107 Gemäß § 1984 Abs. 1 S. 1 BGB verliert der Erbe mit der Anordnung der **Nachlassverwaltung** die Befugnis, den Nachlass zu verwalten und über ihn zu verfügen. Dies wird nach h.M. auch für eine vom Erblasser über den Tod hinaus erteilte Vollmacht angenommen: In Analogie zu § 117 InsO **erlischt eine vom Erblasser erteilte Vollmacht** mit dem Inkrafttreten der Nachlassverwaltung,[182] ohne dass es eines expliziten Widerrufs bedarf.[183] Der Nachlassverwalter kann die durch den Erblasser erteilte Vollmacht widerrufen.[184]

108 Die Vollmacht lebt nach Beendigung des Nachlassinsolvenzverfahrens bzw. der Nachlassverwaltung nicht wieder auf.[185]

---

181 *Roth*, NJW-Spezial 2010, 231; vgl. auch BGH, Beschl. v. 17.7.2012 – IV ZB 23/11, ZEV 2013, 36 und LG Stuttgart, Beschl. v. 17.7.2009 – 1 T 61/09, BeckRS 2009, 22046, wonach bei bestehender Testamentsvollstreckung i.d.R. kein Bedürfnis für die Anordnung einer Nachlasspflegschaft besteht.

182 MüKo-BGB/*Küpper*, § 1984 Rn 2; Grüneberg/*Weidlich*, § 1984 Rn 2; *Becker*, ZEV 2018, 692.

183 BeckOK-BGB/*Lohmann*, § 1984 Rn 8 m.w.N.

184 KG, Urt. v. 12.10.1970 – 12 U 98/70, NJW 1971, 566.

185 MüKo-InsO/*Vuia*, § 117 Rn 13; OLG München, Beschl. v. 22.5.2017 – 34 Wx 87/17, NZI 2017, 612; OLG Karlsruhe, Urt. v. 30.9.2004 – 19 U 2/04, NZI 2005, 39 (Erlöschen einer Prozessvollmacht).

Demgegenüber bleibt eine angeordnete **Testamentsvollstreckung** trotz Nachlassinsolvenz oder Nachlassverwaltung bestehen; der Testamentsvollstrecker erlangt mit der Aufhebung des jeweiligen Verfahrens seine Befugnisse wieder.[186] 109

6. Schenkungsvollzug zu Lasten des Nachlasses durch Vollmacht

Zur Regelung von Schenkungen im Rahmen der Vollmachtserteilung wählt der Vollmachtgeber üblicherweise zwischen folgenden Gestaltungsmöglichkeiten: (1) vollständiges Schenkungsverbot; (2) Möglichkeit der uneingeschränkten Schenkung; (3) Möglichkeit der Schenkung mit einer Beschränkung. 110

Im letzteren Fall darf der Bevollmächtigte zwar eine Schenkung an sich oder Dritte durchführen, jedoch mit der Beschränkung auf bestimmte Vermögensgegenstände oder einen bestimmten Wert oder mit der Einschränkung, dass er lediglich Schenkungen tätigen darf, die auch einem Betreuer gestattet sind.[187]

Gemäß § 1854 Nr. 8 BGB muss die Schenkung den Lebensverhältnissen des Vollmachtgebers entsprechend angemessen oder als Gelegenheitsgeschenk üblich sein. Auch muss ein entsprechender Wunsch oder mutmaßlicher Wille des Vollmachtgebers vorliegen (§ 1821 Abs. 1–4 BGB). Alle weitergehenden Schenkungen sind genehmigungsbedürftig.

Problematisch und streitig sind Fälle, bei denen durch eine post- oder transmortale Vollmacht eine **Schenkung zu Lasten des Nachlasses vollzogen** werden soll (siehe Rdn 271 ff.).[188] Kritisch ist hier insbesondere der Bereich, in dem der Erblasser zu Lebzeiten ein Schenkungsversprechen entgegen der Form des § 518 Abs. 1 BGB getätigt hat und der Bevollmächtigte nach dem Tod des Erblassers die Schenkung vollzieht, so dass eine Heilung des Formmangels nach § 518 Abs. 2 BGB eintritt.[189] 111

Nach ständiger Rechtsprechung kann eine vom Schenker zu Lebzeiten formlos versprochene Leistung mit den Folgen des § 518 Abs. 2 BGB auch noch nach seinem Tod mit Hilfe einer trans- oder postmortalen Vollmacht des Schenkers bewirkt werden.[190] Zu beachten ist hierbei jedoch, dass die Bevollmächtigung als solche, auch wenn sie unwiderruflich ist, einen Schenkungsvollzug noch nicht bewirkt. 112

---

186 Bengel/Reimann/Holtz/Röhl/*Schaub/Pauli*, § 4 Rn 285, 288; MüKo-BGB/*Küpper*, § 1984 Rn 2; OLG Hamburg, Beschl. v. 19.1.2015 – 2 W 57/13, FamRZ 2016, 330.

187 *Müller-Engels*, DNotZ 2021, 84, 85.

188 Zur Schenkung eines Sparbuchguthabens siehe OLG Karlsruhe, Urt. v. 8.1.2019 – 9 U 5/17, NJW-RR 2019, 494.

189 Zu den Konsequenzen einer postmortalen Übertragung im Pflichtteils- und Erbschaftsteuerrecht siehe *Sagmeister*, MittBayNot 2013, 107; *Wedemann*, ZEV 2013, 581.

190 BGH, Urt. v. 18.5.1988 – IVa ZR 36/87, FamRZ 1988, 945 = WM 1988, 984; BGH, Urt. v. 12.11.1986 – Iva ZR 77/85, BGHZ 99, 97; LG Aachen, Urt. v. 22.3.2013 – 9 O 387/12, NJW-Spezial 2013, 552; Staudinger/*Raff*, § 2301 Rn 85 ff.

Selbstverständlich setzt die Heilung eines formnichtigen Schenkungsversprechens unter Lebenden nach § 518 Abs. 2 BGB immer voraus, dass die Einigung über die versprochene Schenkung bei Bewirkung der Leistung noch fortbesteht, also kein diesbezüglicher **Widerruf** – etwa **durch die Erben des Vollmachtgebers** – erfolgte.

113 Ein konkludenter Widerruf eines Schenkungsangebots kann in einer letztwilligen Verfügung des Erblassers enthalten sein, wenn er hierin umfassend über sein Vermögen verfügte und sich von der früheren rechtsgeschäftlichen Erklärung auch schon zu Lebzeiten jederzeit hätte einseitig lösen können.[191]

114 Demgegenüber tritt bei einem **Schenkungsversprechen von Todes wegen**[192] kein Schenkungsvollzug i.S.d. § 2301 Abs. 2 BGB ein, wenn das Schenkungsversprechen erst nach dem Tod des Schenkers erfüllt wird. Eine nicht vollzogene Schenkung von Todes wegen kann ebenso wenig wie eine formnichtige Verfügung von Todes wegen nach dem Erbfall durch Handlungen einer vom Erblasser bevollmächtigten Person in Kraft gesetzt werden.[193]

In der Praxis wird dies häufig schwer nachzuprüfen sein. Der tatsächliche Wille des Erblassers, der die Schenkung nicht mehr vollzogen hat und nicht vollziehen wollte, kann folglich umgangen und Vermögen dem Nachlass entnommen werden. Es ist Vorsicht geboten und es hat eine genaue Prüfung zu erfolgen, ob die Schenkung tatsächlich dem Willen des Erblassers entspräche.

115 Die Frage, ob ein **formunwirksames, aber heilbares Schenkungsversprechen** unter Lebenden oder eine **nicht der Heilung zugängliche Schenkung von Todes** wegen vorliegt, hängt vom individuellen Willen der Vertragsparteien ab. Dabei ist einerseits der Rechtsgedanke des § 2084 BGB im Rahmen einer Auslegung gemäß § 133 BGB heranzuziehen,[194] andererseits darf aber auch die Anwendung der Vorschriften über die Verfügungen von Todes wegen nicht zu weit zurückgedrängt werden.[195] Letztlich mangelt es von Seiten der Rechtsprechung aber an sicheren Kriterien zu einer Abgrenzung, so dass gerade auch im Rahmen der Vollmachtsgestaltung in diesem Bereich Unsicherheiten bestehen. Diese können letztlich nur durch die Einhaltung der notariellen Formvorschrift des § 518 Abs. 1

191 BGH, Urt. v. 30.1.2018 – X ZR 119/15, ZErb 2018, 125.

192 Zur Schenkung von Todes wegen siehe *Meyer*, ZEV 2017, 682.

193 BGH, Urt. v. 25.10.1994 – XI ZR 239/93, ZEV 1995, 187; BGH, Urt. v. 18.5.1988 – IVa ZR 36/87, FamRZ 1988, 945 = WM 1988, 984; BGH, Urt. v. 5.3.1986 – IVa ZR 141/84, NJW 1986, 2107.

194 BGH, Urt. v. 18.5.1988 – IVa ZR 36/87, FamRZ 1988, 945 = WM 1988, 984, wonach u.a. das Vorliegen einer Schenkung unter Lebenden dann wohl anzunehmen ist, wenn der Bevollmächtigte zu eigenen Gunsten bereits zu Lebzeiten verfügen konnte und die Vollmacht nicht übertragbar ist.

195 BGH, Urt. v. 12.11.1986 – Iva ZR 77/85, BGHZ 99, 97, wonach eine Schenkung von Todes wegen erfahrungsgemäß vielfach auch dann gewollt ist, wenn der Erblasser nicht ausdrücklich eine Überlebensbedingung i.S.v. § 2301 Abs. 1 BGB erklärt.

BGB für die der Vollmachtserteilung zugrunde liegende Schenkung beseitigt werden.

Das LG Wuppertal[196] stellte fest, dass ein Bevollmächtigter, der mittels einer transmortalen Vollmacht eine Schenkung nach dem Tod des Vollmachtgebers in dessen Auftrag unter anderem an sich vollzieht, bereichert ist. Ungerechtfertigt ist diese Bereicherung, wenn der Schenkungsvertrag mangels der notariellen Form gemäß § 518 Abs. 1 BGB nicht wirksam geschlossen wurde. Eine Heilung kann nicht bewirkt werden, wenn der Vollmachtgeber zwischen Versprechen und Vollzug verstorben ist. Lediglich in einem Fall ist von keiner ungerechtfertigten Bereicherung auszugehen, nämlich dann, wenn der Vollmachtgeber seinen Willen, das formulierte Schenkungsversprechen, für den Fall des Todes in der gemäß § 2301 Abs. 1 BGB erforderlichen testamentarischen Form abgefasst hat. 116

Sollte ein über den Tod hinausgehender Auftrag vorliegen, welcher nicht von den Erben widerrufen wurde, scheiden Ansprüche gemäß §§ 677, 678 BGB aus; eine Pflichtwidrigkeit ist nur anzunehmen, wenn die Auftragsbearbeitung gegen den Willen des Erblassers verstößt.

Sollte die Pflichtwidrigkeit aufgrund einer Absprache mit den weiteren Miterben erfolgen, welche nicht zur alleinigen Verfügung gemäß § 2038 Abs. 1 BGB befugt waren, können diese sich sodann nach dem Grundsatz des venire contra factum proprium nicht auf die Abweichung vom Erblasserwillen berufen.[197]

7. Besonderheiten bei Vor- und Nacherbschaft

Nach einer starken, aber nicht unumstrittenen Meinung in der Literatur[198] berechtigt eine **im Rahmen einer Vor- und Nacherbschaft über den Tod hinaus erteilte Vollmacht**[199] des Erblassers **an einen Dritten während der Vorerbschaft nur zur Vertretung des Vorerben** allein.[200] 117

Ebenso ist strittig, ob die Beschränkungen des Vorerben dabei auch für den Bevollmächtigten gelten.[201] Die Beschränkungen des Vorerben gemäß §§ 2113 ff. BGB sollen demnach auch für den Bevollmächtigten gelten, anderenfalls würden die gesetzlichen Rechte des Nacherben unterlaufen. Dementsprechend können die Befugnisse des Vorerben nach dieser Ansicht nicht durch die Erteilung einer trans- oder postmortalen **Vollmacht an den Vorerben** erweitert werden.

---

196 LG Wuppertal, Urt. v. 6.3.2023 – 2 O 128/22, ErbR 2023, 726.

197 LG Wuppertal, Urt. v. 6.3.2023 – 2 O 128/22, ErbR 2023, 726.

198 BeckOGK BGB/*Müller-Christmann*, § 2112 Rn 64; Damrau/Tanck/*Bothe*, § 2112 Rn 8; MüKo-BGB/*Lieder*, § 2112 Rn 18; NK-BGB/*Gierl*, § 2112 Rn 20; Staudinger/*Avenarius* (2013), § 2112 Rn 30; *Kurze*, ZErb 2008, 399.

199 Ausführlich hierzu *Strobel*, NJW 2020, 502; *Keim*, ZEV 2020, 1; *Schwander*, RNotZ 2019, 57.

200 MüKo-BGB/*Lieder*, § 2112 Rn 18.

201 MüKo-BGB/*Lieder*, § 2112 Rn 18.

Fraglich ist hier zudem, ob eine dem Vorerben erteilte Vollmacht nach Eintritt des Erbfalls durch **Konfusion** (bzw. durch Konsolidation) erlischt, was mittlerweile überwiegend verneint wird.[202]

118 Die **Gegenansicht**[203] vertritt die Auffassung, dass sowohl **ein bevollmächtigter Dritter als auch der bevollmächtigte Vorerbe den Nacherben vertreten kann.** Begründet wird dies damit, dass der Erblasser dem Nacherben auch mittels eines Nacherbenvollstreckers gemäß § 2222 BGB während der Vorerbschaft seine Befugnisse völlig entziehen könne. Dann solle dies aber erst recht mittels einer (widerruflichen) Vollmacht möglich sein.

119 Dieser Ansicht schloss sich das OLG Stuttgart an.[204] Für den Fall einer befreiten Vorerbschaft wurde dort entschieden, dass der vom Erblasser trans- oder postmortal bevollmächtigte Vorerbe auch den Nacherben wirksam vertreten könne, ohne den Verfügungsbeschränkungen der §§ 2112, 2113 BGB unterworfen zu sein. Weiter heißt es:

> *„Die vom Erblasser für sich und seine Erben erteilte Vollmacht berechtigt den Bevollmächtigten mithin auch, vor Eintritt der Nacherbfolge insoweit im Namen des Nacherben zu handeln, als der Nacherbe selbst vor Eintritt der Nacherbfolge in seiner Eigenschaft als Nacherbe handeln kann. Der Bevollmächtigte kann somit gleichzeitig im Namen des Vor- und des Nacherben handeln. Erweist sich die Verfügung des Bevollmächtigten für den Nacherben als nachteilig, so kann daraus möglicherweise ein Anspruch des Nacherben gegen den Bevollmächtigten erwachsen, ohne dass deswegen die Gültigkeit der Verfügung des Bevollmächtigten in Frage gestellt wird. Sind Vollmachtnehmer und Vorerbe identisch, mag mit dem Tod des Erblassers die Vollmacht, für den Vorerben zu handeln, durch Konsolidation erloschen sein, die Vertretungsmacht, für den Nacherben zu handeln, bleibt jedoch bestehen.“*

Der Nacherbe kann jedoch die Vollmacht mit Wirkung für seine Person widerrufen.[205]

---

202 Zu der Frage der Konfusion siehe die Ausführungen zu der Vollmacht des Alleinerben unter Rdn 132.

203 Grüneberg/*Weidlich*, § 2112 Rn 4; *Keim*, DNotZ 2008, 175; *Amann*, MittBayNot 2013, 367; *Weidlich*, ZEV 2016, 57.

204 OLG Stuttgart, Beschl. v. 29.5.2019 – 8 W 160/19, ZEV 2019, 530 m. Anm. *Muscheler* = DNotI-Report 2019, 126 = MittBayNot 2020, 248.

205 OLG Stuttgart, Beschl. v. 29.5.2019 – 8 W 160/19, ZEV 2019, 530 = DNotI-Report 2019, 126 = MittBayNot 2020, 248; *Strobel*, NJW 2020, 502, 504; *Müller-Engels*, DNotZ 2021, 84, 92 mit weiterer Diskussion.

Bis zum Widerruf der Vollmacht ist der Nacherbenschutz allein auf das Innenverhältnis beschränkt.[206] Wird die Vollmacht nicht widerrufen, berechtigt sie mit dem Eintritt des Nacherbfalls zur Vertretung der Nacherben.[207]

Ähnlich wie im Fall des OLG Stuttgart ging es in einem Fall vor dem OLG München[208] um die Freigabe von Grundbesitz aus der Nacherbenbindung, allerdings enthielt die Vollmacht hier keine Befreiung von den Beschränkungen des § 181 BGB. Aus diesem Grund ließ das OLG München dahinstehen, ob eine transmortale Vollmacht zugunsten des Vorerben mit dem Erbfall durch Konfusion oder Konsolidation erloschen sei. Jedenfalls sei die gleichzeitige Vertretung von Vor- und Nacherben unzulässig, wenn es sich um die Vornahme eines Rechtsgeschäfts zwischen dem Vor- und dem Nacherben handele. Der Bevollmächtigte könne die Zustimmung zu einer Verfügung namens des Nacherben nicht sich selbst gegenüber als Vertreter des Vorerben erklären, wenn nicht der Nacherbe ihm gegenüber zur Erteilung der Zustimmung verpflichtet sei.[209] 120

Praxistipp

Um Rechtssicherheit zu schaffen, sollte somit genauestens geprüft bzw. in der Vollmacht niedergeschrieben werden, ob der Erblasser den Bevollmächtigten trans- oder postmortal ermächtigt, lediglich den Vorerben oder auch den Nacherben zu vertreten. Im Zweifel ist dies im Rahmen der Auslegung der Vollmacht gemäß §§ 133, 157 BGB zu ermitteln.[210]

Alternativ kommt die Anordnung eine Nacherbenvollstreckung in der letztwilligen Verfügung gemäß § 2222 BGB in Betracht.

Eine **vom Vorerben erteilte Vollmacht** erlischt mit Eintritt des Nacherbfalls, da der Nacherbe nicht Rechtsnachfolger des Vorerben, sondern des Erblassers ist.[211] 121

8. Vollmacht und amtliche Verwahrung von Testamenten

Nach dem OLG München[212] berechtigt eine Vorsorgevollmacht den Bevollmächtigten, ein **Testament des Vollmachtgebers in die besondere amtliche Verwahrung zu geben**. Das Amtsgericht hatte dies mit der Begründung abgelehnt, es handele sich hierbei um ein höchstpersönliches Rechtsgeschäft und sah eine vorgedruckte Vorsorgevollmacht, nach der unter anderem eine Vertretung gegenüber Behörden und Gerichten möglich war, als nicht ausreichend an. Eine Hinterlegung in Vertretung käme allenfalls dann in Betracht, wenn die Vollmacht dies 122

206 Grüneberg/*Weidlich*, § 2112 Rn 4.
207 Grüneberg/*Weidlich*, § 2112 Rn 4.
208 OLG München, Beschl. v. 14.6.2019 – 34 Wx 237/18, ZEV 2019, 533 m. Anm. *Kollmeyer*.
209 OLG München, Beschl. v. 14.6.2019 – 34 Wx 237/18, ZEV 2019, 533 m.w.N.
210 MüKo-BGB/*Lieder*, § 2112 Rn 19.
211 *Zimmer*, ZEV 2014, 526; *Keim*, DNotZ 2008, 175.
212 OLG München, Beschl. v. 25.6.2012 – 31 Wx 213/12, ZErb 2012, 213.

ausdrücklich vorgesehen hätte. Das OLG München teilte diese Auffassung nicht. Nach § 2248 BGB ist ein eigenhändiges Testament auf Verlangen des Erblassers in die besondere amtliche Verwahrung zu nehmen. Hieraus lasse sich eine Höchstpersönlichkeit nicht entnehmen. Vielmehr spreche § 2256 Abs. 2 S. 2 BGB für das Gegenteil, da dort explizit geregelt sei, dass eine Rückgabe des Testaments aus der amtlichen Verwahrung nur an den Erblasser persönlich erfolgen könne.

Demnach kann ein Vorsorgebevollmächtigter ein Testament des Vollmachtgebers in die amtliche Verwahrung geben, aber **nicht die Rückgabe** des Testaments von dort **verlangen**.

9. Vollmacht und Widerruf wechselbezüglicher Verfügungen eines gemeinschaftlichen Testamentes

123 Ein nach § 2265 BGB von Ehegatten errichtetes **gemeinschaftliches Testament kann grundsätzlich jederzeit einseitig widerrufen werden.**[213] Sind darin jedoch **wechselbezügliche Verfügungen i.S.d. § 2270 BGB** enthalten, so bedarf die Widerrufserklärung der **notariellen Beurkundung**, §§ 2271 Abs. 1, 2296 Abs. 2 BGB. Diese muss dem anderen Ehegatten in Urschrift oder Ausfertigung zugehen.[214]

124 Auch und gerade **wenn einer der Ehegatten geschäftsunfähig wird**, kann ein Bedürfnis des anderen bestehen, sich von solch einem gemeinschaftlichen Testament zu lösen, etwa bei Demenz des Ehepartners, um dessen spätere Erbenstellung zu beseitigen und so zu vermeiden, dass der eigene Nachlass für die Pflegekosten aufgebraucht werden könnte. Dies ist grundsätzlich möglich, da die **Entgegennahme des Widerrufs keinen höchstpersönlichen Charakter** hat.[215]

125 In diesem Fall ist der **Betreuer** als gesetzlicher Vertreter des Geschäftsunfähigen gemäß § 131 Abs. 1 BGB für die Entgegennahme der Widerrufserklärung zuständig bzw., wenn der andere Ehegatte zugleich Betreuer ist, ein **Ergänzungsbetreuer** zu bestellen.[216] Der Betreuer muss für den Aufgabenkreis der Vermögenssorge bestellt worden sein, da der Schwerpunkt des Widerrufs im vermögensrechtlichen Bereich liegt,[217] eine „Postvollmacht" reicht nicht aus.[218] Nach einem Beschluss des OLG Nürnberg genügt der Zugang der notariell beurkundeten

213 Grüneberg/*Weidlich*, § 2271 Rn 1.

214 BGH, Urt. v. 13.7.1994 – IV ZR 294/93, NJW 1995, 51.

215 OLG Hamm, Beschl. v. 5.11.2013 – I-15 W 17/13, ZErb 2014, 81; *Keim*, ZEV 2010, 358.

216 AG München, Beschl. v. 13.10.2010 – 705 XVII 1559/08, NJW 2011, 618.

217 OLG Nürnberg, Beschl. v. 6.6.2013 – 15 W 764/13, ZEV 2013, 450 m. Anm. *Keim*; OLG Hamm, Beschl. v. 5.11.2013 – I-15 W 17/13, ZErb 2014, 81.

218 OLG Karlsruhe, Beschl. v. 9.6.2015 – 11 Wx 12/15, ZErb 2015, 285.

Widerrufserklärung an einen Ersatzbetreuer mit diesem Aufgabekreis, da § 1817 Abs. 5 BGB (§ 1899 Abs. 4 BGB a.F.) eine rechtliche Verhinderung erfasst.[219]

Das OLG Nürnberg[220] stellte auch fest, dass der Eintritt der Geschäftsunfähigkeit eines Ehegatten **kein Hindernis für den Widerruf** der wechselbezüglichen Verfügungen des anderen darstellt.[221]

Bei Vorliegen einer General- oder Vorsorgevollmacht stellt sich die Frage, ob die **Zustellung der Widerrufserklärung an den Bevollmächtigten** bewirkt werden kann.[222] Dies wird vom LG Leipzig[223] unter Heranziehung des Rechtsgedankens des § 51 Abs. 3 ZPO[224] bejaht. Zwar sei der Vorsorgebevollmächtigte kein gesetzlicher Vertreter nach § 131 Abs. 1 BGB, aber diesem gleichzustellen, wenn die Vollmacht nach ihrem Inhalt und nach der Person des Bevollmächtigten geeignet sei, die Bestellung eines Betreuers entfallen zu lassen. 126

Ob eine Vollmacht die Befugnis zur Entgegennahme eines solchen Widerrufs beinhaltet, ist im Einzelfall im Wege der **Auslegung** zu ermitteln, dürfte jedoch bei einer umfassenden Generalvollmacht der Fall sein.[225]

Ob der widerrufende Ehegatte, der zugleich von den Beschränkungen des § 181 BGB befreiter Bevollmächtigter ist, den Widerruf selbst in Empfang nehmen kann, ist umstritten.[226] 127

Ein **Widerruf der wechselbezüglichen Verfügungen des geschäftsunfähigen Ehegatten kann** hingegen **nicht in Vertretung erfolgen**, da es sich hierbei um 128

219 OLG Nürnberg, Beschl. v. 6.6.2013 – 15 W 764/13, ZEV 2013, 450 m. Anm. *Keim:* Hier war die den Widerruf erklärende Ehefrau des Erblassers zugleich Hauptbetreuerin und daher an der Vertretung zum Empfang der eigenen Widerrufserklärung gemäß §§ 1908i Abs. 1, 1795 Abs. 1 Nr. 1, 181 BGB a.F. (nunmehr: §§ 1862 Abs. 4, 1824 Abs. 1 Nr. 1, 181 BGB) gehindert.

220 OLG Nürnberg, Beschl. v. 6.6.2013 – 15 W 764/13, ZEV 2013, 450 m. Anm. *Keim;* siehe auch *Hausmann*, notar 2014, 58.

221 So auch die h.M., vgl. Grüneberg/*Weidlich*, § 2271 Rn 6; MüKo-BGB/*Musielak*, § 2271 Rn 8 m.w.N.

222 Siehe hierzu *Zimmer*, ZEV 2013, 307; *Keim*, ZEV 2010, 358.

223 LG Leipzig, Beschl. v. 1.10.2009 – 4 T 549/08, ZErb 2009, 360.

224 § 51 Abs. 3 ZPO: „Hat eine nicht prozessfähige Partei, die eine volljährige natürliche Person ist, wirksam eine andere natürliche Person schriftlich mit ihrer gerichtlichen Vertretung bevollmächtigt, so steht diese Person einem gesetzlichen Vertreter gleich, wenn die Bevollmächtigung geeignet ist, gemäß § 1814 Abs. 3 S. 2 Nr. 1 BGB die Erforderlichkeit einer Betreuung entfallen zu lassen."

225 BeckOK-BGB/*Braun*, § 2271 Rn 14c.

226 Dafür etwa *v. Oertzen/Windeknecht*, ZEV 2019, 8; *Keim*, ZEV 2010, 358; dagegen Horn/Horn, Anwaltformulare Vorsorgevollmachten, § 4 Rn 9); grundsätzlich dafür mit Einschränkungen BeckOK-BGB/*Braun*, § 2271 Rn 14c.

eine Verfügung von Todes wegen handelt, die nur höchstpersönlich errichtet werden kann.[227]

10. Vollmacht und Erbausschlagung

129 Das Recht zur **Ausschlagung einer Erbschaft** ist **höchstpersönlicher** Natur[228] und nach § 1952 BGB zwar vererblich, aber nicht pfändbar,[229] nicht auf den Sozialhilfeträger überleitbar[230] und weder isoliert noch zusammen mit dem Nachlass oder einem Erbteil durch Rechtsgeschäft übertragbar.[231]

Hieraus leitete das OLG Zweibrücken[232] ab, dass die Ausübung des Ausschlagungsrechts nicht einem Dritten, auch nicht durch eine über den Tod des Vollmachtgebers hinaus wirksame Vorsorgevollmacht überlassen werden könne.

Dagegen wird in der Literatur weit überwiegend die Auffassung vertreten, dass eine **rechtsgeschäftliche Vertretung bei der Erbausschlagung möglich** sei, und zwar auch durch einen General- oder Vorsorgebevollmächtigten, sofern die Vollmacht insoweit keine Einschränkungen enthalte.[233] Gestützt wird diese Ansicht vor allem auf die Vorschrift des § 1945 Abs. 3 BGB, wonach die Möglichkeit einer Bevollmächtigung bei der Ausschlagung ausdrücklich erwähnt ist. Gemäß § 1945 Abs. 3 S. 1 BGB muss die Vollmacht (zumindest) **öffentlich beglaubigt** sein.

Nach dem OLG Rostock[234] muss sich der Erbe bei der Beurteilung, wann die sechswöchige Ausschlagungsfrist des § 1944 BGB beginnt, die Kenntnis eines Bevollmächtigten zurechnen lassen, wenn die Vollmacht die Regelung des Erbfalls umfasst.

---

227 LG Leipzig, Beschl. v. 1.10.2009, – 4 T 549/08, ZErb 2009, 360; Damrau/Tanck/*Klessinger*, § 2271 Rn 7; *Lange*, ZEV 2008, 313.

228 BGH, Beschl. v. 25.6.2009 – IX ZB 196/08, NJW-RR 2010, 121.

229 Vgl. LG Hildesheim, Urt. v. 30.1.2009 – 4 O 307/08, m. Anm. *Litzenburger*, FD-ErbR 2009, 280810.

230 BGH, Urt. v. 19.1.2011 – IV ZR 7/10, ZEV 2011, 258; OLG Frankfurt, Urt. v. 7.10.2003 – 14 U 233/02, ZEV 2004, 24.

231 MüKo-BGB/*Leipold*, § 1952 Rn 1.

232 OLG Zweibrücken, Beschl. v. 13.11.2007 – 3 W 198/07, ZErb 2008, 88.

233 MüKo-BGB/*Leipold*, § 1945 Rn 38; NK-BGB/*Ivo*, § 1945 Rn 14; Damrau/Tanck/*Masloff*, § 1945 Rn 7; *Zimmer*, ZEV 2013, 307; *Keim*, ZErb 2008, 260; *Müller*, DNotZ 2008, 384; Grüneberg/*Weidlich*, § 1945 Rn 4; OLG Düsseldorf, Beschl. v. 17.4.2018 – 25 Wx 68/17, ZEV 2019, 422; a.A. *Zimmer*, ZEV 2008, 194.

234 OLG Rostock, Beschl. v. 10.11.2009 – 3 W 53/08, RNotZ 2010, 474.

11. Besonderheiten im Erbscheinsverfahren

130 Beim **Antrag zur Erteilung eines Erbscheins** nach § 2353 BGB kann sich der Antragsteller vertreten lassen, allerdings nur von einer in **§ 10 FamFG** genannten Person. Nach § 352 Abs. 3 S. 3 FamFG ist dabei die Richtigkeit einiger Angaben an Eides statt zu versichern. Damit stellt sich die Frage, wer die **eidesstattliche Versicherung** abgeben kann, wenn der Vollmachtgeber dauerhaft geschäftsunfähig geworden ist. Nach allgemeiner Auffassung[235] kann die eidesstattliche Versicherung nur höchstpersönlich abgegeben werden; ein gewillkürter Vertreter ist hierzu nicht befugt. Sofern das Nachlassgericht die Versicherung nicht gemäß § 352 Abs. 3 S. 4 FamFG erlässt, muss ein Betreuer mit dem Aufgabenkreis „Abgabe der eidesstattlichen Versicherung im Erbscheinsverfahren" (§ 1815 Abs. 1 BGB) bestellt werden. Dieser gibt die Erklärung sodann im eigenen Namen für den Betreuten ab.[236]

Die Möglichkeit der Abgabe dieser Erklärung durch einen Vorsorgebevollmächtigten wird überwiegend aufgrund des Charakters der Höchstpersönlichkeit abgelehnt.[237] Verschiedene Oberlandesgerichte bejahen diese Möglichkeit mittlerweile jedoch, da ein Vorsorgebevollmächtigter einem gesetzlichen Vertreter gleichstehe. Die Erteilung einer Vorsorgevollmacht solle gerade die Anordnung einer Betreuung verhindern.[238]

12. Vollmacht und Grundbuchverfahren

131 Die Frage, ob ein Grundbuch unter Vorlage der post- oder transmortalen Vollmacht umgeschrieben werden kann, wurde bis dato nicht höchstrichterlich entschieden.[239]

132 **Wenn der Bevollmächtigte Alleinerbe des Erblassers wird,** stellt sich die Frage, ob eine trans- oder postmortale Vollmacht mit Eintritt des Erbfalls entsprechend

---

235 *Zimmer*, ZEV 2013, 307; *Litzenburger*, ZEV 2004, 450 m.w.N; BeckOK-FamFG/*Schlögel*, § 352 Rn 28.

236 Sternal/*Zimmermann*, § 352 FamFG Rn 71.

237 Sternal/*Zimmermann*, § 352 FamFG Rn 71; MüKo-FamFG/*Grziwotz*, § 352 Rn 94; *Litzenburger*, ZEV 2004, 450.

238 OLG Celle, Beschl. v. 20.6.2018 – 6 W 78/18, FamRZ 2018, 1795 = ErbR 2019, 113; OLG Düsseldorf, Beschl. v. 17.4.2018 – 25 Wx 68/17, ErbR 2019, 523; OLG Bremen, Beschl. v. 14.9.2021 – 5 W 27/21, ErbR 2022, 262 = FamRZ 2022, 322.

239 Vgl. zu sämtlichen Entscheidungen der letzten Jahre zusammenfassend *Wendt*, ErbR 2021, 657. Zur Problematik der Belastung eines Grundstücks mit einer Finanzierungsgrundschuld aufgrund transmortaler Vollmacht sowie der Möglichkeit des Absehens einer Voreintragung gemäß § 40 GBO: bejahend OLG Hamburg, Beschl. v. 20.12.2021 – 13 W 162/21, ErbR 2023, 55, 56; OLG Karlsruhe, Beschl. v. 18.10.2021 – 19 W 72/21 (Wx), ErbR 2023, 60, 61; verneinend OLG Bremen, Beschl. v. 2911.2021. 3 W 22/21, ErbR 2023, 57, 58.

dem Gedanken der **Konfusion** (Vereinigung von Schuldner- und Gläubigerstellung in einer Person) erlischt.[240] Teilweise wird hier der Rechtsgedanke der **Konsolidation**, also der „dinglichen Konfusion"[241] herangezogen. Die größte praktische Auswirkung hat diese in Rechtsprechung und Literatur **äußerst umstrittene Frage** im **Grundbuchverfahren**, wenn der Alleinerbe auf seine notariell beurkundete bzw. öffentlich beglaubigte Vollmacht gestützt Verfügungen über ein Nachlassgrundstück tätigt und diese grundbuchlich vollzogen werden sollen.

Eine Vollmacht ist gemäß § 168 BGB so lange gültig, bis sie vom Vollmachtgeber bzw. im Falle der postmortalen Vollmacht vom Erben widerrufen wird. Des Weiteren besteht die Vertretungsmacht aufgrund der Vollmachtsurkunde gemäß § 172 Abs. 2 BGB so lange fort, bis die Urkunde zurückgegeben oder für kraftlos erklärt wurde. Dies gilt gemäß § 173 BGB nicht, wenn der Dritte positive Kenntnis bzw. fahrlässige Unkenntnis vom Erlöschen der Vollmacht hat. Sollte der Vollmachtnehmer erklären, dass er Alleinerbe sei, so führt dies nicht, ohne Vorlage eines Erbscheins, zur Ungültigkeit der Vollmacht. Solange das Erbscheinsverfahren nicht abgeschlossen ist, besteht das Interesse an der Wirksamkeit der postmortalen Vollmacht fort; das Grundbuchamt muss aufgrund des Legitimationsprinzips der Vollmacht deren Wirksamkeit nicht prüfen.[242]

Regelmäßig ist sodann auch zu prüfen, ob es einer Voreintragung gemäß § 39 GBO bedarf oder diese gemäß § 40 Abs. 1 GBO (analog) nicht notwendig ist.

133 Nach dem OLG Hamm[243] **erlischt eine Vollmacht, wenn der Bevollmächtigte Alleinerbe des Vollmachtgebers wird.** Das OLG Hamm bejahte eine Konfusion mit der Begründung, dass § 164 BGB eine Personenverschiedenheit zwischen Vertreter und rechtsgeschäftlich Vertretenem voraussetze. Mit dem Erbfall verschmelze der Nachlass mit dem Eigenvermögen des Erben zu einer rechtlichen Einheit, wodurch die schuldrechtlichen Beziehungen zwischen dem Erblasser und dem Alleinerben erlöschen; die Ausnahmen hiervon seien explizit gesetzlich geregelt (§§ 1976, 1990, 1991 Abs. 2, 2143, 2175, 2377 BGB) und lägen bei dem zum Alleinerben berufenen Bevollmächtigten – der sich in dem entschiedenen Fall auf beide Rechtsgrundlagen berief – nicht vor. Durch die Berufung auf seine Alleinerbenstellung habe der Bevollmächtigte die **Legitimationswirkung der Vollmacht aufgehoben.**

134 Nach Ansicht des OLG Schleswig soll mittels der post- oder transmortalen Vollmacht selbst dann eine Umschreibung erfolgen können, wenn der Bevoll-

240 Zur Darstellung des Streitstands: *Schwander*, RNotZ 2019, 57; *Joachim/Lange*, ZEV 2019, 62.

241 MüKo-BGB/*Schmidt*, § 1009 Rn 3.

242 OLG Hamburg, Beschl. v. 10.2.2023 – 13 W 59/22, DNotZ 2023, 296, 297.

243 OLG Hamm, Beschl. v. 10.1.2013 – I-15 W 79/12, ZErb 2013, 158.

mächtigte Miterbe des Vollmachtgebers ist. Der Bevollmächtigte leitet sein Recht vom Erblasser her, § 925 BGB sowie §§ 19, 13 GBO finden Anwendung.[244]

Wurde eine Vollmacht wirksam erteilt, wird das Vertrauen auf ihren Fortbestand 135
nach §§ 170–173 BGB geschützt, solange dem Geschäftsgegner das Erlöschen nicht angezeigt wurde oder er dieses kennt bzw. fahrlässig nicht kennt. Auch bei Annahme des Erlöschens der Vollmacht des Alleinerben infolge Konfusion besteht diese **Rechtsscheinswirkung** (siehe Rdn 42) im Außenverhältnis.

In einem gleich gelagerten Fall, bei dem der Antragsteller zugleich Alleinerbe 136
und Bevollmächtigter seiner verstorbenen Ehefrau war, sah auch das OLG München[245] den der transmortalen Vollmacht innewohnenden Rechtsschein dadurch zerstört, dass der Bevollmächtigte erklärt hatte, Alleinerbe der Vollmachtgeberin zu sein und als solcher zu handeln. Dann jedoch **sei die Verfügungsbefugnis des Alleinerben ohne den Erbennachweis gemäß § 35 GBO nicht belegt**, sondern durch öffentliche Urkunden positiv und vollständig zu erbringen.

In derselben Sache erging eine zweite Entscheidung des OLG München,[246] wo- 137
nach spätestens **mit der Vorlage der die Erbfolge nachweisenden letztwilligen Verfügung** in der Form des § 35 Abs. 1 GBO die zugleich vorgelegte **transmortale Vollmacht ihre Wirksamkeit verloren habe.** Die Verfügungsbefugnis gegenüber dem Grundbuchamt sei damit positiv belegt und beruhe ausschließlich auf der Erbenstellung des Antragstellers.

Die beglaubigte Abschrift eines notariellen gemeinschaftlichen Testaments nebst Eröffnungsniederschrift genügte diesem Erfordernis. Da es keine Anhaltspunkte für eine Unwirksamkeit des Testaments gab, wies das OLG das Verlangen des Grundbuchamtes nach einem Erbschein zurück. Dass die Auflassungsurkunde die Grundlage der Verfügungsbefugnis nicht eindeutig bezeichnet hatte (Vollmacht oder Erbenstellung), stand somit der Vollziehbarkeit nicht mehr entgegen.

Nach der Gegenmeinung[247] bleibt die Vollmacht bestehen, da der zum Allein- 138
erben berufene Bevollmächtigte noch ein rechtliches Bedürfnis habe, aufgrund der Vollmacht handeln zu können. Eine post- oder transmortale Vollmacht sei gerade (auch) für eine Verwendung nach dem Tod des Vollmachtgebers bestimmt.

---

244 *Plottek*, ZErb 2021, 253, 254; OLG Schleswig, Urt. v. 15.7.2014 – 2 W 48/14, notar 2015, 20.

245 OLG München, Beschl. v. 31.8.2016 – 34 Wx 273/16, ZEV 2016, 659 m. Anm. *Reimann*.

246 OLG München, Beschl. v. 4.1.2017 – 34 Wx 382/16 und 34 Wx 383/16, MittBayNot 2017, 142.

247 Vertreten von LG Bremen, Entsch. v. 18.12.1992 – 5 T 829/92, Rpfleger 1993, 235; Grüneberg/*Ellenberger*, § 168 Rn 4; *Strobel*, NJW 2020, 502; *Keim*, MittBayNot 2017, 111; *Herrler*, DNotZ 2017, 508; *Wendt*, ErbR 2016, 74 und ErbR 2017, 19; *Mensch*, ZEV 2016, 423; *Zimmer*, NJW 2016, 3341 und ZEV 2013, 307; *Lutz*, BWNotZ 2013, 171; von der Wirksamkeit der Vollmacht geht auch *Lange* in der Anm. zu OLG Hamm, Beschl. v. 10.1.2013 – 15 W 79/12, aus, ZEV 2013, 343.

M.E. ist diese Ansicht vorzugswürdig. Nach dem OLG Hamm kann der Bevollmächtigte aufgrund der Vollmacht handeln, wenn er die Erben vertritt bzw. selbst Miterbe ist, lediglich wenn er die Stellung eines Alleinerben hat, soll die Legitimationswirkung der Vollmacht erlöschen. Es ist nicht überzeugend, dass der Fortbestand der Vollmacht davon abhängen soll, ob und welche Erbenstellung der Bevollmächtigte hat, zumal sich dies oft erst im Laufe der Zeit herauskristallisiert und von Umständen beeinflusst werden kann, auf die der Bevollmächtigte keinen Einfluss hat (etwa Ausschlagung oder Erbunwürdigkeit).

139 In Abgrenzung zu der Rechtsprechung des OLG Hamm entschied das OLG München in einem anderen Verfahren,[248] dass **der grundbuchliche Vollzug einer Eigentumsübertragung nicht zwingend von einem Erbennachweis nach § 35 GBO abhängig sei, auch wenn der Bevollmächtigte als potenzieller Alleinerbe in Betracht komme.**

In dem entschiedenen Fall hatte die Ehefrau des Verstorbenen dessen hälftigen Miteigentumsanteil am Grundbesitz an sich selbst zu Alleineigentum übertragen, sich dabei allerdings nur auf ihre – unter Befreiung von § 181 BGB erteilte – Vollmacht berufen. Das Grundbuchamt erlangte durch Einsicht in die beim selben Gericht geführte Nachlassakte Kenntnis vom gemeinschaftlichen eigenhändigen Testament, in dem sich die Eheleute gegenseitig zu Alleinerben berufen hatten. Daraufhin erließ das Grundbuchamt eine Zwischenverfügung, die Ehefrau solle einen Erbschein vorlegen und Grundbuchberichtigung beantragen. Durch den Tod des Ehemannes sei Universalsukzession eingetreten, so dass für eine rechtsgeschäftliche Übertragung kein Raum sei. Nach fruchtlosem Ablauf der gesetzten Frist wurde der Eintragungsantrag zurückgewiesen.

Das OLG München sah die hiergegen gerichtete Beschwerde als begründet an. Es wies darauf hin, dass **im Grundbuchverkehr die materielle Erbenstellung grds. unerheblich sei**, solange nicht der Nachweis nach § 35 Abs. 1 GBO erbracht sei. Die Erkenntnisse aus der Nachlassakte bezeugten keine Erbenstellung der Ehefrau. Die diesbezügliche Prüfung, auch unter dem Aspekt von möglichen Errichtungsmängeln, einer Anfechtung oder Ausschlagung, sei dem Erbscheinsverfahren vorbehalten. Lediglich die Kenntnis des vorhandenen Testaments durchbreche deshalb nicht die von der Vollmachtsurkunde ausgehende Legitimationswirkung.

140 Nach beiden Meinungen wird man jedenfalls dann vom Fortbestehen der Vollmacht ausgehen können, wenn der Alleinerbe **durch Nacherbfolge oder Testamentsvollstreckung beschwert**, mithin seine Verfügungsbefugnis gesetzlichen

248 OLG München, Beschl. v. 4.8.2016 – 34 Wx 110/16, ZEV 2016, 656.

Beschränkungen unterworfen ist bzw. es zur Aufspaltung von Verfügungsbefugnis und Rechtsinhaberschaft kommt.[249]

Des Weiteren ist kein Erbnachweis nach § 35 GBO erforderlich, wenn ein Rechts- 141
geschäft grundbuchlich vollzogen werden soll, das der **bevollmächtigte Miterbe** aufgrund einer trans- oder postmortalen Vollmacht des Erblassers vorgenommen hat.[250]

Nach Ansicht des KG bedarf auch der handelnde Alleinerbe keines Nachweises 142
der Erbfolge in Form des § 35 GBO, wenn er eine transmortale Vollmacht vorlegt und erklärt, Alleinerbe zu sein. Der Vollmachtnehmer gibt die Erklärung im Namen der Erben des Vollmachtgebers ab.[251]

Ob eine notariell beurkundete Vollmacht transmortal ist oder nicht, richtet sich 143
nach Auffassung des OLG Karlsruhe nach dem der Vollmachtserteilung zugrunde liegenden Rechtsverhältnis. Es muss immer der konkrete Einzelfall betrachtet werden.

Im Falle einer Geschäftsbesorgung gilt die Auslegungsregelung des § 672 BGB. Ein Fortbestand der Vollmacht ist anzunehmen, wenn nicht die konkrete Vertragsauslegung ergibt, dass die Besorgung des Geschäfts nur für den lebenden Vollmachtgeber von Bedeutung ist. Ist dies der Fall, ist vom Grundbuchamt neben dem Erbennachweis (§ 35 GBO) auch die Bewilligung der Erben für das Geschäft nach § 19 GBO zu verlangen.[252]

Im Bereich der Vermögenssorge kann man von einer transmortalen Vollmacht ausgehen, wenn diese einen Schwerpunkt in diesem Bereich hat, nicht nur im Falle einer Geschäftsunfähigkeit gelten soll, sondern auch den Zusatz beinhaltet, dass die Vollmacht über den Tod hinaus gilt, und jederzeit widerruflich ist. Eine ausdrückliche Anordnung ist nicht notwendig, wenngleich sie auch zu empfehlen ist. Würde ein Beteiligter eine transmortale Vollmacht nicht wollen, so wäre zu erwarten gewesen, dass nach Erteilung des Hinweises durch den Notar im Rah-

---

249 OLG München, Beschl. v. 4.8.2016 – 34 Wx 110/16, ZEV 2016, 656; OLG München, Beschl. v. 26.7.2012 – 34 Wx 248/12, MittBayNot 2013, 230; OLG Hamm, Beschl. v. 10.1.2013 – I-15 W 79/12, ZErb 2013, 158.

250 OLG Celle, Beschl. v. 16.8.2019 – 18 W 33/19, FGPrax 2020, 10; OLG Stuttgart, Beschl. v. 2.11.2018 – 8 W 312/18, MittBayNot 2019, 578; OLG Schleswig, Beschl. v. 15.7.2014 – 2 W 48/14, ErbR 2016, 86.

251 KG, Beschl. v. 2.3.2021 – 1 W 1503/20, FamRZ 2021, 1672, 1673; a.A. OLG München, Beschl. v. 31.8.2016 – 34 Wx 273/16, NJW 2016, 3381; *Plottek*, ZErb 2021, 253, 255; *Weidlich*, ZEV 2016, 57, 60.

252 OLG Karlsruhe, Beschl. v. 17.8.2023 – 19 W 60/23 (Wx), BtPrax 2023, 224, 225 = DNotZ 2024, 94 = FamRZ 2024, 317; OLG München, Beschl. v. 7.7.2014 – 34 Wx 265/14, ZEV 2014, 615.

men der Beurkundung die Problematik angesprochen und die Vollmacht entsprechend abgeändert worden wäre.[253]

144 Das OLG Bremen[254] entschied, dass eine transmortale Vollmacht für zwei Bevollmächtigte, die gemeinschaftlich erben, im Grundbuchverfahren vom Grundbuchamt anzuerkennen ist. Die Legitimationswirkung der Vollmacht gemäß § 172 BGB ist im Interesse eines reibungslosen Rechtsverkehrs als fortbestehend anzusehen, wenn sie den bevollmächtigten Erben weitergehende Handlungsmöglichkeiten eröffnet und schutzwürdige Interessen nicht entgegenstehen. Ob eine Vollmacht über den Tod hinaus gilt, ist, falls ein ausdrücklicher Hinweis hierauf in der Vollmacht nicht mit aufgenommen wurde, im Wege der Auslegung zu ermitteln. Bleiben Zweifel, gilt § 672 S. 1 BGB. Im Rahmen der Auslegung ist Folgendes zu beachten: Je mehr der Auftragsgegenstand auf die Person des Vollmachtgebers und dessen persönliche Verhältnisse zugeschnitten ist und weniger auf das Vermögen, desto eher ist anzunehmen, dass die Vollmacht mit dem Tod des Auftraggebers erlöschen soll.[255]

Soweit lediglich eine Anweisung im Innenverhältnis getroffen wurde, dass eine Vollmacht erst ab einem gewissen Zeitpunkt gelten solle, ist dies nicht als Indiz zu sehen, dass die Vollmacht mit dem Tod enden soll.

Hat eine Vollmacht keinen besonderen Bezug zu persönlichen Angelegenheiten, geht das OLG Bremen davon aus, dass die Vollmacht so auszulegen ist, dass sie für die im Vordergrund stehenden Vermögensangelegenheiten auch über den Tod hinaus gelten soll. Einer Anwendung der Zweifelsregelung in § 672 S. 1 BGB bedarf es nicht.

Auch endet die Vollmacht nicht, weil beide Bevollmächtigte nunmehr gemeinschaftliche Erben sind. Es kann dahingestellt bleiben, ob die Vollmacht aufgrund von Konfusion erlischt. Das Grundbuchamt darf auf die Vollmacht vertrauen, solange kein Erbschein vorgelegt worden ist.

145 **Praxistipp**

Nach der divergierenden Rechtsprechung der Obergerichte bleibt eine höchstrichterliche Klärung der Frage, ob die trans- oder postmortale Vollmacht des Alleinerben durch Konfusion erlischt, abzuwarten. Zur Vermeidung von Nachteilen, insbesondere Mehrkosten und einer Zeitverzögerung bei einer gewollten Grundstücksübertragung, sollte der Bevollmächtigte entweder aufgrund der Vollmacht tätig werden oder – bei Vorliegen eines Erbscheins – aufgrund seiner Alleinerbenstellung.

---

253 OLG Karlsruhe, Beschl. v. 17.8.2023 – 19 W 60/23 (Wx), BtPrax 2023, 224 = DNotZ 2024, 94 = FamRZ 2024, 317; BeckOGK BGB/*Huber*, § 168 Rn 73.

254 OLG Bremen, Beschl. v. 31.8.2023 – 3 W 15/23, ErbR 2023, 948 = FamRZ 2023, 1992.

255 MüKo-BGB/*Schäfer*, § 672 Rn 8.

Sofern der Antrag beim Grundbuchamt auf Eigentumsumschreibung auf eine Vollmacht gestützt wird, ist zu beachten, dass die Kostenbegünstigung nach KV 14110 Abs. 1 GNotKG nicht in Anspruch genommen werden kann. **Die Kostenbefreiung für den Eintragungsantrag binnen zwei Jahren ab dem Erbfall steht nur dem oder den Erben zu.** 146

In Fällen, in denen der Bevollmächtigte aufgrund einer transmortalen Vollmacht nach dem Tod des Vollmachtgebers ein Nachlassgrundstück an einen Dritten veräußert und zur Finanzierung der Kaufpreisforderung eine **Finanzierungsgrundschuld bestellt**, ist umstritten, ob eine **Voreintragung des/der Erben im Grundbuch** vorzunehmen ist.[256] Die h.M. in der Literatur[257] bejaht dies unter Verweis auf § 39 Abs. 1 GBO, da die Ausnahmeregelung des § 40 Abs. 1 GBO für Finanzierungsgrundpfandrechte nicht eingreife. Für die hiernach erforderliche Voreintragung der Erben ist ein Erbschein vorzulegen. 147

Das OLG Frankfurt[258] dagegen sah keine Notwendigkeit für die Voreintragung der Erben bei einer Finanzierungsbelastung, wenn die entsprechende Bewilligung auch für die Erben bindend geworden ist. Auch wenn die Eintragungsbewilligung nicht vom Erblasser herrührt, ist sie durch die Erklärung des transmortal Bevollmächtigten **für die Erben bindend** geworden. Das Handeln des transmortal Bevollmächtigten sei rechtskonstruktiv vergleichbar mit dem Handeln eines Nachlasspflegers, weshalb § 40 Abs. 1 Alt. 2 GBO entsprechend anzuwenden sei. Dieser Ansicht schlossen sich das OLG Köln,[259] das OLG Stuttgart[260] sowie das OLG Celle[261] an.

Unproblematisch ist die Eintragung einer **Auflassungsvormerkung** für den Erwerber im Falle der Veräußerung eines vererbten Grundstücks: Hier ist die Voreintragung des/der Erben nicht erforderlich.[262] Obwohl § 40 Abs. 1 GBO die Auflassungsvormerkung nicht explizit aufführt, ergibt sich dies daraus, dass die Vormerkung allein dazu dient, die endgültige Übertragung vorzubereiten und zu sichern und sie in ihrem rechtlichen Bestand von dem Bestand des gesicherten Übertragungsanspruchs abhängig ist.[263] 148

256 Siehe hierzu *Becker*, MittBayNot 2019, 315; *Weber*, DNotZ 2018, 884.

257 *Schöner/Stöber*, Grundbuchrecht, Rn 142; *Bestelmeyer*, FGPrax 2018,107; *Rupp*, notar 2015, 20; so auch KG, Beschl. v. 2.8.2011 – 1 W 243/11, FGPrax 2011, 270.

258 OLG Frankfurt, Beschl. v. 27.6.2017 – 20 W 179/17, ErbR 2018, 157; siehe auch *Ott*, notar 2018, 189.

259 OLG Köln, Beschl. v. 16.3.2018 – 2 Wx 123/18, FGPrax 2018, 106.

260 OLG Stuttgart, Beschl. v. 2.11.2018 – 8 W 312/18, MittBayNot 2019, 578 m. Anm. *Becker*.

261 OLG Celle, Beschl. v. 16.8.2019 – 18 W 33/19, FGPrax 2020, 10.

262 BGH, Beschl. v. 5.7.2018 – V ZB 10/18, NJW 2018, 3310; OLG Celle, Beschl. v. 16.8.2019 – 18 W 33/19, FGPrax 2020, 10; KG, Beschl. v. 2.8.2011 – 1 W 243/11, FGPrax 2011, 270.

263 BGH, Beschl. v. 5.7.2018 – V ZB 10/18, NJW 2018, 3310; KG, Beschl. v. 2.8.2011 – 1 W 243/11, FGPrax 2011, 270.

149 Bei einer im Außenverhältnis unbeschränkt erteilten Vorsorgevollmacht, die im Innenverhältnis zwischen dem Vollmachtgeber und dem Bevollmächtigten auf den Eintritt des Vorsorgefalls beschränkt ist, darf das Grundbuchamt eine Grundbucheintragung nur dann ausnahmsweise ablehnen, wenn es sichere Kenntnis von einem **Missbrauch der Vollmacht** hat.[264] Hieran sind nach dem OLG Köln strenge Anforderungen zu stellen. Sichere Kenntnis könne demnach nur dann angenommen werden, wenn zur vollen Überzeugung des Grundbuchamtes aufgrund von vorgelegten Urkunden oder freier Beweiswürdigung feststehe, dass der Bevollmächtigte geschäftsfähig und nicht betreuungsbedürftig sei. Weiter führte das OLG Köln in dieser Entscheidung aus, dass die erst nach Eingang eines Eintragungsantrages beim Grundbuchamt von diesem erlangte Kenntnis eines von dem Vollmachtgeber erklärten **Widerrufs der Vorsorgevollmacht** die Grundbucheintragung nicht mehr hindere. Wenn die Voraussetzungen vorlägen, die für die Begünstigten einen Anspruch gemäß § 51 BeurkG auf Erteilung einer Ausfertigung der Bewilligungsurkunde begründeten, werde die Bewilligung bereits mit Abschluss des Beurkundungsvorgangs wirksam, so dass ein danach erklärter Widerruf der Erklärung eines der Urkundsbeteiligten keine Wirkungen mehr entfalte.[265]

IV. Befugnisse des Bevollmächtigten bei persönlichen Angelegenheiten

1. Rechtliche Grundlagen

150 Ein Bevollmächtigter kann **für alle Angelegenheiten der Personensorge** bestellt werden, die bei fehlender Vollmacht durch einen zu bestellenden Betreuer[266] besorgt werden müssten. Somit kann grundsätzlich ein Vertreter für alle Aufgabenbereiche bestellt werden, für die auch eine Betreuung möglich ist. Die Entscheidung des Bevollmächtigten ist dabei verbindlich.

Hinsichtlich der **Feststellung und Durchsetzung des in der Patientenverfügung formulierten Willens** der vertretenen Person sowie der bestehenden Genehmigungserfordernisse ist ein **Bevollmächtigter einem Betreuer gleichgestellt**, vgl. §§ 1827 Abs. 6, 1828 Abs. 3, 1829 Abs. 5, 1831 Abs. 5, 1832 Abs. 5 BGB.

151 Ist eine Person selbst noch entscheidungsfähig, kommt eine Stellvertretung durch Vollmacht im persönlichen Bereich nicht in Betracht. Die Vollmacht hat in diesem Fall noch keine Bedeutung, weil der Vollmachtgeber jeder einzelnen beeinträchtigenden Maßnahme widersprechen kann und sein Widerspruch vor der Entschei-

264 OLG Köln, Beschl. v. 18.5.2020 – 2 Wx 61/20, BeckRS 2020, 10581.

265 OLG Köln, Beschl. v. 18.5.2020 – 2 Wx 61/20, BeckRS 2020, 10581 m.w.N.

266 Begründung hinsichtlich des Umfangs des Aufgabenkreises eines Betreuers: BGH, Beschl. v. 10.6.2020 – XII ZB 25/20, DNotZ 2021, 212; BGH, Beschl. v. 19.4.2023 – XII ZB 462/22, FamRZ 2023 1057; BGH, Beschl. v. 7.3.2012 – XII ZB 583/11, FamRZ 2012, 868.

dung des Bevollmächtigten Vorrang hat.[267] Das Bedürfnis für eine Stellvertretung besteht nur für den Fall, dass der **Vollmachtgeber zu einer eigenen Entscheidung nicht mehr in der Lage ist.** Erst dann kann und soll der Bevollmächtigte im Rahmen einer Personensorge im engeren Sinn tätig werden.

Die Bestellung eines Betreuers ist erst zu dem Zeitpunkt möglich, zu dem der Betroffene in der gegenwärtigen Lebenssituation seine Angelegenheiten nicht mehr selbst besorgen kann. Entsprechendes gilt für den Vorsorgebevollmächtigten.

Eine exakte Differenzierung zwischen Befugnissen für den vermögensrechtlichen und für den persönlichen Bereich wird vielfach nicht möglich sein. Dies liegt insbesondere an den vielen Mischangelegenheiten, die beide Bereiche umschließen. So betrifft etwa der Abschluss eines Behandlungsvertrags sowohl die Person des Vollmachtgebers als auch dessen Vermögen. 152

Sofern eine Maßnahme nach §§ 1829, 1831 oder 1832 BGB der **gerichtlichen Genehmigung** bedarf, findet gegen eine Entscheidung des Betreuungsgerichts – sowohl gegen die Erteilung als auch gegen die Versagung einer Genehmigung – das **Rechtsmittel der befristeten Beschwerde nach §§ 58 ff. FamFG** statt.[268] Das Recht des Vorsorgebevollmächtigten, im Namen des Betroffenen Beschwerde einzulegen, ergibt sich aus § 303 Abs. 4 FamFG. 153

2. Entscheidungen über ärztliche Maßnahmen nach § 1829 BGB

Nach § 630d Abs. 1 S. 1 BGB muss vor Durchführung einer medizinischen Maßnahme der Behandelnde die **Einwilligung des Patienten** einholen. Ist dieser einwilligungsunfähig, ist die Einwilligung des hierzu **Berechtigten** einzuholen, § 630d Abs. 1 S. 2 BGB. Berechtigter kann der **Bevollmächtigte** sein. Dieser kann entscheiden, ob **Untersuchungen des Gesundheitszustands** des Vollmachtgebers, **Heilbehandlungen** oder **ärztliche Eingriffe** an diesem vorgenommen werden sollen oder nicht. 154

Die **Vollmachtsurkunde muss** gemäß § 1829 Abs. 5 BGB schriftlich erteilt sein und **die Maßnahmen nach § 1829 Abs. 1 S. 1 und Abs. 2 BGB ausdrücklich umfassen.** 155

Aus der Vollmacht muss sich ergeben, dass sich die Entscheidungskompetenz des Bevollmächtigten auf die im Gesetz genannten ärztlichen Maßnahmen sowie darauf bezieht, sie zu unterlassen oder am Betroffenen vornehmen zu lassen.[269] Hierzu muss aus der Vollmacht auch deutlich werden, dass die jeweilige Entscheidung mit der begründeten Gefahr des Todes oder eines schweren und länger 156

267 OLG Stuttgart, Beschl. v. 23.2.1994 – 8 W 534/93, FamRZ 1994, 1417.
268 Sternal/*Göbel*, § 58 FamFG Rn 20; Sternal/*Giers*, § 303 FamFG Rn 2.
269 BGH, Beschl. v. 6.7.2016 – XII ZB 61/16, NJW 2016, 3297.

dauernden gesundheitlichen Schadens verbunden sein kann[270] (sog. qualifizierte Gefahrensituation[271]).

Praxistipp

Die §§ 1829, 1831, 1832 BGB setzen für eine Einwilligung des Bevollmächtigten voraus, dass die Vollmacht schriftlich erteilt ist und die jeweilige Maßnahme ausdrücklich umfasst. Um dies sicherzustellen, ist bei der Gestaltung der Vollmacht die wörtliche Übernahme der Gesetzestexte zu empfehlen.

157 Zu beachten ist, dass trotz einer wirksamen Bevollmächtigung die **Genehmigung des Betreuungsgerichts** einzuholen ist, wenn die **begründete Gefahr** besteht, dass der **Vollmachtgeber aufgrund der Maßnahme stirbt oder einen schweren und länger dauernden gesundheitlichen Schaden erleidet**, vgl. § 1829 Abs. 1 und 2 BGB. Im Gegensatz zu Abs. 1 muss die Maßnahme bei Abs. 2 medizinisch angezeigt sein.

158 Solche gefährlichen Maßnahmen können, abhängig vom Allgemeinzustand des Patienten, sein:

- Untersuchungen, wie z.B. Bronchoskopie, Herzkatheterisierung, ERC (P);
- operative Behandlungsmaßnahmen, wie z.B. Herzoperationen, Transplantationen, neurochirurgische Eingriffe und alle großen chirurgischen Eingriffe in den unterschiedlichen chirurgischen Fachgebieten;
- nichtoperative Behandlungsmaßnahmen, wie z.B. Chemotherapie, Dauerbehandlung mit Psychopharmaka;
- Abbruch der mit einer PEG-Sonde ermöglichten künstlichen Ernährung.[272]

Ohne Genehmigung des Betreuungsgerichts sind diese Maßnahmen nur zulässig, wenn mit dem Aufschub Gefahr verbunden ist. Auf alle Fälle ist aber **zuvor eine ärztliche Aufklärung** erforderlich, § 630d Abs. 2 BGB.

159 Eine **Patientenverfügung** des Vollmachtgebers ist in diesem Zusammenhang von dem Bevollmächtigten immer zu berücksichtigen und geht dem Ehegattenvertretungsrecht vor. Denn nach § 1829 Abs. 4 i.V.m. Abs. 5 BGB ist **keine Genehmigung erforderlich, wenn zwischen Bevollmächtigtem und behandelndem Arzt Einvernehmen darüber besteht, dass die Erteilung, die Nichterteilung oder der Widerruf der Einwilligung dem nach § 1827 BGB festgestellten Willen des Betroffenen** – also dessen Anordnungen im Rahmen seiner Patientenverfügung oder dessen mutmaßlichem Willen – **entspricht.**[273]

---

270 BGH, Beschl. v. 6.7.2016 – XII ZB 61/16, NJW 2016, 3297.

271 BeckOK-BGB/*Müller-Engels*, § 1829 Rn 29.

272 BGH, Beschl. v. 8.2.2017 – XII ZB 604/15, NJW 2017, 1737 = ZEV 2017, 335 m. Anm. *Müller*; BGH, Beschl. v. 6.7.2016 – XII ZB 61/16, NJW 2016, 3297; BGH, Beschl. v. 17.9.2014 – XII ZB 202/13, NJW 2014, 3572; OLG München, Urt. v. 21.12.2017 – 1 U 454/17, MedR 2018, 317 = LSK 2017, 146433.

273 BGH, Beschl. v. 14.11.2018 – XII ZB 107/18, NJW 2019, 600.

In solch einem Fall ist es zu empfehlen, das Ergebnis der Konsultation zwischen Arzt und Bevollmächtigtem schriftlich zu dokumentieren.[274]

§ 1829 BGB gilt bei dem neu geschaffenen Ehegattenvertretungsrecht gemäß § 1358 Abs. 6 BGB.

Ausgangspunkt des Prozesses zur **Feststellung des Patientenwillens** (siehe im Einzelnen § 2 Rdn 20 ff.) ist die aus Sicht des behandelnden Arztes **indizierte Maßnahme**, § 1828 Abs. 1 S. 1 BGB. Diese Maßnahme **erörtert der Arzt** sodann **mit dem Bevollmächtigten** und beide entscheiden, ob die **Festlegungen in der Patientenverfügung auf die aktuelle Lebens- und Behandlungssituation zutreffen**, § 1828 Abs. 1 S. 2 BGB.[275] 160

Beim Entscheidungsprozess soll nahen Angehörigen und sonstigen Vertrauenspersonen gemäß § 1828 Abs. 2 BGB Gelegenheit zur Äußerung gegeben werden.[276] Diese haben jederzeit die Möglichkeit, die Entscheidung des Bevollmächtigten vom Betreuungsgericht überprüfen zu lassen, das aufgrund des Amtsermittlungsgrundsatzes zur Aufklärung und Prüfung des Sachverhaltes verpflichtet ist.[277] 161

Stellt der Bevollmächtigte nach der durchgeführten Konsultation und der evtl. Anhörung fest, dass die Festlegungen in der Patientenverfügung auf die aktuelle Lebens- und Behandlungssituation zutreffen, hat er diesen Geltung zu verschaffen, vgl. § 1828 Abs. 1 S. 1, 2 BGB. 162

Sofern die Festlegungen nach seiner Auffassung nicht auf die aktuelle Lebens- und Behandlungssituation zutreffen bzw. wenn gar keine Patientenverfügung vorliegt, muss der Bevollmächtigte nach **Feststellung des mutmaßlichen Patientenwillens** eine Entscheidung über die Einwilligung in die ärztliche Maßnahme treffen, § 1827 Abs. 2 S. 1 BGB. Dabei ist der mutmaßliche Wille des Vollmachtgebers aufgrund konkreter Anhaltspunkte etwa in Form früherer Äußerungen, ethischer oder religiöser Überzeugungen oder sonstiger persönlicher Wertvorstellungen des Betroffenen zu ermitteln, § 1827 Abs. 2 S. 2, 3 BGB. 163

Sind sich Arzt und Bevollmächtigter über den so festgestellten Willen bzw. mutmaßlichen Willen des Betroffenen **einig**, erfolgt **keine Kontrolle** dieser Entscheidung durch das Betreuungsgericht. **Bei divergierender Auffassung** von Arzt und Bevollmächtigtem über den mutmaßlichen Patientenwillen ist die **Entscheidung des Betreuungsgerichts** herbeizuführen (siehe § 2 Rdn 27 ff.). 164

---

274 Wie dies auch in § 10 der Musterberufsordnung für die in Deutschland tätigen Ärztinnen und Ärzte vorgesehen ist.

275 *Diehn/Rebhan*, NJW 2010, 326 bezeichnen diese Phase der Entscheidungsfindung als Konsultationsverfahren.

276 Von *Diehn/Rebhan*, NJW 2010, 326, als Anhörungsverfahren bezeichnet.

277 Grüneberg/*Götz*, § 1829 Rn 12.

165 Daneben kann das Betreuungsgericht auch dann angerufen werden, wenn einer der Beteiligten Zweifel daran hat, ob das geplante Vorgehen dem wirklichen oder mutmaßlichen Willen des Betroffenen entspricht.[278] Stellt das Gericht ein Einvernehmen gemäß § 1829 Abs. 4 BGB fest, wird der Antrag auf betreuungsgerichtliche Genehmigung abgelehnt, aber ein sog. **Negativattest** ausgestellt, **aus dem sich die Genehmigungsfreiheit ergibt.**[279]

166 Grundsätzlich kann ein Dritter auch dazu bevollmächtigt werden, über den **Abbruch einer Heilbehandlung**[280] zu entscheiden, etwa ob lebenserhaltende Maßnahmen am betroffenen Vollmachtgeber, wie etwa künstliche Ernährung oder Beatmung, beendet werden sollen.

167 Die schriftliche Äußerung in der Patientenverfügung, „keine lebenserhaltenden Maßnahmen" zu wünschen, ist nicht hinreichend konkret. Die insoweit **erforderliche Konkretisierung** kann aber im Einzelfall durch die Benennung bestimmter ärztlicher Maßnahmen oder die Bezugnahme auf ausreichend spezifizierte Krankheiten oder Behandlungssituationen erfolgen.[281]

Diesem Bestimmtheitsgrundsatz genügt eine Patientenverfügung, die einerseits **konkret die Behandlungssituationen beschreibt**, in denen die Verfügung gelten soll, und andererseits die **ärztlichen Maßnahmen genau bezeichnet**, in die der Vollmachtgeber einwilligt oder die er untersagt.[282]

168 § 1827 Abs. 3 BGB stellt ausdrücklich klar, dass der **Patientenwille unabhängig von Art und Stadium einer Erkrankung gilt**. Damit ist die früher umstrittene Frage, ob eine Patientenverfügung auch bei noch nicht eingesetztem Sterbevorgang beachtet werden muss, zugunsten des Selbstbestimmungsrechts der betroffenen Person beantwortet.

169 Demgemäß ist das Vorliegen einer Grunderkrankung mit einem irreversibel tödlichen Verlauf nicht Voraussetzung für den zulässigen Abbruch lebenserhaltender Maßnahmen.[283] Sofern der Betroffene seinen diesbezüglichen Willen in einer Patientenverfügung niedergelegt hat und diese auf die konkret eingetretene Le-

278 BGH, Beschl. v. 17.9.2014 – XII ZB 202/13, NJW 2014, 3572.

279 BGH, Beschl. v. 14.11.2018 – XII ZB 107/18, NJW 2019, 600; BGH, Beschl. v. 17.9.2014 – XII ZB 202/13, NJW 2014, 3572.

280 Hierzu fällte der BGH im Jahr 2003 eine wegweisende Entscheidung, wonach bei einer infausten Prognose lebenserhaltende oder -verlängernde Maßnahmen unterbleiben mussten, wenn dies dem zuvor erklärten Willen eines Patienten entsprach, vgl. BGH, Urt. v. 17.3.2003 – XII ZB 2/03, ZErb 2003, 222 = NJW 2003, 1588; kurze Zusammenfassung: ZErb 2003, 129. Seit der gesetzlichen Regelung der Patientenverfügung zum 1.9.2009 sind die §§ 1901a ff. BGB a.F. für diese Sachverhalte maßgebend, nunmehr § 1827 BGB.

281 BGH, Beschl. v. 14.11.2018 – XII ZB 107/18, NJW 2019, 600; BGH, Beschl. v. 6.7.2016 – XII ZB 61/16, NJW 2016, 3297.

282 BGH, Beschl. v. 14.11.2018 – XII ZB 107/18, NJW 2019, 600.

283 BGH, Beschl. v. 17.9.2014 – XII ZB 202/13, NJW 2014, 3572.

bens- und Behandlungssituation zutrifft, ist eine betreuungsgerichtliche Genehmigung hierfür nicht erforderlich.[284]

Praxistipp

Bei der Abfassung von Vorsorgevollmachten ist also zu beachten:

Neben der ausdrücklichen Bevollmächtigung zur Einwilligung in den Abbruch einer Heilbehandlung ist gleichzeitig auch eine Patientenverfügung, die einen diesbezüglichen Willen des Verfügenden manifestiert und den Bevollmächtigten in seiner Entscheidung bindet, zu erstellen.

3. Entscheidungen über die Unterbringung nach § 1831 Abs. 1 BGB

Dem Bevollmächtigten kann die Entscheidung übertragen werden, im Falle einer **krankheitsbedingten konkreten Eigengefährdung**[285] den Vollmachtgeber **in einer geschlossenen Einrichtung oder in einer geschlossenen Station unterzubringen, § 1831 Abs. 1 Nr. 1 BGB**. Dies setzt eine ernstliche und konkrete Gefahr für Leib und Leben des Betroffenen voraus.[286] Es erfordert kein zielgerichtetes Verhalten, vielmehr müssen objektivierbare und konkrete Anhaltspunkte für den Eintritt eines erheblichen Gesundheitsschadens vorliegen.[287] 170

§ 1831 Abs. 1 BGB regelt die Voraussetzungen einer freiheitsentziehenden Unterbringung, die für eine Untersuchung des Gesundheitszustands, eine Heilbehandlung oder einen ärztlichen Eingriff **zur Abwendung eines drohenden erheblichen gesundheitlichen Schadens** von der betroffenen Person notwendig ist, wenn diese die Notwendigkeit der Unterbringung nicht erkennen oder nicht nach dieser Einsicht handeln kann. Im Rahmen der Unterbringung nach Nr. 1 oder Nr. 2 der Vorschrift ist eine freie Willensbestimmung ohne eine Krankheitseinsicht des Betroffenen nicht möglich.[288] 171

Die Unterbringung nach § 1831 Abs. 1 BGB ist nur dann genehmigungsfähig, wenn die ärztliche Maßnahme erfolgversprechend durchgeführt werden kann, der Vollmachtgeber also entweder seine Zustimmung hierzu erteilt oder eine 172

---

284 BGH, Beschl. v. 14.11.2018 – XII ZB 107/18, NJW 2019, 600; BGH, Beschl. v. 17.9.2014 – XII ZB 202/13, NJW 2014, 3572; BGH, Beschl. v. 8.2.2017 – XII ZB 604/15, ZEV 2017, 335 m. Anm. *Müller*.

285 Voraussetzung ist eine ernstliche und konkrete Gefahr für Leib oder Leben des Betroffenen, BGH, Beschl. v. 18.5.2011 – XII ZB 47/11, NJW-RR 2011, 1012.

286 BGH, Beschl. v. 9.1.2019 – XII ZB 280/18, FamRZ 2019, 552 = ErbR 2019, 655; BGH, Beschl. v. 24.5.2017 – XII ZB 577/16, NJW-RR 2017, 897.

287 BGH, Beschl. v. 9.1.2019 – XII ZB 280/18, FamRZ 2019, 552 = ErbR 2019, 655.

288 BGH, Beschl. v. 13.4.2016 – XII ZB 236/15, NJW-RR 2016, 705; BGH, Beschl. v. 3.2.2016 – XII ZB 317/15, NJW-RR 2016, 513.

ärztliche Zwangsmaßnahme nach § 1832 BGB genehmigt war.[289] Davon kann so lange ausgegangen werden, wie sich die Weigerung des Betroffenen, sich behandeln zu lassen, nicht manifestiert hat.[290]

173 Die Unterbringung war nur zulässig, solange sie **zum Wohl des Vollmachtgebers erforderlich** war. Stets musste und muss noch immer der **Grundsatz der Verhältnismäßigkeit** beachtet werden; kommt eine mildere Maßnahme in Betracht, ist diese zu wählen.[291]

Mit der Reform des Vormundschafts- und Betreuungsrechts zum 1.1.2023 wurde der Begriff „Wohl" im Rahmen der Erforderlichkeit gestrichen. Inhaltlich ist dies ohne Bedeutung, es sollte damit aber eine Distanzierung von dem bevormundenden Wesen im Betreuungsbereich hin zum Prinzip der Selbstbestimmung erfolgen.[292]

174 § 1832 Abs. 1 BGB erfasst nur die **Unterbringung, die mit Freiheitsentziehung verbunden ist**, also nicht die Unterbringung in einer offenen Einrichtung wie etwa einem Alters- und Pflegeheim;[293] auch eine ambulante Zwangsmedikation fällt mangels Freiheitsentziehung nicht unter die Vorschrift.[294]

175 Für die Übertragung der Entscheidung an einen Bevollmächtigten muss die **Vollmachtsurkunde die Maßnahmen nach § 1831 Abs. 1 BGB ausdrücklich umfassen** (vgl. Rdn 50 ff.).

176 Zu beachten ist, dass gemäß § 1831 Abs. 2 BGB trotz einer wirksamen Bevollmächtigung die **Genehmigung des Betreuungsgerichts** einzuholen ist. Ohne diese Genehmigung sind die Maßnahmen nur zulässig, wenn mit dem Aufschub Gefahr verbunden ist. In diesem Fall ist die Genehmigung unverzüglich nachzuholen.

177 Unterbringungen gemäß § 1831 Abs. 1–3 BGB sind vom Ehegattenvertretungsrecht nicht umfasst.

4. Entscheidungen über freiheitsentziehende oder -beschränkende Maßnahmen nach § 1831 Abs. 4 BGB

178 Dem Bevollmächtigten kann die Entscheidung übertragen werden, in **freiheitsentziehende Maßnahmen** einzuwilligen, **um den Vollmachtgeber vor einer**

289 BGH, Beschl. v. 31.5.2017 – XII ZB 342/16, NJW-RR 2017, 961 (mit Hinweis auf § 1906 Abs. 3 BGB a.F., nunmehr § 1831 BGB, der die ärztlichen Zwangsmaßnahmen regelte).

290 BGH, Beschl. v. 31.5.2017 – XII ZB 342/16, NJW-RR 2017, 961; BGH, Beschl. v. 13.4.2016 – XII ZB 236/15, NJW-RR 2016, 705.

291 BGH, Beschl. v. 14.3.2018 – XII ZB 629/17, NJW 2018, 1548.

292 *Schellenbach/Normann-Scherer/Loer*, BtPrax 2021, 83, 84 f.

293 OLG Hamm, Beschl. v. 21.10.2002 – 15 W 189/02, NJW-RR 2003, 290; BeckOK-BGB/ *Müller-Engels*, § 1831 Rn 9.

294 BGH, Beschl. v. 11.10.2000 – XII ZB 69/00, NJW 2001, 888.

konkreten Eigengefährdung zu schützen. Dabei kann der Bevollmächtigte auch dazu ermächtigt werden, zu überprüfen, ob eine ärztlich vorgeschlagene Schutzmaßnahme zur Verhinderung einer konkreten Eigengefährdung auch tatsächlich erforderlich und unumgänglich ist. Insbesondere fallen hierunter Entscheidungen über das Anbringen von Bettgittern,[295] das Fixieren mit einem Gurt oder anderen mechanischen Vorrichtungen, die Verabreichung von Schlafmitteln und Psychopharmaka, das regelmäßige Einschließen in ein Zimmer[296] sowie alle sonstigen Maßnahmen, die den Vollmachtgeber daran hindern sollen, sich frei zu bewegen.

Eine freiheitsentziehende Maßnahme liegt vor, wenn der **Vollmachtgeber in seiner körperlichen Bewegungsfreiheit eingeschränkt wird**, was laut BGH je- 179
denfalls dann zu bejahen ist, wenn nicht ausgeschlossen werden kann, dass der Betroffene zu willensgesteuerten Aufenthaltsveränderungen in der Lage wäre, an denen er durch die Maßnahme **über einen längeren Zeitraum oder regelmäßig** gehindert wird.[297]

Dies gilt jedoch nur dann, wenn die **Vollmachtsurkunde die Maßnahmen nach 180**
§ 1831 Abs. 4 BGB ausdrücklich umfasst. Zu beachten ist auch hier, dass trotz einer wirksamen Bevollmächtigung die **Genehmigung des Betreuungsgerichts** einzuholen ist. In den Tenor ist bei einer Einwilligung in eine ärztliche Zwangsmaßnahme oder bei deren Anordnung mit aufzunehmen, dass die Durchführung und Dokumentation durch einen Arzt zu erfolgen hat.[298] Anderenfalls sind die Maßnahmen nur zulässig, wenn mit dem Aufschub Gefahr verbunden ist,[299] wobei dann die Genehmigung unverzüglich nachzuholen ist.

Die Genehmigungspflicht tritt nicht ein, **wenn der Betroffene in einer Familie** 181
lebt, da sich der Betroffene in einem Krankenhaus, einem Heim oder einer sonstigen Einrichtung aufhalten muss und die genannten Maßnahmen dort getroffen werden müssen.[300] Eine betreuungsgerichtliche Genehmigung kann aber erforderlich sein, wenn der Betroffene, der von dritter Seite betreut wird, in seiner eigenen Wohnung regelmäßig eingesperrt werden soll.[301] Wird der Betroffene in seiner eigenen Wohnung, in welcher er allein lebt, vollständig durch professio-

295 Nach dem LG Frankfurt a.M., Beschl. v. 9.4.2013 – 2–29 T 377/12, FamRZ 2013, 1606, handelt es sich bei der Anbringung eines geteilten Bettgitters nicht um eine freiheitsentziehende Maßnahme i.S.d. § 1906 Abs. 4 BGB.

296 BGH, Beschl. v. 7.1.2015 – XII ZB 395/14, NJW 2015, 865.

297 BGH, Beschl. v. 7.1.2015 – XII ZB 395/14, NJW 2015, 865; BGH, Beschl. v. 27.6.2012 – XII ZB 24/12, NJW-RR 2012, 1281.

298 BGH, Beschl. v. 30.9.2020 – XII ZB 57/20, NJW 2021, 165.

299 Handelt es sich um eine länger dauernde (d.h. länger als zwei bis maximal drei Tage) oder um eine regelmäßige Schutzmaßnahme, muss der Bevollmächtigte die Genehmigung des Betreuungsgerichts einholen.

300 BayObLG, Beschl. v. 4.9.2002 – 3 Z BR 132/02, FamRZ 2003, 325; Damrau/Zimmermann/*Koester-Buhl*, § 1831 Rn 75; BeckOK-BGB/*Müller-Engels*, § 1831 Rn 8.

301 LG Hamburg, Beschl. v. 9.9.1994 – 301 T 206/94, FamRZ 1994, 1619.

nelle Pflegedienste versorgt, so ist dies unter den Begriff „sonstige Einrichtung“ zu subsumieren.[302]

Ist die betroffene Person **bereits nach § 1831 Abs. 1 BGB untergebracht**, so ist für freiheitsentziehende und -beschränkende Maßnahmen nach § 1831 Abs. 4 BGB keine weitere betreuungsgerichtliche Genehmigung erforderlich, da diese bereits von der vorliegenden Genehmigung gedeckt sind.[303] So muss etwa die Entscheidung über das Anbringen eines Bettgitters oder das Abschließen des Zimmers nicht durch das Betreuungsgericht genehmigt werden, wenn der Betroffene in einem Pflegeheim lebt.

Genehmigungsfrei sind ferner die unterbringungsähnlichen Maßnahmen, **wenn der Betroffene ohnehin bewegungsunfähig ist**, da dann keine Freiheitsbeschränkung vorliegt.[304]

Im Zweifel ist jedoch von der Genehmigungspflicht auszugehen.

182 Gemäß § 1358 Abs. 6 BGB gilt § 1831 Abs. 4 BGB beim Ehegattenvertretungsrecht, wobei die Dauer der Maßnahmen des § 1831 Abs. 4 BGB sechs Wochen nicht überschreiten darf.

183 § 1831 Abs. 4 BGB verweist auf die Absätze 1–3 der Vorschrift, so dass die dort genannten Voraussetzungen vorliegen müssen, insbesondere muss der **Grundsatz der Verhältnismäßigkeit** gewahrt werden. Mit der Reform des Vormundschafts- und Betreuungsrechts zum 1.1.2023 wurde im Gesetzestext der Begriff „Wohl des Betreuten“ im Rahmen der Erforderlichkeit gemäß 1831 Abs. 1 BGB gestrichen. Inhaltlich ist dies ohne Bedeutung, es sollte damit lediglich eine Distanzierung von dem bevormundenden Wesen im Betreuungsbereich hin zum Prinzip der Selbstbestimmung erfolgen.[305]

5. Entscheidungen über ärztliche Zwangsmaßnahmen nach § 1832 BGB

184 Mit Wirkung zum 22.7.2017 wurde § 1906a BGB a.F. neu eingeführt mit der Regelung, unter welchen Voraussetzungen ein Betreuer bzw. über Abs. 5 ein Bevollmächtigter für den Betroffenen in eine **ärztliche Zwangsmaßnahme** einwilligen kann. Mit der Reform des Vormundschafts- und Betreuungsrechts wurde § 1906a BGB a.F. zum 1.1.2023 von § 1832 BGB abgelöst. Per Legaldefinition des § 1832 Abs. 1 S. 1 BGB handelt es sich bei einer **Untersuchung des Gesundheitszustands, einer Heilbehandlung oder einem ärztlichen Eingriff gegen den natürlichen Willen des Betreuten bzw. Vollmachtgebers** um eine ärztliche Zwangsmaßnahme.

---

302 Grüneberg/*Götz*, § 1831 Rn 24.

303 LG Freiburg, Beschl. v. 20.7.2010 – 4 T 133/10, NJW-RR 2011, 10.

304 OLG Hamm, Beschl. v. 7.10.1993 – 15 W 168/93, FamRZ 1994, 1270; OLG Celle, Beschl. v. 10.9.1993 – 12 W 12/93, BtPrax 1994, 31.

305 *Schellenbach/Normann-Scherer/Loer*, BtPrax 2021, 83, 84 f.

Die Vorschrift gilt nicht nur für Maßnahmen im Rahmen einer freiheitsentziehenden Unterbringung.

Für eine rechtsgeschäftliche Vertretung muss die **Vollmacht** schriftlich erteilt sein und die **ärztlichen Zwangsmaßnahmen ausdrücklich umfassen (§ 1820 Abs. 2 BGB).** 185

Für eine Einwilligung in eine solche medizinische Behandlung durch den Bevollmächtigten **müssen die Voraussetzungen des § 1832 Abs. 1 BGB kumulativ vorliegen.** Diese sind: 186

- Die ärztliche Zwangsmaßnahme ist **notwendig**, um einen drohenden erheblichen gesundheitlichen Schaden von dem Betroffenen abzuwenden (§ 1832 Abs. 1 S. 1 Nr. 1 BGB).
  Mit der Reform des Vormundschafts- und Betreuungsrechts zum 1.1.2023 wurde der Zusatz „Wohl des Betreuten" im Gesetzestext gestrichen, was inhaltlich jedoch ohne Bedeutung ist, sondern lediglich eine Distanzierung von dem bevormundenden Wesen im Betreuungsrecht hin zum Prinzip der Selbstbestimmung zum Ausdruck bringen soll.[306] Der Betroffene ist selbst **einwilligungsunfähig**, d.h. er kann aufgrund einer psychischen Krankheit oder einer geistigen oder seelischen Behinderung die Notwendigkeit der ärztlichen Maßnahme nicht erkennen oder nicht nach dieser Einsicht handeln (§ 1832 Abs. 1 S. 1 Nr. 2 BGB).
- Sofern der Betroffene eine **Patientenverfügung** errichtet hatte, muss die ärztliche Zwangsmaßnahme seinem nach § 1827 BGB zu beachtenden Willen entsprechen (§ 1832 Abs. 1 S. 1 Nr. 3 BGB), d.h. die Maßnahme darf dem früher geäußerten Willen nicht widersprechen.
- Zuvor wurde versucht, den Betroffenen von der Notwendigkeit der ärztlichen Maßnahme zu überzeugen (§ 1832 Abs. 1 S. 1 Nr. 4 BGB). Der **Überzeugungsversuch** muss ernsthaft, mit dem nötigen Zeitaufwand und ohne Druck unternommen werden.[307]
- Der erhebliche gesundheitliche Schaden ist durch keine andere den Betroffenen **weniger belastende Behandlungsmaßnahme** abzuwenden (§ 1832 Abs. 1 S. 1 Nr. 5 BGB).[308]
- Der zu erwartende **Nutzen** der ärztlichen Zwangsmaßnahme **überwiegt die zu erwartenden Beeinträchtigungen deutlich** (§ 1832 Abs. 1 S. 1 Nr. 6 BGB).
- Die ärztliche Zwangsmaßnahme darf ausschließlich **im Rahmen eines stationären Aufenthalts** in einem Krankenhaus, in dem die gebotene medizinische Versorgung nebst einer eventuell erforderlichen Nachbehandlung sichergestellt ist, durchgeführt werden (§ 1832 Abs. 1 S. 1 Nr. 7 BGB). Somit scheiden

306 *Schellenbach/Normann-Scherer/Loer*, BtPrax 2021, 83, 84 f.

307 BGH, Beschl. v. 4.6.2014 – XII ZB 121/14, NJW 2014, 2497; BGH, Beschl. v. 30.7.2014 – XII ZB 169/14, NJW 2014, 3301.

308 LG Saarbrücken, Beschl. v. 7.12.2015 – 5 T 382/15, NJW-RR 2016, 197.

eine ambulante Zwangsbehandlung in einem Krankenhaus sowie eine Zwangsbehandlung in einem Alten- und Pflegeheim generell aus.[309]

187 Kommt eine ärztliche Zwangsmaßnahme in Betracht, kann der Betroffene unter den Voraussetzungen des § 1832 Abs. 4 BGB gegen seinen natürlichen Willen zu einem stationären Aufenthalt in ein Krankenhaus verbracht werden.

188 Nach § 1832 Abs. 2 BGB bedarf die Einwilligung in eine ärztliche Zwangsmaßnahme **stets** der **vorherigen Genehmigung des Betreuungsgerichts**, und zwar auch dann, wenn der Betroffene in seiner Patientenverfügung diesen Maßnahmen zugestimmt hat.[310]

189 Ärztliche Zwangsmaßnahmen gemäß § 1832 BGB sind vom Ehegattenvertretungsrecht nicht umfasst.[311]

6. Aufenthalts- und Umgangsbestimmung

190 Dem Bevollmächtigten kann die Bestimmung darüber übertragen werden, wo sich der Vollmachtgeber aufhalten und mit wem dieser Kontakt haben darf. Unter Entscheidungen über den **Aufenthalt** fallen Fragen über die Aufnahme in ein Pflegeheim, Hospiz, Krankenhaus und ähnliche Einrichtungen sowie die Auflösung der bisherigen Wohnung.

Mit der Reform des Vormundschafts- und Betreuungsrechts wurde auch die Befugnis zur Bestimmung des gewöhnlichen Aufenthalts des Betreuten im **Ausland** erfasst. Im Rahmen der Abfassung einer Vorsorgevollmacht ist somit, da ein Umzug ins Ausland auch rechtliche Folgen betreffend das Erbstatut und die daraus resultierende Vermögensnachfolge hat, anzuraten, eine Einschränkung der Rechte des Bevollmächtigten diesbezüglich mit aufzunehmen.

Formulierungsbeispiel

Die Vollmacht berechtigt den Bevollmächtigten dazu, den Aufenthalt des Vertretenen zu bestimmen. Dies umfasst auch Entscheidungen über einen dauerhaften Aufenthalt in einem Heim oder einer sonstigen Einrichtung wie einem Hospiz, die Aufnahme in ein Krankenhaus oder eine ähnliche Einrichtung. Einen Umzug in das Ausland darf der Bevollmächtigte nicht bestimmen. Sollte ein Umzug in das Ausland angedacht sein, so ist diesbezüglich eine Betreuung einzurichten (§ 1815 Abs. 2 Nr. 3 BGB). Das Betreuungsgericht hat zu prüfen, ob dieser Umzug erforderlich ist. Der Bevollmächtigte soll als Betreuer bestellt werden.

309 BeckOK-BGB/*Müller-Engels*, § 1832 Rn 19.
310 MüKo-BGB/*Schneider*, § 1832 Rn 32.
311 *Kraemer*, BtPrax 2021, 208, 209.

Im Hinblick auf den **Umgang** kann der Bevollmächtigte entscheiden, welche Pflegedienste, welche speziellen Therapeuten, welcher geistliche Beistand und welche sonstigen Personen dem Vollmachtgeber beistehen sollen. 191

Der Bevollmächtigte hat stets die **Wünsche** des Vollmachtgebers zu beachten. Ansonsten besteht die Gefahr einer nicht gerechtfertigten Einschränkung gegenüber einer Vertrauensperson oder nahen Angehörigen des Vollmachtgebers. Der Vollmachtgeber sollte über eine beschränkte Befugnis zur Umgangsbestimmung in der Vorsorgevollmacht für seine nächsten Angehörigen (Abkömmlinge und Ehegatte) nachdenken oder das Umgangsrecht ganz herausnehmen und ggf. den Bevollmächtigten als Betreuer für diesen Aufgabenbereich bestellen lassen gemäß § 1815 Abs. 2 Nr. 4 BGB und somit eine Überprüfung durch das Betreuungsgericht ermöglichen.

7. Sonstige Wünsche des Vollmachtgebers

Letztlich kann der Vollmachtgeber in der Vorsorgevollmacht sicherstellen, dass 192
er alle seine bisherigen Lebensgewohnheiten im Rahmen des tatsächlich Möglichen auch in Zukunft so beibehalten kann.[312]

E. Ehegattenvertretungsrecht

I. Allgemeines

Mit der Reform des Vormundschafts- und Betreuungsrechts trat zum 1.1.2023 193
§ 1358 BGB in Kraft, welcher das Ehegattenvertretungsrecht normiert. Bei bestehender Unfähigkeit des einen Ehegatten, seine Angelegenheiten aufgrund von Krankheit oder Bewusstlosigkeit zu besorgen, soll dem anderen Ehegatten gemäß § 1358 BGB die Möglichkeit gegeben werden, ihn für eine beschränkte Zeit bei Vorliegen der Voraussetzungen wirksam bei Maßnahmen, die nicht aufgeschoben werden können,[313] zu vertreten.

Das Ehegattenvertretungsrecht ist weder ein umfassendes Vertretungsrecht, da es lediglich die **Gesundheitssorge** und diesbezügliche Maßnahmen betrifft, noch ein reines Notvertretungsrecht.[314] In bestimmten Situationen, gerade auch am Lebensende, kann zwar das Durchlaufen eines formalen Betreuungsverfahrens hierdurch vermeiden werden, im Ergebnis kann es jedoch **keine Vorsorgevollmacht, Betreuungs- und Patientenverfügung ersetzen**. Diese sind zu errichten.

---

312 So z.B. auch die Pflege von Haustieren.

313 Grüneberg/*Siede*, § 1358 Rn 5; *Kraemer*, BtPrax 2021, 208, 209; BT-Drucks 19/24445, 179 f.; *Dutta*, FamRZ 2020, 1881, 1882 (nicht unaufschiebbar betreffend § 1358 Abs. 1 Nr. 1 BGB).

314 *Kraemer*, BtPrax 2021, 208, 209.

194 Das Ehegattenvertretungsrecht ist eine **vollmachtlose** Vertretungsmöglichkeit, welche die Einrichtung einer Betreuung entbehrlich macht. Ziel ist unter anderem die Einsparung von Kosten für die Gerichte.[315]

Sollte der vertretende Ehegatte selbst geschäftsunfähig werden, spricht dies für den Wegfall des Vertretungsrechts als allgemeiner Ausschlussgrund,[316] was folglich zu der Notwendigkeit einer Betreuung führt.

195 Andere europäische Länder kennen ein Ehegattenvertretungsrecht nicht. In Österreich besteht die Möglichkeit der Einrichtung eines Erwachsenenvertretungsrechts durch einen oder mehrere Angehörige gemäß §§ 268–270 ABGB. Dieses ist auf drei Jahre befristet, kann jedoch erneuert werden.[317] In der Schweiz kann gemäß Art. 374 ff. ZGB eine beschränkte gesetzliche Angehörigenvertretung eingeräumt werden. In Norwegen ist eine Vertretung für Ehegatten und nahe Verwandte ebenfalls möglich, wenn eine Person aus gesundheitlichen Gründen nicht mehr in der Lage ist, ihre Angelegenheiten zu erledigen.[318]

II. Voraussetzungen

1. Persönliche Voraussetzung

196 Gemäß Art. 15 EGBGB gilt § 1358 BGB für im Inland lebende Ehegatten sowie über § 21 LPartG auch für eingetragene Lebenspartner. Eine analoge Anwendung der Vorschrift auf Lebensgefährten, Eltern und Abkömmlinge ist nicht möglich.[319] Das Ehegattenvertretungsrecht endet gemäß§ 1358 Abs. 3 Nr. 1 BGB mit dem Getrenntleben (§ 1567 BGB) der Ehegatten bzw. eingetragenen Lebenspartner.

§ 1358 BGB ist für Heilbehandlungen, die im Inland durchgeführt werden, zwingend anwendbar gemäß Art. 15 EGBGB bzw. Art. 17b Abs. 2 EGBGB, selbst wenn die anderen koalitionsrechtlichen Vorschriften für den Güterstand ein anderes Recht anwenden würden.[320]

197 Die Übernahme der Ehegattenvertretung ist für die Ehegatten **nicht verpflichtend**.[321]

---

315 *Kraemer*, BtPrax 2021, 208; *Spickhoff*, FamRZ 2022, 1897.

316 *Kurze*, Die Reform des Vormundschafts- und Betreuungsrechts, § 10 Rn 32; BT-Drucks 19/24445, 183.

317 *Lagger-Zach*, BtPrax 2022, 93, 95 mit kurzer Erläuterung zum österreichischen Angehörigenvertretungsrecht.

318 BT-Drucks 19/24445, 116 ff.; *Spickhoff*, FamRZ 2022, 1897, 1898.

319 *Kraemer*, BtPrax 2021, 208.

320 Grüneberg/*Thorn*, Art. 15 EGBGB Rn 2.

321 MüKo-BGB/*Roth*, § 1358 Rn 21; *Kraemer*, BtPrax 2021, 208.

2. Sachliche Voraussetzung (§ 1358 Abs. 1 BGB)

Voraussetzung ist gemäß § 1358 Abs. 1 BGB, dass der zu vertretende Ehegatte seine Angelegenheiten betreffend die Gesundheitssorge aufgrund von Krankheit oder Bewusstlosigkeit nicht besorgen kann. Dies wäre gemäß § 630d Abs. 1 S. 4 BGB der Fall, wenn die Einwilligung für eine unaufschiebbare medizinische Maßnahme nicht rechtzeitig eingeholt werden kann, diese jedoch ohne Einwilligung des Patienten durchgeführt werden kann, wenn diese dem mutmaßlichen Willen des Patienten entspricht.[322] 198

Das Gesetz definiert die Begriffe „Krankheit“ und „Bewusstlosigkeit“ nicht. Zur Definition des Begriffs der **Krankheit** soll eine Orientierung an § 1814 Abs. 1 BGB erfolgen.[323] *Spickhoff* schlägt vor, den Begriff der Krankheit nach dem im Krankenversicherungsrecht, bspw. in § 27 SGB V, verwendeten Begriff zu definieren.[324] Eine Krankheit wird insoweit angenommen, wenn bei dem Patienten ein regelwidriger Körper- oder Geisteszustand vorliegt, dessen Eintritt entweder allein die Notwendigkeit von Heilbehandlung oder zugleich oder ausschließlich die Arbeitsunfähigkeit zur Folge hat.[325] 199

Der Begriff der **Bewusstlosigkeit** soll anhand des § 827 BGB definiert werden.[326] Eine Bewusstlosigkeit liegt im Falle des Fehlens des Bewusstseins oder einer hochgradigen Bewusstseinstrübung, in deren Folge der Patient den Inhalt und das Wesen seiner Handlungen ganz oder in bestimmter Richtung nicht mehr erkennen kann, vor.[327] Hierunter wird auch eine intellektuelle Behinderung wie Demenz zu subsumieren sein.[328]

Eine **Einwilligungsunfähigkeit** oder **Geschäftsunfähigkeit** wird **nicht** gefordert. Der zu vertretende Ehegatte muss jedoch aufgrund seines Zustands den Willen rechtlich nicht vollziehen können. Ansonsten hat der Arzt mit dem zu vertretenden Ehegatten selbst zu kommunizieren.[329]

Das Vertretungsbedürfnis kann auch durch die Behandlung hervorgerufen worden sein.[330] 200

Sollte der Zustand des zu vertretenden Ehegatten auf einer minderschweren Krankheit beruhen, so kann er u.U. noch einwilligungsfähig sein. *Kraemer* führt 201

322 *Spickhoff*, FamRZ 2022, 1897, 1899.
323 *Jurgeleit*, NJW 2023, 1, 3.
324 *Spickhoff*, FamRZ 2022, 1897, 1899.
325 Becker/Kingreen/*Lang*, SGB V, § 27 Rn 14.
326 *Spickhoff*, FamRZ 2022, 1897, 1899.
327 Grüneberg/*Sprau*, § 827 Rn 2.
328 Vgl. *Spickhoff*, FamRZ 2022, 1897, 1899 mit weiteren Verweisen und Diskussion hierzu.
329 Grüneberg/*Siede*, § 1358 Rn 2 und 6; weitere Diskussion: *Spickhoff*, FamRZ 2022, 1897, 1899 ff.
330 Grüneberg/*Siede*, § 1358 Rn 2.

hierzu jedoch an, dass aus seiner Sicht eine Vertretung durch den anderen Ehegatten möglich sein sollte, damit es zu keiner ansonsten nötigen Betreuungsanordnung komme.[331]

3. Ausschluss der Vertretungsmacht (§ 1358 Abs. 3 BGB)

202 Die Vertretung endet automatisch bei Erreichen der zeitlichen oder sachlichen Grenze oder wenn sich manifestiert, dass die Voraussetzungen für das Vertretungsrecht nie bestanden haben und dieses somit nicht hätte angenommen werden dürfen.

§ 1358 Abs. 3 BGB enumeriert die Konstellationen, in denen das Ehegattenvertretungsrecht ausgeschlossen ist. Dies sind die Trennung der Ehegatten, ein ausdrücklich geäußerter entgegenstehender Wille des zu vertretenden Ehegatten, eine Vertretung durch einen Bevollmächtigten oder die Bestellung eines Betreuers (vgl. § 1358 Abs. 5 BGB), der Wegfall der Unfähigkeit des vertretenen Ehegatten oder aber der Zeitablauf.

a) Trennung (§ 1358 Abs. 3 Nr. 1 BGB)

203 Eine Vertretung durch einen getrenntlebenden Ehegatten ist gemäß § 1358 Abs. 3 Nr. 1 BGB nicht möglich. Eine Trennung liegt nicht bereits vor, wenn die Ehegatten nicht in derselben Wohnung oder Pflegeeinrichtung leben, es muss daneben auch ein **Trennungswille** bestehen.[332] Zumindest ein Ehegatte muss die eheliche Lebensgemeinschaft sowie deren Fortführung ablehnen, und zwar durch entsprechende Äußerung oder ein sonstiges dem anderen Ehegatten erkennbares Verhalten, das den Nichtfortführungswillen unmissverständlich zum Ausdruck bringt.[333]

b) Widerspruch des zu vertretenden Ehegatten (§ 1358 Abs. 3 Nr. 2 lit. a BGB)

204 Seinen entgegenstehenden Willen gegen die Ehegattenvertretung kann der Ehegatte zuvor gemäß § 1358 Abs. 3 Nr. 2 lit. a BGB ausdrücklich kundgetan haben. Der Widerspruch kann in das Zentrale Vorsorgeregister gemäß § 78a Abs. 1 BNotO, § 1 VRegVO eingetragen werden. Diese Eintragung hat jedoch nur deklaratorische Wirkung.[334]

Es ist anzuregen, dass in Vorsorgevollmachten, Patientenverfügungen, Betreuungsvollmachten, Eheverträgen, Trennungsvereinbarungen und Vorsorgevoll-

331 *Kraemer*, BtPrax 2021, 208.

332 BGH, Urt. v. 25.1.1989 – IVb ZR 34/88, FamRZ 1989, 479; BSG, Urt. v. 18.2.2010 – B 4 AS 49/09 R, FamRZ 2010, 973, 974.

333 Grüneberg/*Siede*, § 1358 Rn 3 und § 1567 Rn 5.

334 *Kraemer*, BtPrax 2021, 208, 210; *Kurze*, Die Reform des Vormundschafts- und Betreuungsrechts, § 10 Rn 33.

machten künftig eine entsprechende Regelung betreffend das Ehegattenvertretungsrecht mit aufgenommen wird. Der Widerspruch an sich sowie der Antrag auf Eintragung sind nicht beurkundungspflichtig und können auch konkludent erklärt werden.[335]

Muster 1.1: Widerspruch gegen Ehegattenvertretung im Ehevertrag 205

Uns ist bekannt, dass gemäß § 1358 BGB die Möglichkeit der gegenseitigen Vertretung von Ehegatten in Angelegenheiten der Gesundheitssorge ohne ausdrückliche Vollmachtserteilung besteht. Wir widersprechen dieser Ehegattenvertretung, vereinbaren, dass dieses Recht ausgeschlossen wird, und beantragen die Eintragung des ausdrücklichen Widerspruchs in das Zentrale Vorsorgeregister.

Der Notar hat darauf hingewiesen, dass in bestimmten Fällen bei Nichtvorliegen einer ausreichenden Vorsorgevollmacht eine rechtliche Betreuung durch das Gericht angeordnet werden muss. Wir haben eine entsprechende Vorsorgevollmacht errichtet./Wir beabsichtigen, eine entsprechende Vorsorgevollmacht zu errichten.

Der ausdrückliche Widerspruch soll jedoch nicht dazu führen, dass, wenn die Voraussetzungen für eine Betreuung vorliegen, das Gericht den jeweiligen Ehegatten, wenn dieser geeignet ist, als Betreuer bestellen soll. Wir haben eine entsprechende Betreuungsverfügung errichtet./Wir beabsichtigen, eine entsprechende Betreuungsverfügung zu errichten.[336]

Muster 1.2: Widerspruch gegen Ehegattenvertretung in einer Vorsorgevollmacht mit Betreuungsverfügung/Patientenverfügung 206

Mir ist bekannt, dass gemäß § 1358 BGB die Möglichkeit der gegenseitigen Vertretung von Ehegatten in Angelegenheiten der Gesundheitssorge ohne ausdrückliche Vollmachtserteilung besteht. Ich widerspreche diesem Recht, schließe es aus und beantrage die Eintragung des ausdrücklichen Widerspruchs in das Zentrale Vorsorgeregister.

Der Notar hat darauf hingewiesen, dass folglich in bestimmten Fällen, bei Nichtvorliegen einer ausreichenden Vorsorgevollmacht, eine rechtliche Betreuung durch das Gericht angeordnet werden muss.

Der ausdrückliche Widerspruch soll jedoch nicht dazu führen, dass, wenn die Voraussetzungen für eine Betreuung vorliegen, das Gericht meinen Ehegatten, wenn dieser geeignet ist, als Betreuer bestellen soll. Ich habe eine entsprechende Betreuungsverfügung errichtet./Ich beabsichtige, eine entsprechende Betreuungsverfügung zu errichten.

Problematisch ist, dass ein bereits vor dem 1.1.2023 verheirateter und nunmehr geschäftsunfähiger Betroffener ebenfalls gemäß § 1358 BGB von seinem Ehegatten im Rahmen des Ehegattenvertretungsrechts vertreten werden, einen entsprechenden Widerspruch diesbezüglich jedoch nicht mehr erklären kann.[337] 207

---

335 Grüneberg/*Siede*, § 1358 Rn 3.

336 Ähnlich *Kurze*, Die Reform des Vormundschafts- und Betreuungsrechts, § 10 Rn 33.

337 *Kurze* spricht von einer verfassungsrechtlichen Problematik, vgl. *Kurze*, Die Reform des Vormundschafts- und Betreuungsrechts, § 10 Rn 9.

208 Der Arzt und der vertretende Ehegatte müssen Kenntnis von dem Hinderungsgrund haben.[338]

c) Vertretung durch einen Bevollmächtigten (§ 1358 Abs. 3 Nr. 2 lit. b BGB)

209 Hat der zu vertretende Ehegatte eine Vorsorgevollmacht erteilt, geht diese gemäß § 1358 Abs. 3 Nr. 2 lit. b BGB dem Ehegattenvertretungsrecht immer vor, auch wenn der andere Ehegatte als Vollmachtnehmer eingesetzt wurde.[339] Sollte diese Vollmacht jedoch keine umfassende Vertretungsvollmacht sein und die in § 1358 Abs. 1 Nr. 1–4 BGB genannten Angelegenheiten nicht mit umfassen, ist die Vertretung im Rahmen des Ehegattenvertretungsrechts daneben weiterhin möglich.

210 Der Arzt und der vertretende Ehegatte müssen Kenntnis von dem Hinderungsgrund haben.[340]

d) Vertretung durch einen Betreuer (§ 1358 Abs. 3 Nr. 3 BGB)

211 Eine bestehende Betreuung geht gemäß § 1358 Abs. 3 Nr. 3 BGB dem Ehegattenvertretungsrecht vor und schließt dieses aus. Da der vertretende Ehegatte gemäß § 274 Abs. 4 FamFG in einem Betreuungsverfahren beteiligt wird, sollte er entsprechend Kenntnis von dem Hinderungsgrund haben.

Ab der Bestellung eines Betreuers darf das Ehegattenvertretungsrecht gem. § 1358 Abs. 5 BGB nicht mehr ausgeübt werden.

e) Wegfall der Unfähigkeit (§ 1358 Abs. 3 Nr. 4. Alt. 1 BGB)

212 Fällt die aufgrund von Krankheit oder Bewusstlosigkeit bestehende Unfähigkeit des vertretenen Ehegatten weg und kann dieser somit seine Angelegenheiten wieder selbst besorgen (§ 1358 Abs. 3 Nr. 4 Alt. 1 BGB), müssen die Ärzte mit ihm direkt kommunizieren und nicht mehr mit dem vertretenden Ehegatten (betrifft die §§ 630a ff. BGB).[341]

Die bisherigen Vertretungshandlungen des vertretenden Ehegatten bleiben weiterhin wirksam.

f) Zeitablauf (§ 1358 Abs. 3 Nr. 4 Alt. 2 BGB)

213 Die zeitliche Grenze des Ehegattenvertretungsrechts beträgt gemäß § 1358 Abs. 3 Nr. 4 Alt. 2 BGB **sechs Monate**, wobei die Frist nicht mit der Feststellung der Voraussetzung des Ehegattenvertretungsrechts durch den Arzt zu laufen beginnt, sondern bereits mit der Feststellung des Zustands des zu vertretenden Ehegatten.

---

338 Grüneberg/*Siede*, § 1358 Rn 3.
339 Grüneberg/*Siede*, § 1358 Rn 3.
340 Grüneberg/*Siede*, § 1358 Rn 3.
341 Grüneberg/*Siede*, § 1358 Rn 6.

Ist der vertretene Ehegatte zwischenzeitlich wieder handlungsfähig geworden, tritt dann aber vor Ablauf von sechs Monaten aufgrund derselben Erkrankung wieder eine Unfähigkeit ein, beginnt die Frist nicht erneut zu laufen.[342]

Die sechs Monate entsprechen der Dauer einer einstweiligen Anordnung gemäß § 302 FamFG und dienen dazu, den Zeitraum im Anschluss an die Akutversorgung nach einem Unfall oder einer schweren Erkrankung abzudecken.[343] 214

Die zeitliche Grenze dient dem Schutz des vertretenen Ehegatten, da der vertretende Ehegatte nicht wie ein Betreuer durch das Betreuungsgericht kontrolliert wird.[344]

Die Einführung der sechsmonatigen Grenze soll eine Aneinanderreihung mehrerer Vertretungszeiträume vermeiden. Die Möglichkeit, das Ehegattenvertretungsrecht **mehrfach** in Anspruch zu nehmen, soll jedoch bei Vorliegen **verschiedener Krankheiten** bestehen.[345] 215

Problematisch ist, dass wenn der vertretende Ehegatte einen weiteren Arzt nicht ordnungsgemäß über eine bereits erfolgte Vertretung informiert, nicht ausgeschlossen werden kann, dass ein erneuter Anlauf der Frist aufgrund von Unkenntnis angenommen wird. Eine Missbrauchsgefahr ist somit gegeben.

Bei **Maßnahmen der Rehabilitation und Pflege** wird das Vorliegen der **Eilbedürftigkeit** gefordert (§ 1358 Abs. 1 Nr. 2 BGB). Dies führt ebenfalls zu einer zeitlichen Grenze des Ehegattenvertretungsrechts. 216

Bei **freiheitsentziehenden Maßnahmen** (§ 1358 Abs. 1 Nr. 3 BGB) läuft die Frist bereits nach **sechs Wochen** ab. 217

4. Nachweis und Verfahren (§ 1358 Abs. 4 BGB)

Der Arzt, gegenüber dem das Vertretungsrecht durch den vertretenden Ehegatten ausgeübt wird, stellt diesem ein Dokument aus, welches das Vorliegen der Voraussetzungen für die Ehegattenvertretung bestätigt (§ 1358 Abs. 4 BGB). In dieses Verfahren werden weder ein Gericht noch eine andere Person eingebunden. Folglich erfolgt auch keine Kontrolle durch eine unabhängige Instanz. 218

Die Bescheinigung des Arztes[346] soll dem vertretenden Ehegatten den Nachweis und Dritten die Kontrolle des Vertretungsrechts ermöglichen sowie eine Kettenbescheinigung verhindern.[347] Eine konstitutive Wirkung und einen Gutglaubens- 219

342 Grüneberg/*Siede*, § 1358 Rn 3.

343 *Spickhoff*, FamRZ 2022, 1897, 1904.

344 *Kraemer*, BtPrax 2021, 208, 210; BT-Drucks 19/24445, 182.

345 Grüneberg/*Siede*, § 1358 Rn 3; *Kraemer*, BtPrax 2021, 208, 210; BT-Drucks 19/24445, 183.

346 Ein Formular zur Ehegattennotvertretung kann z.B. bei der Bundesärztekammer unter www.bundesaerztekammer.de abgerufen werden.

347 Grüneberg/*Siede*, § 1358 Rn 12.

schutz für Dritte gemäß § 172 BGB analog hat dieses Dokument jedoch nicht, da es sich lediglich um eine Bescheinigung und nicht um eine Vollmacht handelt.[348] Die Prüfung, ob eine wirksame Vertretung vorliegt, muss somit durch den Dritten selbst erfolgen.

220 Der Arzt stellt in der Bescheinigung die in § 1358 Abs. 1 BGB genannten Voraussetzungen fest, mithin das Vorliegen einer Unfähigkeit des zu vertretenden Ehegatten zur Besorgung seiner Angelegenheiten aufgrund von Krankheit oder Bewusstlosigkeit, den Zeitpunkt des Eintritts der Unfähigkeit sowie das Nichtvorliegen von Ausschlussgründen nach § 1358 Abs. 3 BGB, welche er zuvor selbst festgestellt hat. Eine gesonderte Prüfungs- und Nachforschungspflicht des Arztes soll es jedoch nicht geben.[349] Auch die Einsichtnahme in das Zentrale Vorsorgeregister ist nicht verpflichtend; eine diesbezügliche Pflicht soll lediglich bei Zweifeln des Arztes bestehen.[350]

Kann der genaue Zeitpunkt, zu dem die Unfähigkeit eingetreten ist, nicht ermittelt werden, ist der Zeitpunkt der Einlieferung des zu vertretenden Ehegatten in das Krankenhaus bzw. der Zeitpunkt der Untersuchung, in dem die Voraussetzungen des § 1358 Abs. 1 BGB erstmals festgestellt wurden, als maßgeblicher Zeitpunkt einzutragen.[351]

221 Der vertretende Ehegatte wiederum muss in der Bescheinigung schriftlich versichern, dass das Ehegattenvertretungsrecht bislang nicht ausgeübt wurde und dass kein Ausschlussgrund gemäß § 1358 Abs. 3 BGB vorliegt. Er hat analog § 1358 BGB auch zu versichern, dass er mit dem zu Vertretenden verheiratet ist.[352]

5. Sonderproblem: Sprachbarriere

222 Etwas mehr als zwei Wochen nach Inkrafttreten des Ehegattenvertretungsrechts hat das AG Frankfurt a.M. am 15.1.2023[353] entschieden, dass die Bestellung eines Betreuers im Wege einer einstweiligen Anordnung nicht zu erfolgen habe, wenn der zu Vertretende verheiratet ist. Dies gelte auch dann, wenn sich die Kommunikation des Arztes mit dem vertretenden Ehegatten aufgrund einer bestehenden **Sprachbarriere** schwierig gestaltet.

Der Gesetzgeber habe eine Unterstützung seitens des Betreuungsgerichts nicht normiert; die Anzahl der gerichtlichen Verfahren auf einstweilige Anordnung

348 Grüneberg/*Siede*, § 1358 Rn 12; *Kraemer*, BtPrax 2021, 208, 210.

349 *Kraemer*, BtPrax 2021, 208, 210; *Kurze*, Die Reform des Vormundschafts- und Betreuungsrechts, § 10 Rn 35.

350 *Kurze*, Die Reform des Vormundschafts- und Betreuungsrechts, § 10 Rn 37 m. zu Recht kritischer Anm. und Forderung einer Pflicht zur Einsicht.

351 Grüneberg/*Siede*, § 1358 Rn 12.

352 *Jurgeleit*, NJW 2023, 1, 4.

353 AG Frankfurt a.M., Beschl. v. 15.1.2023 – 43 XVII 178/23 GEB, BtPrax 2023, 72.

sollten bei Ehegatten reduziert werden. Es sei ein Vordruck mitsamt der nach § 1358 Abs. 4 BGB zu erfolgenden Bescheinigung geschaffen worden, so dass der Arzt und der vertretende Ehegatte diese Bescheinigung unter Zuhilfenahme eines Dritten, bspw. eines Dolmetschers, erstellen könnten.

Eines **Negativattestes** durch das Gericht bedürfe es **nicht**. Eine Sprachbarriere sei keine Ausnahme gemäß § 1358 Abs. 3 BGB. Der Arzt habe das Vorliegen von Ausschlussgründen zu erforschen und der vertretende Ehegatte das Nichtvorliegen gegenüber dem Arzt zu versichern. Eine Ermittlung seitens des Betreuungsgerichts anstelle des Arztes habe nicht im Wege der Amtsermittlung (§ 26 FamFG) zu erfolgen. Es habe **keine Eignungsprüfung** des vertretenden Ehegatten vor Eintritt des Ehegattenvertretungsrechts stattzufinden. Diese könne in einem späteren Hauptsacheverfahren betreffend die Bestellung eines Betreuers geprüft werden.[354]

III. Rechtsfolgen

Bei Erteilung der entsprechenden Bescheinigung nach § 1358 Abs. 4 BGB wird eine Vertretung durch den Ehegatten ermöglicht, obwohl weder eine entsprechende Vorsorgevollmacht noch eine Patientenverfügung vorliegt oder eine Betreuung eingerichtet worden ist. 223

1. Entscheidungsbefugnis über Untersuchungen, Behandlungen und ärztliche Eingriffe (§ 1358 Abs. 1 Nr. 1 BGB)

Der vertretende Ehegatte kann gemäß § 1358 Abs. 1 Nr. 1 BGB in Gesundheitsuntersuchungen, Heilbehandlungen oder ärztliche Eingriffe einwilligen bzw. die Maßnahmen untersagen und die ärztliche Aufklärung entgegennehmen. 224

Vom Vertretungsrecht erfasst werden sollen nicht nur Entscheidungen betreffend die Erkrankung, aufgrund derer das Vertretungsrecht eingeräumt worden ist, sondern auch betreffend solche Erkrankungen, deren Behandlung aus medizinischer Sicht notwendig und unaufschiebbar ist. Der Gesetzgeber schränkte dies

354 AG Frankfurt a.M., Beschl. v. 15.1.2023 – 43 XVII 178/23 GEB, BtPrax 2023, 72; vgl. Praxishinweis von *Gietl*, NZFam 2023, 238 und Anm. von *Spickhoff*, FamRZ 2023, 476.

jedoch ein, so dass lediglich erstmals diagnostizierte Erkrankungen hiervon erfasst werden. Laut *Kurze* ist dies aber kritisch zu betrachten.[355]

225 Unzulässig ist eine Vertretung, die nicht dem Willen des vertretenen Ehegatten entspricht, so dass in diesen Fällen die Bestellung eines Betreuers unumgänglich ist. In eilbedürftigen Fällen sollte der Arzt nicht entgegen dem von ihm vermuteten mutmaßlichen Willen des vertretenen Ehegatten handeln.[356]

2. Ärztliche Aufklärungspflicht (§ 1358 Abs. 1 Nr. 1 BGB)

226 Die Aufklärungspflicht gemäß §§ 630d, 630e BGB gegenüber dem vertretenen Ehegatten besteht auch gegenüber dem vertretenden Ehegatten (§ 1358 Abs. 1 Nr. 1 BGB).[357] Sobald der vertretene Ehegatte seine Angelegenheiten jedoch wieder besorgen kann, müssen die Ärzte umgehend mit ihm selbst sprechen.

Ein Verzicht auf die ärztliche Aufklärung ist durch den vertretenen Ehegatten gemäß § 630e Abs. 3 BGB möglich, durch seinen Vertreter jedoch nicht.[358]

3. Vertragsabschlüsse (§ 1358 Abs. 1 Nr. 2 BGB)

227 Der vertretende Ehegatte kann gemäß § 1358 Abs. 1 Nr. 2 BGB **Behandlungsverträge** (§ 630a BGB), **Krankenhausverträge** oder Verträge über **eilige** Maßnahmen der **Rehabilitation** und der **Pflege** abschließen und durchsetzen. Bei Maßnahmen der Rehabilitation und Pflege wird jedoch Eilbedürftigkeit gefordert, so dass hierunter tatsächlich nur die ersten Rehabilitationsmaßnahmen fallen. Für weitere umfassende Rehabilitationsmaßnahmen ist die Anordnung einer Betreuung durch das Betreuungsgericht erforderlich.

228 Zu den Verträgen, die der vertretende Ehegatte abschließen darf, soll **nicht** der **Heimvertrag** zählen.[359] Dies wird damit begründet, dass das Ehegattenvertre-

355 *Kurze* führt hierzu aus, dass dies aus dem Gedanken folgt, dass bei früherer Diagnostizierung der vertretene Ehegatte selbst entschieden hat, eine Behandlung nicht durchzuführen. Dies sei jedoch kritisch zu betrachten, da die Situation sich verändert hat und ein Limitieren des Vertretungsrechts in der Praxis hinderlich für eine umfassende Behandlung des vertretenen Ehegatten wäre. Darüber hinaus sei der vertretende Ehegatte an den Willen des vertretenen Ehegatten gebunden. Haben sich die Umstände, welche eine Ablehnung der Heilbehandlung durch den vertretenen Ehegatten nach sich zogen, nicht geändert, darf der vertretende Ehegatte in diese Heilbehandlung nicht einwilligen. Der mutmaßliche Wille des vertretenen Ehegatten hat gem. § 630d Abs. 1 S. 4 BGB immer Vorrang, vgl. *Kurze*, Die Reform des Vormundschafts- und Betreuungsrechts, § 10 Rn 44, 45.

356 *Kurze*, Die Reform des Vormundschafts- und Betreuungsrechts, § 10 Rn 45.

357 Grüneberg/*Siede*, § 1358 Rn 11.

358 Grüneberg/*Weidenkaff*, § 630e Rn 12.

359 *Kraemer*, BtPrax 2021, 208, 209; *Lugani*, MedR 2022, 91, 96; *Spickhoff*, FamRZ 2022, 1897, 1902; diskutierend: *Szantay*, NZFam 2021, 805, 807; kritisch *Kurze*, Die Reform des Vormundschafts- und Betreuungsrechts, § 10 Rn 47.

tungsrecht keine Befugnisse betreffend die Aufenthaltsbestimmung und Wohnungsangelegenheiten gibt.[360]

4. Entscheidung über freiheitsentziehende Maßnahmen (§ 1358 Abs. 1 Nr. 3 BGB)

Der vertretende Ehegatte darf gemäß § 1358 Abs. 1 Nr. 3 BGB Maßnahmen, 229
welche die **Freiheit** des vertretenen Ehegatten durch mechanische Vorrichtungen, Medikamente oder auf andere Weise **einschränken** (§ 1831 Abs. 4 BGB), zustimmen, wobei die Genehmigung des **Betreuungsgerichts** einzuholen ist.

Die Zustimmung zu einer **Unterbringung** gemäß § 1831 Abs. 1 BGB oder zu ärztlichen Zwangsmaßnahmen gemäß § 1832 BGB ist **nicht** möglich.[361]

Für die Anordnung einer freiheitsentziehenden Maßnahme ist immer eine **richterliche Genehmigung** notwendig. Das AG Schmallenberg[362] entschied, dass in 230
Fällen, in denen der vertretende Ehegatte kurzfristig nicht erreichbar ist, sich der vertretene Ehegatte in einem Delir befindet und eine Eigengefährdung besteht, seitens des Gerichts eine **einstweilige Anordnung gemäß § 1867 BGB** zu treffen sei, auch bei einer Vertretung gemäß § 1358 BGB.

Das Gericht begründet dies damit, dass der vertretende Ehegatte über Maßnahmen gemäß § 1831 Abs. 4 BGB entscheiden kann und die entsprechenden Anträge beim Betreuungsgericht stellen muss. Aufgrund dessen und des Hauptgedankens der Vorschrift ergebe sich eine Anwendbarkeit des § 1867 BGB, auch wenn § 1358 Abs. 6 BGB ausdrücklich auf diesen nicht verweist. Durch diese Verweise wird der vertretende Ehegatte zum Schutz des vertretenen Ehegatten den gleichen Bindungen wie ein Vorsorgebevollmächtigter oder ein gerichtlich bestellter Betreuer unterworfen. Dies umfasst auch die notwendigen Genehmigungen des Betreuungsgerichts sowie die Art und Weise der Wahrnehmung der Vertretung.[363]

Eine Unanwendbarkeit des § 1867 BGB würde den verfassungsrechtlichen Vorgaben bei freiheitsentziehenden Maßnahmen, die zwingend eine richterliche Kontrolle fordern, nicht gerecht. Es könne nicht sein, dass bei kurzfristiger Unerreichbarkeit des vertretenden Ehegatten den Ärzten zur Abwehr erheblicher Gesundheits- und Lebensgefahren nur der Rückgriff auf Notstandsgesichtspunkte möglich bleibe. Das Gericht dürfe somit in einem solchen Fall eine freiheitsentziehende Maßnahme gemäß § 1867 BGB anordnen.

---

360 *Kraemer*, BtPrax 2021, 208, 209.
361 MüKo-BGB/*Roth*, § 1358 Rn 11.
362 AG Schmallenberg, Beschl. v. 25.8.2023 – 2 XVII 94/23 M, FamRZ 2024, 146.
363 MüKo-BGB/*Roth*, § 1358 Rn 25.

5. Geltendmachung von Leistungsansprüchen (§ 1358 Abs. 1 Nr. 4 BGB)

231 Gemäß § 1358 Abs. 1 Nr. 4 BGB kann der vertretende Ehegatte Ansprüche gegen Krankenversicherungen etc. geltend machen, entsprechende Abtretungen erklären und Zahlung an die Leistungserbringer verlangen. Ein Zugriff auf das Vermögen des vertretenen Ehegatten ist nicht möglich.[364]

Auch soll es dem vertretenden Ehegatten möglich sein, Mängel bei der Behandlung oder Pflege zu rügen und Leistungsansprüche entsprechend durchzusetzen.[365]

Ob der vertretende Ehegatte die diesbezügliche Post öffnen darf, ist umstritten.[366]

6. Schweigepflichtentbindung der Ärzte (§ 1358 Abs. 2 BGB)

232 Solange die Voraussetzungen des § 1358 Abs. 1 BGB vorliegen, sind die Ärzte gemäß § 1358 Abs. 2 BGB von ihrer Schweigepflicht gegenüber dem vertretenden Ehegatten in den Angelegenheiten, in denen er gemäß § 1358 Abs. 1 Nr. 1–4 BGB vertretungsbefugt ist, entbunden. Die Entbindung von der Schweigepflicht erfasst auch die Einsicht in die Krankenunterlagen sowie die Bewilligung der Weitergabe an Dritte. Aufgrund dessen kann sich der vertretende Ehegatte mit externen Ärzten kurzschließen, sich entsprechend beraten lassen und die Weitergabe der Unterlagen bewilligen.[367]

Problematisch ist, dass die Schweigepflichtentbindung **lediglich gegenüber Ärzten** besteht und sich somit nicht explizit auf Angehörige anderer Heilberufe, Gehilfen, Therapeuten oder Pflegekräfte bezieht.[368]

IV. Umsetzung (§ 1358 Abs. 6 BGB)

233 Der vertretende Ehegatte ist gemäß § 1358 Abs. 6 i.V.m. §§ 1821 Abs. 2–4, 1827 Abs. 1–3, 1828 Abs. 1, 2 BGB an den **Willen** des vertretenen Ehegatten gebunden. Er hat somit dessen Wünsche zu erfüllen und die Regelungen in einer eventuell vorhandenen Patientenverfügung zu beachten.

234 Die entsprechenden **Genehmigungen** hat der vertretende Ehegatte wie ein Betreuer bei gesundheitlich gefährlichen oder freiheitsentziehenden Maßnahmen gemäß § 1358 Abs. 6 i.V.m. §§ 1829 Abs. 1–4, 1831 Abs. 4 BGB einzuholen.

---

364 *Kraemer*, BtPrax 2021, 208, 209; *Spickhoff*, FamRZ 2022, 1897, 1902.

365 *Kurze*, Die Reform des Vormundschafts- und Betreuungsrechts, § 10 Rn 50.

366 Bejahend: *Lugani*, MedR 2022, 91, 97; verneinend: Grüneberg/*Siede*, § 1358 Rn 9; *Kraemer*, BtPrax 2021, 208, 211.

367 Grüneberg/*Siede*, § 1358 Rn 11; *Kurze*, Die Reform des Vormundschafts- und Betreuungsrechts, § 10 Rn 41.

368 Grüneberg/*Siede*, § 1358 Rn 6; *Lugani*, MedR 2022, 91, 97; *Dutta*, FamRZ 2020, 1881; *Spickhoff*, FamRZ 2022, 1897, 1904; a.A. MüKo-BGB/*Roth*, § 1358 Rn 8.

Muss der vertretende Ehegatte in eine lebensgefährdende Maßnahme einwilligen oder die Einwilligung verweigern und besteht zwischen ihm und dem behandelnden Arzt kein Einvernehmen betreffend den mutmaßlichen Willen des Vertretenen, so ist die gerichtliche Genehmigung einzuholen (§ 1358 Abs. 6 i.V.m. § 1829 Abs. 1–4 BGB).[369]

Darüber hinaus wird auf die gegenseitige Verantwortung von Ehegatten füreinander (§ 1353 Abs. 1 S. 2 BGB) verwiesen.[370] Einer über § 1358 Abs. 5 BGB hinausgehende Regelung des Innenverhältnisses bedarf es somit nicht, da § 1353 Abs. 1 S. 2 BGB vorliegend ergänzend gilt.[371] 235

V. Unberechtigte Vertretung

Das Problem, dass bei Nichtvorliegen der Voraussetzungen eine unberechtigte Vertretung erfolgt, sei es aus Unwissenheit oder aufgrund falscher Angaben, wurde vom Gesetzgeber zwar erkannt, jedoch billigend in Kauf genommen.[372] 236

Falsche Angaben des Arztes oder des vertretenden Ehegatten begründen eine allgemeine Schadensersatz- und Unterlassungspflicht.[373] 237

F. Missbrauch von Vorsorgevollmachten

I. Rechtliche Grundlagen

In der Regel wird der Bevollmächtigte bei einer General- und Vorsorgevollmacht befugt, den Vollmachtgeber im Außenverhältnis in allen zulässigen Fällen zu vertreten. Es darf daher nicht verschwiegen werden, dass solche Vollmachten – neben den vielen Vorteilen – risikobehaftet sind und eine erhebliche Missbrauchsgefahr besteht.[374] Grundvoraussetzung für die Erteilung einer General- und Vorsorgevollmacht sollte daher ein besonderes Vertrauensverhältnis zur Person des Bevollmächtigten sein. In der Praxis ist über das enorme Missbrauchspotenzial und die mit Vollmachten verbundenen erheblichen Risiken zu belehren, es ist 238

369 *Kraemer*, BtPrax 2021, 208, 209.

370 *Kurze*, Die Reform des Vormundschafts- und Betreuungsrechts, § 10 Rn 52; BT-Drucks 19/24445, 156.

371 BT-Drucks 19/24445, 156.

372 Zu den Folgen vgl. *Kurze*, Die Reform des Vormundschafts- und Betreuungsrechts, § 10 Rn 53 ff.

373 *Lugani*, MedR 2022, 91, 98 f.

374 Vgl. hierzu *Sander*, ZErb 2023, 121, wonach der Missbrauch von Vorsorgevollmachten ein verdrängtes und auch durch die Reform des Vormundschafts- und Betreuungsrechts zum 1.1.2023 nicht gelöstes Problem ist.

vor einem allzu großzügigen Umgang mit Vorsorgevollmachten zu warnen und ggf. sind Sicherungsmöglichkeiten herauszuarbeiten.[375]

239 Um den Vollmachtgeber davor zu schützen, dass der Bevollmächtigte schon vor Eintritt des „Vorsorgefalls" mit der Vollmacht handelt, sind teilweise in den Vollmachten Regelungen enthalten, in welchen das **Außenverhältnis beschränkt** wird. Beispielsweise wird vorgeschlagen, dass für den Zeitpunkt des Inkrafttretens der Vollmacht auf die Geschäftsunfähigkeit oder den Verlust der natürlichen Einsichtsfähigkeit abgestellt wird. Solche Regelungen liest man häufig in frei zugänglichen Mustern aus dem Internet. Solche Beschränkungen führen in der Praxis weitgehend zur Unbrauchbarkeit der Vollmacht.[376]

240 Sinnvoller ist es – wie es in der notariellen Praxis teilweise gehandhabt wird –, die Wirksamkeit der Vollmacht davon abhängig zu machen, dass der Bevollmächtigte im Besitz einer auf ihn lautenden Ausfertigung der Vollmachtsurkunde ist, und die Ausfertigung dann an den Vollmachtgeber, nicht aber an den Bevollmächtigten zu erteilen, so dass der Vollmachtgeber über den Zeitpunkt entscheiden kann, zu welchem er die Ausfertigung an den Bevollmächtigten herausgeben möchte. Dabei ist jedoch sicherzustellen, dass der Bevollmächtigte im „Notfall" dann auch Zugang zu der Ausfertigung hat und diese nicht beispielsweise in einem Banksafe verwahrt wird, für deren Zugang der Bevollmächtigte sich durch die Vollmacht, die im Banksafe liegt, legitimieren muss. Sinnvollerweise bekommt der Bevollmächtigte nach der Beurkundung jedenfalls eine einfache Abschrift (bei notarieller Beurkundung) oder eine Kopie der nichtnotariellen Vollmacht, so dass es nicht an einer wirksamen Abgabe der Vollmachtserklärung fehlt.[377]

Eine Regelung, dass der Notar eine Ausfertigung an den Bevollmächtigten erst dann erteilen soll, wenn dieser die Geschäftsunfähigkeit nachgewiesen hat, wird regelmäßig auch nicht praxistauglich sein.[378]

241 Nach dem Gesagten sind Beschränkungen im **Außenverhältnis** in der Vollmacht selbst oft nicht sinnvoll. Daher werden die meisten Vollmachten (im Außenverhältnis) regelmäßig unbedingt und unbefristet erteilt.

Teilweise wird empfohlen, in der Vollmachtsurkunde darauf hinzuweisen, dass die Vollmacht unbedingt und unbefristet ist und lediglich im Innenverhältnis Beschränkungen gelten. Da dem juristischen Laien regelmäßig der Unterschied zwischen Innen- und Außenverhältnis nicht bekannt sein dürfte, wird es vorteil-

---

375 *Staschei*t, RNotZ 2020, 72; Scherer/*Schrader/Lipp*, Münchener Anwaltshandbuch Erbrecht, § 44 Rn 23.

376 Scherer/*Schrader/Lipp*, Münchener Anwaltshandbuch Erbrecht, § 44 Rn 24; Müller-Engels/Braun/*Renner/Braun*, Betreuungsrecht und Vorsorgeverfügungen in der Praxis, Rn 55 f.; Kurze/*Kurze*, Vorsorgerecht, § 167 BGB Rn 4–18.

377 Scherer/*Schrader/Lipp*, Münchener Anwaltshandbuch Erbrecht, § 44 Rn 32.

378 Scherer/*Schrader/Lipp*, Münchener Anwaltshandbuch Erbrecht, § 44 Rn 28; Lipp/*Spalckhaver*, Hdb. Vorsorgeverfügungen, § 13 Rn 167.

hafter sein, einen solchen Vermerk nicht in die Vollmachtsurkunde selbst aufzunehmen, sondern dies lediglich im **Innenverhältnis** zu regeln.[379]

Im Innenverhältnis sollte die Vollmacht dahingehend beschränkt werden, dass der Bevollmächtigte erst bei Eintritt des Vorsorgefalls von der Vollmacht Gebrauch machen darf.

Macht der Bevollmächtigte von der Vollmacht Gebrauch, indem er das, was ihm 242
im Innenverhältnis gestattet war, überschreitet und es im Außenverhältnis aber zu einer Bindung des Vollmachtgebers kommt, liegt ein **Missbrauch der Vertretungsmacht** vor. Kurz gesagt ist ein Missbrauch der Vertretungsmacht die Überschreitung der Befugnisse im Innenverhältnis bei gleichzeitiger Wirksamkeit im Außenverhältnis.[380] Die Folge ist, dass der Vollmachtgeber gegen den Bevollmächtigten Regressansprüche aus dem Innenverhältnis wegen schuldhafter Pflichtverletzung gem. § 280 Abs. 1 BGB hat.[381]

Präventiv kommt es bei der Abwehr eines Missbrauchs schon bei der Auswahl 243
des Bevollmächtigten darauf an, eine **vertrauenswürdige** und **geeignete**[382] **Person** möglichst aus dem nächsten familiären oder persönlichen Umfeld mit der Aufgabe zu betrauen (vgl. zur **Auswahl des Bevollmächtigten** Rdn 56 ff., 68 ff.).

Anstatt einen Bevollmächtigten oder mehrere Bevollmächtigte mit **Einzelvertre-** 244
tungsbefugnis zu bestimmen, ist es auch möglich, mehrere Bevollmächtigte als **Gesamtvertreter** zu bestimmen. Das „Mehr-Augen-Prinzip“ führt für den Vollmachtgeber zu einem „recht wirksamen Missbrauchsschutz“, kann aber auch dazu führen, dass keine Entscheidungen mehr getroffen werden (Pattsituation). Daher wird es in der Regel vorteilhafter sein, ein Rangverhältnis hinsichtlich der Ausübungsermächtigung im Innenverhältnis zu bestimmen.[383] Diese Konstellation wird oft zwischen Ehepartnern und bevollmächtigten Kindern gewählt.

Für den Missbrauch einer Vorsorgevollmacht gelten die allgemeinen Grundsätze 245
zum Missbrauch der Vollmacht.[384] Das Risiko des Vollmachtsmissbrauchs trägt also grundsätzlich der Vollmachtgeber. Ausnahmen gelten nur bei **Kollusion**, wenn also der Vertreter und der Vertragspartner bewusst zum Nachteil des Vertretenen zusammenwirken, oder bei **offensichtlichem Missbrauch**, wenn dem Vertragspartner bei Abschluss des Geschäfts der Missbrauch der Vertretungsmacht bekannt war.[385] Eine Prüfungspflicht des Vertragspartners besteht nur bei **objektiver Evidenz** des Missbrauchs, wobei aber „massive Verdachtsmomente“

379 Scherer/*Schrader/Lipp*, Münchener Anwaltshandbuch Erbrecht, § 44 Rn 32.
380 *Stascheit*, RNotZ 2020, 72; vgl. auch MüKo-BGB/*Schubert*, § 164 Rn 225 f.
381 MüKo-BGB/*Schubert*, § 164 Rn 224.
382 Vgl. zur fehlenden Eignung des Vorsorgebevollmächtigten BGH DNotZ 2023, 861.
383 Vgl. *Grziwotz*, ErbR 2023, 178, 181.
384 BGH NJW 1995, 250; MüKo-BGB/*Schubert*, § 164 Rn 225 ff.
385 Staudinger/*Schilken*, § 167 Rn 91; MüKo-BGB/*Schubert*, § 164 Rn 225 ff.

vorliegen müssen.[386] Die gegebenen Umstände müssen die Notwendigkeit einer Rückfrage des Geschäftsgegners bei dem Vertretenen geradezu aufdrängen.[387]

246 Darüber hinaus wird bei der postmortalen Vollmacht für einen Missbrauch vorausgesetzt, dass das Handeln des Vertreters sich ausnahmsweise als eine unzulässige Rechtsausübung gem. § 242 BGB darstellt oder gem. § 138 BGB gegen die guten Sitten verstößt. Ob ein solcher Ausnahmetatbestand vorliegt, lässt sich nur anhand sämtlicher Umstände des Einzelfalles beantworten. Dabei kann nicht auf die Interessen der Erben abgestellt werden, vielmehr wirken die Interessen des Erblassers fort und sind deshalb zu berücksichtigen.[388]

247 Zur Abwendung eines Vollmachtsmissbrauchs besteht die Möglichkeit des **Widerrufs** der Vollmacht (siehe Rdn 296 ff.). Dass das Widerrufsrecht häufig keinen Schutz gewährt, weil der Widerruf zu spät erklärt wird, ist im Hinblick auf den Zweck einer Vollmachtserteilung, den Bevollmächtigten unabhängig vom Willen des Vollmachtgebers tätig werden zu lassen, nicht auszuschließen.

248 Zum Schutz des Bevollmächtigten hat die Reform des Vormundschafts- und Betreuungsrechts zum 1.1.2023 die Einsetzung eines **Kontrollbetreuers** (§ 1820 Abs. 3 BGB) ausführlicher kodifiziert und das Betreuungsgericht befugt, die Nichtausübung der Vollmacht sowie die **Herausgabe** der Vollmachtsurkunde anzuordnen (§ 1820 Abs. 4 BGB). Der Kontrollbetreuer ist ferner unter den in § 1820 Abs. 5 BGB genannten Voraussetzungen berechtigt, die Vorsorgevollmacht zu **widerrufen**.

II. Ausgestaltung des Innenverhältnisses

1. Grundsätzliches zur Ausgestaltung des Innenverhältnisses

249 Um seine Interessen optimal berücksichtigt zu wissen und der Gefahr des Missbrauchs der Vollmacht entgegenzuwirken, bedarf auch das zugrunde liegende **Innenverhältnis** – auch **Grundverhältnis** genannt – zwischen Vollmachtgeber und Bevollmächtigtem einer sorgfältigen Regelung. Wenngleich Vollmacht (Außenverhältnis) und Innenverhältnis rechtlich voneinander unabhängig sind und die Wirksamkeit der Vollmacht nicht von dem Innenverhältnis abhängig ist, so bestimmen sich dennoch alle Rechte und Pflichten wegen Ausübung der Vollmacht, aber auch die Frage des Erlöschens, nach dem der Vollmacht zugrunde liegenden Innenverhältnis.[389]

---

386 Die Einzelheiten sind umstritten: vgl. Staudinger/*Schilken*, § 167 Rn 93 ff.; MüKo-BGB/*Schubert*, § 164 Rn 230 ff.

387 BGH NJW 2017, 3373 Tz 20; vgl. auch BGH NZG 2018, 221 Tz 22.

388 BGH NJW 1969, 1245; Grüneberg/*Weidlich*, vor § 2197 Rn 11; MüKo-BGB/*Schubert*, § 164 Rn 221 ff.

389 Vgl. OLG Saarbrücken BeckRS 2015, 7788 Tz 30; Grüneberg/*Ellenberger*, § 167 Rn 4.

Fragen der Vergütung des Bevollmächtigten, Beschränkungen im Innenverhältnis, Anordnungen des Vollmachtgebers zur Ausübung, Haftungsbeschränkungen des Bevollmächtigten und eine eventuelle Abbedingung von Pflichten des Bevollmächtigten wegen Auskunfts-, Herausgabe- und Rechnungslegungspflichten, die im Rahmen der §§ 666, 667 BGB bestehen können, müssen hier detailliert geregelt werden. 250

Dies gilt insbesondere auch im Hinblick auf Schenkungen, die im Namen des Bevollmächtigten getätigt werden dürfen oder nicht, auch nach § 181 BGB an den Bevollmächtigten selbst.

Leider wird in den meisten Fällen bei Abschluss einer Vorsorgevollmacht das Innenverhältnis nicht geregelt.[390] Dabei dient ein ausführlich geregeltes Innenverhältnis nicht nur der Rechtssicherheit zwischen Vollmachtgeber und Bevollmächtigtem. Gleichzeitig kann ein vorgesehener Kontrollbevollmächtigter bzw. ein gerichtlich bestellter Kontrollbetreuer (Überwachungsbetreuer) oder auch ein Rechtsnachfolger des Vollmachtgebers so die getätigten Rechtsgeschäfte des Bevollmächtigten nachvollziehen und überprüfen. Der Bevollmächtigte wird abgesichert, denn er kommt bei einem umfassend geregelten Innenverhältnis nicht in Beweisnot über die von ihm getätigten Rechtsgeschäfte. 251

In der Praxis bieten sich grundsätzlich zwei Möglichkeiten an, das der Vollmacht zugrunde liegende Innenverhältnis zu regeln: 252

Es kann zum einen mit **in die Vollmachtsurkunde aufgenommen**, zum anderen aber auch **in einem gesonderten Vertrag** niedergelegt werden.

Die erste Variante bietet einen größeren Schutz vor einem Missbrauch. Denn ein gewissenhafter Geschäftspartner wird, wenn möglich, zumindest Rückfrage beim Vollmachtgeber oder ggf. bei dessen Erben nehmen, wenn ein Rechtsgeschäft offensichtlich unter Überschreitung der im Innenverhältnis geregelten Beschränkung vom Bevollmächtigten vorgenommen werden soll. Andernfalls würde er sich nach den Grundsätzen des kollusiven Zusammenwirkens selbst regresspflichtig machen. Allerdings wird ein Dritten gegenüber offen gelegtes Innenverhältnis die Praktikabilität der Vollmacht hemmen, wenn hier Bedingungen für die Verwendung der Vollmacht geregelt sind, deren Eintritt vom Bevollmächtigten nur erschwert oder unter erheblicher Verzögerung nachgewiesen werden können.

Praxistipp

Im Interesse des Vollmachtgebers, aber auch des Bevollmächtigten, sollte dringend eine **detaillierte Regelung des Innenverhältnisses** zwischen Vollmachtgeber und Bevollmächtigtem, wenn schon aus den oben genannten Gründen

390 *Trimborn von Landenberg*, Die Vollmacht vor und nach dem Erbfall, § 3 Rn 4.

nicht direkt in die Vollmachtsurkunde aufgenommen, so doch auf jeden Fall in einer **getrennten Vereinbarung** schriftlich festgehalten werden.

253 So wird einerseits das Rechtsverhältnis zwischen Bevollmächtigtem und Vollmachtgeber bzw. Kontrollinstanzen und auch Rechtsnachfolgern klar festgehalten. Ein Missbrauch ist so schnell zu erkennen. Andererseits kann der Bevollmächtigte sofort den Nachweis erbringen, dass ein womöglich von Dritten angezweifeltes Rechtsgeschäft im Innenverhältnis von der Vertretungsmacht mit umfasst war.

2. Muster

254 **Muster 1.3: Regelung des Innenverhältnisses bei anwaltlicher Bevollmächtigung**

Geschäftsbesorgungsvertrag

– Bevollmächtigung[391] –

Zwischen

Frau

…, geb. …

geb. am … in …

wohnhaft … in …

– nachstehend Auftraggeberin genannt –

und

Herrn Rechtsanwalt …

geb. am … in …

kanzleiansässig … in …

und

Frau Rechtsanwältin …

geb. am … in …

kanzleiansässig … in …

– nachstehend Beauftragte genannt –

wird nachfolgender Vertrag geschlossen, der das Innenverhältnis für die am … vor der Notarin … mit dem Amtssitz in … unter der Urkundenverzeichnis-Nr. …

391 Muster nach der Empfehlung der dvvb, der Deutschen Vereinigung für Vorsorge- und Betreuungsrecht e.V., Konrad-Zuse-Ring 30, 68163 Mannheim (www.dvvb.de), auf Grundlage des „Ramstetterschen Modells", wonach insbesondere Rechtsanwälte/innen als Bevollmächtigte bzw. Kontrollbevollmächtigte selbst tätig werden.

beurkundete Vorsorgevollmacht der Auftraggeberin regelt, ohne die Beauftragten im Außenverhältnis zu beschränken. Die nachfolgenden Regelungen des Innenverhältnisses der Vorsorgevollmacht der Auftraggeberin gelten auch für einen Vertreter oder eventuellen Rechtsnachfolger der Beauftragten.

§ 1

Präambel

Die Beauftragten haben sicherzustellen, dass die Auftraggeberin ihr Leben bei größtmöglicher Eigenständigkeit und Selbstständigkeit bis zuletzt nach ihren eigenen Wünschen und Vorstellungen realisieren kann. Sie haben, soweit möglich, die bei der Auftraggeberin entstehenden körperlichen und geistigen Defizite auszugleichen und ihre Tätigkeit dabei an den Grundsätzen und Werten zu orientieren, die die Auftraggeberin in der Vergangenheit selbst für sich herangezogen hat. Sie haben die Angelegenheiten der Auftraggeberin nach bestem Wissen und Gewissen so zu besorgen, dass sie dem Wohl der Auftraggeberin entsprechen. Im Übrigen sind die Beauftragten zur sorgfältigen und gewissenhaften Ausführung aller Angelegenheiten der Auftraggeberin unter Einhaltung der Gesetze und der sonstigen Rechtsvorschriften verpflichtet.

§ 2

Geschäftsbesorgung in persönlichen Angelegenheiten

Die Beauftragten verpflichteten sich insbesondere, die Organisation der persönlichen Betreuung der Auftraggeberin durchzuführen, wie z.B. die Beauftragung häuslicher Pflege- und Versorgungsdienste, die aus Gesundheitsgründen notwendige Zuführung zu einer ärztlichen Behandlung oder die Organisation einer notwendig werdenden Aufnahme in einem Krankenhaus oder in einer Pflegeeinrichtung (Betreutes Wohnen, Alten- oder Pflegeheim, Reha-Einrichtung, Hospiz etc.) sowie den Abschluss und die Überwachung der hierfür erforderlichen Verträge.

Die Aufenthaltswahl hat sich an den Wünschen der Auftraggeberin sowie an deren Gesundheitszustand und insbesondere dem Grad ihrer Pflegebedürftigkeit zu orientieren, wobei ärztliche Empfehlungen von den Beauftragten zu beachten sind.

Die Auftraggeberin wünscht, ihre bisherigen Lebensgewohnheiten so lange wie möglich beizubehalten. Allgemeine Gefahren im eigenen Haushalt für die Gesundheit und das Leben der Auftraggeberin (Stürze, Verletzungen, Gefahr einer hilflosen Lage etc.) sollen nach dem ausdrücklichen Wunsch der Auftraggeberin kein Grund für eine Unterbringung in einer Pflegestation sein.

§ 3

Geschäftsbesorgung in Vermögensangelegenheiten

Die Geschäftsbesorgung in Vermögensangelegenheiten umfasst insbesondere den Geschäftsverkehr mit Banken und Behörden, auch Steuerbehörden, die Antragstellung für Leistungen nach dem Pflegeversicherungsgesetz und die Vertretung gegenüber Sozialversicherungsanstalten, wie Kranken-, Renten-, Pensionskassen und Versorgungswerken, sowie gegenüber Krankenversicherungen und Beihilfestellen.

Die Auftraggeberin verpflichtet sich, bei der Vermögensverwaltung mitzuwirken und den Beauftragten die notwendigen Auskünfte und Unterlagen zur Verfügung zu stellen.

Die Vermögensverwaltung durch die Beauftragten beginnt mit der ersten Vermögensverfügung der Beauftragten zur Vermögensverwaltung.

Die Beauftragten verpflichten sich zur Erstellung eines Vermögensverzeichnisses über das bei Aufnahme der Vermögensverwaltung vorhandene Vermögen innerhalb von drei Monaten nach Aufnahme der dauernden (mehr als einen Monat) und nicht nur vorübergehenden Vermögensverwaltung. Wertgegenstände sind in das Vermögensverzeichnis nur aufzunehmen, soweit sie im Einzelfall einen Wert von 500,00 EUR (in Worten: fünfhundert Euro) überschreiten.

Die Beauftragten verpflichten sich zur ordnungsgemäßen Verwaltung des Vermögens der Auftraggeberin unter Einhaltung der geltenden Rechts- und Steuervorschriften. Das Vermögen der Auftraggeberin ist getrennt von dem Vermögen der Beauftragten oder von ihnen verwalteter Vermögen Dritter zu verwalten. Die Führung von Sammelkonten ist unzulässig.

Die Beauftragten haben Vermögensverfügungen für die Auftraggeberin nur nach deren Weisungen und/oder in deren Interesse zu treffen und sind dabei nur dem Wohl der Auftraggeberin verpflichtet.

Das Vermögen der Auftraggeberin ist nach vernünftigen wirtschaftlichen Grundsätzen zu verwalten. Bei der Anlagestrategie hat Sicherheit grundsätzlich Vorrang gegenüber Wachstum.

Das Einkommen und Vermögen der Auftraggeberin sollen für das Wohl und die Pflege der Auftraggeberin eingesetzt werden.

§ 4

Einschränkung der Vollmacht

Die Beauftragten dürfen in Vertretung der Auftraggeberin keine Bürgschaften erklären oder Schenkungen machen. Ausgenommen sind Schenkungen, mit denen einer sittlichen Pflicht oder dem Anstand entsprochen wird oder die nach den Lebensverhältnissen der Auftraggeberin üblich sind oder deren Wünschen entsprechen.

§ 5

Aufgabenübertragung

Die Beauftragten können den Auftrag nicht im Ganzen auf Dritte übertragen oder die Erledigung aller Angelegenheiten einem Dritten überlassen. Die Beauftragten können einen anwaltlichen Vertreter oder Kanzleimitarbeiter mit der Erledigung einzelner Angelegenheiten betrauen. Entscheidungen, die die Zustimmung oder Verweigerung zu einer medizinischen Behandlung oder deren Abbruch oder zu einem medizinischen Eingriff, zu einer Unterbringung oder unterbringungsähnlichen Maßnahme oder die die Aufhebung oder Begründung des Wohnsitzes der Auftraggeberin betreffen, haben die Beauftragten oder ein anwaltlicher Vertreter immer persönlich zu treffen; eine Beauftragung von Kanzleimitarbeitern ist insoweit nicht zulässig. Kanzleimitarbeiter sind sorgfältig anzuleiten und zu überwachen.

Die Beauftragten haften ohne Ausnahme für die Tätigkeit von Kanzleimitarbeitern wie für ihre eigene Tätigkeit.

Die Beauftragten sind darüber hinaus berechtigt, auf Kosten der Auftraggeberin einzelne Angelegenheiten durch einen von ihnen mit der üblichen Sorgfalt ausgewählten Dritten (z.B. Rechtsanwalt, Steuer- oder Rentenberater) erledigen zu lassen. Die Beauftragten haften nicht für die durch diese Personen verursachten Schäden oder Fehler; Schadenersatzansprüche gegen diese Personen sind im Namen der Auftraggeberin durch die Beauftragten geltend zu machen.

§ 6

Rechnungslegung und Auskunft

In Abweichung zu § 666 BGB sind die Beauftragten nur zu einer jährlichen Rechnungslegung über die Zeiträume, in denen die Vermögensverwaltung durch ihre Person erfolgt, in Form einer geordneten Zusammenstellung der Einnahmen und Ausgaben, versehen mit den entsprechenden Belegen, soweit diese erteilt zu werden pflegen und den Betrag von 10,00 EUR überschreiten, und zu einer jährlichen Vermögensaufstellung, die über den Ab- und Zugang des Vermögens Auskunft gibt, verpflichtet und haben darüber Auskunft zu erteilen. Das erste Rechnungslegungsjahr beginnt mit der ersten Vermögensverfügung der Beauftragten im Rahmen der Vermögensverwaltung.

Über alle Zahlungs- und Buchungsvorgänge, die durch die Auftraggeberin selbst veranlasst worden sind, besteht keine Abrechnungspflicht der Beauftragten. Diese Buchungen sind in der Rechnungslegung als von der Auftraggeberin veranlasste Buchungen zu kennzeichnen.

Die Beauftragten haben die Bank- und Kreditkarten usw. der Auftraggeberin einziehen zu lassen, sobald sie erkennen, dass die Gefahr des Missbrauchs der Bank- und Kreditkarten der Auftraggeberin besteht.

Über quittierte Barbeträge zur Bestreitung der gewöhnlichen Lebenshaltungskosten der Auftraggeberin bis zu einer Höhe von 500,00 EUR (in Worten: fünfhundert Euro) pro Monat besteht keine Abrechnungspflicht der Beauftragten. Empfangszeichnungsberechtigt sind insoweit auch Mitarbeiter beauftragter Haus- und Pflegedienste oder von Alten- und Pflegeheimen.

Die Beauftragten haben die Rechnungslegung der Auftraggeberin spätestens drei Monate nach Ablauf des Rechnungslegungszeitraumes vorzulegen.

Die Auftraggeberin hat, sofern sie keine Beanstandungen hat, innerhalb eines Monats nach Rechnungslegung den Beauftragten mit befreiender Wirkung Entlastung zu erteilen.

Sofern die Auftraggeberin die Vermögensverwaltung beanstandet und keine Entlastung erteilt oder nicht mehr in der Lage ist, die Entlastung zu erteilen, ist die Rechnungslegung unverzüglich dem kontrollbevollmächtigten Rechtsanwalt der Auftraggeberin vorzulegen.

Die Darlegungs- und Beweislast für die Unrichtigkeit der Zusammenstellung der Einnahmen und Ausgaben und hierbei insbesondere für den Verbleib der Einnahmen und dafür, dass über nicht mehr vorhandene Vermögenswerte nicht nach den Weisungen oder im Interesse der Auftraggeberin verfügt worden ist, trifft in Abweichung zu § 666 BGB denjenigen, der sich darauf beruft.

§ 7

Vergütung und Auslagenersatz

Die Beauftragten erhalten für ihre Tätigkeit und die Tätigkeit eines anwaltlichen Vertreters sowie für die Tätigkeit ihrer Kanzleimitarbeiter eine Vergütung in Höhe von 180,00 EUR (in Worten: einhundertachtzig Euro) in der Stunde. Für den Ersatz von Auslagen gelten die einschlägigen Vorschriften des Rechtsanwaltsvergütungsgesetzes (RVG). Vergütung und Auslagenersatz sind monatlich nachträglich zu zahlen; die Beauftragten können diese bei Fälligkeit dem Vermögen der Auftraggeberin entnehmen.

Auf die Vergütung und die Auslagen ist zusätzlich die jeweils geltende gesetzliche Umsatzsteuer zu entrichten.

Die Beauftragten haben die Art ihrer Tätigkeit und den dafür benötigten Zeitaufwand sowie ihre Auslagen, soweit diese nicht in der Vergütung beinhaltet sind, zu dokumentieren. Soweit üblich, sind für Auslagen Belege vorzulegen, wenn der Betrag im Einzelfall 10,00 EUR übersteigt.

Soweit die Beauftragten spezifisch anwaltliche Dienste leisten, können diese nach dem Rechtsanwaltsvergütungsgesetz (RVG) abgerechnet werden.

§ 8

Wertsicherung

Sollte sich der vom Statistischen Bundesamt herausgegebene Verbraucherpreisindex für Deutschland (Basis 2020 = 100) (im Folgenden: der „Index") gegenüber dem Stand bei Vertragsabschluss oder der letzten Vergütungsanpassung um mehr als 5% nach oben oder unten verändern, verändert sich die Vergütung ab dem Monat, der auf den Eintritt der Voraussetzungen folgt, um 100% der Veränderung nach oben oder unten.

Ausgangswert für die erste Anpassung ist der Indexstand bei Vertragsabschluss, für alle folgenden Anpassungen jeweils der Wert der letzten vorangegangenen Anpassung.

Die Änderung tritt automatisch in Kraft, ohne dass es dazu einer besonderen Erklärung bedarf. Weder die Auftraggeberin noch die Beauftragten geraten jedoch wegen etwaiger Erhöhungs- oder Erstattungsbeträge in Zahlungsverzug, bevor nicht die jeweils andere Partei die geänderte Vergütung schriftlich geltend gemacht hat.

Sollte während der Dauer des Vertrages der Verbraucherpreisindex für Deutschland vom Statistischen Bundesamt nicht mehr herausgegeben werden, tritt an seine Stelle der vom Statistischen Bundesamt oder gegebenenfalls dessen Nachfolgerorganisation herausgegebene Lebenshaltungskostenindex.

Die Parteien gehen übereinstimmend davon aus, dass die vorstehende Wertsicherungsklausel wirksam ist. Sollte sich diese Einschätzung als unzutreffend erweisen oder durch eine Rechtsänderung unzutreffend werden, so werden sich die Parteien gemeinsam um eine Genehmigung durch die zuständige Stelle bemühen und hilfsweise die vorstehende Wertsicherungsklausel so ändern oder ersetzten, dass diese wirksam oder genehmigungsfähig wird.

§ 9

Beginn, Dauer und Beendigung der Geschäftsbesorgung

Der Geschäftsbesorgungsvertrag beginnt mit der Unterzeichnung dieses Vertrages.

Die Beauftragten werden ihre Rechte aus diesem Vertrag jedoch erst ausüben, wenn die Auftraggeberin nicht in der Lage ist, zu handeln, oder wenn sie von der Auftraggeberin dazu aufgefordert werden (Beginn der Geschäftsbesorgung).

Der Geschäftsbesorgungsauftrag erlischt nicht mit dem Eintritt der Geschäftsunfähigkeit oder dem Tod der Auftraggeberin.

Die Kündigung durch die Auftraggeberin ist jederzeit und ohne Angabe von Gründen zulässig; sie bedarf der Schriftform.

Die Kündigung durch die Beauftragten ist mit einer Frist von einem Monat bei Vorliegen eines wichtigen Grundes möglich. Sie bedarf der Schriftform. Ein wichtiger Grund liegt auch vor, wenn Umstände eintreten, auf Grund derer den Beauftragten die Geschäftsbesorgung nicht mehr zugemutet werden kann, beispielsweise wenn die Vollmacht keiner Kontrolle mehr unterliegt oder wenn die Auftraggeberin vermögenslos wird.

Im Fall ihrer Kündigung haben die Beauftragten für die Auftraggeberin, soweit keine anderweitige Bevollmächtigung mehr vorliegt, unverzüglich beim zuständigen Betreuungsgericht eine Betreuung anzuregen, falls die Auftraggeberin zu diesem Zeitpunkt aufgrund einer psychischen Krankheit oder einer körperlichen, geistigen oder seelischen Behinderung ihre Angelegenheiten ganz oder teilweise nicht besorgen kann. In diesem Fall haben die Beauftragten ihre Tätigkeit fortzuführen, bis ein gesetzlicher Betreuer bestellt worden ist.

§ 10

Pflichten beim Tod der Auftraggeberin

1. Information der nächsten Angehörigen und des Bestattungsdienstes.
2. Sichern und Verwalten des Nachlasses für die Erben, bis diese oder ein Testamentsvollstrecker oder Nachlassverwalter tätig werden.

§ 11

Kontrolle der Beauftragten

Die Beauftragten unterliegen der Kontrolle durch den in der Vorsorgevollmacht der Auftraggeberin benannten Kontrollbevollmächtigten.

§ 12

Schlussbestimmungen

Zusatzvereinbarungen zu diesem Vertrag bedürfen der Schriftform.

Der Gerichtsstand ist .

§ 13

Salvatorische Klausel

Sollte eine Bestimmung dieses Vertrages ungültig sein oder werden oder eine Lücke aufweisen, wird die Gültigkeit des Vertrages im Übrigen dadurch nicht berührt. Anstelle der unwirksamen Regelung gilt die Regelung als vereinbart, die dem Willen der Vertragsparteien am nächsten kommt. Entsprechendes gilt für die Ausfüllung einer Lücke.

, den

Auftraggeberin | Beauftragte

3. Praxisprobleme aus dem Innenverhältnis

255 Ein in der Praxis häufig auftretendes Problem ist die Frage nach den **Pflichten des Bevollmächtigten**, hier insbesondere den Auskunfts-, Rechnungslegungs- und Herausgabepflichten, die jeweils abhängig von dem **der Vollmacht zugrunde liegenden Innenverhältnis** gegenüber dem Vollmachtgeber bzw. gegenüber dessen Rechtsnachfolgern bestehen.

a) Rechtliche Qualifizierung des Innenverhältnisses

256 Es stellt sich die Frage, wie das Innenverhältnis zwischen dem Vollmachtgeber und dem Bevollmächtigten rechtlich zu qualifizieren ist. In Betracht kommen insbesondere ein reines **Gefälligkeitsverhältnis**, ein **Auftrag** oder ein **Geschäftsbesorgungsvertrag**. Ist der Bevollmächtigte ein naher Angehöriger oder eine sonst sehr nahestehende Person und wird die Vollmacht daher unentgeltlich ausgeübt, scheiden Auftrag und Gefälligkeitsverhältnis aus und es kommt insbesondere ein Geschäftsbesorgungsvertrag in Betracht.

Der Bevollmächtigung liegt bei **Unentgeltlichkeit** in der Regel ein **Auftrag**, bei **Entgeltlichkeit** ein **Geschäftsbesorgungsvertrag** zugrunde.[392]

257 Die Abgrenzung zwischen **Auftrag** und bloßem **Gefälligkeitsverhältnis** ist sehr weitreichend, denn den Beauftragten treffen erhebliche Pflichten: Er muss Weisungen befolgen, er muss Auskunft erteilen und Rechnung legen, er ist verpflichtet, das Erlangte herauszugeben, und er haftet für Schäden.[393] Die Abgrenzung erfolgt über den **Rechtsbindungswillen**. Dieser fehlt bei bloßen Gefälligkeiten des täglichen Lebens, ebenso bei gesellschaftlichen, konventionellen oder freundschaftlichen Zusagen.[394] Ein Handeln aufgrund eines **Gefälligkeitsverhältnisses** – und damit ohne **Rechtsbindungswillen** – wird eher im nichtvermögensrechtli-

392 Grüneberg/*Sprau*, vor § 662 Rn 7; OLG Brandenburg BeckRS 2013, 06305.

393 *Stascheit*, RNotZ 2020, 61, 63.

394 Grüneberg/*Sprau*, vor § 662 Rn 4.

chen Bereich einer Vorsorgevollmacht als im vermögensrechtlichen Bereich anzutreffen sein, etwa bei dem sog. Gefälligkeitshandeln des täglichen Lebens, bei Zusagen im rein gesellschaftlichen Verkehr oder bei ähnlichen Vorgängen.[395]

Immer wenn bei der Beauftragung erkennbar wirtschaftliche Interessen im Spiel sind, wie z.B. erhebliche Vermögenswerte des Auftraggebers, lässt dies auf einen Rechtsbindungswillen schließen.[396] Bei fortgesetzter, verantwortungsvoller Tätigkeit aufgrund einer **General- und Vorsorgevollmacht** wird man in der Regel somit nicht von einem Gefälligkeitsverhältnis, sondern von einem Rechtsbindungswillen und somit von einem Auftragsverhältnis ausgehen können.[397] 258

Für die Abgrenzung, ob ein Auftrags- oder ein Gefälligkeitsverhältnis vorliegt, sind nach dem OLG Brandenburg[398] die Verhältnisse in dem Zeitpunkt maßgeblich, in dem die Vollmacht eingeräumt wurde, und nicht die Frage, in welchem Umfang der Bevollmächtigte von einer (Konto-)Vollmacht Gebrauch gemacht hat. 259

Bei begrenzten Vollmachten wie beispielsweise einer isolierten **Kontovollmacht** ist die Rechtsprechung wiederholt von einem Gefälligkeitsverhältnis ausgegangen, wenn diese einem Verwandten oder engen Freund erteilt wurde, auch wenn diese über einen längeren Zeitraum über erhebliche und wesentliche Vermögenswerte mit der Kontovollmacht verfügt haben.[399]

Eine Besonderheit besteht im Verhältnis **zwischen Eheleuten**. Nach der Rechtsprechung des BGH[400] entsteht zwischen Ehegatten selbst dann **kein Auftragsverhältnis** i.S.d. §§ 662 ff. BGB, wenn einer von ihnen aufgrund einer Kontovollmacht die Wirtschaftsführung im Wesentlichen allein übernimmt und die verfügbaren Mittel im Wesentlichen aus den Einkünften oder dem Vermögen des anderen Ehegatten zufließen. Deshalb kann der andere Ehegatte von dem die Wirtschaftsführung wahrnehmenden Ehegatten – und zwar weder nach Auftragsrecht noch aufgrund eines eigenständigen familienrechtlichen Anspruchs – die Rückzahlung von Geldern verlangen, deren familienbezogene Verwendung dieser Ehegatte nicht belegen kann. § 667 BGB kommt hier weder unmittelbar noch analog zur Anwendung. Begründet wird dies mit dem **besonderen Vertrauensverhältnis zwischen Ehegatten**, in dem in der Regel keine Auskunft oder Rechenschaft verlangt wird und der andere grundsätzlich nicht im Nachhinein dem 260

395 BGH BeckRS 2012, 14989.

396 BGH NJW 2015, 2880; OLG Brandenburg BeckRS 2019, 6705; OLG Schleswig FamRZ 2014, 1397.

397 OLG Brandenburg RNotZ 2014, 374; OLG Brandenburg BeckRS 2013, 06305; OLG Brandenburg BeckRS 2012, 20726.

398 OLG Brandenburg BeckRS 2013, 06305.

399 OLG Saarbrücken BeckRS 2015, 7788; OLG Brandenburg BeckRS 2013, 06305; OLG Brandenburg BeckRS 2009, 10120; OLG Köln, Urt. v. 19.9.2012 – 16 U 196/11.

400 BGH NJW 2000, 3199.

einseitigen Risiko ausgesetzt werden soll, Ausgaben genauer anzugeben und zu belegen. Nach dem BGH ist die Annahme eines Auftragsverhältnisses bei Ehegatten vielmehr der Ausnahmefall: Ehegatten müssten „Ausgaben nicht mit der gleichen Genauigkeit abrechnen wie Vertragspartner, die nicht in einer ehelichen Lebensgemeinschaft verbunden sind".[401]

Ein Auftrag ist nur dann anzunehmen, wenn der eine Ehegatte dem anderen Ehegatten seine Vermögensverwaltung überlässt.

261 Ein solches besonderes Vertrauensverhältnis wurde in der Rechtsprechung allerdings teilweise ebenfalls bejaht zwischen Partnern einer nichtehelichen Lebensgemeinschaft,[402] zwischen Mutter und Tochter[403] sowie zwischen Großmutter und Enkelkind.[404] Ferner wird das besondere Vertrauensverhältnis bei einer gleichgeschlechtlichen eingetragenen Lebenspartnerschaft anzunehmen sein.

Der BGH hat jedoch klargestellt, dass seine Entscheidung aus dem Jahr 2000[405] die spezifischen Besonderheiten der Beziehung zwischen Eheleuten berücksichtige und nicht auf weitere Fallgestaltungen mit anderem familiären oder persönlichen Einschlag übertragbar sei.[406] Die Oberlandesgerichte Düsseldorf, Köln und Zweibrücken haben diese Ausnahmen zum Auftragsrecht für Ehegatten auch auf andere familiäre Beziehungen erweitert. Sie argumentieren mit dem Vorliegen einer ähnlichen Vertrauenssituation.[407] Dem hat der BGH aber eine klare Absage erteilt. Die Rechtsprechung zum Auftragsrecht zwischen Ehegatten sei „auf Fallgestaltungen mit sonstigem familiären oder personalen Einschlag nicht übertragbar".[408] Es seien zusätzlich zum besonderen Vertrauensverhältnis weitere konkrete Anhaltspunkte erforderlich, die es rechtfertigen, das Entstehen eines Auftragsverhältnisses zu verneinen. Die Anforderungen seien sehr hoch, das bloße verwandtschaftliche Verhältnis zwischen Mutter und Tochter genüge nicht.[409]

Allein ein inniges Vertrauensverhältnis zwischen Vollmachtgeber und Bevollmächtigtem rechtfertigt keine andere Beurteilung. Nach dem OLG Branden-

401 BGH NJW 1956, 1313.

402 OLG Zweibrücken BeckRS 2004, 09275; OLG Düsseldorf ZEV 2007, 184; LG München I BeckRS 2010, 28347.

403 OLG Köln, Urt. v. 19.9.2012 – 16 U 196/11, verneint von OLG Schleswig FamRZ 2014, 1397.

404 OLG Naumburg BeckRS 2008, 11185: Hier wurde das besondere Vertrauensverhältnis dadurch begründet, dass der Enkel die Erblasserin in sein Haus aufgenommen hatte. Dies wird als zu weitgehend kritisiert von *Horn/Schabel*, NJW 2012, 3473.

405 Dabei ist zu beachten, dass es bei der Entscheidung nicht um ein Verhältnis aufgrund einer General- und Vorsorgevollmacht, sondern um eine Kontovollmacht ging.

406 BGH BeckRS 2008, 17591.

407 OLG Düsseldorf ZEV 2007, 184; OLG Köln ZEV 2013, 339; OLG Zweibrücken OLGR 2005, 132.

408 BGH FamRZ 2008, 1841, 1842.

409 OLG Schleswig BeckRS 2014, 12054.

burg[410] bedeutet der Umstand, dass sich der Bevollmächtigte um den Erblasser gekümmert hat, nicht, dass dieser mit der Einräumung der Kontovollmacht die Pflichten des Bevollmächtigten bei der Vermögensverwaltung (wie die Befolgung von Weisungen, Auskunftserteilung, Rechenschaftslegung, Herausgabe des Erlangten oder Haftung auf Schadensersatz bei Verstößen gegen die Grundsätze ordnungsgemäßer Verwaltung) abbedingen wollte.

Ob der BGH seinen zur Kontovollmacht aufgestellten Grundsätzen auch bei einer General- und Vorsorgevollmacht, bei der der Vollmachtgeber alle Entscheidungen seinem Ehegatten überträgt, ohne diesen kontrollieren oder die Entscheidung revidieren zu können, treu bleibt, bleibt abzuwarten.[411]

Von einem Auftragsverhältnis wurde ausgegangen bei einer erteilten Vorsorgevollmacht für ein Kind, wenn dieses im Falle der Inkapazität verpflichtet ist, sich um die wirtschaftlichen Angelegenheiten von hoher Bedeutung zu kümmern,[412] und in einem Fall, in dem eine Tante ihrem Neffen eine General- und Vorsorgevollmacht sowie Kontovollmachten eingeräumt hat.[413]

Im Ergebnis bleibt festzuhalten, dass einer dem Ehegatten, dem eingetragenen 262
Lebenspartner oder dem nicht verheirateten Lebensgefährten erteilten Vorsorgevollmacht in der Regel kein Auftragsverhältnis zugrunde liegen dürfte, weil kein Rechtsbindungswille feststellbar ist.

In der Literatur wird teilweise ein Auftragsverhältnis und damit eine Rechenschaftspflicht auch dann verneint, wenn es sich bei den Bevollmächtigten um nahestehende Angehörige oder sonstige Vertrauenspersonen handelt. Dass die Rechtsprechung ein besonderes Vertrauensverhältnis bei Ehegatten annimmt, bei nichtehelichen Partnern jedoch nicht, stößt auf wenig Verständnis.[414]

Davon abgesehen gilt für das Rechtsverhältnis zwischen Bevollmächtigtem und Vollmachtgeber **in aller Regel Auftragsrecht nach §§ 662 ff. BGB**.[415]

Die Pflichten des Bevollmächtigten betreffend gelten insoweit jedoch für beide 263
vorgenannten Konstellationen im Hinblick auf §§ 675, 677, 681 S. 2 BGB i.V.m. §§ 666–668 BGB dieselben Grundsätze:
- § 666 BGB ist eigenständige Anspruchsgrundlage und enthält drei Informationspflichten des Beauftragten. Der Beauftragte ist verpflichtet, erforderliche **Nachrichten** zu geben, auf Verlangen über den Stand der Geschäfte **Auskunft** zu erteilen sowie nach Ausführung des Auftrags **Rechenschaft nach § 259**

410 OLG Brandenburg BeckRS 2013, 06305.
411 Vgl. hierzu Müller-Engels/Braun/*Renner*, Rn 469.
412 OLG Braunschweig v. 28.4.2020 – 9 U 24/20.
413 OLG Brandenburg BeckRS 2019, 6705.
414 *Grziwotz*, ErbR 2023, 178, 186.
415 BGH DNotZ 2015, 848; OLG Brandenburg BeckRS 2019, 6705; OLG Schleswig BeckRS 2014, 12054; OLG Karlsruhe BeckRS 2017, 113330; *Stascheit*, RNotZ 2020, 61, 64.

BGB abzulegen. Eine Rechnungslegung erfordert eine übersichtliche, in sich verständliche Zusammenstellung der Einnahmen und der Ausgaben unter Belegvorlage, soweit Belege erteilt zu werden pflegen.[416] Die Angaben müssen so detailliert und verständlich sein, dass der Berechtigte ohne fremde Hilfe in der Lage ist, seinen Anspruch und die gegen ihn gerichteten Ansprüche nach Grund und Höhe zu überprüfen. Die Grenze erfährt der Anspruch durch den Grundsatz der Zumutbarkeit. Bei schuldhafter Nicht-, Schlecht- oder zu später Erfüllung der Pflichten aus § 666 BGB hat der Beauftragte wegen Pflichtverletzung gemäß § 280 BGB Schadensersatz zu leisten, falls sie adäquat kausal zu einer Schädigung des Vollmachtgebers geführt hat.[417] Der Anspruch auf Rechnungslegung verjährt in der Frist der §§ 195, 199 BGB nach drei Jahren,[418] wobei die **Verjährung** grundsätzlich nicht vor Beendigung des Auftragsverhältnisses beginnt.[419]
Als verhaltener Anspruch beginnt die Verjährungsfrist analog §§ 695 S. 2, 696 S. 3 BGB in dem Zeitpunkt, in dem der Gläubiger den Anspruch geltend macht. Es ist daher möglich, dass die Ansprüche, auf die die Auskunft gerichtet ist, schon vorher verjähren, zum Beispiel, wenn die Verjährung eines Anspruchs des Erblassers schon zu Lebzeiten begonnen hat und der Erbe den Auskunftsanspruch erst einige Zeit nach dessen Tod geltend macht. Es ist in der Literatur streitig, ob der Anspruch gänzlich abdingbar ist.[420]
- Nach § 667 BGB muss der Beauftragte alles **herausgeben**, was er zur Ausführung des Auftrags erhalten und aus der Geschäftsführung erlangt hat. Ist er dazu nicht in der Lage, haftet er nach §§ 280 ff. BGB,[421] es sei denn, er kann sich entlasten, beispielsweise durch Nachweis der Erfüllung der Herausgabepflicht oder bestimmungsgemäßer Verwendung des Erlangten. Hierbei trifft den Auftraggeber die Beweislast dafür, dass der Beauftragte aus der Geschäftsbesorgung etwas erlangt hat; der Geschäftsführer hingegen muss die auftragsgemäße Verwendung der ihm vom Auftraggeber überlassenen Mittel beweisen.[422] Der Anspruch nach § 667 BGB verjährt in der Frist der §§ 195, 199 BGB nach drei Jahren.

---

416 BGH NJW 1982, 573.
417 Grüneberg/*Sprau*, § 666 Rn 1.
418 Grüneberg/*Grüneberg*, § 259 Rn 11; MüKo-BGB/*Schäfer*, § 666 Rn 33; siehe zur Hemmung der Verjährung im Fall des Missbrauchs einer Vorsorgevollmacht ausführlich *Oertel*, ZErb 2020, 1.
419 BGH NJW 2012, 917; anders nur, wenn der Beauftragte laut Vertrag in jährlichen Abständen zur Auskunft verpflichtet ist; dann tritt die Verjährung periodisch ein; MüKo-BGB/*Schäfer*, § 666 Rn 33.
420 Dafür: RGRK-BGB/*Steffen*, § 666 Rn 17; Staudinger/*Martinek/Omlor* (2017), § 666 Rn 17; vermittelnd: MüKo-BGB/*Schäfer*, § 666 Rn 2; dagegen: BeckOK-BGB/*Fischer*, § 666 Rn 7.
421 BGH NJW 2002, 2459; jurisPK-BGB/*Otto*, § 667 Rn 18.
422 BGH NJW-RR 2008, 1373; BGH BeckRS 2012, 14989; jurisPK-BGB/*Otto*, § 667 Rn 18.

- Nach § 668 BGB besteht eine **Verzinsungspflicht**, wenn der Beauftragte dem Auftraggeber gebührendes Geld für sich selbst verwendet hat.

Diese Pflichten führen in der Praxis nach Ableben des Vollmachtgebers häufig zu Streitigkeiten zwischen den Erben und dem Bevollmächtigten, wenn keine ausdrückliche Regelung des Innenverhältnisses erfolgte.[423] Die Erben sind regelmäßig die Gläubiger des Anspruchs auf Rechnungslegung. Sie treten mit dem Erbfall in die Rechtsposition des Erblassers ein. Oft widerrufen sie die Vollmacht und verlangen dann Rechnungslegung. Um dies möglichst zu vermeiden, kann die Rechnungslegungspflicht vertraglich im Innenverhältnis **abbedungen** oder darauf **verzichtet** werden. Obwohl die Informationspflichten aus § 666 BGB grundsätzlich dispositiv sind, ist umstritten, ob dies gänzlich möglich ist.[424] Unstreitig ist, dass eine Abbedingung jedenfalls nicht in einer formularmäßigen Klausel (vgl. § 307 Abs. 2 BGB), sondern allenfalls in einer individuell ausgehandelten Vereinbarung möglich sein soll.[425] Eine Freistellung von den Informationspflichten darf nicht gegen Treu und Glauben verstoßen und sie kann unwirksam sein, wenn sich nachträglich begründete Zweifel an der Zuverlässigkeit des Beauftragten ergeben.[426] Bei einer schuldhaften Verletzung der Informationspflichten macht der Beauftragte sich schadensersatzpflichtig (§ 280 Abs. 1, ggf. Abs. 2, 3 und §§ 281 ff. BGB).[427] 264

Im Folgenden werden ausgewählte Probleme in Zusammenhang mit dem Innenverhältnis der Vollmacht dargestellt:

Praxisfall 1 265

„Verpflichtung zur **Rechnungslegung** gegenüber den Erben des Vollmachtgebers trotz erklärtem **Verzicht** auf Rechte nach § 666 BGB“

Ein Miterbe stellt nicht nachvollziehbare Barabhebungen vom Konto des Erblassers zu dessen Lebzeiten durch einen bevollmächtigten Miterben fest und verlangt im Namen der Erbengemeinschaft Rechnungslegung nach § 666 BGB. Der bevollmächtigte Miterbe verweigert diese mit der Begründung, der Erblasser habe zu Lebzeiten auf seine Rechte wirksam verzichtet, und bietet Zeugenbeweis hierfür an.

Die Erben des Vollmachtgebers treten in dessen Rechtsstellung ein und sind somit auskunftsberechtigt.[428]

---

423 Vgl. z.B. *Jülicher*, ErbR 2017, 645.

424 Vgl. z.B. OLG München ZEV 2018, 149; OLG Schleswig BeckRS 2014, 12054; VerfGH Saarland 23.4.2019 – Lv 4/18; OLG Brandenburg RNotZ 2014, 374; OLG Brandenburg BeckRS 2012, 20726.

425 Vgl. BGH NJW 1987, 2867; BGH NJW-RR 1990, 131.

426 BGH MDR 1985, 32.

427 HK-BGB/*Wiese*, § 666 Rn 6.

428 MüKo-BGB/*Schäfer*, § 666 Rn 10.

Das Gericht kommt nach Zeugenvernehmung zu dem Ergebnis, dass der Anspruch der Erbengemeinschaft auf Rechnungslegung wegen Verzichts des Erblassers untergegangen sei. Allerdings sei zu berücksichtigen, dass der Erblasser dem Bevollmächtigten rückhaltlos vertraut hat. Besteht jedoch ein begründeter Verdacht, dass dieses Vertrauen nicht am Platze war, so entfällt die Grundlage für den Verzicht.

Der BGH hält einen vertraglichen Ausschluss der Rechnungslegungspflicht gem. § 138 BGB für nichtig, wenn der Beauftragte sich missbräuchlich verhält oder große Vermögenssummen auf dem Spiel stehen.[429] Eine Auskunftspflicht muss daher im Falle des Missbrauchs trotz dessen individualvertraglicher Abbedingung oder Verzichts bestehen. Der Verzicht auf den Auskunftsanspruch wird demnach gegenstandslos, wenn die Vertrauensgrundlage, auf der er beruht, erschüttert ist; nach Treu und Glauben muss es dann möglich sein, erneut Rechnungslegung zu verlangen, auch wenn zuvor wirksam auf eine solche verzichtet wurde.[430]

266 Der Verzicht auf die Rechte des Vollmachtgebers aus § 666 BGB kann ausdrücklich oder konkludent erfolgen, wobei ein konkludenter Verzicht in der Regel nicht die Abrechnung über größere Beträge erfasst.[431] Auch durch einen ausdrücklich erklärten Verzicht auf Rechnungslegung wird der Beauftragte nicht von der Pflicht zur ordnungsgemäßen Geschäftsführung entbunden. Entscheidender Gesichtspunkt für das Weiterbestehen von Rechnungslegungsansprüchen ist, dass der Auftragnehmer redlicherweise nicht davon ausgehen kann, von der Pflicht zur Rechnungslegung befreit zu sein und dass sich aus den Geschäften, die er getätigt hat, begründete Anhaltspunkte für pflichtwidriges Verhalten ergeben. Abreden über einen Verzicht wirken dahin, dass der Anspruch nur bei Verdachtsmomenten für ein schädigendes Handeln des Beauftragten verfolgt werden kann. Dementsprechend kann dem Bevollmächtigten verwehrt sein, sich auf einen Verzicht zu berufen, wenn sich im Nachhinein Zweifel an seiner Zuverlässigkeit aufdrängen.[432] Das Auskunftsrecht findet jedoch seine Grenze in dem Verbot schikanöser oder unzulässiger Rechtsausübung.[433]

Teilweise wird vorgeschlagen, einen moderaten Betrag festzusetzen, über den keine Rechenschaft abgelegt werden müsste.[434]

267 Eine **Verwirkung** ist möglich, wenn über einen langen Zeitraum die Auskunftsansprüche nicht geltend gemacht worden sind. Unter Umständen kann der Bevollmächtigte gegen die nachträgliche Geltendmachung von Rechnungslegungs-

---

429 BGH NJW 2001, 1131.

430 Grüneberg/*Sprau*, § 666 Rn 1; MüKo-BGB/*Schäfer*, § 666 Rn 14–16.

431 BGH NJW 2001, 1131; OLG Hamm NJOZ 2013, 597; OLG München BeckRS 2012, 14122.

432 OLG Brandenburg BeckRS 2019, 6705; OLG Düsseldorf BeckRS 2015, 695.

433 BGH WM 1984, 1164, 1165; OLG Celle NJW-RR 2008, 1584, 1585.

434 Vgl. Ausführungen mit Musterformulierung bei *Stascheit*, RNotZ 2020, 61, 69.

ansprüchen Einwendungen erheben, wenn der Vollmachtgeber diese jahrelang nicht geltend gemacht hat und die nachträgliche Erhebung gegen **Treu und Glauben** (§ 242 BGB) verstößt, was wiederum nicht gilt, wenn sich nachträglich Zweifel an der Zuverlässigkeit des Beauftragten und seiner Geschäftsführung herausstellen.[435]

Praxisfall 2 268

„Herausgabeansprüche der Erben des Vollmachtgebers gegen den Bevollmächtigten bzgl. mit Konto-/Vorsorgevollmacht abgehobener Geldbeträge"

Die Erblasserin erteilte ihrer Tochter T Kontovollmacht. Diese hebt von den Konten der Erblasserin unstreitig bis kurz vor deren Tod mehrere Barbeträge ab. Sohn S verlangt als Miterbe Herausgabe aller abgehobenen Beträge an die Erbengemeinschaft, da T diese Beträge nicht an die Erblasserin herausgegeben habe. T behauptet, alle Barbeträge an die Erblasserin herausgegeben zu haben.

Zur Beweislast gilt im Rahmen des § 667 BGB: Den Abschluss des Auftragsvertrages, den Umstand, dass der Beauftragte etwas erlangt hat, und den entsprechenden Wert hat der Auftraggeber bzw. dessen Rechtsnachfolger zu beweisen.[436] Demgegenüber trifft den Beauftragten die Beweislast bezüglich des Verbleibs des Erlangten,[437] bezüglich der bestimmungsgemäßen Verwendung[438] bzw. des bestimmungsgemäßen Verbrauchs.[439] 269

T muss alle Barbeträge, die sie abgehoben hat, herausgeben, wenn es ihr nicht gelingt, Beweis dafür zu erbringen, dass der Herausgabeanspruch durch Übergabe an die Erblasserin nach § 362 BGB bereits erfüllt ist.

Praxistipp 270

Insbesondere bei der Übergabe von Geldbeträgen an den Vollmachtgeber sollte sich der Beauftragte daher stets eine **Quittung** ausstellen lassen bzw. Zeugen hinzuziehen. Seitens des Auftraggebers ist daran zu denken, die Pflichten eines Bevollmächtigten gegenüber den Rechtsnachfolgern ggf. zumindest teilweise abzubedingen, indem bei der Ausgestaltung des Grundverhältnisses der Umfang der Rechnungslegungspflicht gegenüber den Erben geregelt wird oder aber zumindest eine Beweislasterleichterung vereinbart wird.

---

435 BGH BeckRS 2008, 17591; BGH NJW 2012, 58; OLG München BeckRS 2012, 14122; OLG Hamm NJOZ 2013, 597.

436 BGH WM 1987, 79; BGH NJW-RR 2008, 1373; BGH BeckRS 2012, 14989; vgl. auch MüKo-BGB/*Schäfer*, § 667 Rn 42.

437 St. Rspr.: BGH ZIP 2005, 1742, 1743; BGH NZG 2003, 215; BGH NJW RR-1993, 795.

438 BGH NJW-RR 2004, 121; BGH NJW-RR 2008, 1373; BGH BeckRS 2012, 14989.

439 BGH NJW 1997, 47.

b) Schenkungen des Bevollmächtigten

aa) Grundprobleme bei Schenkungen des Bevollmächtigten nach § 181 BGB

271 Zu den Klassikern aus dem Bereich Vorsorgevollmacht gehört die Frage, inwieweit der Bevollmächtigte Schenkungen aus dem Vermögen des Vollmachtgebers an sich oder an Dritte vornehmen darf.

Haben Vollmachtgeber und Bevollmächtigter einen formwirksamen Schenkungsvertrag geschlossen, kann der Bevollmächtigte diese Schenkung mit einer entsprechenden Vollmacht unter Befreiung von § 181 BGB vollziehen. Diese Konstellation ist rechtlich unproblematisch.

272 Oftmals liegt jedoch eine Handschenkung des Vollmachtgebers vor mit dem Hinweis, der Bevollmächtigte könne die Schenkung aufgrund der Vollmacht mit sich selbst oder gegenüber Dritten vollziehen (zum Schenkungsvollzug zu Lasten des Nachlasses durch Vollmacht siehe Rdn 110 ff.). Bei einer solchen Konstellation können auf den Beschenkten schnell Rückforderungsansprüche, beispielsweise durch die Erben des Vollmachtgebers nach Eintritt des Erbfalls, zukommen.[440]

273 Nach der h.M. ist es dem Bevollmächtigten grundsätzlich möglich, Schenkungen auch ohne konkrete Regelung in der Vollmacht vorzunehmen.[441] Es sei kein Grund ersichtlich, weshalb bei einer Generalvollmacht für alle vermögensrechtlichen Rechtsgeschäfte unentgeltliche Geschäfte nicht umfasst sein sollten.[442] Dies sollte zur Klarstellung ausdrücklich in die Vollmacht aufgenommen werden.

Ob daher ein Ausschluss der Schenkungsmöglichkeiten in der Generalvollmacht erfolgen soll oder nicht, hängt vom Willen und insbesondere vom Vertrauen in den Bevollmächtigten ab.[443]

Die Frage sollte im Vorfeld mit dem Vollmachtgeber erörtert und anschließend ausdrücklich in der Vollmacht geregelt werden. In der Praxis wird teilweise eine Kompromisslösung zwischen komplettem Ausschluss (vollständiges Schenkungsverbot) und kompletter Zulassung (ausdrückliche Schenkungserlaubnis) von Schenkungen vorgeschlagen, derzufolge dem Bevollmächtigten solche Schenkungen zu gestatten sind, die auf bestimmte Vermögensgegenstände oder einen bestimmten Wert beschränkt sind. Man liest auch öfter von einer eingeschränkten

---

440 Zu den Konsequenzen einer postmortalen Übertragung im Pflichtteils- und Erbschaftsteuerrecht siehe *Sagmeister*, MittBayNot 2013, 107; *Wedemann*, ZEV 2013, 581.

441 Kurze/*Kurze*, Vorsorgerecht, § 164 BGB Rn 66; *Weigl*, MittBayNot 2017, 538; *Stascheit*, RNotZ 2020, 71.

442 *Müller*, DNotZ 2015, 403, 408; *Stascheit*, RNotZ 2020, 71.

443 Der Ausschluss des Schenkungsrechts kann zu Schwierigkeiten führen, vgl. DNotI-Report 2019, 108.

Schenkungserlaubnis dahingehend, dass der Bevollmächtigte Schenkungen tätigen kann, welche auch einem Betreuer gestattet sind.[444]

Schenkungen waren dem Betreuer nach früherer Rechtslage (§§ 1908i Abs. 2, 1804 BGB a.F.) grundsätzlich untersagt. Lediglich Pflicht-, Anstands- und auch Gelegenheitsgeschenke waren erlaubt, wobei die Gerichte diese Begriffe tendenziell eng auslegten. Die zum 1.1.2023 in Kraft getretene Reform des Betreuungsrechts ermöglicht es Betreuern nunmehr grundsätzlich, Schenkungen mit Genehmigung des Betreuungsgerichts vorzunehmen, § 1854 Nr. 8 BGB. Es stellt sich daher die Frage, wie sich dies auswirkt bei Formulierungen in vor dem 1.1.2023 erteilten Vorsorgevollmachten, wonach es dem Bevollmächtigten erlaubt ist, Schenkungen im gleichen Rahmen vorzunehmen, wie dies einem Betreuer rechtlich gestattet ist. Ob es sich um eine **statische Verweisung** auf die Schenkungskompetenz des Betreuers nach den §§ 1908i Abs. 2 S. 1, 1804 BGB a.F. oder um eine **dynamische Verweisung** auf § 1854 Nr. 8 BGB n.F. handelt, ist in der bislang erschienen Literatur umstritten.[445] Zu der Frage gibt es bisher noch keine Rechtsprechung, weshalb teilweise empfohlen wird, bei unsicherer Rechtslage vorsorglich einen Betreuer bestellen zu lassen, der für den Vollmachtgeber handelt und die nach § 1854 Nr. 8 BGB erforderliche Genehmigung einholen kann, wenn dies aussichtsreich erscheint.[446] 274

Da eine zu Zwecken der Vermögensverwaltung erteilte Kontovollmacht den Bevollmächtigten grundsätzlich nicht dazu berechtigt, das Vermögen des Vollmachtgebers zu verschenken,[447] erst recht nicht, dabei selbst als Schenker aufzutreten oder sich selbst zu beschenken, spricht dieser Grundsatz gegen eine etwaige Behauptung des Bevollmächtigten, er habe im Einklang mit dem Willen des Vollmachtgebers eine Schenkung vollzogen. Bei Zweifeln an einem rechtmäßigen Schenkungsvollzug wird das Problem der Beweislastverteilung bezüglich der behaupteten Schenkung zu einer zentralen Frage.[448] 275

bb) Praxisfall zur Beweislastverteilung

Praxisfall 276

„Beweislastverteilung bei Rückforderungsansprüchen der Erben gegenüber dem Bevollmächtigten bei behaupteter Schenkung“

444 Münch/*Renner*, Familienrecht in der Notar- und Gestaltungspraxis, § 16 Rn 85.

445 Für eine statische Verweisung: *Grziwotz*, ZRP 2020, 248, 250; *Grziwotz*, ErbR 2023, 178, 180. Für eine dynamische Verweisung: *Müller-Engels*, DNotZ 2021, 84, 87; *Müller-Engels*, ErbR 2022, 666, 668.

446 DNotI-Report 1/2023, S. 3.

447 BGH NJW 1999, 1393, denn im Hinblick auf die Pflichten, in die der Bevollmächtigte im Innenverhältnis zum Vollmachtgeber eingebunden ist, kann regelmäßig keine Rede davon sein, dass der Vollmachtgeber allein schon durch die Erteilung einer solchen Vollmacht den betreffenden Vermögensgegenstand „aus der Hand geben“ will; vgl. auch Rdn 96.

448 Vgl. dazu auch BGH ZEV 2007,182.

Die Abkömmlinge A und B werden gesetzliche Erben. A wohnte mit dem Erblasser gemeinsam in einem Haus und betreute und pflegte diesen. B hatte zu dem Erblasser seit Jahren keinen Kontakt mehr. Der Erblasser hatte dem A transmortale Kontovollmacht erteilt und zu Lebzeiten ausgehändigt. B verlangt 50.000 EUR, die der Erblasser zu Lebzeiten an A überwiesen hatte, von diesem an den Nachlass heraus sowie weitere 100.000 EUR, die A noch zu Lebzeiten des Erblassers von dessen Konto auf eigene Konten transferiert hatte. A behauptet, der Erblasser habe ihm das Geld geschenkt.[449]

(1) Allgemeines zur Beweislastverteilung

277 Im Schenkungsprozess gelten grundsätzlich die allgemeinen Darlegungs- und Beweislastregeln.[450] Grundsätzlich muss demnach derjenige alle anspruchsbegründenden Tatsachen behaupten und im Bestreitensfall beweisen, der den Anspruch geltend macht. Derjenige, der den Anspruch geltend macht, trägt demnach die Darlegungs- und Beweislast dafür, dass die herausverlangte Vermögensmehrung ohne Rechtsgrund besteht.[451] Dieser Grundsatz gilt auch, soweit negative Umstände wie das Fehlen eines Rechtsgrundes anspruchsbegründend sind.[452]

(2) Beweislastumkehr

278 Einer besonderen Darlegung des Fehlens eines rechtlichen Grundes durch den Bereicherungsgläubiger bedarf es nicht, wenn bereits Tatumstände unstreitig sind, die den Schluss nahelegen, dass der Bereicherungsschuldner etwas ohne rechtlichen Grund erlangt hat. Dies dürfte bei Eingriffskondiktionen häufig der Fall sein, wenn unstreitig feststeht, dass der Bereicherungsschuldner etwas aus einer eindeutig dem Anspruchsteller zugewiesenen Rechtsposition erlangt hat.

279 Ein solcher Fall wurde von der Rechtsprechung beispielsweise angenommen, wenn der Schuldner von einem Sparbuch des Gläubigers oder dessen Rechtsvorgängers, das er in Besitz hatte, einen Betrag abgehoben hat.[453] Der Bereicherungsschuldner hat dann seinerseits den Beweis dafür zu erbringen, dass ihm ein rechtlicher Grund zur Seite stand, insbesondere, dass eine Schenkungsvereinbarung der Abhebung zugrunde lag, die durch Vollzug in ihrem Formmangel geheilt wurde.[454]

280 Hat der Erblasser jedoch zunächst namhafte Beträge an den Schuldner überwiesen und der Schuldner erst danach auch aufgrund der ihm erteilten Vollmacht

449 In Anlehnung an BGH ZErb 1999, 26.

450 MüKo-BGB/*Koch*, § 516 Rn 51; Grüneberg/*Weidenkaff*, § 516 Rn 18.

451 Kroiß/Horn/Solomon/*Horn*, Nachfolgerecht, Teil 1 22. F. IV. 2. Rn 94.

452 BGH NJW 1985, 1774; BGH ZEV 2007, 182; Kroiß/Horn/Solomon/*Horn*, Nachfolgerecht, Teil 1 22. F. IV. 2. Rn 95a.

453 BGH NJW 1986, 2107.

454 BGH NJW 1986, 2107.

selbst Beträge abgehoben, kann der Schluss, der Beklagte habe etwas ohne rechtlichen Grund erlangt, nicht ohne Weiteres gezogen werden.[455] Denn in aller Regel tätigt ein Leistender Überweisungen nur dann, wenn er sich hierzu für verpflichtet hält und der Empfänger die Leistung behalten soll. Somit bilden die vom Leistenden getätigten Überweisungen an den Schuldner einen Grund, es jedenfalls als möglich anzunehmen, dass auch die zeitnah erfolgten Abhebungen durch denselben Rechtsgrund gedeckt waren.

(3) Die sekundäre Behauptungslast

Liegt eine zuvor dargestellte Ausnahme nicht vor, hat aus Zwecken der Prozess- 281
förderung die als Schuldner in Anspruch genommene Partei die Umstände darzulegen, aus denen sie ableitet, das Erlangte behalten zu dürfen.[456]

Erst wenn der Schuldner diese Mitwirkungspflicht vorgenommen hat, kann und muss die darlegungs- und beweislastpflichtige Partei im Rahmen zumutbaren Aufwands diese Umstände durch eigenen Vortrag und im Falle des Bestreitens durch geeigneten Nachweis widerlegen, um das Fehlen eines rechtlichen Grundes darzutun.[457]

Somit obliegt dem Bereicherungsschuldner eine sekundäre Behauptungslast, 282
wenn die darlegungspflichtige Partei außerhalb des von ihr darzulegenden Geschehensablaufs steht und keine nähere Kenntnis der maßgebenden Tatsachen besitzt, während der Schuldner sie hat und ihm nähere Angaben zumutbar sind. Im Rahmen des Zumutbaren kann vom Prozessgegner insbesondere das substantiierte Bestreiten einer negativen Tatsache unter Darlegung der für das Positivum sprechenden Tatsachen und Umstände verlangt werden.[458]

Der Umfang der Substantiierungspflicht hat sich am Zweck der Darlegung zu 283
orientieren. Für den Schuldner eines Anspruchs aus § 812 BGB können dabei keine strengeren Anforderungen gelten als üblicherweise für den Anspruchsteller. Nach ständiger Rechtsprechung des BGH genügt ein Anspruchsteller seiner Substantiierungspflicht bereits mit der Behauptung von Tatsachen, die in Verbindung mit einem Rechtssatz geeignet sind, das geltend gemachte Recht als entstanden erscheinen zu lassen.

Um also zu erklären, dass die vom Schuldner mit Vollmacht getätigten Abhebun- 284
gen als Erfüllung eines Schenkungsversprechens des Erblassers mit Rechtsgrund erfolgten, bedarf es somit lediglich der nachvollziehbaren Angabe, dass es zu einem Schenkungsversprechen des Erblassers gegenüber dem Schuldner gekom-

455 BGH ZErb 1999, 26.
456 OLG Brandenburg BeckRS 2013, 06305.
457 BGH NJW 1980, 2069; Zöller/*Greger*, vor § 284 ZPO Rn 34.
458 BGH NJW 1996, 315 m.w.N.; Zöller/*Greger*, vor § 284 ZPO Rn 34.

men ist.[459] Nicht erforderlich ist es, die tatsächlichen Gründe darzulegen, die den Erblasser zu den Schenkungen bewogen haben.

(4) Falllösung

285 A muss also substantiiert alle Tatsachen, die für eine Schenkung sprechen, darlegen. Wenn ihm dies gelingt, obliegt es B, dies zu widerlegen.[460]

cc) Eigentumsvermutung des § 1006 Abs. 1 BGB

286 Aufgrund der Vermutungsregel des § 1006 BGB (Eigentumsvermutung für Besitzer) ergibt sich eine Beweislastverteilung zugunsten desjenigen, der eine Schenkung behauptet.[461] Hier muss derjenige, der ein Herausgabeverlangen nach § 985 BGB geltend macht, die Behauptung des Beschenkten widerlegen, er habe die Sache geschenkt erhalten. Nur dann kann die Vermutung des § 1006 BGB in der Regel als entkräftet angesehen werden.[462] Zu beachten ist jedoch, dass sich die Wirkung des § 1006 BGB auf Ansprüche beschränkt, die Eigentum voraussetzen. Bei einem Herausgabeanspruch nach § 812 BGB kommt es auf die Eigentumslage jedoch gerade nicht an.

287 Die Vermutung des § 1006 BGB gilt nicht für Sparbücher und sonstige Legitimationspapiere des § 952 BGB, weil das Eigentum an einem Sparbuch dem Recht aus dem Sparbuch folgt. Auch wenn dem Sparbuch gem. § 808 BGB Legitimationswirkung zukommt, so hat dies nur zur Folge, dass das aus dem Sparvertrag verpflichtete Finanzinstitut mit befreiender Wirkung an den jeweiligen Inhaber des Sparbuchs leisten kann. Inhaber der in dem Sparbuch verbrieften (Darlehensrückzahlungs-)Ansprüche ist derjenige, der mit dem Finanzierungsinstitut den Sparvertrag geschlossen hat; diesem steht gem. § 952 BGB auch das Eigentum an dem Sparbuch zu. Die Rechte aus dem Sparbuch werden durch Abtretung übertragen.[463]

Derjenige, der sich gegenüber dem Herausgabeverlangen darauf beruft, er habe das Sparbuch geschenkt erhalten, muss die rechtsvernichtende Einwendung beweisen, ihm sei die Sparguthabenforderung schenkungsweise abgetreten worden und er habe dadurch das Eigentum an dem Sparbuch erlangt.

---

459 BGH ZErb 1999, 26 – ausreichend ist insoweit ein formungültiges Testament, das den Bevollmächtigten begünstigt.

460 Weitergehend OLG Bamberg ZEV 2004, 207, wonach bei Abhebungen von Sparkonten mittels Vollmacht des Kontoinhabers die Beweislast für den behaupteten Rechtsgrund, also das „Behaltendürfen" des Auszahlungsbetrages, der Abhebende trägt.

461 Grüneberg/*Weidenkaff*, § 516 Rn 18; MüKo-BGB/*Koch*, § 516 Rn 51; BGH NJW 1960, 1517.

462 MüKo-BGB/*Koch*, § 516 Rn 51.

463 OLG Brandenburg ZErb 2019, 287; vgl. Grüneberg/*Sprau*, § 808 Rn 2.

dd) Schenkungsvermutung nach §§ 685 Abs. 2, 1620 BGB

Nach §§ 685 Abs. 2, 1620 BGB spricht eine Vermutung für den Schenkungscharakter von Leistungen unter nahen Verwandten. Aus der Vorschrift lässt sich jedoch keine allgemeine Vermutung für den Schenkungscharakter von Leistungen unter nahen Angehörigen ableiten.[464] 288

Bei einer behaupteten Schenkung des Erblassers an den Bevollmächtigten kann es zu einer entsprechenden Anwendung der §§ 685 Abs. 2, 1620 BGB nur dann kommen, wenn mit der Vollmachtserteilung oder nachträglich das Motiv verbunden war, den Bevollmächtigten selbst auch mit Unterhalt versorgt zu wissen. Ansonsten kann wohl nur schwerlich von einem vergleichbaren Sachverhalt zu den §§ 685 Abs. 2, 1620 BGB ausgegangen werden, die beide letztlich eine Zahlung in Zusammenhang mit einer Unterhaltsleistung erfordern, um als Auslegungsregel herangezogen werden zu können. 289

Praxistipp

Um bei einer Vollmachtserteilung auch zum Vollzug von Schenkungen zukünftigen Streit zu vermeiden, muss das Recht des Bevollmächtigten, Schenkungen mit der Vollmacht vollziehen zu dürfen, ausdrücklich geregelt sein.

Die Schenkung selbst bedarf gleichfalls einer ausdrücklichen Regelung im Innenverhältnis, wobei bei einem Schenkungsversprechen die Einhaltung der notariellen Form die größtmögliche Sicherheit für alle Beteiligten bietet. 290

ee) Praxisfall Rückforderungsansprüche des Vollmachtgebers

Praxisfall 291

„Rückforderungsansprüche des Vollmachtgebers gegenüber dem von dem Bevollmächtigten beschenkten Dritten"

S erteilt seinem Vater V Konto- und Depotvollmacht. V überträgt ohne Einverständnis des S dessen Depotanteile an T, seine Tochter.

Problematisch ist die Frage, ob ein vom Bevollmächtigten gegen den Willen des Vollmachtgebers beschenkter Dritter zur Herausgabe des schenkweise Erlangten verpflichtet ist.[465]

Auch hier gilt das zuvor Gesagte. Die Existenz einer Konto- bzw. Depotvollmacht der Art, wie sie etwa zu Zwecken der Vermögensverwaltung erteilt wird, berechtigt den Bevollmächtigten normalerweise nicht dazu, das Vermögen des

464 BGH NJW 1995, 1349, 1350; OLG Koblenz NJOZ 2005, 935, 938; Grüneberg/*Götz*, § 1620 Rn 1.

465 Vgl. LG Wuppertal ErbR 2023, 726 zur ungerechtfertigten Bereicherung aus dem Nachlass aufgrund einer transmortalen Vorsorgevollmacht bei fehlendem Testament.

Bevollmächtigten zu verschenken, erst recht nicht, dabei selbst als Schenker aufzutreten.

Fraglich ist hier, ob die Beschenkte die Depotanteile herausgeben muss.

292 Eine Bereicherungshaftung der beschenkten Dritten nach § 816 Abs. 1 S. 2 BGB kann mangels einer Verfügung eines Nichtberechtigten nicht als gegeben angesehen werden, da der Verfügende in Vollmacht des Berechtigten handelte. Denn bei einer offenen Stellvertretung ist der Vertretene der berechtigt Verfügende.

Ein Rückforderungsrecht des Vollmachtgebers kann sich hier allenfalls aus § 812 Abs. 1 S. 1 BGB ergeben. Hierbei stellt sich dann die Problematik des bereicherungsrechtlichen Ausgleichs im Dreipersonenverhältnis.

293 In der Rechtsprechung des BGH ist hier immer wieder betont worden, dass sich bei der bereicherungsrechtlichen Behandlung von Vorgängen, an denen mehr als zwei Personen beteiligt sind, jede schematische Lösung verbietet. Vielmehr sind in erster Linie die Besonderheiten des einzelnen Falles für die sachgerechte bereicherungsrechtliche Abwicklung zu beachten.[466] Bei der Feststellung, ob eine Leistung im bereicherungsrechtlichen Sinn vorliegt, kommt es in erster Linie auf die der Zuwendung gegebenen Zweckbestimmung, also zunächst darauf an, welchen Zweck die Beteiligten nach ihrem zum Ausdruck gekommenen Willen verfolgt haben. Stimmen die Vorstellungen der Beteiligten nicht überein, ist eine objektive Betrachtungsweise aus der Sicht des Zuwendungsempfängers geboten. Dabei sind insbesondere auch Gesichtspunkte des Vertrauensschutzes und der Risikoverteilung zu berücksichtigen.[467]

Nach Auffassung des BGH rechtfertigt die typische Schwäche des unentgeltlichen Erwerbs bei der Fallgestaltung einer Leistung auf Anweisung, bei der es im Deckungsverhältnis an einem Rechtsgrund fehlt und im Valutaverhältnis die Leistung unentgeltlich bewirkt worden ist, die Herausgabeverpflichtung des die unentgeltliche Leistung empfangenden Dritten.[468]

294 In ähnlicher Weise steht die Schwäche des unentgeltlichen Erwerbs regelmäßig auch einer Wertung einer Zuwendung als Leistung des Schenkers im bereicherungsrechtlichen Sinne entgegen, wenn die Schenkung für den Empfänger erkennbar nicht aus dem Vermögen des Schenkers, sondern aus dem Vermögen eines Dritten erfolgt, über das der Schenker lediglich Verfügungsvollmacht besitzt.[469]

---

466 BGHZ 105, 365, 369 m.w.N.

467 BGHZ 122, 46, 51.

468 BGHZ 88, 232, 236.

469 BGH NJW 1999, 1393; BGH ZEV 1999, 196.

Lösung

Ist für die Beschenkte daher nach den gesamten Zusammenhängen ohne weiteres erkennbar gewesen, dass es sich um die Zuwendung von Wertpapieren handelte, die im Eigentum des S standen, so war für die Beschenkte zugleich zumindest als Risiko erkennbar, dass die Wertpapiere nicht der beliebigen Disposition des Vaters unterlagen, mithin auf den ersten Blick nicht zu seinem Vermögen gehörten, mit der Folge, dass die unentgeltliche Zuwendung der Wertpapiere nicht aus dem Vermögen des Vaters erbracht wurde und damit auch keine „Leistung" desselben an die Beschenkte darstellte.

Demnach hat S einen Rückgabeanspruch nach § 812 Abs. 1 S. 1 BGB direkt gegen T.

Aus Sicht des Bevollmächtigten bergen Schenkungen aus dem Vermögen des Vollmachtgebers oft das Risiko von Missbrauchsvorwürfen durch die späteren Erben. Der BGH[470] hat in seinem Beschluss vom 8.1.2020 die Bestellung eines Kontrollbetreuers (u.a. mit dem Aufgabenkreis des Widerrufs der Vollmacht) in einem Fall abgelehnt, in welchem die Bevollmächtigte Zuwendungen an sich und ihre Familie aus dem Vermögen der Betroffenen getätigt hat. Die Zuwendungen seien nicht zu beanstanden, da der Bevollmächtigten in der Vollmacht Schenkungen gestattet wurden, wie sie einem Betreuer gestattet sind, die Schenkungen auf Wunsch der Vollmachtgeberin erfolgten und im Umfang den durch die Vollmachtgeberin in der Vergangenheit getätigten Schenkungen sowie der wirtschaftlichen Leistungsfähigkeit der Vollmachtgeberin entsprachen. Diese Kriterien sind im Einzelfall bei der Frage der Missbräuchlichkeit einer Schenkung heranzuziehen.[471] 295

III. Widerruf der Vollmacht

1. Rechtliche Grundlagen

Vor Eintritt der Geschäftsunfähigkeit kann der Vollmachtgeber den Bevollmächtigten wirksam selbst überwachen und einem etwaigen Missbrauch der Vollmacht entgegentreten, indem er die Vollmacht widerruft. 296

Bei einer Doppelbevollmächtigung, wenn also dieselben Aufgaben an zwei Vertreter übertragen werden (mehrere Bevollmächtigte mit Einzelvertretungsbefugnis), können sich diese die Vollmacht nicht gegenseitig entziehen (vgl. Rdn 78).[472] Die Bestellung eines (Kontroll-)Betreuers kommt bei Meinungsverschiedenhei- 297

470 BGH, Beschl. v. 8.1.2020 – XII ZB 368/19, ZEV 2020, 495 m. Anm. *Litzenburger*.
471 *Müller-Engels*, DNotZ 2021, 84, 86.
472 Vgl. auch *Grziwotz*, ErbR 2023, 178, 181; OLG Karlsruhe, Beschl. v. 24.1.2022 – 10 W 8/21.

ten erst in Betracht, wenn die Vollmacht nicht mehr ordnungsgemäß umgesetzt werden kann.

298 Vor dem 1.1.2023 durfte ein (auch vorläufiger) Betreuer eine Vorsorgevollmacht nur widerrufen, wenn ihm diese Befugnis als eigenständiger Aufgabenkreis ausdrücklich zugewiesen war.[473] In § 1820 Abs. 5 BGB ist der Widerruf der Vorsorgevollmacht durch den Betreuer nunmehr gesetzlich geregelt. Dabei soll der Betreuer die Befugnis zum Widerruf bereits mit der Anordnung des Aufgabenkreises erhalten; eine explizite Übertragung – wie dies von der Rechtsprechung gefordert wurde – soll nicht mehr erforderlich sein.[474]

299 Nach dem Tod des Vollmachtgebers kann eine trans- bzw. postmortale Vollmacht jederzeit von den Erben widerrufen werden. Jeder Miterbe hat mit Wirkung für sich das Recht, die Vollmacht zu widerrufen, während die Vertretungsmacht für die übrigen Erben unberührt bleibt, jedoch nicht für die Erbengemeinschaft in ihrer gesamthänderischen Verbundenheit.[475]

Voraussetzung für den Widerruf ist, dass der Widerrufende sich erbrechtlich, z.B. durch Vorlage des Erbscheins oder Testaments mit Eröffnungsprotokoll, legitimieren kann. Gelingt ihm dies nicht, kann kein wirksamer Widerruf erfolgen.

300 Das Widerrufsrecht steht auch dem Nachlassverwalter und dem Nachlasspfleger[476] zu.

Testamentsvollstreckung und postmortale Vollmacht stehen grundsätzlich nebeneinander. Grundsätzlich kann der Testamentsvollstrecker eine vom Erblasser erteilte Vollmacht widerrufen, sofern der Erblasser nichts anderes angeordnet hat (§ 2208 Abs. 1 S. 1 BGB).[477] Das Verhältnis von postmortaler Vollmacht zu einer vom Erblasser angeordneten Testamentsvollstreckung kann laut BGH nicht allgemein, sondern nur im Einzelfall aufgrund einer Auslegung der Vollmachtsurkunde und der letztwilligen Verfügung unter Berücksichtigung des Erblasserwillens ermittelt werden.[478]

Umstritten ist, ob auch dem Erben neben dem Testamentsvollstrecker ein Widerrufsrecht zusteht für das Vermögen, das der Testamentsvollstreckung unterliegt.[479]

---

473 OLG Frankfurt ErbR 2022, 642.

474 Vgl. *Müller-Engels*, DNotZ 2021, 84, 99.

475 *von Schwander*; Ausgewählte Rechtsfragen der transmortalen und der postmortalen Vollmacht, RNotZ 2019, 57, 61 Punkt 6; MüKo-BGB/*Zimmermann*, vor § 2197 Rn 18.

476 Zum Widerrufsrecht des Nachlasspflegers sowie zum Verhältnis transmortaler Vollmacht zur Nachlasspflegschaft siehe DNotI-Report 2013, 84.

477 *von Schwander*, RNotZ 2019, 57, 62 Punkt 6; MüKo-BGB/*Zimmermann*, vor § 2197 Rn 18.

478 BGH, Beschl. v. 14.9.2022 – IV ZB 34/21 m. Anm. *Müller-Engels*, DNotZ 2023, 631.

479 Vgl. zum Streit ausführlich *Keim*, ZEV 2023, 275, 280.

2. Praxisfall Widerruf postmortaler Vollmachten

Praxisfall 301

„Widerruf postmortaler Vollmachten"

E setzt seine Frau F zur Alleinerbin ein, Tochter T erteilt er postmortale Kontovollmacht bei der B-Bank. Nach Versterben des E ruft F am 5.5. bei der B-Bank an und widerruft die zugunsten der T bestehende Kontovollmacht. Am 6.5. hebt die T den kompletten Guthabenbetrag ab und verreist unbekannt.

Hat F Ansprüche gegen B?

Lösung

Da sich die F nicht erbrechtlich legitimiert hat, konnte sie die Kontovollmacht der T nicht wirksam widerrufen. Die B hat somit schuldbefreiend an T geleistet. Insbesondere musste die B-Bank hier auch nicht die Ausführung von Weisungen der T zurückstellen oder Sicherungsmaßnahmen ergreifen, bis die Rechtsnachfolge geklärt ist, da auch gegenüber dem Vollmachtgeber als ursprünglichem Vertragspartner der Bank eine solche Pflicht zur Sicherung seiner Interessen nicht bestanden hat.

302 Dass das auf den Erben übergegangene Widerrufsrecht häufig keinen Schutz bietet, weil sein Widerruf zu spät erklärt wird, ist im Hinblick auf den Zweck einer postmortalen Vollmacht hinzunehmen. Sie soll es dem Bevollmächtigten gerade ermöglichen, unabhängig vom Willen der Erben und auch vor ihrer Ermittlung tätig werden zu können. Der Bevollmächtigte handelt nämlich, obwohl er nun die Erben vertritt, aufgrund einer Vollmacht des Erblassers. Dieser hat Zeitdauer und Umfang festgelegt. Sein Wille bleibt bis zum Widerruf durch die Erben maßgeblich, so dass es auf die Zustimmung der Erben zu dem Handeln des Bevollmächtigten nicht ankommt. Deshalb kann die Bank auch nicht gehalten sein, eine solche Zustimmung abzuwarten oder ihre Erteilung oder Versagung durch Zuwarten zu ermöglichen.[480]

Praxistipp

Vom Rechtsanwalt sollte bei Missbrauchsgefahr zu Lasten des Mandanten der sofortige Widerruf unter Nachweis der erbrechtlichen Legitimation schriftlich erklärt werden.

303 Kann sich der Mandant erbrechtlich nicht legitimieren, muss eine Kontensperrung beantragt werden, wenn dargestellt werden kann, dass die Erben noch unbekannt sind.

480 Vgl. BGH NJW 1995, 250.

3. Widerruf und Rechtsscheinwirkung der Vollmacht nach § 172 BGB

304 Gemäß § 172 Abs. 2 BGB besteht die Vertretungsmacht so lange fort, bis die Urkunde an den Vollmachtgeber zurückgegeben oder für kraftlos erklärt wird; bis dahin darf der gutgläubige Geschäftspartner auf das Fortbestehen der Vollmacht vertrauen.[481]

Das bedeutet, dass selbst wenn die Vollmacht wirksam widerrufen wurde, die einmalige Vorlage der Vollmachtsurkunde beim ersten Rechtsgeschäft mit dem Dritten genügt, auf die dann bei jedem weiteren Vertretergeschäft Bezug genommen werden kann.[482]

Praxistipp

Es kann daher unter Umständen empfehlenswert sein, eine Wirksamkeitsklausel in die Vollmacht mit aufzunehmen, die besagt, dass die Vollmacht nur wirksam ist, soweit und solange der Bevollmächtigte bei der Vornahme einer jeden Vertreterhandlung auch im unmittelbaren Besitz der Vollmacht ist.

305 Wurde eine solche oder ähnliche Klausel in die Vollmacht mit aufgenommen, lassen sich Streitigkeiten über den genauen Geschäftsabschluss und die Urkundenrückgabe vermeiden. Denn in diesem Fall hat der Geschäftspartner zu beweisen, dass der Vertreter zum Zeitpunkt des Abschlusses eines jeden Vertretergeschäfts im unmittelbaren Besitz einer Vollmacht war.

IV. Vollmachtsüberwachungs- oder Kontrollbetreuung nach § 1820 Abs. 3 BGB

306 Der Vollmachtgeber überwacht zunächst selbst die ordnungsgemäße Ausübung der Vollmacht. Erst wenn er hierzu nicht mehr in der Lage ist und eine **Überwachung erforderlich** wird, ist ein **Kontroll- oder Vollmachtsüberwachungsbetreuer** gem. § 1820 Abs. 3 BGB zur Geltendmachung von Rechten des Betreuten gegenüber seinem Bevollmächtigten zu bestellen.[483]

Vormals war die sog. Kontrollbetreuung lediglich in § 1896 Abs. 3 BGB a.F. als besonderer Aufgabenkreis des Betreuers normiert. § 1820 Abs. 3 BGB regelt seit dem 1.1.2023 die Voraussetzungen für die Bestellung eines Kontrollbetreuers.

307 Mit der Kontrollbetreuung kann im Fall einer wirksam erteilten Vorsorgevollmacht für eine Kontrolle des Bevollmächtigten gesorgt werden, wenn der Vollmachtgeber aufgrund einer psychischen Krankheit oder aufgrund einer körperlichen, geistigen oder seelischen Behinderung nicht mehr in der Lage ist, den Bevollmächtigten zu überwachen und ggf. die Vollmacht zu widerrufen (subjekti-

---

481 MüKo-BGB/*Schubert*, § 172 Rn 1; *Keim*, ZEV 2023, 275, 277.

482 Vgl. Staudinger/*Schilken*, § 172 Rn 5; *Keim*, ZEV 2023, 275, 277.

483 Rspr. bislang: BGH BeckRS 2020, 1776 Rn 9; vgl. auch BGH NJW-RR 2018, 1025.

ves Tatbestandsmerkmal), und aufgrund konkreter Anhaltspunkte davon auszugehen ist, dass der Bevollmächtigte die Angelegenheiten des Vollmachtgebers nicht entsprechend der Vereinbarung oder dem erklärten oder mutmaßlichen Willen des Vollmachtgebers besorgt (objektives Tatbestandsmerkmal).[484]

Gegen den freien Willen des Betreuten darf ein Kontrollbetreuer nicht bestellt werden (Selbstbestimmungsrecht des Betroffenen).[485] 308

Die Bestellung eines Kontrollbetreuers ist dem Richter vorbehalten, § 15 Abs. 1 Nr. 1 RPflG i.V.m. § 1820 Abs. 3 BGB.

Voraussetzung für die Bestellung eines Kontrollbetreuers ist zunächst die Feststellung, dass eine Vollmacht wirksam erteilt war und dass sie nicht wieder, z.B. durch Widerruf, erloschen ist.[486] 309

Liegen dann **konkrete Verdachtsmomente** vor, die darauf hindeuten, dass der Bevollmächtigte mit seinem Verhalten bewusst zum Nachteil des Vertretenen handelt, kann nach § 1820 Abs. 3 BGB für den dann vorliegenden Fall des konkreten Überwachungsbedarfs ein Kontrollbetreuer durch das Betreuungsgericht bestellt werden.[487]

Die Bestellung eines Kontrollbetreuers ist nur zulässig, wenn die Kontrolle **erforderlich** ist. Die Voraussetzungen der Erforderlichkeit ergeben sich aus § 1820 Abs. 3 BGB. Die Erforderlichkeit (vgl. § 3 Rdn 29 ff.) kann nicht allein damit begründet werden, dass der Vollmachtgeber aufgrund sein'er Erkrankung nicht mehr selbst in der Lage ist, den Bevollmächtigten zu überwachen, da eine Vorsorgevollmacht eine gerichtlich angeordnete Betreuung gerade verhindern soll.[488] Daher müssen **weitere Umstände** hinzutreten, die die Errichtung einer Kontrollbetreuung erforderlich machen.[489] Notwendig ist der konkrete, d.h. durch hinreichende tatsächliche Anhaltspunkte untermauerte Verdacht, dass mit der Vollmacht dem Betreuungsbedarf nicht Genüge getan wird.[490] 310

Der BGH fordert für eine Kontrollbetreuung, dass „nach den üblichen Maßstäben aus Sicht eines vernünftigen Vollmachtgebers unter Berücksichtigung des in den Bevollmächtigten gesetzten Vertrauens eine ständige Kontrolle schon deshalb 311

484 Rspr. bislang: BGH FamRZ 2018, 1188 Rn 23; BGH FamRZ 2015, 2163 Rn 14.

485 BGH BeckRS 2020, 1776 Rn 10; vgl. ausführlich *Müller-Engels*, DNotZ 2021, 84, 96 f.

486 BayObLG FamRZ 1993, 1249.

487 Vgl. hierzu BT-Drucks 11/4528, 123: Dies (die Vollmachtsbetreuung) wird insbesondere dann der Fall sein, wenn der Umfang und die Schwere der Geschäfte oder ein vorangegangenes Verhalten des Bevollmächtigten eine Überwachung angezeigt erscheinen lassen. Wo z.B. nahe Verwandte aufgrund der Vollmacht die Alltagsgeschäfte erledigen, wird vielfach die Bestellung eines Betreuers entbehrlich sein.

488 BGH BeckRS 2020, 1776 Rn 10; BGH NJW-RR 2018, 1025 Tz 24.

489 BGH NJW-RR 2019, 1027 Tz 19.

490 BGH BeckRS 2020, 1776 Rn 10; BGH FamRZ 2018, 1188 Rn 24; BGH FamRZ 2015, 2163 Rn 15.

geboten ist, weil Anzeichen dafür sprechen, dass der Bevollmächtigte mit dem Umfang und der Schwierigkeit der vorzunehmenden Geschäfte überfordert ist, oder wenn gegen die Redlichkeit oder die Tauglichkeit des Bevollmächtigten Bedenken bestehen. Ausreichend sind konkrete Anhaltspunkte dafür, dass der Bevollmächtigte nicht mehr entsprechend der Vereinbarung und im Interesse des Vollmachtgebers handelt (…).“[491] Im Mittelpunkt stehen mithin Zweifel an der Redlichkeit des Bevollmächtigten sowie dessen Überforderung.[492] Ein Missbrauch oder ein entsprechender Verdacht ist nicht zwingend erforderlich.[493]

Der BGH betont, dass gegen den freien Willen des Bevollmächtigten keine Kontrollbetreuung eingerichtet werden kann.[494]

Eine Kontrollbetreuung ist nicht erforderlich, wenn der Betroffene seinen beiden Kindern jeweils eine uneingeschränkte (Vorsorge-)Vollmacht mit Alleinvertretungsbefugnis erteilt und beide von den Beschränkungen des § 181 BGB befreit hat.[495] Nach dem BGH rechtfertigt die mit der Befreiung des Bevollmächtigten von den Beschränkungen des § 181 BGB verbundene abstrakte Gefahr nicht die Anordnung einer Kontrollbetreuung.[496] Dies gilt selbst dann, wenn der Bevollmächtigte mit sich selbst einen Grundstückskaufvertrag schließt.[497]

312 Dem Kontrollbetreuer obliegt gem. § 1820 Abs. 3 BGB als Aufgabenkreis die Wahrnehmung der Interessen des Vollmachtgebers gegenüber seinem Bevollmächtigten. Er kann Auskunft und Rechnungslegung verlangen, das zur Auftragsführung Erlangte herausverlangen, Rückforderungs- bzw. Schadensersatzansprüche geltend machen, Weisungsrechte und Entscheidungen über das Abweichen vom Auftrag ausüben und – sofern es ausdrücklich zu seinem Aufgabenkreis gehört – den Widerruf der Vollmacht erklären. Aufgaben und Befugnisse des Kontrollbetreuers ergeben sich aus dem ihm vom Betreuungsgericht übertragenen Aufgabenkreis, innerhalb dessen er den Vollmachtgeber gemäß § 1823 BGB gerichtlich und außergerichtlich vertritt.[498]

313 Er wird aber nicht generell gesetzlicher Vertreter des Betreuten, sondern überwacht lediglich die ordnungsgemäße Vollmachtsausübung.[499]

Bei Missbräuchen, z.B. wenn der Bevollmächtigte sich selbst eine so nicht vereinbarte Vergütung zahlt oder die Versorgung des Vollmachtgebers auf Sparflamme

491 BGH BeckRS 2020, 1776 Rn 10; BGH ZEV 2018, 602, 604; vgl. auch BGH BeckRS 2019, 13961 Rn 19.
492 Horn/*Bienwald/Horn*, Anwaltformulare Vorsorgevollmachten, § 6 Rn 9.
493 BGH NJW-RR 2018, 642, 643.
494 BGH BeckRS 2019, 13961 Rn 15.
495 LG Oldenburg BeckRS 2013, 17260; BGH NJW 2011, 2137.
496 BGH NJW-RR 2012, 834; BGH NJW 2011, 2137.
497 BGH NJW-RR 2012, 834.
498 BeckOK-BGB/*Müller-Engels*, § 1820 Rn 48–52.
499 Vgl. BGH NJW-RR 2017, 1411, 1412.

betreibt, um sein späteres Erbe ungeschmälert zu erhalten, kann der Kontrollbetreuer die Vollmacht nach § 1820 Abs. 5 BGB[500] widerrufen und etwaige Schadensersatzansprüche aus dem Grundverhältnis zwischen Vollmachtgeber und Bevollmächtigtem durchsetzen.[501]

Der Kontrollbetreuer hat dem Betreuungsgericht Auskunft über die Kontrollbetreuung und die persönlichen Verhältnisse des Betreuten zu erteilen und wird vom Betreuungsgericht überwacht.

Zu unterscheiden ist davon der Fall, dass das Betreuungsgericht einen Betreuer 314
mit demselben Aufgabenbereich wie dem des Bevollmächtigten bestellt.[502] In diesem Fall sind nur noch die Weisungen des Betreuers maßgeblich. Die Vollmacht selbst bleibt von der Bestellung eines Betreuers aber unberührt, es gelten jedoch die Grundsätze über den Vollmachtsmissbrauch.[503]

Bei erheblichen Zweifeln an der Redlichkeit des Bevollmächtigten genügt unter 315
Umständen die Einsetzung eines Kontrollbetreuers nicht, sondern es ist für alle Aufgabenkreise ein Betreuer zu bestellen.[504]

Der (Kontroll-)Betreuer konnte früher die Vollmacht nur widerrufen, wenn ihm 316
diese Befugnis als eigenständiger Aufgabenkreis ausdrücklich zugewiesen war.[505] Nach der Betreuungsrechtsreform zum 1.1.2023 scheint durch die Neuregelung des § 1820 Abs. 5 BGB jeder Betreuer die Widerrufskompetenz bereits mit der Anordnung des Aufgabenkreises zu erhalten und eine explizite Übertragung nicht mehr erforderlich zu sein.[506]

Der Widerruf durch einen Betreuer ist ultima ratio und nur unter den strengen Voraussetzungen des § 1820 Abs. 5 S. 2 BGB möglich, die der bisherigen Rechtsprechung des BGH entnommen wurden: Die Übertragung des Aufgabenkreises „Vollmachtswiderruf" setzt nach BGH zusätzlich tragfähige Feststellungen voraus, dass das Festhalten an der erteilten Vorsorgevollmacht eine künftige Verletzung des Wohls des Betroffenen mit hinreichender Wahrscheinlichkeit und in erheblicher Schwere befürchten lässt.[507]

Der Widerruf der Vorsorgevollmacht durch einen Betreuer bedarf nunmehr der betreuungsgerichtlichen Genehmigung, § 1820 Abs. 5 S. 2 BGB. Die Genehmigung ist vorher vom Richter (§ 15 Abs. 1 Nr. 1 RPflG) zu erteilen, § 1831 S. 1 BGB.

500 Grüneberg/*Götz*, § 1820 Rn 23; *Kurze*, NJW 2007, 2221.
501 BayObLG FamRZ 1994, 1550; *Kurze*, ErbR 2010, 319.
502 Dies kommt in Betracht, wenn die Vollmacht z.B. nicht wirksam erteilt wurde oder der Regelungsinhalt der Vollmacht unklar ist.
503 Vgl. MüKo-BGB/*Schramm*, § 168 Rn 13; MüKo-BGB/*Schwab*, § 1820 Rn 59 f.
504 BGH NJW 2011, 2135.
505 BGH ZEV 2018, 602, 604; BGH ZEV 2015, 644, 646.
506 *Müller-Engels*, DNotZ 2021, 84, 99; *Grziwotz*, ErbR 2023, 95, 100.
507 BGH BeckRS 2020,1776 Rn 12.

317 **Praxistipp**

Dem Vollmachtgeber ist zu empfehlen, in seiner Vorsorgevollmacht auch einen Kontrollbetreuer zu bestimmen, § 1820 BGB. Dies ist für das Betreuungsgericht bindend, sofern keine Ablehnungsgründe vorliegen oder die Bestellung dem Wohl des Betroffenen zuwiderläuft.

318 Neu ist die Möglichkeit des Gerichts, eine Vollmacht bei einem bestehenden, aber noch nicht bestätigten Missbrauchsverdacht vorübergehend zu „suspendieren“, ohne sie gleich widerrufen zu müssen, § 1820 Abs. 4 BGB. Ein wirksamer Widerruf führt zur endgültigen Unwirksamkeit der Vollmacht – sie kann im Fall der Nichtbestätigung des Verdachts nicht wiederhergestellt werden (der Vollmachtgeber könnte allenfalls eine neue Vollmacht erteilen, sofern er hierzu noch in der Lage ist). Zur Sicherstellung der Anordnung des Ausübungsverbots kann das Gericht die Herausgabe der Vollmachtsurkunde an den Betreuer anordnen. Liegen die Voraussetzungen für das Ausübungsverbot nicht mehr vor, muss das Gericht die Anordnung aufheben und den Betreuer verpflichten, dem Bevollmächtigten die Vollmachtsurkunde zurückzugeben, wenn die Vollmacht nicht erloschen ist.

V. Rechtsgeschäftliche Beschränkung

319 Da ein Kontrollbetreuer nur bei konkretem Anlass zu bestellen ist, kann zusätzlich eine rechtsgeschäftliche Beschränkung sinnvoll sein. Zum einen bietet sich, wie bereits ausgeführt, an, besondere Vorstellungen des Vollmachtgebers durch verbindliche Weisungen in das der Vollmacht zugrunde liegende Grundverhältnis aufzunehmen.

320 Zusätzlich kann eine Beschränkung durch Benennung der nicht vorzunehmenden Tätigkeiten in der Vollmacht selbst vorgenommen werden. Für diese durch die Vollmacht ausgenommenen Ausgaben ist ggf. ein Betreuer zu bestellen, der seinerseits den gesetzlichen Genehmigungsvorbehalten unterliegt. Dabei ist zu beachten, dass eine Beschränkung der Vollmacht hinreichend und konkret gestaltet wird, um nicht Gefahr zu laufen, dass wegen unzureichender Bevollmächtigung insgesamt ein Betreuer seitens des Betreuungsgerichts bestellt werden muss. Daher sollte eine Reduzierung der Aufgaben des Bevollmächtigten nur in wenigen Ausnahmefällen vorgenommen werden. Die Beschränkung ist dabei auf Ausnahmen zu erstrecken, wie bspw. Verfügungen über bestimmte, wichtige Gegenstände, Verfügungen über Forderungen und Wertpapiere, Verfügungen über das Vermögen im Ganzen, Annahme und Ausschlagung von Erbschaften, Aufnahme von Krediten, Eingehung von Bürgschaften und andere Verbindlichkeiten größeren Umfangs, Grundstücksgeschäfte und Schenkungen. Je nach Umfang des zu verwaltenden Vermögens sind entsprechende Grenzen zu setzen. Dabei muss beachtet werden, dass durch die getroffenen Beschränkungen eine sinnvolle Verwaltung insgesamt nicht gefährdet wird.

VI. Kontrollbevollmächtigung

1. Grundsätzliches

321 Der Vollmachtgeber kann im Versorgungsfall seine Vertretung durch den Bevollmächtigten in der Regel nicht mehr überwachen. Dies kann die Notwendigkeit einer Betreuung begründen (vgl. Rdn 309 f.). Im Übrigen besteht auch ein Vakuum in der Kontrolle, bis das Betreuungsgericht einen konkreten Überwachungsbedarf bei Missbrauchsverdacht feststellt, tätig wird und einen Kontrollbetreuer einsetzt. War Zielsetzung bei Vollmachtserstellung, einen staatlichen Eingriff über das Betreuungsgericht zu verhindern, wird dieser nun „durch die Hintertür" möglich.

Über die Benennung eines Kontrollbevollmächtigten wird sowohl ein Vakuum in der Kontrolle des Bevollmächtigten geschlossen als auch die Privatautonomie des Vollmachtgebers gestärkt.

322 Bevor ein Kontrollbetreuer bestellt wird, hat das Betreuungsgericht aufgrund des Nachranggrundsatzes die Erforderlichkeit zu prüfen. Hat der Betroffene in seiner Vollmacht einen Kontrollbevollmächtigten bestimmt, darf das Betreuungsgericht einen Kontrollbetreuer nur bestellen, wenn der Kontrollbevollmächtigte seine Aufgaben nicht erfüllt.[508]

Praxistipp

Soll möglichst vermieden werden, dass das Betreuungsgericht einen Kontrollbetreuer bestellt, sollte in der Vollmacht ein Kontrollbevollmächtigter bestimmt werden, welcher den Bevollmächtigten kontrolliert und überwacht.[509]

323 Der Aufgabenkreis des Kontrollbevollmächtigten kann sich insbesondere darauf erstrecken, alle Rechte des Vollmachtgebers gegenüber dem Bevollmächtigten wahrzunehmen, die auch dem Vollmachtgeber zustehen. Dies sind insbesondere die Kontroll- und Herausgaberechte aus Auftragsverhältnis nach §§ 665 ff. BGB. Erweitert werden kann dies auch auf das Recht zur Kündigung des Grundverhältnisses, den Widerruf der Vollmacht für den Bevollmächtigten sowie eigene Auskunftsrechte z.B. gegenüber der Bank und Ärzten.

Die Vollmacht des Kontrollbevollmächtigten sollte so ausgestaltet sein, dass der Bevollmächtigte diese nicht widerrufen kann. Darüber hinaus sollten dem Kontrollbevollmächtigten alle Rechte zugewiesen werden, die auch einem Kontrollbetreuer nach § 1820 Abs. 3 BGB übertragen werden können.

324 Findet sich im näheren Umfeld keine geeignete Vertrauensperson zur Ausübung der Kontrollbevollmächtigung, kann ein anwaltlicher Vorsorgebevollmächtigter gewählt werden. Dieser ist berufsrechtlich zur Unabhängigkeit und Verschwie-

508 MüKo-BGB/*Schwab*, § 1820 Rn 258.

509 Vgl. MüKo-BGB/*Schwab*, § 1820 Rn 259; *Zorn*, RPfleger 2018, 121.

genheit verpflichtet und darf nur die Interessen seines Mandanten und damit des Vollmachtgebers wahrnehmen. Von Gesetzes wegen darf er sich in keinen Interessenkonflikt begeben.

2. Muster

325 Auch bei der Kontrollbevollmächtigung ist das zugrunde liegende Rechtsverhältnis zwischen Vollmachtgeber und Kontrollbevollmächtigtem zu regeln.

Muster 1.4: Geschäftsbesorgungsvertrag bei anwaltlicher Unterstützungsbevollmächtigung/Kontrollbevollmächtigung/Verfahrensbevollmächtigung

Geschäftsbesorgungsvertrag[510]

– Unterstützungsbevollmächtigung/Kontrollbevollmächtigung/Verfahrensbevollmächtigung –

Zwischen

Frau

, geb.

geb. am in

wohnhaft in

– nachstehend Auftraggeberin genannt –

und

Herrn Rechtsanwalt

geb. am in

kanzleiansässig in

und

Frau Rechtsanwältin

geb. am in

kanzleiansässig in

– nachstehend Beauftragte genannt –

wird nachfolgender Vertrag geschlossen, der die Kontrolle über die am vor Frau Notarin mit Amtssitz in unter der Urkundenverzeichnis-Nr. beurkundete Vorsorgevollmacht der Auftraggeberin und die Tätigkeit als Unterstützungs-, Kontroll- und

510 Muster nach der Empfehlung der dvvb, der Deutschen Vereinigung für Vorsorge- und Betreuungsrecht e.V., Konrad-Zuse-Ring 30, 68163 Mannheim (www.dvvb.de), auf Grundlage des „Ramstetterschen Modells“, wonach Rechtsanwälte/innen als Bevollmächtigte bzw. Kontrollbevollmächtigte tätig werden.

Verfahrensbevollmächtigte für alle im Zusammenhang mit der Vorsorgevollmacht und Patientenverfügung der Auftraggeberin ggf. notwendigen Verfahrenspflegschaften regelt. Die nachfolgenden Regelungen gelten auch für einen Vertreter und einen eventuellen Rechtsnachfolger der Beauftragten.

§ 1

Pflichten der Unterstützungsbevollmächtigten

Die Beauftragten haben als Unterstützungsbevollmächtigte die Bevollmächtigten der Auftraggeberin nach Kräften zu unterstützen und zu beraten.

§ 2

Rechte und Pflichten der Kontrollbevollmächtigten

Die Rechte der Beauftragten als Kontrollbevollmächtigte richten sich im Wesentlichen nach der Vorsorgevollmacht der Auftraggeberin. Die Beauftragten haben ihre Rechte als Kontrollbevollmächtigte nach eigenem pflichtgemäßem Ermessen auszuüben.

Mit zuverlässiger Kenntnis der Beauftragten von Unstimmigkeiten zwischen der Auftraggeberin und den Bevollmächtigten oder bei Unstimmigkeiten zwischen diesen untereinander oder diesen und dritten Personen im Zusammenhang mit ihrer Bevollmächtigung oder im Fall eines Missbrauchs der Vollmacht durch einen der Bevollmächtigten der Auftraggeberin haben die Beauftragten als Kontrollbevollmächtigte die Rechte und Interessen der Auftraggeberin wahrzunehmen und durchzusetzen. Dabei sollten die Beauftragten nach Möglichkeit immer auf eine gütliche Einigung hinwirken.

Nach den Bestimmungen der Vorsorgevollmacht der Auftraggeberin unterliegen folgende Maßnahmen des bevollmächtigten Sohnes der Zustimmung der Beauftragten:
1. Die Aufhebung oder Begründung des Wohnsitzes der Vollmachtgeberin und die damit zusammenhängende Auflösung des Haushaltes der Vollmachtgeberin.
2. Die Unterbringung der Vollmachtgeberin in einem Alters- und/oder Pflegeheim oder eine anderweitige Unterbringung.
3. Entscheidungen im Rahmen von freiheitsentziehenden Maßnahmen oder Zwangsbehandlungen betreffend die Vollmachtgeberin.
4. Die Veräußerung, Übertragung und Belastung von Immobilien der Vollmachtgeberin wie auch die Verwendung des Erlöses einer Belastung oder eines Verkaufs von Immobilien.
5. Die Verfügung über Depots oder Schließfächer der Vollmachtgeberin bei allen Banken, Genossenschaftsbanken oder Sparkassen.
6. Die Inanspruchnahme von Krediten im Namen der Vollmachtgeberin.
7. Die Änderung von oder Verfügung über Lebensversicherungen.
8. Die Ausübung des Umgangsrechts betr. die Vollmachtgeberin.

Die Beauftragten entscheiden über die Erteilung oder Versagung der Zustimmung nach eigenem pflichtgemäßem Ermessen. Sie sind bei ihrer Entscheidung lediglich an das Wohl der Auftraggeberin gebunden. Die Zustimmung ist zu versagen, wenn das beabsichtigte Rechtsgeschäft dem Wohl der Auftraggeberin zuwiderläuft.

Bei Veräußerungsgeschäften oder Belastungen ist insbesondere zu prüfen, ob finanzielle Mittel für die Auftraggeberin, bspw. für ihre Pflege und/oder Gesundheit, durch die Veräußerung oder

Belastung beschafft werden müssen und ob sichergestellt ist, dass die erzielten Erlöse tatsächlich für die Auftraggeberin Verwendung finden. Die Beauftragten dürfen insoweit von den Bevollmächtigten die entsprechenden Nachweise anfordern. Sie haben nach Möglichkeit den Bevollmächtigten weniger einschneidende Alternativen aufzuzeigen und diese mit ihnen zu erörtern.

§ 3

Pflichten der Verfahrensbevollmächtigten

Als Verfahrensbevollmächtigte verpflichten sich die Beauftragten, die Interessen der Auftraggeberin in allen im Zusammenhang mit der Vorsorgevollmacht und den Patientenverfügungen der Auftraggeberin ggf. notwendigen Verfahrenspflegschaften selbstständig und nicht weisungsgebunden wahrzunehmen. Sie haben die verfahrensgemäßen Rechte der Auftraggeberin zu wahren.

Insbesondere haben die Beauftragten den tatsächlichen oder mutmaßlichen Willen der Auftraggeberin zu erforschen und in das Verfahren einzubringen. Dies geschieht in erster Linie durch eine persönliche Anhörung und Befragung der Auftraggeberin.

§ 4

Vergütung und Auslagenersatz

Die Beauftragten erhalten für ihre Tätigkeit und die Tätigkeit ihrer Kanzleimitarbeiter eine Vergütung in Höhe von 180,00 EUR (in Worten: einhundertachtzig Euro) in der Stunde. Für den Ersatz von Auslagen gelten die einschlägigen Vorschriften des Rechtsanwaltsvergütungsgesetzes (RVG). Soweit die Beauftragten spezifisch anwaltliche Dienste leisten, können diese nach dem Rechtsanwaltsvergütungsgesetz (RVG) abgerechnet werden. Vergütung und Auslagenersatz sind monatlich nachträglich zu zahlen; die Beauftragten erhalten diese durch die Bevollmächtigten der Auftraggeberin aus dem Vermögen der Auftraggeberin.

Auf die Vergütung und die Auslagen ist zusätzlich die jeweils geltende gesetzliche Umsatzsteuer zu entrichten.

Die Beauftragten haben die Art ihrer Tätigkeit und den dafür benötigten Zeitaufwand sowie ihre Auslagen, soweit diese nicht in der Vergütung beinhaltet sind, zu dokumentieren. Soweit üblich, sind für Auslagen Belege vorzulegen, wenn der Betrag im Einzelfall 10,00 EUR übersteigt.

§ 5

Wertsicherung

Sollte sich der vom Statistischen Bundesamt herausgegebene Verbraucherpreisindex für Deutschland (Basis 2020 = 100) (im Folgenden: der „Index") gegenüber dem Stand bei Vertragsabschluss oder der letzten Vergütungsanpassung um mehr als 5% nach oben oder unten verändern, verändert sich die Vergütung ab dem Monat, der auf den Eintritt der Voraussetzungen folgt, um 100% der Veränderung nach oben oder unten.

Ausgangswert für die erste Anpassung ist der Indexstand bei Vertragsabschluss, für alle folgenden Anpassungen jeweils der Wert der letzten vorangegangenen Anpassung.

Die Änderung tritt automatisch in Kraft, ohne dass es dazu einer besonderen Erklärung bedarf. Weder die Auftraggeberin noch die Beauftragten geraten jedoch wegen etwaiger Erhöhungs- oder Erstattungsbeträge in Zahlungsverzug, bevor nicht die jeweils andere Partei die geänderte Vergütung schriftlich geltend gemacht hat.

Sollte während der Dauer des Vertrages der Verbraucherpreisindex für Deutschland vom Statistischen Bundesamt nicht mehr herausgegeben werden, tritt an seine Stelle der vom Statistischen Bundesamt oder gegebenenfalls dessen Nachfolgerorganisation herausgegebene Lebenshaltungskostenindex.

Die Parteien gehen übereinstimmend davon aus, dass die vorstehende Wertsicherungsklausel wirksam ist. Sollte sich diese Einschätzung als unzutreffend erweisen oder durch eine Rechtsänderung unzutreffend werden, so werden sich die Parteien gemeinsam um eine Genehmigung durch die zuständige Stelle bemühen und hilfsweise die vorstehende Wertsicherungsklausel so ändern oder ersetzen, dass diese wirksam oder genehmigungsfähig wird.

§ 6

Beginn, Dauer und Beendigung der Geschäftsbesorgung

Der Geschäftsbesorgungsvertrag wird mit Unterzeichnung dieses Vertrages wirksam.

Die Geschäftsbesorgung beginnt insbesondere mit der zuverlässigen Kenntnis der Beauftragten von Unstimmigkeiten zwischen der Auftraggeberin und ihren Bevollmächtigten oder zwischen diesen oder mit dritten Personen oder von einem Missbrauch der Vollmacht durch die Bevollmächtigten der Auftraggeberin sowie im Fall der Tätigkeit der Beauftragten als Rechnungslegungsprüfer oder Verfahrensbevollmächtigte der Auftraggeberin.

Der Geschäftsbesorgungsauftrag erlischt nicht mit dem Eintritt der Geschäftsunfähigkeit oder durch den Tod der Auftraggeberin.

Die Kündigung durch die Auftraggeberin ist jederzeit und ohne Angabe von Gründen zulässig; sie bedarf der Schriftform.

Die Kündigung durch die Beauftragten ist mit einer Frist von einem Monat bei Vorliegen eines wichtigen Grundes möglich. Sie bedarf der Schriftform. Ein wichtiger Grund liegt auch dann vor, wenn Umstände eintreten, aufgrund derer den Beauftragten die Geschäftsbesorgung nicht mehr zugemutet werden kann, z.B. wenn die Auftraggeberin vermögenslos wird.

Im Fall ihrer Kündigung haben die Beauftragten für die Auftraggeberin unverzüglich beim zuständigen Betreuungsgericht eine Kontrollbetreuung anzuregen, falls die Auftraggeberin zu diesem Zeitpunkt aufgrund einer psychischen Krankheit oder einer körperlichen, geistigen oder seelischen Behinderung die Bevollmächtigten nicht mehr selbst überwachen kann und der Vorstand der Deutschen Vereinigung für Vorsorge- und Betreuungsrecht e.V. (dvvb) keinen neuen Kontrollbevollmächtigten bestellt und eine Kontrolle der Bevollmächtigten der Auftraggeberin für erforderlich hält. In diesem Fall haben die Beauftragten ihre Tätigkeit fortzuführen, bis das Betreuungsgericht über die Notwendigkeit der Bestellung eines gesetzlichen Kontrollbetreuers eine Entscheidung getroffen hat.

§ 7

Schlussbestimmungen

Zusatzvereinbarungen zu diesem Vertrag bedürfen der Schriftform.

Der Gerichtsstand ist ______.

§ 8

Salvatorische Klausel

Sollte eine Bestimmung dieses Vertrages ungültig sein oder werden oder eine Lücke aufweisen, wird die Gültigkeit des Vertrages im Übrigen dadurch nicht berührt. Anstelle der unwirksamen Regelung gilt die Regelung als vereinbart, die dem Willen der Vertragsparteien am nächsten kommt. Entsprechendes gilt für die Ausfüllung einer Lücke.

______, den ______

______ ______

Auftraggeberin Beauftragte

G. Grenzen der Vollmachten

I. Grundsätzliches

326 Da der Bevollmächtigte nicht die Stellung eines gesetzlichen Vertreters erlangt, ist im Rechtsverkehr niemand verpflichtet, sich auf eine Bevollmächtigung einzulassen.[511] Es gelten die Prinzipien der Vertragsfreiheit. Gleichwohl lässt sich das Wirtschaftsleben weitgehend auf Geschäfte, die über Bevollmächtigte abgewickelt werden, ein.[512] Bei Bedenken kann schließlich jederzeit Rückfrage beim Vollmachtgeber eingeholt werden. Ist dies nicht möglich, weil der Vollmachtgeber hierzu aus tatsächlichen oder rechtlichen Gründen nicht in der Lage ist, muss im Einzelfall trotz wirksamer Vollmachtserteilung nach § 1814 Abs. 1 und 2 BGB ein Betreuer mit dem entsprechenden Aufgabenkreis gerichtlich bestellt werden.[513]

511 Vgl. insoweit *Bienwald*, BtPrax 1999, 92, der hier u.a. für den Fall des Strafverfahrens auf die Vorschriften der § 77 Abs. 3 StGB und §§ 52, 81c StPO hinweist, in denen von Bevollmächtigten keine Rede ist, sowie darüber hinaus Probleme einer Bevollmächtigung in Zusammenhang mit dem Unterbringungsrecht sieht.

512 Stets Vorsicht geboten ist jedoch bei handschriftlichen Kontovollmachten. Diese werden von vielen Banken nicht akzeptiert.

513 Zu den Grenzen einer Vollmacht im Hinblick auf die Verwendung zum Nachteil des Erben siehe *Grunewald*, ZEV 2014, 579.

II. Vollmachtswiderruf im vermögensrechtlichen Bereich

Ein Vollmachtswiderruf im vermögensrechtlichen Bereich ist durch den Vollmachtgeber nur möglich, solange er **geschäftsfähig** ist.[514] Er kann das Recht zum Widerruf aber z.B. auf seinen Kontrollbevollmächtigten übertragen. Auch der Betreuer als gesetzlicher Vertreter des Betreuten kann den Widerruf von erteilten Vollmachten erklären, sofern dies ausdrücklich von seinem Aufgabenkreis umfasst ist.[515] 327

Der Ausschluss des Widerrufs soll nur in engen Grenzen möglich sein. Die grundsätzliche Widerruflichkeit von Erblasservollmachten bestimmt sich nach den allgemeinen Grundsätzen.[516] Nach der h.M. ist aber ein Ausschluss der Widerruflichkeit der Vollmacht nicht möglich bei Vorliegen eines wichtigen Grunds.[517] Ein Widerruf aus wichtigem Grund ist demnach auch bei unwiderruflichen Vollmachten immer möglich.[518]

Der Ausschluss des Widerrufs muss zwischen Vollmachtgeber und Bevollmächtigtem vereinbart werden.[519] 328

Auch wenn Vollmachten grundsätzlich unwiderruflich gestaltet werden können, ist zu beachten, dass dies nicht für Vollmachten gilt, die ausschließlich den Interessen des Vollmachtgebers dienen, bei einer lediglich isolierten Vollmacht, die ohne Grundverhältnis erteilt wurde oder Generalvollmachten sind.[520] Diese sind immer widerruflich und der Ausschluss sittenwidrig.[521]

Nach der h.M. in der Literatur können Vorsorgevollmachten auch nicht unwiderruflich erteilt werden, da sie dem einseitigen Interesse des Vollmachtgebers dienen und regemäßig eine Generalvollmacht beinhalten.[522]

Die Erteilung einer abstrakten, unwiderruflichen Generalvollmacht über den Tod hinaus wird wegen der nicht zu billigenden Knebelung der Erben und der damit verbundenen Umgehung der Testamentsvollstreckung als sittenwidrig angesehen; sie gilt als widerruflich fort, wenn der Erblasser sie auch ohne Verzicht auf das Widerrufsrecht erteilt hätte.[523]

---

514 Vgl. Müller-Engels/Braun/*Renner*, Betreuungsrecht und Vorsorgeverfügungen in der Praxis, Rn 516; Horn/*Bienwald/Horn*, Anwaltformulare Vorsorgevollmachten, Rn 687.

515 BGH DNotZ 2015, 848; BGH NJW-RR 2016, 1025.

516 *Oertel*, ZErb 2020, 1, 62 Punkt 6.

517 BGH WM 69, 1009; 85, 646.

518 Kurze/*Kurze*, Vorsorgerecht, § 168 BGB Rn 16.

519 BGH NJW 88, 2603; BayObLG DNotZ 97, 312.

520 BGH NJW 2011, 66, 67.

521 Grüneberg/*Ellenberger*, § 168 Rn 6; MüKo-BGB/*Schubert*, § 168 Rn 23, 25.

522 Vgl. Ausführungen in Rdn 296 ff.; vgl. BeckOK-BGB/*Schäfer*, § 168 Rn 25.

523 BGH DNotZ 1997, 229; Grüneberg/*Ellenberger*, § 168 Rn 6.

329 Ein Widerruf der Vollmacht kann nur durch entsprechende erbrechtliche Strafklauseln und Auflagen verhindert werden.[524] So kann beispielsweise ein den Erben belastendes aufschiebend bedingtes Vermächtnis für den Fall, dass dieser die Vollmacht widerruft, seitens des Erblassers ausgesetzt werden.

330 Eine Widerrufserklärung wird mit **Zugang** beim Empfänger wirksam und bewirkt das Erlöschen der Vollmacht **ex nunc**. Danach ist ein Widerruf des Widerrufs nicht möglich; im Bedarfsfall muss die Vollmacht neu erteilt werden.[525]

III. Grenzen von Vollmachten im persönlichen Bereich

331 Wie auch sonst im Rechtsverkehr gilt bei Abschluss eines Arzt- und Behandlungsvertrages sowie bei anderen die Personensorge betreffenden Verträgen der Grundsatz der Vertragsfreiheit.

Da auch im Arztrecht grundsätzlich die Vertragsautonomie herrscht, kann der Arzt – abgesehen von Notfällen – eine Behandlung, die an bestimmte Wünsche und Vorstellungen gebunden sein soll, ablehnen.[526] Daher braucht sich ein Arzt nicht auf eine Behandlung einzulassen, bei der er Willen und Wünsche nicht vom Patienten, sondern nur über einen Bevollmächtigten erfährt. Dies gilt umso mehr, wenn der Bevollmächtigte ärztliche Maßnahmen herbeiführen will, von denen ein Arzt im Interesse des Patienten abrät. Hier kann somit im Einzelfall eine Betreuerbestellung nach § 1820 BGB erforderlich werden.

Handelt es sich um eine Widerrufserklärung, die eine Vollmacht zur **Gesundheitsfürsorge** betrifft, so ist die **Einwilligungsfähigkeit des Widerrufenden** ausreichend.[527] Geschäftsfähigkeit ist nicht erforderlich.[528]

H. Haftung des Bevollmächtigten und des Vollmachtgebers

332 Bei der Frage der Haftung eines Bevollmächtigten muss zwischen der Haftung gegenüber dem Vollmachtgeber und gegenüber einem Dritten unterschieden werden. Gegenüber dem Vollmachtgeber haftet der Bevollmächtigte nach Maßgabe des der Vollmacht zugrunde liegenden Vertrages. Vgl. dazu Rdn 256 ff.

Ist der Bevollmächtigte –was bei Vorsorgevollmachten regelmäßig der Fall sein dürfte – unentgeltlich tätig geworden, ist zwischen **Auftrag** und Gefälligkeitsverhältnis zu unterscheiden. Da nach der überwiegenden Auffassung angesichts der

524 BayObLG FamRZ 1986, 34.

525 DNotI-Report 2012, 113.

526 *Laufs/Kern*, Handbuch des Arztrechts, § 14 Rn 12.

527 Grüneberg/*Götz*, § 1829 Rn 3.

528 Vgl. Grüneberg/*Götz*, § 1820 Rn 13 f für Widerruf durch Kontrollbetreuer.

Bedeutung der Vermögensverwaltung für beide Seiten und erkennbar wesentliche Interessen wirtschaftlicher Art auf dem Spiel stehen oder der Leistende ein rechtliches oder wirtschaftliches Interesse hat, wird bei umfassenden Vorsorgevollmachten in der Regel ein Auftragsverhältnis angenommen. Dann sind – mangels abweichender Abreden – die §§ 662 ff. BGB anzuwenden.[529]

Der Bevollmächtigte haftet dem Vollmachtgeber daher für Schlecht- oder Nichtausführung und bei der Verletzung weiterer Pflichten für Vorsatz und Fahrlässigkeit gemäß §§ 276, 280 BGB. Weiter sieht sich der Bevollmächtigte Herausgabeansprüchen gemäß § 667 BGB sowie Schadensersatzansprüchen gemäß §§ 823 ff. BGB und Auskunfts- und Rechnungslegungsansprüchen gemäß § 666 BGB ausgesetzt, sofern diese nicht abbedungen oder modifiziert wurden.[530]

Die Haftungsgefahr, die sich hinter der Erteilung einer Vorsorgevollmacht ver- 333
bergen kann, darf nicht unterschätzt werden. Der Bevollmächtigte trägt grundsätzlich die volle **Darlegungs- und Beweislast für die auftragsgemäße Verwendung** des Geldes des Vollmachtgebers und ist gegenüber den Erben gemäß § 280 BGB verpflichtet, diejenigen Geldbeträge zu ersetzen, die nicht durch Weisung des Vollmachtgebers gedeckt waren bzw. für die er nicht hinreichend beweisen konnte, dass der Erblasser zu Lebzeiten die Kontobewegungen hinreichend zur Kenntnis genommen hat.[531] Die Beweislastverteilung soll nicht gelten, wenn das Auskunfts- und Rechenschaftsbegehren treuwidrig erscheine.[532] Nach der Rechtsprechung könne Treuwidrigkeit insbesondere im engen familiären Bereich aufgrund eines bestehenden besonderen Vertrauensverhältnisses bestehen.[533]

Das OLG Brandenburg[534] milderte die Darlegungs- und Beweislast des Bevoll- 334
mächtigten insoweit ab, als es den Beweis von Anknüpfungstatsachen oder Indizien, die eine Schätzung der für die Vollmachtgeberin verbrauchten Mittel ermöglichten, als ausreichend erachtete. Diesen Beweis konnte der Bevollmächtigte nur für einen Teil der abgehobenen Beträge erbringen; für den Restbetrag haftete er gegenüber den Eben der Vollmachtgeberin.

Praxistipp

Angesichts dieser weitreichenden Haftung des Bevollmächtigten ist bei Errichtung der Vorsorgevollmacht zu bedenken, ob eine Haftung gegenüber dem Vollmachtgeber vertraglich auf Vorsatz und grobe Fahrlässigkeit zu be-

529 Vgl. OLG Schleswig,FamRZ 2014, 1397; Grüneberg/*Götz*, vor § 1820 Rn 6; *Stascheit*, RNotZ 2020, 61 f.

530 Vgl. Kurze/*Kurze*, Vorsorgerecht, § 662 BGB Rn 54.

531 Vgl. BGH BeckRS 2012, 14989; OLG Bremen ZEV 2010, 480; OLG Hamm BeckRS 2012, 18422.

532 *Kollmeyer*, NJW 2017, 1137, 1140.

533 Z.B. OLG Schleswig, Urt. v. 18.3.2014 – 3 U 50/13 (Ls), juris; vgl. auch BGH NJW 2012, 58, 60 Rn 24.

534 OLG Brandenburg RNotZ 2014, 374.

schränken ist. Auch sollte überlegt werden, ob nicht die umfangreichen Rechnungslegungspflichten und Herausgabepflichten von Quittungen und Belegen ganz oder teilweise abbedungen werden sollen (vgl. Muster zum Grundverhältnis Rdn 254). Nachweisschwierigkeiten – die zu Lasten des Bevollmächtigten gehen würden[535] – könnten so vermieden werden.[536]

335 Gegenüber Dritten haftet nach § 278 BGB der Vollmachtgeber, wenn der Bevollmächtigte bei rechtsgeschäftlichem Handeln im Rahmen seiner Tätigkeit einem Dritten schuldhaft, d.h. fahrlässig oder vorsätzlich, einen Schaden zugefügt hat. Im Innenverhältnis ist allerdings der Bevollmächtigte nach den oben genannten Grundsätzen dem Vollmachtgeber für den Schaden verantwortlich. Der Bevollmächtigte haftet dem Dritten selbst für eigenes Verschulden.

336 Dagegen haftet der Bevollmächtigte grundsätzlich nicht für Schäden, die der Vollmachtgeber Dritten zufügt. Eine Haftung des Bevollmächtigten für solche Schäden kann nur dann angenommen werden, wenn der Vertreter die Aufsicht über den Vollmachtgeber vertraglich ausdrücklich übernommen hat und die Schädigung des Dritten auf eine Verletzung der Aufsichtspflicht zurückzuführen ist (vgl. § 832 Abs. 2 BGB).

I. Gestaltungsformen

1. Gestaltungsgrundsätze

337 Bei der Gestaltung des Umfangs einer Vollmacht ist folgendes zu bedenken: Ist die Vollmacht zu weit gefasst, besteht eine erhöhte Missbrauchsgefahr, während bei zu eng gefassten Einzelfallvollmachten die Autonomie des Vollmachtgebers nicht gewahrt sein kann und für nicht geregelte Lücken der Vollmacht ein Betreuer bestellt wird. Gleichzeitig ist diese Gratwanderung aber auch ein kreatives Mittel für den Vollmachtgeber, einzelne Teilbereiche autonom durch Vollmachtserteilung zu regeln und andere, bei denen ggf. eine erhöhte Missbrauchsgefahr besteht, durch einen gerichtlich überwachten Betreuer erledigen zu lassen.

535 Vgl. MüKo-BGB/*Grundmann*, § 277 Rn 4; BeckOK-BGB/*Lorenz*, § 277 Rn 12.
536 *Stascheit*, RNotZ 2020, 70; vgl. auch *Volmer*, MittBayNot 2018, 507 f.

II. Muster

Muster 1.5: Vorsorgevollmacht mit anwaltlichen Kontrollbevollmächtigten 338

Vorsorgevollmacht

mit Unterstützungs-, Kontroll- und Verfahrensbevollmächtigung[537]

Nach eingehender Beratung über die Möglichkeiten der rechtlichen Vorsorge und deren Tragweite und nach eingehender Belehrung über die mit der Erteilung einer Vorsorgevollmacht verbundenen Risiken

bevollmächtigt hiermit

Frau

, geb.

geb. am in

wohnhaft in

– nachstehend Vollmachtgeberin genannt –

im Vollbesitz ihrer geistigen Kräfte und in Kenntnis der Tragweite ihrer Anordnungen zur Vermeidung einer rechtlichen Betreuung

ihren Sohn

geb. am in

wohnhaft in

und

ihre Tochter , geb.

geb. am in

wohnhaft in

– nachstehend Bevollmächtigte genannt –

und zwar je einzeln und alleinvertretungsberechtigt, jedoch mit den unten gesondert aufgeführten Einschränkungen,

die Vollmachtgeberin in allen persönlichen und vermögensrechtlichen Angelegenheiten, soweit eine Stellvertretung gesetzlich zulässig ist, gerichtlich und außergerichtlich zu vertreten und die Rechte der Vollmachtgeberin zu wahren. Die Rechtshandlungen der Bevollmächtigten

537 Muster nach der Empfehlung der dvvb, der Deutschen Vereinigung für Vorsorge- und Betreuungsrecht e.V Konrad-Zuse-Ring 30 – Eastsite VIII – 68163 Mannheim (www.dvvb.de), auf Grundlage des „Ramstetterschen Modells“, wonach insbesondere Rechtsanwälte/innen als Bevollmächtigte bzw. Kontrollbevollmächtigte selbst tätig werden.

sollen dieselbe Wirksamkeit haben, wie wenn sie von der Vollmachtgeberin selbst ausgeführt würden.

Das Innenverhältnis dieser Vollmacht ist in gesonderten, dieser Vollmacht zugrunde liegenden Verträgen geregelt.

§ 1

Einschränkungen der Vollmacht

Ein gegenseitiger Widerruf dieser und anderer den Bevollmächtigten durch die Vollmachtgeberin erteilten Vollmachten (z.B. Bankvollmachten) durch die Bevollmächtigten untereinander und ein Widerruf dieser Vollmacht durch die Bevollmächtigten gegenüber den Unterstützungs-, Kontroll- und Verfahrensbevollmächtigten ist nicht möglich. Auch sind die Bevollmächtigten nicht berechtigt, die dieser Vollmacht zugrunde liegenden Verträge zu kündigen.

Folgende Maßnahmen der Bevollmächtigten sind nur mit der Zustimmung der in dieser Vollmacht benannten kontrollbevollmächtigten Rechtsanwälte der Vollmachtgeberin oder eines anwaltlichen Vertreters der kontrollbevollmächtigten Rechtsanwälte möglich:
1. Die Aufhebung oder Begründung des Wohnsitzes der Vollmachtgeberin und die damit zusammenhängende Auflösung des Haushaltes der Vollmachtgeberin.
2. Die Unterbringung der Vollmachtgeberin in einem Alters- und/oder Pflegeheim oder eine anderweitige Unterbringung.
3. Entscheidungen im Rahmen von freiheitsentziehenden Maßnahmen oder Zwangsbehandlungen betreffend die Vollmachtgeberin.
4. Die Veräußerung, Übertragung und Belastung von Immobilien der Vollmachtgeberin wie auch die Verwendung des Erlöses einer Belastung oder eines Verkaufs von Immobilien.
5. Die Verfügung über Depots oder Schließfächer der Vollmachtgeberin bei allen Banken, Genossenschaftsbanken oder Sparkassen.
6. Die Inanspruchnahme von Krediten im Namen der Vollmachtgeberin.
7. Die Änderung von oder Verfügung über Lebensversicherungen.
8. Die Ausübung des Umgangsrechts betr. die Vollmachtgeberin.

Diese Vollmacht, die den Bevollmächtigten im Übrigen weitgehende und umfassende Befugnisse einräumt, berechtigt diese, ohne dass die nachfolgende, nur beispielhafte Aufzählung eine Einschränkung bewirkt, insbesondere bei:

Vermögensangelegenheiten
- zur Verwaltung des gesamten beweglichen und unbeweglichen Vermögens der Vollmachtgeberin.
- zur Geltendmachung von Ansprüchen und Rechten jeder Art, zum Rechts- und Vermögenserwerb, zum Inkasso.
- zur Verfügung über Rechte und Vermögen jeder Art, auch über den Grundbesitz der Vollmachtgeberin und über deren Konten, Depots und Schließfächer bei allen Banken, Genossenschaftsbanken, Sparkassen und Versicherungen.
- zur Vornahme aller Geschäfte und Handlungen, die mit einer Konto- und Depotführung in Zusammenhang stehen. Insbesondere berechtigt die Vollmacht auch zum Online-Banking, zur Eröffnung weiterer Konten und Depots auch bei Banken, Genossenschaftsbanken und

Sparkassen, zu denen noch keine Geschäftsbeziehung der Vollmachtgeberin besteht, und auch zur Schließung bestehender Konten und Depots der Vollmachtgeberin.
- zur Inanspruchnahme von Krediten und zum Eingehen von Verbindlichkeiten in beliebiger Art und Höhe, einschließlich einer Zwangsvollstreckungsunterwerfung.
- dingliche Rechte jeder Art an Grundstücken (Hypotheken, Grundschulden, Reallasten usw.) sowie an anderen Gegenständen der Vollmachtgeberin zu bestellen, zu kündigen und aufzugeben.
- zur Ausübung von Gesellschafterrechten, insbesondere zur Teilnahme an Veranstaltungen und zur Stimmrechtsausübung.
- zur Vertretung gegenüber Eigentümergemeinschaften und deren Verwaltern, insbesondere zur Teilnahme an Eigentümerversammlungen und zur Stimmrechtsausübung.
- Verfügungen von Todes wegen anzuerkennen oder anzufechten, Erbschaften anzunehmen oder auszuschlagen, die Vollmachtgeberin als Erbin, Pflichtteilsberechtigte, Vermächtnisnehmerin, Schenkerin oder Beschenkte in jeder Weise, auch bei Vermögens- und Gemeinschaftsauseinandersetzungen, zu vertreten und Erklärungen abzugeben und alles zu tun, was zur vollständigen Regelung von Nachlässen und zu deren Teilung notwendig ist.

Verträgen, Erklärungen, Anträgen
- Verträge jeglicher Art für die Vollmachtgeberin unter beliebigen Bedingungen abzuschließen sowie Vergleiche jeder Art einzugehen.
- Vereinbarungen mit Kliniken, Alters- und/oder Pflegeheimen für die Vollmachtgeberin abzuschließen und zum Zwecke hierfür Sicherungshypotheken auch für den Sozialhilfeträger zu bestellen.
- Erklärungen jeder Art (Einwilligungen, Anfechtungen, Kündigungen, Austritte, Rücktritte, Widerrufe, Verzichte etc.) für die Vollmachtgeberin abzugeben und entgegenzunehmen, insbesondere auch die Kündigung von Wohnraummietverträgen zu erklären und/oder entgegenzunehmen.
- zur Vertretung in Renten-, Versorgungs-, Beihilfe-, Steuer-, Pflegeversicherungs-, Versicherungs- und sonstigen Angelegenheiten und zur Beantragung von Leistungen jeder Art wie Renten, Versorgungsbezüge, Pflegeversicherungsleistungen, Grundsicherung oder Sozialhilfe.
- zu geschäftsähnlichen Handlungen (Mahnungen, Fristsetzungen, Anträgen, Mitteilungen etc.) und zu allen Verfahrenshandlungen.
- Rechtsstreitigkeiten für die Vollmachtgeberin als Klägerin oder Beklagte durch alle Rechtszüge zu führen und hierbei die Rechte eines Prozessbevollmächtigten auszuüben, Bevollmächtigte zu bestellen, Vergleiche abzuschließen, Verzichte zu erklären und Ansprüche anzuerkennen, Wiedereinsetzung in den vorigen Stand, einstweilige Verfügungen und Arreste zu erwirken und die Vollmachtgeberin in allen gerichtlichen und außergerichtlichen Verfahren als Gläubigerin oder Schuldnerin, Klägerin oder Beklagte oder in jeder sonstwie in Frage kommenden Eigenschaft zu vertreten.

Diese Vollmacht erstreckt sich auch auf die Vertretung der Vollmachtgeberin gegenüber Gerichten, Behörden, öffentlichen Registern und Amtspersonen sowie gegenüber allen natürlichen und juristischen Personen.

Digitaler Lebensbereich, digitales Vermögen
- zur Regelung, Abwicklung und Nutzung des gesamten digitalen Vermögens und Lebensbereiches der Vollmachtgeberin, gleich ob die Inhalte geschäftlicher, vermögensrechtlicher, privater oder höchstpersönlicher Natur sind.

Dies erfasst insbesondere
- alle Hard- und Software (ob auf einem PC, Tablet, Smartphone etc.),
- E-Mails sowie E-Mail-Accounts und sonstige Accounts,
- Homepage, Domains, Apps, Widgets und Ähnliches,
- Access Provider-Verträge und insgesamt sämtliche Zugänge und Verbindungen zum www, Clouds und sonstigen Netzwerken,
- soziale Netzwerke, gleich welchen Inhalts und Blogs,
- Benutzer- oder Firmenprofile und Bewertungen,
- Internetdepots, Paypal und sonstige Onlinezahlungsmittel sowie Onlineabos,
- Online verwahrte oder abrufbare Dokumente und Bilder oder Videos gleich welcher Art,
- Onlinevertragsbeziehungen einschließlich Onlinekonten,
- Onlineguthaben und Nutzungsrechte (z.B. über iTunes, Audible, Kindle oder Ähnliches).

Die Vorsorgevollmacht berechtigt insbesondere
- zur Nutzung von vorhandenen Passwörtern,
- zur Geltendmachung von Auskunftsansprüchen gegenüber den Anbietern digitaler Nutzungen im Hinblick auf Passwörter und sonstige Zugangsdaten sowie das Recht, diese zurückzusetzen bzw. zu erneuern und zur Entgegennahme der neuen Passwörter und Zugangsdaten,
- zur Geltendmachung sämtlicher Haupt- und Nebenrechte, die der Vollmachtgeberin aus dem Vertrag zustehen, insbesondere auf Herausgabe der Inhalte, die Entscheidung, darüber, ob und welche Inhalte gelöscht werden und welche bestehenbleiben bzw. hinzugefügt werden sowie über die Kündigung inklusive der Abwicklung der Vertragsbeziehungen sowie der Herausgabe der Daten an die Bevollmächtigten,
- sowie generell zur Abgabe und Entgegennahme aller hiermit zusammenhängenden Willenserklärungen inklusive Neuverträgen und sonstiger Handlungen und Informationen.

Zu diesem Zweck sind sämtliche Anbieter und sonstige Personen weitestmöglich vom Telekommunikationsgeheimnis (insbesondere auch nach dem TKG) und sonstiger Geheimhaltungspflichten gegenüber den Bevollmächtigten der Vollmachtgeberin befreit.

Persönlichen Angelegenheiten
- jederzeit die Herausgabe der Person der Vollmachtgeberin zu verlangen.
- den Umgang der Vollmachtgeberin auch mit Wirkung für und gegen Dritte, mit Ausnahme der Unterstützungs-, Kontroll- und Verfahrensbevollmächtigten, zu bestimmen.
- über den Fernmeldeverkehr der Vollmachtgeberin zu entscheiden, zur Weiterleitung, Entgegennahme, zum Anhalten und Öffnen der Post der Vollmachtgeberin und zur Entgegennahme von Wahlunterlagen.
- Strafanzeigen und/oder Strafanträge bei den zuständigen Stellen im Namen der Vollmachtgeberin zu stellen.
- zur Totensorge der Vollmachtgeberin und über Art und Umfang der Beerdigung der Vollmachtgeberin zu entscheiden.

Aufenthalt, Wohnungsangelegenheiten und Heimaufnahme

- zur Bestimmung des Aufenthaltsortes der Vollmachtgeberin und zur Aufhebung und Begründung des Wohnsitzes der Vollmachtgeberin, auch in einem Alters- oder Pflegeheim, sowie zur Auflösung des Haushaltes der Vollmachtgeberin und zur Verfügung über das Inventar.

Gesundheits- und Behandlungsvorsorge

- zur Einwilligung in eine Untersuchung des Gesundheitszustandes der Vollmachtgeberin, eine Heilbehandlung oder einen ärztlichen Eingriff, auch mit risikoreichen oder neuen, noch nicht zugelassenen Medikamenten und Behandlungsmethoden, auch wenn diese erhebliche unerwünschte Nebenwirkungen haben oder haben können oder wenn die begründete Gefahr besteht, dass die Vollmachtgeberin aufgrund der Maßnahme stirbt oder einen schweren und länger dauernden gesundheitlichen Schaden erleidet.
- zur Nichteinwilligung oder zum Widerruf einer Einwilligung in eine Untersuchung des Gesundheitszustandes der Vollmachtgeberin, eine Heilbehandlung oder einen ärztlichen Eingriff auch mit risikoreichen oder neuen, noch nicht zugelassenen Medikamenten und Behandlungsmethoden, auch wenn die Maßnahme medizinisch angezeigt ist und die begründete Gefahr besteht, dass die Vollmachtgeberin aufgrund des Unterbleibens oder des Abbruchs der Maßnahme stirbt oder einen schweren und länger andauernden gesundheitlichen Schaden erleidet.
- zur Entscheidung über Beginn oder Beendigung von lebenserhaltenden oder lebensverlängernden Maßnahmen, auch wenn dies den Tod der Vollmachtgeberin herbeiführt oder beschleunigt.
- zur Wahrnehmung der Patientenrechte der Vollmachtgeberin. Die Bevollmächtigten sollen insbesondere auch kontrollieren und durchsetzen, dass der in der Patientenverfügung der Vollmachtgeberin erklärte Wille berücksichtigt wird. Sie dürfen dazu die Krankenunterlagen der Vollmachtgeberin einsehen und entscheiden, ob erhobene Daten und Untersuchungsergebnisse Dritten zugänglich gemacht werden. Die Bevollmächtigten dürfen auch darüber entscheiden, ob eine Obduktion des Leichnams der Vollmachtgeberin erfolgen soll.

Freiheitsentziehenden Unterbringung, Freiheitsentziehenden Maßnahmen

- zur Entscheidung über Handlungsweisen, die die Bewegungsfreiheit der Vollmachtgeberin einschränken oder aufheben (durch Verschließen der Zimmer- und/oder der Wohnungs- und/oder der Stationstüre, Anbringen von Bettgittern, Fixierungsgurten, Verwendung spezieller Pflegedecken oder Pflegehemden oder anderer Fixierungsmittel, Verabreichen von (sedierenden) Psychopharmaka, Ausstattung mit Signalsendern, Anbringen von Trickschlössern, Arretieren des Rollstuhls, Wegnahme der Straßenbekleidung, Verhindern des Verlassens einer Einrichtung durch Aufsichtspersonal etc.) und auch über eine Unterbringung in einem Pflegeheim, einer geschlossenen Anstalt oder einem Krankenhaus, die mit der Freiheitsentziehung verbunden sind, solange dies zum Wohl der Vollmachtgeberin erforderlich ist, weil aufgrund einer psychischen Krankheit oder geistigen oder seelischen Behinderung die Gefahr besteht, dass sich die Vollmachtgeberin selbst tötet oder sich einen erheblichen gesundheitlichen Schaden zufügt, oder zur Abwendung eines drohenden erheblichen gesundheitlichen Schadens eine Untersuchung des Gesundheitszustandes der Vollmachtgeberin eine Heilbehandlung oder ein ärztlicher Eingriff notwendig ist und ohne ihre Unterbringung nicht durchgeführt werden kann, weil die Vollmachtgeberin aufgrund einer psychischen Krankheit oder geistigen oder seelischen Behinderung die Notwendigkeit der Unterbringung nicht erkennen und nicht nach dieser Einsicht handeln kann.

Ärztliche Zwangsmaßnahmen

Die Bevollmächtigten dürfen zur Abwendung eines der Vollmachtgeberin drohenden erheblichen gesundheitlichen Schadens in notwendige ärztliche Zwangsmaßnahmen einwilligen.

Gegen den natürlichen Willen der Vollmachtgeberin dürfen die Bevollmächtigten in eine ärztliche Zwangsmaßnahme aber nur einwilligen, wenn die Vollmachtgeberin aufgrund einer psychischen Krankheit oder geistigen oder seelischen Behinderung die Notwendigkeit der ärztlichen Maßnahme nicht erkennen oder nicht nach dieser Einsicht handeln kann und zuvor ernsthaft, mit dem nötigen Zeitaufwand und ohne Ausübung unzulässigen Drucks versucht wurde, sie von der Notwendigkeit der ärztlichen Maßnahme zu überzeugen, und die ärztliche Zwangsmaßnahme zu ihrem Wohl erforderlich ist, um einen drohenden erheblichen gesundheitlichen Schaden von ihr abzuwenden, und der erhebliche gesundheitliche Schaden durch keine andere weniger belastende Maßnahme abgewendet werden kann und der zu erwartende Nutzen der ärztlichen Zwangsmaßnahme die zu erwartenden Beeinträchtigungen deutlich überwiegt und die ärztliche Zwangsmaßnahme im Rahmen eines stationären Aufenthalts in einem Krankenhaus durchgeführt wird, in dem die gebotene medizinische Versorgung der Vollmachtgeberin einschließlich einer erforderlichen Nachbehandlung sichergestellt ist.

Die Einwilligung in ärztliche Zwangsmaßnahmen darf den in der Patientenverfügung der Vollmachtgeberin getroffenen Entscheidungen nicht widersprechen.

§ 2

Handhabung der Vollmacht

Die Vollmacht wird mit der Unterzeichnung dieser Urkunde wirksam; sie berechtigt die Bevollmächtigten und die Unterstützungs-, Kontroll- und Verfahrensbevollmächtigten zum sofortigen Handeln. Hierbei können die Bevollmächtigten und die Unterstützungs-, Kontroll- und Verfahrensbevollmächtigten in vollem Umfang Auskunft gegenüber allen Gerichten, Behörden, öffentlichen Registern und Amtspersonen sowie gegenüber allen natürlichen und juristischen Personen verlangen.

Im Außenverhältnis ist die Vollmacht mit den vorgenannten Einschränkungen gültig. Damit ist insbesondere der Nachweis gegenüber dritten Personen, denen diese Vollmacht vorgelegt wird, dass die Vollmachtgeberin aufgrund einer psychischen Krankheit oder einer körperlichen, geistigen oder seelischen Behinderung ihre Angelegenheiten ganz oder teilweise nicht mehr besorgen kann oder will oder dass die Vollmachtgeberin geschäftsunfähig ist oder dass Zweifel an ihrer Geschäftsfähigkeit bestehen, nicht erforderlich.

Die Bevollmächtigten dürfen im Rahmen der ihnen zuteil gewordenen Vertretungsmacht Untervollmacht erteilen, soweit Angelegenheiten des täglichen Lebens i.S.d. § 1825 Abs. 3 S. 2 BGB zu besorgen sind. Eine darüber hinausgehende Unterbevollmächtigung durch die Bevollmächtigten ist nur auf einen Rechtsanwalt oder eine Rechtsanwältin der Deutschen Vereinigung für Vorsorge- und Betreuungsrecht e.V. (dvvb) möglich.

Die Unterstützungs-, Kontroll- und Verfahrensbevollmächtigten dürfen im Rahmen der ihnen zuteil gewordenen Vertretungsmacht Untervollmacht erteilten.

Die Bevollmächtigten sind von den Beschränkungen des § 181 BGB befreit, sie können also im Namen der Vollmachtgeberin auch Rechtsgeschäfte mit sich im eigenen Namen und als Vertreter Dritter vornehmen.

Die Vollmacht und die ihr zugrunde liegenden Verträge bleiben in Kraft, auch wenn die Vollmachtgeberin geschäftsunfähig wird oder stirbt. Die Bevollmächtigten sind berechtigt, den Nachlass der Vollmachtgeberin bis zur amtlichen Feststellung der Erben der Vollmachtgeberin in Besitz zu nehmen und zu verwalten.

Diese Vollmacht ist für die Vollmachtgeberin jederzeit teilweise oder insgesamt frei widerruflich, auch gegenüber den einzelnen Bevollmächtigten und den unterstützungs-, kontroll- und verfahrensbevollmächtigten Rechtsanwälten.

§ 3

Ausfertigungen

Auf Antrag sind den Bevollmächtigten und den Unterstützungs-, Kontroll- und Verfahrensbevollmächtigten jederzeit weitere Ausfertigungen und beglaubigte Abschriften dieser Urkunde in der von ihnen benötigten Anzahl zu erteilen. Der beurkundende Notar, dessen Vertreter oder dessen Nachfolger im Amt wird angewiesen, den Bevollmächtigten und den Unterstützungs-, Kontroll- und Verfahrensbevollmächtigten die gewünschten Ausfertigungen zu erteilen, ohne dass die genannten Personen zur Vorlage der ihnen ursprünglich erteilten Ausfertigung verpflichtet sind. Dies gilt nicht, wenn dem Notar der Widerruf dieser Vollmacht schriftlich zur Kenntnis gebracht wurde.

§ 4

Entbindung von Schweigepflichten

Alle Stellen und Personen, die einer Schweigepflicht unterliegen (Ärzte, Rechtsanwälte, Notare, Steuerberater, Krankenkassen etc.), sind hiermit gegenüber den Bevollmächtigten und den Unterstützungs-, Kontroll- und Verfahrensbevollmächtigten von ihrer Schweigepflicht entbunden und zur Erteilung von Auskünften und zur Ermöglichung der Einsichtnahme der Bevollmächtigten und der Unterstützungs-, Kontroll- und Verfahrensbevollmächtigten in Akten und Unterlagen verpflichtet.

§ 5

Unterstützungs-, Kontroll- und Verfahrensbevollmächtigte

Als Unterstützungs- und Kontrollbevollmächtigte über diese Vollmacht und als Verfahrensbevollmächtigte für alle im Zusammenhang mit dieser Vorsorgevollmacht und der Patientenverfügung der Vollmachtgeberin ggf. notwendigen Verfahrenspflegschaften werden hiermit einzeln und alleinvertretungsberechtigt im rechtlich weitestmöglichen Umfang bevollmächtigt:

Herr Rechtsanwalt

geb. am in

kanzleiansässig in

Tel.:

E-Mail:

und

Frau Rechtsanwältin

geb. am **in**

kanzleiansässig **in**

Tel.:

E-Mail:

Als Unterstützungsbevollmächtigte sollen sie die Bevollmächtigten der Vollmachtgeberin im Bedarfsfall bei ihrer Tätigkeit als Bevollmächtigte der Vollmachtgeberin unterstützen.

Als Kontrollbevollmächtigte können sie die der Vollmachtgeberin gegenüber den Bevollmächtigten zustehenden Rechte ebenso geltend machen wie ein vom Betreuungsgericht bestellter Kontrollbetreuer.

Hierzu zählen insbesondere:
- Verlangen nach Auskunft und Rechnungslegung wie die Vollmachtgeberin,
- Jährliche Prüfung der Rechnungslegung und Entlastung der Bevollmächtigten für ihre Tätigkeit mit befreiender Wirkung gegenüber der Vollmachtgeberin und deren Rechtsnachfolgern,
- Entscheidung über das Abweichen vom Auftrag,
- Erheben von Schadensersatzansprüchen zugunsten der Vollmachtgeberin,
- Herausverlangen des zur Auftragsführung Erhaltenen für die Vollmachtgeberin,
- Geltendmachung des durch die Geschäftsführung Erlangten für die Vollmachtgeberin,
- Widerruf der Vollmacht.

Sie sollen bei allen im Zusammenhang mit der Vollmacht zwischen der Vollmachtgeberin und den Bevollmächtigten und dritten Personen auftretenden Schwierigkeiten vermitteln und auf eine gütliche Einigung hinwirken.

§ 6

Ersatzunterstützungsbevollmächtigte/Ersatzkontrollbevollmächtigte/

Ersatzverfahrensbevollmächtigte

Für den Fall, dass die Vollmacht der Unterstützungs-, Kontroll- und Verfahrensbevollmächtigten, gleich aus welchen Rechtsgrund, nicht mehr besteht oder sie dauerhaft nicht in der Lage sind, ihre Tätigkeit ordnungsgemäß auszuüben, oder sie an der Wahrnehmung der Interessen der Vollmachtgeberin in einem betreuungsgerichtlichen Verfahren aus rechtlichen oder tatsächlichen Gründen gehindert sind und die Vollmachtgeberin selbst nicht mehr in der Lage ist, einen neuen Unterstützungs-, Kontroll- und Verfahrensbevollmächtigten zu bestellen, wird Folgendes bestimmt:

Der Vorstand der Deutschen Vereinigung für Vorsorge- und Betreuungsrecht e.V. (dvvb) ist in diesem Fall ermächtigt, eine Rechtsanwältin oder einen Rechtsanwalt zum neuen Unterstützungs-, Kontroll- und Verfahrensbevollmächtigten der Vollmachtgeberin zu bestellen, dem hiermit Vollmacht in dem Umfang erteilt wird, in dem mit dieser Vorsorgevollmacht die Unterstützungs-, Kontroll- und Verfahrensbevollmächtigten ausgestattet sind.

Der Vorstand der Deutschen Vereinigung für Vorsorge- und Betreuungsrecht e.V. (dvvb) soll die Bestellung unverzüglich vornehmen, wenn er zuverlässige Kenntnis von einem solchen Sachverhalt erlangt.

§ 7

Betreuungsverfügung

Sollte trotz dieser Vorsorgevollmacht die Einrichtung einer rechtlichen Betreuung einmal zwingend erforderlich werden, so soll dies diese Vollmacht nicht berühren. Die Betreuung ist auf das unbedingt erforderliche Maß zu beschränken und so bald als möglich wieder aufzuheben. Zum Betreuer der Vollmachtgeberin ist in diesem Fall nach Möglichkeit einer der Bevollmächtigten der Vollmachtgeberin zu bestellen.

§ 8

Rechtswahl

Für diese Vollmacht soll im Innen- wie auch im Außenverhältnis deutsches Recht gelten. Sollte von der Vollmacht im Ausland Gebrauch gemacht werden und in dem betroffenen Land eine Rechtswahl auf dem Gebiet der rechtsgeschäftlichen Vollmacht nicht möglich sein, so sind, sofern das dortige internationale Privatrecht (IPR) und das Sachrecht die Vollmacht insgesamt oder zum Teil nicht anerkennt, die einzelnen Vollmachterteilungen in vergleichbare Rechtsinstitute des ausländischen Rechts zu transportieren und weitestgehend aufrechtzuerhalten. Sofern eine Rechtswahl in dem Gebrauchsland nicht zulässig ist, jedoch aus Sicht des Gebrauchslandes das auf diese Vollmacht anwendbare fremde Sachrecht die gleichen Rechtswirkungen hat wie das deutsche Sachrecht, soll die Rechtswahl hinfällig sein.

Die Bevollmächtigten und die Unterstützungs-, Kontroll- und Verfahrensbevollmächtigten sind berechtigt, für die Vollmachtgeberin Urkunden und Erklärungen, welche nach dem jeweiligen ausländischen Recht notwendig sind, einzuholen und sich durch diese zu legitimieren. Diesbezüglich sind auch die Unterstützungs-, Kontroll- und Verfahrensbevollmächtigten von den Beschränkungen des § 181 BGB befreit.

§ 9

Erklärung der Bevollmächtigten

Die Bevollmächtigten und die Unterstützungs-, Kontroll- und Verfahrensbevollmächtigten haben außerhalb der Urkunde diese Vorsorgevollmacht zur Kenntnis genommen und schriftlich erklärt, im Bewusstsein der von ihnen übernommenen Verantwortung mit der Übernahme der Bevollmächtigung bzw. der Unterstützungs-, Kontroll- und Verfahrensbevollmächtigung bereit zu sein. Diese Erklärung liegt im Beurkundungstermin im Original vor und wird im Original dieser Urkunde beigesiegelt.

§ 10

Salvatorische Klausel

Sollten einzelne Bestimmungen dieser Vorsorgevollmacht unwirksam sein oder werden, so soll das nicht die Wirksamkeit der Vorsorgevollmacht im Übrigen berühren. Unwirksame Bestimmungen sollen entsprechend ihrem Sinn ausgelegt und durch wirksame ersetzt werden.

§ 11

Belehrung

Der beurkundende Notar hat auf die Möglichkeit der Registrierung von Vorsorgevollmachten beim Zentralen Vorsorgeregister der Bundesnotarkammer hingewiesen.

Vorgelesen, genehmigt und eigenhändig unterschrieben:

Anlage 1 zur Vorsorgevollmacht

Erklärung der Bevollmächtigten

Wir haben die vorstehende Vorsorgevollmacht zur Kenntnis genommen und erklären uns im Bewusstsein der von uns übernommenen Verantwortung mit der Übernahme der Bevollmächtigung bereit.

, den

Unterschrift Sohn

, den

Unterschrift Tochter

Anlage 2 zur Vorsorgevollmacht

Erklärung der Unterstützungs-, Kontroll- und Verfahrensbevollmächtigten

Wir haben die vorstehende Vorsorgevollmacht zur Kenntnis genommen und erklären uns im Bewusstsein der von uns übernommenen Verantwortung mit der Übernahme der Unterstützungs- und Kontrollbevollmächtigung und der Verfahrensbevollmächtigung bereit.

, den

Unterschrift RA

, den

Unterschrift RAin

Muster 1.6: Vorsorgevollmacht mit wechselseitiger Einsetzung der Ehegatten, Doppelbevollmächtigung von Dritten und anwaltlichen Kontrollbevollmächtigten 339

Gemeinschaftliche Vorsorgevollmacht

mit Unterstützungs-, Kontroll- und Verfahrensbevollmächtigung[538]

Nach eingehender Beratung über die Möglichkeiten der rechtlichen Vorsorge und deren Tragweite und nach eingehender Belehrung über die mit der Erteilung einer Vorsorgevollmacht verbundenen Risiken

bevollmächtigen sich hiermit

die Eheleute

, geb.

geb. am in

und

geb. am in

beide wohnhaft in

– nachstehend Vollmachtgeber genannt –

im Vollbesitz ihrer geistigen Kräfte und in Kenntnis der Tragweite ihrer Anordnungen zur Vermeidung einer rechtlichen Betreuung

gegenseitig

und

ihre Tochter , geb.

geb. am in

wohnhaft in

und

ihren Sohn

geb. am in

wohnhaft in

– nachstehend Bevollmächtigte genannt –

538 Muster nach der Empfehlung der dvvb, der Deutschen Vereinigung für Vorsorge- und Betreuungsrecht e.V., Konrad-Zuse-Ring 30 – Eastsite VIII – 68163 Mannheim (www.dvvb.de), auf Grundlage des „Ramstetterschen Modells“, wonach insbesondere Rechtsanwälte/innen als Bevollmächtigte bzw. Kontrollbevollmächtigte selbst tätig werden.

und zwar je einzeln und alleinvertretungsberechtigt, jedoch mit den unten gesondert aufgeführten Einschränkungen,

die Vollmachtgeber in allen persönlichen und vermögensrechtlichen Angelegenheiten, soweit eine Stellvertretung gesetzlich zulässig ist, gerichtlich und außergerichtlich zu vertreten und die Rechte der Vollmachtgeber zu wahren. Die Rechtshandlungen der Bevollmächtigten sollen dieselbe Wirksamkeit haben, wie wenn sie von den Vollmachtgebern selbst ausgeführt würden.

Das Innenverhältnis dieser Vollmacht ist in gesonderten, dieser Vollmacht zugrunde liegenden Verträgen geregelt.

§ 1

Einschränkungen der Vollmacht

Ein gegenseitiger Widerruf dieser und anderer den Bevollmächtigten durch die Vollmachtgeber erteilten Vollmachten (z.B. Bankvollmachten) durch die Bevollmächtigten untereinander und ein Widerruf dieser Vollmacht durch die Bevollmächtigten gegenüber den Unterstützungs-, Kontroll- und Verfahrensbevollmächtigten ist nicht möglich. Auch sind die Bevollmächtigten nicht berechtigt, die dieser Vollmacht zugrunde liegenden Verträge zu kündigen.

Soweit nicht die Vollmachtgeber als Bevollmächtigte handeln, sind folgende Maßnahmen der bevollmächtigten Kinder nur mit der Zustimmung der kontrollbevollmächtigten Rechtsanwälte oder eines anwaltlichen Vertreters der kontrollbevollmächtigten Rechtsanwälte möglich:
1. Die Aufhebung oder Begründung des Wohnsitzes der Vollmachtgeber und die damit zusammenhängende Auflösung des Haushaltes der Vollmachtgeber.
2. Die Unterbringung der Vollmachtgeber in einem Alters- und/oder Pflegeheim oder eine anderweitige Unterbringung.
3. Entscheidungen im Rahmen von freiheitsentziehenden Maßnahmen oder Zwangsbehandlungen betreffend die Vollmachtgeber.
4. Die Veräußerung, Übertragung und Belastung von Immobilien der Vollmachtgeber wie auch die Verwendung des Erlöses einer Belastung oder eines Verkaufs von Immobilien.
5. Die Verfügung über Depots oder Schließfächer der Vollmachtgeber bei allen Banken, Genossenschaftsbanken oder Sparkassen.
6. Die Inanspruchnahme von Krediten im Namen der Vollmachtgeber.
7. Die Änderung vonoder Verfügung über Lebensversicherungen.
8. Die Ausübung des Umgangsrechts betr. die Vollmachtgeber.

Diese Vollmacht, die den Bevollmächtigten im Übrigen weitgehende und umfassende Befugnisse einräumt, berechtigt diese, ohne dass die nachfolgende, nur beispielhafte Aufzählung eine Einschränkung bewirkt, insbesondere bei:

Vermögensangelegenheiten
- zur Verwaltung des gesamten beweglichen und unbeweglichen Vermögens der Vollmachtgeber.
- zur Geltendmachung von Ansprüchen und Rechten jeder Art, zum Rechts- und Vermögenserwerb, zum Inkasso.
- zur Verfügung über Rechte und Vermögen jeder Art, auch über den Grundbesitz der Vollmachtgeber und über deren Konten, Depots und Schließfächer bei allen Banken, Genossenschaftsbanken, Sparkassen und Versicherungen.

- zur Vornahme aller Geschäfte und Handlungen, die mit einer Konto- und Depotführung in Zusammenhang stehen. Insbesondere berechtigt die Vollmacht auch zum Onlinebanking, zur Eröffnung weiterer Konten und Depots auch bei Banken, Genossenschaftsbanken und Sparkassen zu denen noch keine Geschäftsbeziehung der Vollmachtgeber besteht und auch zur Schließung bestehender Konten und Depots der Vollmachtgeber.
- zur Inanspruchnahme von Krediten und zum Eingehen von Verbindlichkeiten in beliebiger Art und Höhe, einschließlich einer Zwangsvollstreckungsunterwerfung.
- dingliche Rechte jeder Art an Grundstücken (Hypotheken, Grundschulden, Reallasten usw.) sowie an anderen Gegenständen der Vollmachtgeber zu bestellen, zu kündigen und aufzugeben.
- zur Ausübung von Gesellschafterrechten, insbesondere zur Teilnahme an Veranstaltungen und zur Stimmrechtsausübung.
- zur Vertretung gegenüber Eigentümergemeinschaften und deren Verwaltern, insbesondere zur Teilnahme an Eigentümerversammlungen und zur Stimmrechtsausübung.
- Verfügungen von Todes wegen anzuerkennen oder anzufechten, Erbschaften anzunehmen oder auszuschlagen, die Vollmachtgeber als Erben, Pflichtteilsberechtigte, Vermächtnisnehmer, Schenker oder Beschenkte in jeder Weise, auch bei Vermögens- und Gemeinschaftsauseinandersetzungen, zu vertreten und Erklärungen abzugeben und alles zu tun, was zur vollständigen Regelung von Nachlässen und zu deren Teilung notwendig ist.

Digitaler Lebensbereich, digitales Vermögen
- Zur Regelung, Abwicklung und Nutzung des gesamten digitalen Vermögens und Lebensbereiches der Vollmachtgeber, gleich ob die Inhalte geschäftlicher, vermögensrechtlicher, privater oder höchstpersönlicher Natur sind.

Dies erfasst insbesondere
- alle Hard- und Software (ob auf einem PC, Tablet, Smartphone etc.),
- E-Mails sowie E-Mail-Accounts und sonstige Accounts,
- Homepage, Domains, Apps, Widgets und Ähnliches,
- Access Provider-Verträge und insgesamt sämtliche Zugänge und Verbindungen zum www, Clouds und sonstigen Netzwerken,
- soziale Netzwerke, gleich welchen Inhalts und Blogs,
- Benutzer- oder Firmenprofile und Bewertungen,
- Internetdepots, Paypal und sonstige Onlinezahlungsmittel sowie Onlineabos,
- Online verwahrte oder abrufbare Dokumente und Bilder oder Videos gleich welcher Art,
- Onlinevertragsbeziehungen einschließlich Onlinekonten,
- Onlineguthaben und Nutzungsrechte (z.B. über iTunes, Audible, Kindle oder Ähnliches).

Die Vorsorgevollmacht berechtigt insbesondere
- zur Nutzung von vorhandenen Passwörtern,
- zur Geltendmachung von Auskunftsansprüchen gegenüber den Anbietern digitaler Nutzungen im Hinblick auf Passwörter und sonstige Zugangsdaten sowie das Recht, diese zurückzusetzen bzw. zu erneuern und zur Entgegennahme der neuen Passwörter und Zugangsdaten,
- zur Geltendmachung sämtlicher Haupt- und Nebenrechte, die den Vollmachtgebern aus dem Vertrag zustehen, insbesondere auf Herausgabe der Inhalte, die Entscheidung, darüber, ob und welche Inhalte gelöscht werden und welche bestehen bleiben bzw. hinzugefügt

werden sowie über die Kündigung inklusive der Abwicklung der Vertragsbeziehungen sowie der Herausgabe der Daten an die Bevollmächtigten

- sowie generell zur Abgabe und Entgegennahme aller hiermit zusammenhängenden Willenserklärungen inklusive Neuverträgen und sonstiger Handlungen und Informationen.

Zu diesem Zweck sind sämtliche Anbieter und sonstige Personen weitestmöglich vom Telekommunikationsgeheimnis (insbesondere auch nach dem TKG) und sonstiger Geheimhaltungspflichten gegenüber den Bevollmächtigten der Vollmachtgeber befreit.

Verträgen, Erklärungen, Anträgen

- Verträge jeglicher Art für die Vollmachtgeber unter beliebigen Bedingungen abzuschließen sowie Vergleiche jeder Art einzugehen.
- Vereinbarungen mit Kliniken, Alters- und/oder Pflegeheimen für die Vollmachtgeber abzuschließen und zum Zwecke hierfür Sicherungshypotheken auch für den Sozialhilfeträger zu bestellen.
- Erklärungen jeder Art (Einwilligungen, Anfechtungen, Kündigungen, Austritte, Rücktritte, Widerrufe, Verzichte etc.) für die Vollmachtgeber abzugeben und entgegenzunehmen, insbesondere auch die Kündigung von Wohnraummietverträgen zu erklären und/oder entgegenzunehmen.
- zur Vertretung in Renten-, Versorgungs-, Beihilfe-, Steuer-, Pflegeversicherungs-,Versicherungs-, und sonstigen Angelegenheiten und zur Beantragung von Leistungen jeder Art wie Renten, Versorgungsbezüge, Pflegeversicherungsleistungen, Grundsicherung oder Sozialhilfe.
- zu geschäftsähnlichen Handlungen (Mahnungen, Fristsetzungen, Anträgen, Mitteilungen etc.) und zu allen Verfahrenshandlungen.
- Rechtsstreitigkeiten für die Vollmachtgeber als Kläger oder Beklagte durch alle Rechtszüge zu führen und hierbei die Rechte eines Prozessbevollmächtigten auszuüben, Bevollmächtigte zu bestellen, Vergleiche abzuschließen, Verzichte zu erklären und Ansprüche anzuerkennen, Wiedereinsetzung in den vorigen Stand, einstweilige Verfügungen und Arreste zu erwirken, und die Vollmachtgeber in allen gerichtlichen und außergerichtlichen Verfahren als Gläubiger oder Schuldner, Kläger oder Beklagte oder in jeder sonst wie in Frage kommenden Eigenschaft zu vertreten.

Diese Vollmacht erstreckt sich auch auf die Vertretung der Vollmachtgeber gegenüber Gerichten, Behörden, öffentlichen Registern und Amtspersonen sowie gegenüber allen natürlichen und juristischen Personen.

Persönlichen Angelegenheiten

- jederzeit die Herausgabe der Personen der Vollmachtgeber zu verlangen.
- den Umgang der Vollmachtgeber auch mit Wirkung für und gegen Dritte, mit Ausnahme der Unterstützungs-/ Kontroll- und Verfahrensbevollmächtigten, zu bestimmen.
- über den Fernmeldeverkehr der Vollmachtgeber zu entscheiden, zur Weiterleitung, Entgegennahme, zum Anhalten und Öffnen der Post der Vollmachtgeber und zur Entgegennahme von Wahlunterlagen.
- Strafanzeigen und/oder Strafanträge bei den zuständigen Stellen im Namen der Vollmachtgeber zu stellen.
- zur Totensorge der Vollmachtgeber und über Art und Umfang der Beerdigung der Vollmachtgeber zu entscheiden.

Aufenthalt, Wohnungsangelegenheiten und Heimaufnahme

- zur Bestimmung des Aufenthaltsortes der Vollmachtgeber und zur Aufhebung und Begründung des Wohnsitzes der Vollmachtgeber, auch in einem Alters- oder Pflegeheim, sowie zur Auflösung des Haushaltes der Vollmachtgeber und zur Verfügung über das Inventar.

Gesundheits- und Behandlungsvorsorge

- zur Einwilligung in eine Untersuchung des Gesundheitszustandes der Vollmachtgeber, eine Heilbehandlung oder einen ärztlichen Eingriff, auch mit risikoreichen oder neuen, noch nicht zugelassenen Medikamenten und Behandlungsmethoden, auch wenn diese erhebliche unerwünschte Nebenwirkungen haben oder haben können, oder wenn die begründete Gefahr besteht, dass die Vollmachtgeber aufgrund der Maßnahme sterben oder einen schweren und länger dauernden gesundheitlichen Schaden erleiden.
- zur Nichteinwilligung oder zum Widerruf einer Einwilligung in eine Untersuchung des Gesundheitszustandes der Vollmachtgeber, eine Heilbehandlung oder einen ärztlichen Eingriff, auch mit risikoreichen oder neuen, noch nicht zugelassenen Medikamenten und Behandlungsmethoden, auch wenn die Maßnahme medizinisch angezeigt ist und die begründete Gefahr besteht, dass die Vollmachtgeber aufgrund des Unterbleibens oder des Abbruchs der Maßnahme sterben oder einen schweren und länger andauernden gesundheitlichen Schaden erleiden.
- zur Entscheidung über Beginn oder Beendigung von lebenserhaltenden oder lebensverlängernden Maßnahmen, auch wenn dies den Tod der Vollmachtgeber herbeiführt oder beschleunigt.
- Zur Wahrnehmung der Patientenrechte der Vollmachtgeber. Die Bevollmächtigten sollen insbesondere auch kontrollieren und durchsetzen, dass der in den Patientenverfügungen der Vollmachtgeber erklärte Wille berücksichtigt wird. Sie dürfen dazu die Krankenunterlagen der Vollmachtgeber einsehen und entscheiden, ob erhobene Daten und Untersuchungsergebnisse Dritten zugänglich gemacht werden. Die Bevollmächtigten dürfen auch darüber entscheiden, ob eine Obduktion der Leichname der Vollmachtgeber erfolgen soll.

Freiheitsentziehenden Unterbringung, Freiheitsentziehenden Maßnahmen

- Zur Entscheidung über Handlungsweisen, die die Bewegungsfreiheit der Vollmachtgeber einschränken oder aufheben (durch Verschließen der Zimmer- und/oder der Wohnungs- und/oder der Stationstüre, Anbringen von Bettgittern, Fixierungsgurten, Verwendung spezieller Pflegedecken oder Pflegehemden oder anderer Fixierungsmittel, Verabreichen von (sedierenden) Psychopharmaka, Ausstattung mit Signalsendern, Anbringen von Trickschlössern, Arretieren des Rollstuhls, Wegnahme der Straßenbekleidung, Verhindern des Verlassens einer Einrichtung durch Aufsichtspersonal etc.) und auch über eine Unterbringung in einem Pflegeheim, einer geschlossenen Anstalt oder einem Krankenhaus, die mit der Freiheitsentziehung verbunden sind, solange dies zum Wohl der Vollmachtgeber erforderlich ist, weil aufgrund einer psychischen Krankheit oder geistigen oder seelischen Behinderung die Gefahr besteht, dass sich die Vollmachtgeber selbst töten oder sich einen erheblichen gesundheitlichen Schaden zufügen, oder zur Abwendung eines drohenden erheblichen gesundheitlichen Schadens eine Untersuchung des Gesundheitszustandes der Vollmachtgeber, eine Heilbehandlung oder ein ärztlicher Eingriff notwendig ist und ohne ihre Unterbringung nicht durchgeführt werden kann, weil die Vollmachtgeber aufgrund einer psychischen

Krankheit oder geistigen oder seelischen Behinderung die Notwendigkeit der Unterbringung nicht erkennen und nicht nach dieser Einsicht handeln können.

Ärztliche Zwangsmaßnahmen

Die Bevollmächtigten dürfen zur Abwendung eines den Vollmachtgebern drohenden erheblichen gesundheitlichen Schadens in notwendige ärztliche Zwangsmaßnahmen einwilligen.

Gegen den natürlichen Willen der Vollmachtgeber dürfen die Bevollmächtigten in eine ärztliche Zwangsmaßnahme aber nur einwilligen, wenn die Vollmachtgeber aufgrund einer psychischen Krankheit, oder geistigen oder seelischen Behinderung die Notwendigkeit der ärztlichen Maßnahme nicht erkennen oder nicht nach dieser Einsicht handeln können und zuvor ernsthaft, mit dem nötigen Zeitaufwand und ohne Ausübung unzulässigen Drucks versucht wurde, sie von der Notwendigkeit der ärztlichen Maßnahme zu überzeugen, und die ärztliche Zwangsmaßnahme zu ihrem Wohl erforderlich ist, um einen drohenden erheblichen gesundheitlichen Schaden von ihnen abzuwenden, und der erhebliche gesundheitliche Schaden durch keine andere weniger belastende Maßnahme abgewendet werden kann und der zu erwartende Nutzen der ärztlichen Zwangsmaßnahme die zu erwartenden Beeinträchtigungen deutlich überwiegt und die ärztliche Zwangsmaßnahme im Rahmen eines stationären Aufenthalts in einem Krankenhaus durchgeführt wird, in dem die gebotene medizinische Versorgung der Vollmachtgeber einschließlich einer erforderlichen Nachbehandlung sichergestellt ist.

Die Einwilligung in ärztliche Zwangsmaßnahmen darf den in den Patientenverfügungen der Vollmachtgeber getroffenen Entscheidungen nicht widersprechen.

§ 3

Handhabung der Vollmacht

Die Vollmacht wird mit der Unterzeichnung dieser Urkunde wirksam; sie berechtigt die Bevollmächtigten und die Unterstützungs-, Kontroll- und Verfahrensbevollmächtigten zum sofortigen Handeln. Hierbei können die Bevollmächtigten und die Unterstützungs-, Kontroll- und Verfahrensbevollmächtigten in vollem Umfang Auskunft gegenüber allen Gerichten, Behörden, öffentlichen Registern und Amtspersonen sowie gegenüber allen natürlichen und juristischen Personen verlangen.

Im Außenverhältnis ist die Vollmacht mit den vorgenannten Einschränkungen gültig. Damit ist insbesondere der Nachweis gegenüber dritten Personen, denen diese Vollmacht vorgelegt wird, dass die Vollmachtgeber aufgrund einer psychischen Krankheit oder einer körperlichen, geistigen oder seelischen Behinderung ihre Angelegenheiten ganz oder teilweise nicht mehr besorgen können oder wollen, oder dass die Vollmachtgeber geschäftsunfähig sind oder dass Zweifel an ihrer Geschäftsfähigkeit bestehen, nicht erforderlich.

Die Bevollmächtigten dürfen im Rahmen der ihnen zuteil gewordenen Vertretungsmacht Untervollmacht erteilen, soweit Angelegenheiten des täglichen Lebens i.S.d. § 1825 Abs. 3 S. 2 BGB zu besorgen sind. Eine darüber hinausgehende Unterbevollmächtigung durch die Bevollmächtigten ist nur auf einen Rechtsanwalt oder eine Rechtsanwältin der Deutschen Vereinigung für Vorsorge- und Betreuungsrecht e.V. (dvvb) möglich.

Die Unterstützungs-, Kontroll- und Verfahrensbevollmächtigten dürfen im Rahmen der ihnen zuteil gewordenen Vertretungsmacht Untervollmacht erteilen.

Die Bevollmächtigten sind von den Beschränkungen des § 181 BGB befreit, sie können also im Namen der Vollmachtgeber auch Rechtsgeschäfte mit sich im eigenen Namen und als Vertreter Dritter vornehmen.

Die Vollmacht und die ihr zugrunde liegenden Verträge bleiben in Kraft, auch wenn die Vollmachtgeber geschäftsunfähig werden oder sterben. Die Bevollmächtigten sind berechtigt, den Nachlass der Vollmachtgeber bis zur amtlichen Feststellung der Erben der Vollmachtgeber in Besitz zu nehmen und zu verwalten.

Diese Vollmacht ist für die Vollmachtgeber jederzeit – auch einzeln – teilweise oder insgesamt frei widerruflich.

§ 4

Ausfertigungen

Auf Antrag sind den Bevollmächtigten und den Unterstützungs-, Kontroll- und Verfahrensbevollmächtigten jederzeit weitere Ausfertigungen und beglaubigte Abschriften dieser Urkunde in der von ihnen benötigten Anzahl zu erteilen. Der beurkundende Notar, dessen Vertreter oder Nachfolger im Amt wird angewiesen, den Bevollmächtigten und den Unterstützungs-, Kontroll- und Verfahrensbevollmächtigten die gewünschten Ausfertigungen zu erteilen, ohne dass die genannten Personen zur Vorlage der ihnen ursprünglich erteilten Ausfertigung verpflichtet sind. Dies gilt nicht, wenn dem Notar der Widerruf dieser Vollmacht schriftlich bekanntgegeben wurde.

§ 5

Entbindung von Schweigepflichten

Alle Stellen und Personen, die einer Schweigepflicht unterliegen (Ärzte, Rechtsanwälte, Notare, Steuerberater, Krankenkassen etc.), sind hiermit gegenüber den Bevollmächtigten und den Unterstützungs- Kontroll- und Verfahrensbevollmächtigten von ihrer Schweigepflicht entbunden und zur Erteilung von Auskünften und zur Ermöglichung der Einsichtnahme der Bevollmächtigten und der Unterstützungs-, Kontroll- und Verfahrensbevollmächtigten in Akten und Unterlagen verpflichtet.

§ 6

Unterstützungs-, Kontroll- und Verfahrensbevollmächtigte

Als Unterstützungs- und Kontrollbevollmächtigte über diese Vollmacht und als Verfahrensbevollmächtigte für alle im Zusammenhang mit dieser Vorsorgevollmacht und der Patientenverfügung der Vollmachtgeber ggf. notwendigen Verfahrenspflegschaften werden hiermit einzeln und alleinvertretungsberechtigt im rechtlich weitestmöglichen Umfang bevollmächtigt:

Herr Rechtsanwalt

geb. am **in**

kanzleiansässig **in**

Tel.:

E-Mail:

und

Frau Rechtsanwältin

geb. am in

kanzleiansässig in

Tel.:

E-Mail:

Als Unterstützungsbevollmächtigte sollen sie die Bevollmächtigten der Vollmachtgeber im Bedarfsfall bei ihrer Tätigkeit als Bevollmächtigte der Vollmachtgeber unterstützen.

Als Kontrollbevollmächtigte können sie ggf. erforderliche Einwilligungen für das Handeln der Bevollmächtigten erteilen und die den Vollmachtgebern gegenüber den Bevollmächtigten zustehenden Rechte ebenso geltend machen wie ein vom Betreuungsgericht bestellter Kontrollbetreuer.

Hierzu zählen insbesondere:
- Verlangen nach Auskunft und Rechnungslegung wie die Vollmachtgeber
- Jährliche Prüfung der Rechnungslegung und Entlastung der Bevollmächtigten für ihre Tätigkeit mit befreiender Wirkung gegenüber den Vollmachtgebern und deren Rechtsnachfolgern
- Entscheidung über das Abweichen vom Auftrag
- Erheben von Schadensersatzansprüchen zugunsten der Vollmachtgeber
- Herausverlangen des zur Auftragsführung Erhaltenen für die Vollmachtgeber
- Geltendmachung des durch die Geschäftsführung Erlangten für die Vollmachtgeber
- Widerruf der Vollmacht

Sie sollen bei allen im Zusammenhang mit der Vollmacht zwischen den Vollmachtgebern und den Bevollmächtigten und den Bevollmächtigten und dritten Personen auftretenden Schwierigkeiten vermitteln und auf eine gütliche Einigung hinwirken.

§ 7

Ersatzunterstützungsbevollmächtigter/Ersatzkontrollbevollmächtigter/

Ersatzverfahrensbevollmächtigter

Für den Fall, dass die Vollmacht der Unterstützungs-, Kontroll- und Verfahrensbevollmächtigten, gleich aus welchen Rechtsgrund, nicht mehr besteht oder sie dauerhaft nicht in der Lage sind, ihre Tätigkeit ordnungsgemäß auszuüben, oder sie an der Wahrnehmung der Interessen der Vollmachtgeber in einem betreuungsgerichtlichen Verfahren aus rechtlichen oder tatsächlichen Gründen gehindert sind und die Vollmachtgeber selbst nicht mehr in der Lage sind, einen anderen Unterstützungs-, Kontroll- und Verfahrensbevollmächtigten zu bestellen, wird Folgendes bestimmt:

Der Vorstand der Deutschen Vereinigung für Vorsorge- und Betreuungsrecht e.V. (dvvb) ist in diesem Fall ermächtigt, eine Rechtsanwältin oder einen Rechtsanwalt zum neuen Unterstützungs-, Kontroll- und Verfahrensbevollmächtigten der Vollmachtgeber zu bestellen, dem hiermit Vollmacht in dem Umfang erteilt wird, in dem mit dieser Vorsorgevollmacht die Unterstützungs-, Kontroll- und Verfahrensbevollmächtigten ausgestattet sind.

Der Vorstand der Deutschen Vereinigung für Vorsorge- und Betreuungsrecht e.V. (dvvb) soll die Bestellung unverzüglich vornehmen, wenn er zuverlässige Kenntnis von einem solchen Sachverhalt erlangt.

§ 8

Betreuungsverfügung

Sollte trotz dieser Vorsorgevollmacht die Einrichtung einer rechtlichen Betreuung einmal zwingend erforderlich werden, so soll dies diese Vollmacht nicht berühren. Die Betreuung ist auf das unbedingt erforderliche Maß zu beschränken und so bald als möglich wieder aufzuheben. Zum Betreuer der Vollmachtgeber ist in diesem Fall nach Möglichkeit einer der Bevollmächtigten der Vollmachtgeber zu bestellen.

§ 9

Rechtswahl

Für diese Vollmacht soll sowohl im Innen- wie auch im Außenverhältnis deutsches Recht gelten. Sollte von der Vollmacht im Ausland Gebrauch gemacht werden und in dem betroffenen Land eine Rechtswahl auf dem Gebiet der rechtsgeschäftlichen Vollmacht nicht möglich sein, so sind, sofern das dortige internationale Privatrecht (IPR) und das Sachrecht die Vollmacht insgesamt oder zum Teil nicht anerkennt, die einzelnen Vollmachtserteilungen in vergleichbare Rechtsinstitute des ausländischen Rechts zu transportieren und weitestgehend aufrechtzuerhalten. Sofern eine Rechtswahl in dem Gebrauchsland nicht zulässig ist, jedoch aus Sicht des Gebrauchslandes das auf diese Vollmacht anwendbare fremde Sachrecht die gleichen Rechtswirkungen hat wie das deutsche Sachrecht, soll die Rechtswahl hinfällig sein.

Die Bevollmächtigten und die Unterstützungs-, Kontroll- und Verfahrensbevollmächtigten sind berechtigt, für die Vollmachtgeber Urkunden und Erklärungen, welche nach dem jeweiligen ausländischen Recht notwendig sind, einzuholen und sich durch diese zu legitimieren. Diesbezüglich sind auch die Unterstützungs-, Kontroll- und Verfahrensbevollmächtigten von den Beschränkungen des § 181 BGB befreit.

§ 10

Erklärung der Bevollmächtigten

Die Bevollmächtigten und die Unterstützungs-, Kontroll- und Verfahrensbevollmächtigten haben außerhalb der Urkunde diese Vorsorgevollmacht zur Kenntnis genommen und schriftlich erklärt, im Bewusstsein der von ihnen übernommenen Verantwortung mit der Übernahme der Bevollmächtigung bzw. der Unterstützungs-, Kontroll- und Verfahrensbevollmächtigung bereit zu sein. Diese Erklärung liegt im Beurkundungstermin im Original vor und wird im Original dieser Urkunde beigesiegelt.

§ 11

Salvatorische Klausel

Sollten einzelne Bestimmungen dieser Vorsorgevollmacht unwirksam sein oder werden, so soll dies nicht die Wirksamkeit der Vorsorgevollmacht im Übrigen berühren. Unwirksame Bestimmungen sollen entsprechend ihrem Sinn ausgelegt und durch wirksame ersetzt werden.

§ 12

Belehrung

Der beurkundende Notar hat auf die Möglichkeit der Registrierung von Vorsorgevollmachten beim Zentralen Vorsorgeregister der Bundesnotarkammer hingewiesen.

Vorgelesen, genehmigt und eigenhändig unterschrieben:

Anlage 1 zur Vorsorgevollmacht

Erklärung der Bevollmächtigten

Wir haben die vorstehende Vorsorgevollmacht zur Kenntnis genommen und erklären uns im Bewusstsein der von uns übernommenen Verantwortung mit der Übernahme der Bevollmächtigung bereit.

, den

Unterschrift Ehefrau

, den

Unterschrift Ehemann

, den

Unterschrift Tochter

, den

Unterschrift Sohn

Anlage 2 zur Vorsorgevollmacht

Erklärung der Unterstützungs-, Kontroll- und Verfahrensbevollmächtigten

Wir haben die vorstehende Vorsorgevollmacht zur Kenntnis genommen und erklären uns im Bewusstsein der von uns übernommenen Verantwortung mit der Übernahme der Unterstützungs-, Kontroll- und Verfahrensbevollmächtigung bereit.

, den

Unterschrift RA

, den

Unterschrift RAin

Muster 1.7: Einzelvollmacht – Transmortale Vollmacht und Schenkung 340

Ohne Zwang und aus freiem Willen bevollmächtige ich,

Name:

Vorname:

Geburtsdatum:

Straße:

PLZ/Wohnort:

Telefon:

die nachfolgend genannte Person

Frau/Herrn

Name:

Vorname:

Geburtsdatum:

Straße:

PLZ/Wohnort:

Telefon:

über mein Bankguthaben[539] bei der Bank, gerade auch zu eigenen Gunsten, zu verfügen. Diese Vollmacht ist nicht auf Dritte übertragbar und soll auch nach meinem Tod fortbestehen.

Grundverhältnis:

Meiner Vollmachtserteilung liegt zu meinen Lebzeiten eine Leibrente mit dem Bevollmächtigten als Begünstigten zugrunde. Der Bevollmächtigte wird insoweit beauftragt, diese Leibrente zu erfüllen.

Der Bevollmächtigte ist zu Verfügungen über das Bankguthaben zu meinen Lebzeiten wie folgt berechtigt:

Nach meinem Versterben ist der Bevollmächtigte in seiner Verfügungsbefugnis unbeschränkt. Bei dem dann noch auf dem Konto befindlichen Betrag handelt es sich um eine lebzeitige Schenkung, die mit meinem Versterben durch den Bevollmächtigten selbst zu erfüllen ist.

Ort, Datum Unterschrift des Bevollmächtigten

Unterschrift des Kontrollbevollmächtigten

539 Da im Grundverhältnis eine Schenkung bzw. ein Schenkungsversprechen vorliegt, ist eine notarielle Beurkundung zu empfehlen. Im Bereich der Kontovollmachten akzeptieren viele Banken nur Vollmachten, die unter Verwendung der bankeigenen Vollmachtsformulare erstellt werden. Dies sollte vorab vom Vollmachtgeber in Erfahrung gebracht und ggf. berücksichtigt werden.

341 **Muster 1.8: Einzelvollmacht – Postmortale Vollmacht zur Grundstücksauflassung**

Ich bevollmächtige , das Grundstück auf sich selbst aufzulassen[540] und alle in diesem Zusammenhang erforderlichen Erklärungen auch im Namen aller Erben abzugeben. Der Bevollmächtigte ist von der Beschränkung des § 181 BGB befreit. Die Vollmachtserteilung erfolgt unwiderruflich.

Ort, Datum Unterschrift des Bevollmächtigten

Unterschrift des Kontrollbevollmächtigten

540 Das der Vollmachtserteilung zugrunde liegende Rechtsverhältnis kann durch Testament geregelt werden. Dabei kann der Bevollmächtigte die Stellung eines Vermächtnisnehmers innehaben, aber auch Erbe sein und das Grundstück aufgrund einer Teilungsanordnung seitens des Erblassers zugewandt bekommen haben. Sofern ein Schenkungsversprechen im Grundverhältnis gewollt ist, ist hier unbedingt auf eine notarielle Beurkundung desselben zu achten, um vorgenannte Probleme bei Vollzug eines formunwirksam erteilten Schenkungsversprechens unter Lebenden durch eine Vollmacht zu vermeiden.

§ 2 Patientenverfügung

A. Sinn und Zweck einer Patientenverfügung

Eine Patientenverfügung soll dem Willen des Verfügenden im Hinblick auf eine medizinische Behandlung, Nichtbehandlung oder den Behandlungsabbruch für den Fall Ausdruck verleihen, dass der Verfügende seine Behandlungswünsche aufgrund seiner physischen und/oder psychischen Situation nicht mehr äußern kann. Sie ist ebenso wie die Vorsorgevollmacht Ausdruck des Selbstbestimmungsrechts, nach der neuen Rechtslage, nach der einer Patientenverfügung Verbindlichkeitscharakter zukommen kann, mehr denn je. 1

Eine Patientenverfügung wird oft auch als Patientenbrief oder Patiententestament bezeichnet. Letztere Bezeichnung sollte im Hinblick darauf, dass ein Testament eine Verfügung von Todes wegen ist und somit seine Rechtswirkung gegenüber Dritten erst nach dem Tod des Verfügenden entfaltet, nicht verwendet werden. Denn geregelt ist der Behandlungswunsch eines Lebenden.

Die Patientenverfügung muss von einem Betreuer oder einem in Gesundheitsangelegenheiten Bevollmächtigten berücksichtigt werden. Die Kombination mit einer Betreuungsverfügung oder einer Vorsorgevollmacht ist daher sinnvoll.

Der Deutsche Bundestag hatte mit dem Dritten Gesetz zur Änderung des Betreuungsrechts am 18.6.2009 auch eine Regelung über die Patientenverfügung verabschiedet. Das seit dem 1.9.2009 geltende Gesetz enthielt in § 1901a BGB erstmals eine gesetzliche Kodifizierung der Patientenverfügung. Wichtige Punkte dieser Neuregelungen wurden mit Beschluss vom 17.9.2014 durch den BGH in erfreulicher Klarheit bestätigt.[1] Die ebenfalls lesenswerte Entscheidung des BGH vom 6.7.2016[2] beschäftigt sich nicht nur mit der inhaltlichen Ausgestaltung einer Vorsorgevollmacht und der Frage, wann bei potenziellen Fehlentscheidungen ein Kontrollbetreuer bestellt werden darf, sondern auch mit den Anforderungen an eine Patientenverfügung, soll diese i.S.v. § 1901a Abs. 1 BGB (heute: § 1827 BGB) verbindliche Wirkung entfalten.[3] 2

Mit Datum vom 8.2.2017 erging eine weitere Entscheidung des BGH, die u.a. die auf der mittlerweile allgemein bekannten Erkenntnis, dass ein geäußerter Verzicht auf „lebensverlängernde Maßnahmen“ alleine keine konkrete Behand- 3

1 BGH, Beschl. v. 17.9.2014, NJW 2014, 3572.

2 XII ZB 61/16.

3 BGH DNotZ 2017, 199; auch in weiteren Entscheidungen hat die Rspr. bestätigt, dass es konkreter Angaben zu Krankheits- und Behandlungssituationen bedarf, wobei die Anforderungen nicht überspannt werden dürfen, vgl. BGH v. 8.2.2017 – XII ZB 604/15, NJW 2017, 1737 und BGH v. 14.11.2018 – XII ZB 107/18, ZEV 2019, 94.

lungsentscheidung eines Menschen i.S.v. § 1901 BGB darstellt, aufbaut. Das Gericht führt aus, dass sich im Einzelfall durch Bezugnahme auf Krankheits- und/oder Behandlungssituationen einerseits und ärztliche Maßnahmen andererseits der Wille des Patienten durch Auslegung ermitteln lässt.[4]

4 Mit dem Gesetz zur Reform des Vormundschafts- und Betreuungsrechts haben zum 1.1.2023 auch die Regelungen, die die Patientenverfügung betreffen, neue „Hausnummern" bekommen. Inhaltlich gibt es keine gravierenden Änderungen.

5 Im Folgenden werden zunächst die Anforderungen an eine Patientenverfügung sowie die Wirkungen einer Patientenverfügung dargestellt (siehe Rdn 8 f., 11 ff.). Welche Anweisungen und Wünsche des Patienten in einer Patientenverfügung zulässig sind, wird im Anschluss behandelt (siehe Rdn 28 ff.).

6 Ungeachtet der rechtlichen Veränderungen hat sich an den Beweggründen, eine Patientenverfügung zu errichten, nichts geändert. Hintergrund für den Wunsch eines Menschen, eine Patientenverfügung zu erstellen, dürfte weniger die Extremsituation „lebensbeendende Maßnahme" sein. Vielmehr geht es oftmals um das Unbehagen vor einer nicht mehr überschaubaren Apparatemedizin und um die Angst davor, allein in der Anonymität eines Krankenhauses sterben zu müssen. Hier kann die Palliativmedizin helfen, also eine psychosoziale Betreuung des Patienten in Kombination mit einer Schmerztherapie. Denn kann sich der Patient dahingehend versichern, in einem menschenwürdigen Umfeld behandelt und betreut zu werden, wird sich sein Patientenwunsch auch darauf beziehen und nicht auf die Frage einer zulässigen Sterbehilfe fokussieren.

B. Voraussetzungen der Patientenverfügung, Form und Aufbewahrung

7 Die Regelung des § 1827 Abs. 1 BGB beinhaltet drei Voraussetzungen. Diese sind:

- Schriftform der Patientenverfügung
- Einwilligungsfähigkeit
- Volljährigkeit des Verfügenden.

I. Schriftform

8 § 1827 Abs. 1 S. 1 BGB normiert ein Schriftformerfordernis (§ 126 BGB). Dies bedeutet, dass mündlich erklärte Patientenverfügungen allenfalls im Rahmen von § 1827 Abs. 2 BGB berücksichtigt werden können.[5] Eine notarielle Beurkundung ist dagegen ebenso wenig erforderlich wie eine ärztliche Beratung. Im Hinblick auf den Nachweis der Einwilligungsfähigkeit kann eine notarielle Beurkundung

4 Siehe hierzu auch BGH v. 14.11.2018 – XII ZB 107/18, ZEV 2019, 94.

5 BGH NJW 2014, 3572.

aber sinnvoll sein. Gleiches gilt für die ärztliche Beratung im Hinblick auf die Erfassung möglicher Behandlungssituationen.

II. Einwilligungsfähigkeit und Volljährigkeit

Testierfähigkeit i.S.d. § 2229 BGB ist nicht erforderlich, wie die z.T. auch gebräuchliche Bezeichnung der Patientenverfügung als „Patiententestament" irrtümlich vorspiegeln könnte. Bei Abfassung ist auch nicht Geschäftsfähigkeit, sondern Einwilligungsfähigkeit erforderlich. Hierbei handelt es sich um eine natürliche Einsichts- und Steuerungsfähigkeit – entscheidend ist, ob der Patient um Art und Schwere seiner möglichen Erkrankung weiß und ob er das Wesen, die Bedeutung und die Tragweite des ärztlichen Eingriffs bzw. der Behandlung ebenso zu erkennen vermag wie die Folgen einer Verweigerung medizinisch indizierter Maßnahmen bzw. eines Behandlungsabbruchs.[6] 9

Bedauerlich ist der Umstand, dass die Abfassung einer Patientenverfügung Volljährigen vorbehalten bleibt.[7] Die Patientenverfügung eines Minderjährigen kann allenfalls im Rahmen von § 1827 Abs. 2 BGB berücksichtigt werden.[8]

III. Aufbewahrung der Patientenverfügung

Bezüglich der Aufbewahrung gilt: Es muss auf jeden Fall sichergestellt sein, dass das Original der Patientenverfügung im Ernstfall auffindbar ist und die behandelnden Ärzte davon Kenntnis erlangen können. In den Fällen, in denen die Durchsetzung der in einer Patientenverfügung festgelegten Wünsche einem Vorsorgebevollmächtigten übertragen wurde, ist es zudem besonders wichtig, dass der Vorsorgebevollmächtigte weiß, wo die Patientenverfügung aufbewahrt ist. 10

Empfehlenswert ist insoweit, einen Vermerk auf die Existenz der Patientenverfügung bei den Ausweispapieren mitzutragen. Die Verfügung im Original sollte bei den sonstigen persönlichen Unterlagen sicher verwahrt sein. Ggf. können Familienangehörigen, Freunden, dem Hausarzt oder auch der Heimleitung Kopien mit dem Hinweis übergeben werden, wo das Original aufbewahrt wird. Eine weitere Möglichkeit besteht darin, die Patientenverfügung im Zentralen Vorsorgeregister der Bundesnotarkammer registrieren zu lassen.[9] Seit dem 1.1.2023 kann die Patientenverfügung auch „isoliert" registriert werden, dies ist eine erfreuliche Neuerung gegenüber der alten Rechtslage.

6 OLG Hamm NJWE-FER 1997, 178.

7 Z.B. *Lange*, Das Patientenverfügungsgesetz – Überblick und kritische Würdigung, ZEV 2009, 537 ff.; *Spickhoff*, Medizinrecht, 4. Aufl. 2022, § 1827 BGB Rn 6.

8 BGH NJW 2014, 3572.

9 Siehe www.vorsorgeregister.de.

C. Wirkung der Patientenverfügung

I. Verbindlichkeit, § 1827 Abs. 1 S. 2 BGB

11 Die Patientenverfügung als Ausdruck der Selbstbestimmung soll es einem Menschen ermöglichen, im Voraus für den Fall eines Zustands, in dem Willensäußerungen nicht mehr möglich sind, seine Wünsche und Vorstellungen festzulegen. Daher dürfte es für den Verfügenden das Hauptanliegen sein, seine Patientenverfügung als für den Betreuer/Bevollmächtigten verbindlich zu gestalten. Die gesetzliche Regelung macht dies unter bestimmten Voraussetzungen möglich. Gem. § 1827 Abs. 1 S. 2 BGB kann eine Patientenverfügung, unabhängig von Art und Stadium der Erkrankung des Patienten (§ 1827 Abs. 3 BGB), für einen Betreuer oder Bevollmächtigten (§ 1827 Abs. 6 BGB) verbindlich sein;[10] so äußerte sich der BGH wie folgt:

> *„Enthält die schriftliche Patientenverfügung eine Entscheidung über die Einwilligung oder Nichteinwilligung in bestimmte ärztliche Maßnahmen, die auf die konkret eingetretene Lebens- und Behandlungssituation zutrifft, ist eine Einwilligung des Betreuers, die dem betreuungsgerichtlichen Genehmigungserfordernis unterfällt, in die Maßnahme nicht erforderlich, da der Betroffene diese Entscheidung selbst in einer alle Beteiligten bindenden Weise getroffen hat. Dem Betreuer obliegt es in diesem Fall nur noch, dem in der Patientenverfügung niedergelegten Willen des Betroffenen Ausdruck zu verschaffen."*

Hierzu bedarf es zum einen einer Patientenverfügung, die den Anforderungen des § 1827 Abs. 1 S. 1 BGB entspricht, (Einwilligungsfähigkeit, Volljährigkeit und Schriftform), sowie zwei weiterer Voraussetzungen:

- Die Verfügungen müssen bestimmte Untersuchungen des Gesundheitszustands, Heilbehandlungen oder ärztliche Eingriffe betreffen, die bei Abfassung der Patientenverfügung nicht unmittelbar bevorstanden.
- Die Verfügungen des Patienten müssen auf seine aktuelle Lebens- und Behandlungssituation zutreffen.

1. Bestimmtheit des Eingriffs

12 § 1827 Abs. 1 S. 1 BGB spricht von „bestimmten" Untersuchungen des Gesundheitszustands, Heilbehandlungen oder ärztlichen Eingriffen. Unstreitig dürfte sein, dass allgemeine Aussagen des Verfügenden wie z.B. „ich möchte würdevoll sterben" keine unmittelbare Bindungswirkung entfalten. Während die Anforderungen im Urteil des BGH vom 17.9.2014[11] noch wie folgt beschrieben wurden:[12]

10 BGH NJW 2014, 3572.
11 XII ZB 202/13.
12 BGH NJW 2014, 3572.

„Vorausgesetzt werden kann nur, dass der Betroffene umschreibend festlegt, was er in einer bestimmten Lebens- und Behandlungssituation will und was nicht. Maßgeblich ist nicht, dass der Betroffene seine eigene Biografie als Patient vorausahnt und die zukünftigen Fortschritte in der Medizin vorwegnehmend berücksichtigt. Insbesondere kann nicht ein gleiches Maß an Präzision verlangt werden, wie es bei der Willenserklärung eines einwilligungsfähigen Kranken in die Vornahme einer ihm angebotenen Behandlungsmaßnahme erreicht werden kann."

ist der jüngeren Entscheidung des BGH vom 6.7.2016[13] zu entnehmen, dass die unmittelbare Bindungswirkung nur dann anzunehmen ist, wenn der Patientenverfügung

„konkrete Entscheidungen des Betroffenen über die Einwilligung oder Nichteinwilligung in bestimmte, noch nicht unmittelbar bevorstehende ärztliche Maßnahmen entnommen werden können".[14]

2. Bei Abfassung der Patientenverfügung nicht unmittelbar bevorstehender Eingriff

Unmittelbar bevorstehende medizinische Maßnahmen werden von einer Patien- 13
tenverfügung nicht erfasst. Da die Errichtung einer Patientenverfügung aber voraussetzt, dass der Betroffene seinen Willen kundtun kann, dürfte eine Willensäußerung für zeitnah anstehende Maßnahmen immer möglich sein.

3. Zutreffen der Verfügungen auf die aktuelle Lebens- und Behandlungssituation

In klaren Worten wurde durch den BGH bestätigt, dass eine unmittelbare Bin- 14
dungswirkung der Patientenverfügung voraussetzt, dass sie erkennen lässt, dass sie in der konkreten Behandlungssituation Geltung beanspruchen soll. *„Die Konkretisierung kann sich im Einzelfall auch durch Bezugnahme auf ausreichend spezifizierte Krankheiten oder Behandlungssituationen ergeben."*[15]

Der Betreuer oder Bevollmächtigte (§ 1827 Abs. 1, 6 BGB) hat im Entscheidungsfall zu überprüfen, ob die getroffenen Verfügungen auf die aktuelle Lebens- und Behandlungssituation zutreffen. Es empfiehlt sich dabei für den Verfügenden, im Hinblick auf die Lebens- und Behandlungssituation seine Beweggründe für die Patientenverfügung zu schildern, ggf. in Form eines „Vorworts zur Patientenverfügung".

Da der Verfügende in der Regel nicht in der Lage sein dürfte, die Entwicklung seiner Lebens- und Behandlungssituation bei Errichtung exakt prognostizieren

13 XII ZB 61/16.

14 BGH DNotZ 2017, 199, wobei das Gericht in den Entscheidungsgründen ebenfalls sagt, dass die Anforderungen nicht überspannt werden dürfen.

15 BGH v. 8.2.2017 – XII ZB 604/15; BGH v. 14.11.2018 – XII ZB 107/18.

zu können, kann der gesetzlichen Anforderung, dass die Patientenverfügung auf die aktuelle Lebens- und Behandlungssituation zutreffen muss, dergestalt begegnet werden, dass bei Veränderungen der Lebens- oder Behandlungssituation eine erneute Unterzeichnung der Patientenverfügung unter Datumsangabe vorgenommen wird.

4. Regelmäßige Erneuerung?

15 Die Zeitspanne, die zwischen Errichtung der Patientenverfügung und dem „Anwendungsfall" liegt, ist zunächst ohne Bedeutung.[16] Wurde die Patientenverfügung nicht widerrufen, ist sie wirksam. Ein lange zurückliegender Zeitpunkt der Abfassung der Patientenverfügung kann nicht deren Unwirksamkeit begründen.[17]

Dennoch erscheint es empfehlenswert, bei gleichbleibenden Behandlungswünschen die Verfügung erneut mit Datum zu versehen und zu unterschrieben. Hierdurch wird ein gleich gebliebener Wille manifestiert.

II. Berücksichtigung nach § 1827 Abs. 2 BGB

16 Die bisher genannten Voraussetzungen an eine Patientenverfügung bzw. an eine Patientenverfügung, deren Festlegungen im Ernstfall Verbindlichkeitscharakter entfalten, dürften von zahlreichen Patientenverfügungen nicht erfüllt sein.

Dies hat jedoch nicht zur Konsequenz, dass getroffene Verfügungen keinerlei Beachtung finden. Vielmehr besagt § 1827 Abs. 2 BGB, dass in diesem Fall der Betreuer (bzw. Bevollmächtigte) die Behandlungswünsche[18] oder den mutmaßlichen Willen des Patienten in Bezug auf einen medizinischen Eingriff anhand konkreter Anhaltspunkte ermitteln muss.

Nach dem Beschluss des BGH vom 17.9.2014[19] können Behandlungswünsche sein „*...etwa alle Äußerungen eines Betroffenen..., die Festlegungen für eine konkrete Lebens- und Behandlungssituation enthalten, aber den Anforderungen an eine Patientenverfügung i.S.d. § 1901a Abs. 1 BGB* [Anm. d. Verf.: heute § 1827 Abs. 1 BGB] *nicht genügen, etwa weil sie nicht schriftlich abgefasst wurden, keine antizipierenden Entscheidungen treffen oder von einem minderjährigen Betroffenen verfasst wurden.*"

---

16 Siehe auch Beck'sches Notarhandbuch/*Reetz*, § 16 VIII. Rn 206.

17 Siehe auch *Beermann*, Die neuen Regelungen zur Wirksamkeit und Reichweite von Patientenverfügungen, ZFE 2009, 333 ff.

18 Nach BGH NJW 2014, 3572 ist der Betreuer an die Behandlungswünsche nicht nur nach § 1901a Abs. 2 BGB a.F. (heute: § 1827 Abs. 2 BGB), sondern bereits nach § 1901 Abs. 3 BGB a.F. (heute: § 1821 BGB) gebunden.

19 Diese Entscheidung zitierend: BGH v. 8.2.2017 – XII ZB 604/15.

Liegt keine Patientenverfügung i.S.v. § 1827 Abs. 1 BGB vor und lassen sich auf die aktuelle Lebens- und Behandlungssituation bezogene Behandlungswünsche des Betroffenen nicht feststellen, ist auf den mutmaßlichen Willen abzustellen.[20]

III. Patientenverfügung und Behandlungsvertrag

Die Durchführung einer medizinischen Maßnahme setzt gem. § 630d BGB voraus, dass entweder der Behandelnde selbst einwilligt oder, falls der Patient einwilligungsunfähig ist, die Einwilligung eines Berechtigten vorliegt, soweit nicht eine Patientenverfügung eine Maßnahme gestattet oder untersagt. Die Einwilligung setzt wiederum eine Aufklärung nach § 630e BGB voraus. 17

Aus diesen Regelungen zum Behandlungsvertrag ergibt sich unter anderem, dass auch der auf Grundlage des neu ins Gesetz aufgenommenen § 1358 BGB handelnde Ehegatte eine errichtete Patientenverfügung zu beachten hat (zum Ehegattenvertretungsrecht siehe im Einzelnen § 1 Rdn 193 ff.). Des Weiteren ist es empfehlenswert, eine Regelung zur ärztlichen Aufklärung in eine Patientenverfügung aufzunehmen. 18

D. Widerruf der Patientenverfügung

§ 1827 Abs. 1 S. 3 BGB regelt die Anforderungen an den Widerruf einer Patientenverfügung. Ein Widerruf ist danach formlos möglich. Insbesondere braucht der Widerruf nicht schriftlich oder sprachlich artikuliert zu werden. Vielmehr genügt ein Zeichen mit den Augen oder ein Kopfnicken auf die entsprechende Frage des Arztes oder Pflegepersonals.[21] 19

E. Der Entscheidungsprozess über medizinische Maßnahmen

I. § 1828 BGB

§ 1828 BGB regelt den Prozess bzgl. einzelner medizinischer Eingriffe oder in Betracht kommender Behandlungsmethoden bzw. deren Überprüfung auf Übereinstimmung mit einem (nach § 1827 Abs. 1 S. 2 BGB) verbindlichen oder nach § 1827Abs. 2 BGB mutmaßlichen Patientenwillen. 20

Ausgangspunkt ist die medizinische Indikation. Die vom Arzt unter Berücksichtigung des Gesamtzustandes des Patienten in Betracht gezogenen medizinischen

20 Nach BGH NJW 2014, 3572 ist der mutmaßliche Wille dann maßgeblich, *„wenn und soweit der wirkliche vor Eintritt der Einwilligungsunfähigkeit geäußerte Wille des Betroffenen nicht zu ermitteln ist"*.

21 *Uhlenbruck*, Patientenverfügung, ZAP 1999, 223, 224 (Fach 12, S. 75).

Maßnahmen sind nach § 1828 Abs. 1 S. 2 BGB mit dem Betreuer/Bevollmächtigten hinsichtlich des Patientenwillens zu erörtern. Liegen sämtliche Voraussetzungen nach § 1827 Abs. 1 S. 1 BGB vor, hat der Betreuer/Bevollmächtigte die vom Patienten in der Patientenverfügung getroffenen Verfügungen mit Verbindlichkeitscharakter durchzusetzen. In den Fällen des § 1827 Abs. 2 BGB hat der Betreuer/Bevollmächtigte nach Ermittlung des mutmaßlichen Patientenwillens über dessen Vereinbarkeit mit der medizinischen Maßnahme zu entscheiden.[22] Nach § 1828 Abs. 2 BGB soll sowohl in Fällen des § 1827 Abs. 1 BGB als auch des § 1827 Abs. 2 BGB nahen Angehörigen und sonstigen Vertrauenspersonen Gelegenheit zur Stellungnahme gegeben werden.

II. Maßnahmen nach §§ 1829, 1831 und 1832 BGB

21 Die §§ 1829, 1831 und 1832 BGB beinhalten Regelungen für Maßnahmen, die für den Patienten hohe gesundheitliche Risiken bergen bzw. erhebliche Freiheitsbeschränkungen bedeuten. Aufgrund der Erheblichkeit der durch Einwilligung/Nichteinwilligung/Widerruf der Einwilligung drohenden Folgen besteht ein Genehmigungserfordernis durch das Betreuungsgericht.

22 Nach § 1829 Abs. 1 BGB bedarf die Einwilligung des Betreuers/Bevollmächtigten in eine medizinische Maßnahme dann einer Genehmigung, wenn die Gefahr besteht, dass der Patient stirbt oder einen schweren und länger andauernden gesundheitlichen Schaden erleidet (Ausnahme: Gefahr bei Aufschub der Maßnahme). § 1829 Abs. 2 BGB stellt Fälle der Nichteinwilligung oder den Widerruf der Einwilligung ebenfalls unter den Vorbehalt der betreuungsgerichtlichen Genehmigung.

Von dem Erfordernis der betreuungsgerichtlichen Genehmigung hat der Gesetzgeber einen Ausnahmetatbestand geschaffen, der in § 1829 Abs. 4 BGB geregelt ist. Danach bedarf es keiner Genehmigung des Betreuungsgerichts, wenn Arzt und Betreuer einvernehmlich der Ansicht sind, dass die Einwilligung/Nichteinwilligung/der Widerruf der Einwilligung dem Willen des Patienten entspricht.[23]

> *„Stellt das Gericht dieses Einvernehmen i.S.v. § 1904 Absatz 4 BGB [Anm. d. Verf.: heute § 1829 Abs. 4 BGB] fest, hat es den Antrag auf betreuungsgerichtliche Genehmigung ohne weitere gerichtliche Ermittlungen abzulehnen und ein so genanntes Negativattest zu erteilen, aus dem sich ergibt, dass eine gerichtliche Genehmigung nicht erforderlich ist … Gleiches gilt, wenn das*

---

22 Zur derzeit nicht abschließend geklärten Frage, ob die Entscheidung des Betreuers auch in Fällen des § 1827 BGB (§ 1901a Abs. 1 BGB a.F.) konstitutiv ist und sich die Patientenverfügung daher nicht an die Ärzte oder das Pflegepersonal, sondern vielmehr an den Betreuer/Bevollmächtigten richtet, siehe *Müller*, Die Patientenverfügung nach dem 3. Betreuungsrechtsänderungsgesetz: alles geregelt und vieles ungeklärt, DNotZ 2010, 169 ff. m.w.N.

23 BGH NJW 2014, 3572.

Gericht trotz Einvernehmens zunächst einen Anlass für die Ermittlung des Patientenwillens mit den ihm zur Verfügung stehenden Ermittlungsmöglichkeiten sieht, aber nach der Prüfung zu dem Ergebnis gelangt, dass die Erteilung, die Nichterteilung oder der Widerruf der Einwilligung dem nach § 1901a BGB [Anm. d. Verf.: heute § 1827 BGB] festgestellten Willen entspricht.“

Hat einer der Handelnden aber Zweifel, ob das Vorgehen dem Willen des Betroffenen entspricht, ist das Genehmigungsverfahren durchzuführen. „*Die Schwelle für gerichtliches Eingreifen ist nicht zu hoch anzusetzen, ... die Prüfungskompetenz des Betreuungsgerichts ist auch dann eröffnet, wenn zwar ein Einvernehmen zwischen Betreuer und behandelndem Arzt besteht, aber gleichwohl ein Antrag auf betreuungsgerichtliche Genehmigung gestellt wird.*“[24]

Nach § 1829 Abs. 5 BGB gelten dessen Abs. 1–4 auch für einen Bevollmächtigten. Voraussetzung für das Recht, in eine Maßnahme nach § 1829 BGB einzuwilligen, nicht einzuwilligen oder eine Einwilligung zu widerrufen, ist, dass die Vollmacht diese Kompetenz ausdrücklich umfasst.

§ 1831 BGB betrifft Fälle der Freiheitsentziehung durch Unterbringung oder anderweitige Maßnahmen (z.B. mechanische Vorrichtungen, Medikamente), § 1831 Abs. 4 BGB. Maßnahmen nach § 1831 BGB können durch den Betreuer nur in den Fällen des Abs. 1 angeordnet werden; eine Genehmigung des Betreuungsgerichts ist erforderlich, es sei denn, mit einem Aufschub ist Gefahr verbunden (§ 1831 Abs. 2). In diesem Fall ist die Genehmigung unverzüglich nachzuholen. 23

§ 1831 Abs. 3 BGB stellt klar, dass ein Betreuer eine Maßnahme nach § 1831 BGB bei Wegfall der Voraussetzungen beenden muss und dies dem Betreuungsgericht unverzüglich anzuzeigen ist. § 1831 Abs. 5 BGB besagt, dass die Abs. 1–4 auch für einen Bevollmächtigten gelten und dass eine Vorsorgevollmacht diese Kompetenz ausdrücklich umfassen muss. 24

Die noch relativ junge Regelung des § 1832 BGB betrifft die Einwilligung eines Betreuers (oder Bevollmächtigten) in ärztliche Zwangsmaßnahmen und die Verbringung des Betreuten zu einem stationären Aufenthalt in ein Krankenhaus (§ 1832 Abs. 4 BGB). Auch hier ist eine gerichtliche Genehmigung erforderlich, die Einwilligung ist bei Wegfall der Voraussetzungen zu widerrufen und dem Betreuungsgericht unverzüglich anzuzeigen. Für die Zuweisung dieser Kompetenz an eine bevollmächtigte Person ist erforderlich, dass die Vollmacht diese Maßnahmen ausdrücklich umfasst (§ 1832 Abs. 5 BGB). 25

---

24 BGH NJW 2014, 3572.

F. Verfahrenspflegschaft und Verfahrensbevollmächtigung

26 Hat das Betreuungsgericht über die Frage zu entscheiden, ob die Genehmigung einer Maßnahme nach § 1829 Abs. 1 BGB zu erteilen ist, ist der Patient („Betroffene“) nach § 298 Abs. 1 FamFG persönlich anzuhören. Da eine Patientenverfügung ihre Wirkungen dann entfaltet, wenn der Patient seinen Willen nicht mehr kundtun kann, dürfte, da dies zur Interessenswahrnehmung des Patienten erforderlich ist, seitens des Betreuungsgerichts ein Verfahrenspfleger gem. § 276 Abs. 1 S. 1 FamFG bestellt werden.

Der Verfasser einer Patientenverfügung kann der gerichtlichen Bestellung eines Verfahrenspflegers entgegenwirken, indem er einen „geeigneten“ Verfahrensbevollmächtigten (§ 276 Abs. 5 FamFG) bestimmt. Hierbei ist zu beachten, dass der Verfahrensbevollmächtigte zwingend eine andere Person sein muss als der betreuungsgerichtlich bestellte Betreuer oder der Bevollmächtigte, der mit der Durchsetzung der Patientenverfügung beauftragt ist. Ansonsten ist die Verfahrensposition im Sinne einer Kontrollfunktion des Verfahrensbevollmächtigten nicht gewahrt.

27 Geht es um die Frage der Nichteinwilligung oder des Widerrufs einer Einwilligung, also um die Ablehnung oder Beendigung einer medizinischen Maßnahme nach § 1829 Abs. 2 BGB, und ist die Genehmigung nicht nach § 1829 Abs. 4 BGB entbehrlich, ist dem Betroffenen für das betreuungsgerichtliche Verfahren stets ein Verfahrenspfleger nach § 298 Abs. 2 FamFG zu bestellen.

Der Beschluss, in dem die Genehmigung nach § 1829 Abs. 2 BGB erteilt wird, wird gem. § 287 Abs. 3 FamFG erst zwei Wochen nach Bekanntgabe an den Betreuer oder Bevollmächtigten sowie an den Verfahrenspfleger wirksam.

Sowohl in Fällen von § 1829 Abs. 1 BGB als auch von § 1829 Abs. 2 BGB hat das Betreuungsgericht vor Genehmigungserteilung ein Sachverständigengutachten einzuholen, § 298 Abs. 3 FamFG.

G. Inhalt der Patientenverfügung

I. Grundsätze

28 Grundsätzlich ist der Verfügende hinsichtlich des Inhalts seiner Patientenverfügung frei. Dringend angeraten ist es, bei einer wesentlichen Änderung der gesundheitlichen Situation die Fortgeltung der Verfügung ausdrücklich zu vermerken bzw. die Verfügung inhaltlich anzupassen. Inhaltlich zu unterscheiden sind letztlich zwei Konstellationen:

- die Patientenverfügung mit dem Wunsch des Verfügenden im Hinblick auf das Unterlassen bestimmter Behandlungen wie z.B. einer Bluttransfusion oder Organverpflanzung, bis hin zum Behandlungsabbruch einerseits und

- die Patientenverfügung mit Wunsch auf Fortführung einer Behandlung und medizinischer Maximalbehandlung andererseits.

Um möglichst eine direkte Bindungswirkung der Patientenverfügung zu erzielen, muss diese sich auf eine konkrete Behandlungssituation beziehen. Ist diese vorhersehbar, dann muss die Patientenverfügung auch ganz gezielt auf die voraussichtliche Behandlungssituation abgestimmt sein. Dies ist nur nach Rücksprache und Aufklärung durch den behandelnden Arzt möglich. 29

Im Jahr 2013 hat die Bundesärztekammer ein „Arbeitspapier zum Verhältnis von Patientenverfügung und Organspendeerklärung" herausgegeben. Dieses Arbeitspapier beschreibt verschiedene Fallkonstellationen und enthält auch Textbausteine zur Ergänzung/Vervollständigung einer Patientenverfügung.[25] 30

Es spricht einiges dafür, dass diese Textbausteine den beteiligten Medizinern bekannt sind.

II. Patientenverfügung und Behandlungsabbruch

Verpflichtender Inhalt einer Patientenverfügung kann nur rechtlich erlaubtes Handeln sein, das – weitgehend – schützenswerten Belangen des Adressaten nicht zuwiderläuft. Letztlich wird kein Adressat sich der Gefahr einer Strafverfolgung aussetzen wollen. 31

Daher stellt sich zunächst unter strafrechtlichen Gesichtspunkten die Frage, wieweit ein Sterbewunsch in einer Patientenverfügung Berücksichtigung finden kann, ohne dass sich der Handelnde in die Gefahr der Begehung einer strafbaren Handlung begibt.

1. Verlangen nach aktiver Sterbehilfe

Aktive Sterbehilfe, also die Verkürzung des verlöschenden Lebens durch eine aktive Einflussnahme auf den Krankheits- und Sterbeprozess, ist auch durch eine dahin lautende Patientenverfügung nicht gerechtfertigt. Auch das Verlangen nach aktiver Tötung als Mittel zur Schmerzbeseitigung ist unabhängig vom Vorliegen einer dahingehend lautenden Patientenverfügung strafbar nach § 216 StGB. Ein diesbezüglich geäußerter Wunsch wird vom Adressaten der Patientenverfügung daher schwerlich befolgt werden können. 32

25 Näheres unter www.bundesaerztekammer.de. Hierauf bezugnehmend: „Hinweise und Empfehlungen zum Umgang mit Vorsorgevollmachten und Patientenverfügungen im ärztlichen Alltag (25.10.2018), Dt. Ärzteblatt, Jg. 115 Heft 51–52.

2. Hilfe im Sterben durch Schmerztherapie ohne lebensverkürzendes Risiko

33 Eine Schmerztherapie ohne lebensverkürzendes Risiko ist selbst dann zulässig, wenn dies zu einer Bewusstseinstrübung führt. Ein dahingehender Wunsch in der Patientenverfügung kann daher unter strafrechtlichen Gesichtspunkten nicht zurückgewiesen werden. Im Übrigen ist eine palliativmedizinische Behandlung gerade auch ärztliche Pflicht bei der Behandlung sterbender Patienten.

3. Indirekte Sterbehilfe – Schmerztherapie mit ggf. lebensverkürzender Auswirkung

34 Auch eine Schmerztherapie, die mit einer lebensverkürzenden Auswirkung als unbeabsichtigte Nebenfolge einhergeht, wird für straflos erachtet und kann unproblematisch in einer Patientenverfügung angeordnet werden. Ein behandelnder Arzt darf in Übereinstimmung mit einem entsprechenden Patientenwillen schmerzstillende Medikamente selbst dann verabreichen, wenn diese als unbeabsichtigte, aber in Kauf genommene unvermeidbare Nebenfolge den Todeseintritt beschleunigen. Diese so genannte indirekte Sterbehilfe soll einen Tod in Würde und Schmerzfreiheit gemäß dem erklärten oder mutmaßlichen Patientenwillen ermöglichen. Dieses Rechtsgut ist als höherwertiger einzustufen als die Aussicht, unter schwersten, insbesondere so genannten Vernichtungsschmerzen, noch kurze Zeit länger leben zu müssen.

4. Passive Sterbehilfe durch Verzicht auf lebensverlängernde Maßnahmen

35 Stellt der Arzt in Übereinstimmung mit dem Patientenwillen eine lebensverlängernde Maßnahme ein, ist dies eine zulässige passive Sterbehilfe, bei der es darum geht, einen natürlichen Krankheitsverlauf seinen Fortgang nehmen zu lassen. Es liegt ein Unterlassen lebensverlängernder Maßnahmen vor und nicht eine aktive Lebensverkürzung in dem Sinne, den Tod schneller herbeizuführen als bei einem natürlichen Verlauf.[26]

26 In diesem Zusammenhang hat der BGH mit Urt. v. 25.6.2010 – 2 StR 454/09 die schwer nachvollziehbare Unterscheidung zwischen strafbarem aktivem Tun und ggf. gerechtfertigtem Unterlassen aufgegeben und in der Urteilsbegründung eine neue Terminologie eingeführt. Danach sei es *„sinnvoll und erforderlich, alle Handlungen, die mit einer solchen Beendigung einer ärztlichen Behandlung im Zusammenhang stehen, in einem normativ-wertenden Oberbegriff des Behandlungsabbruchs zusammenzufassen, der neben objektiven Handlungselementen auch die subjektive Zielsetzung des Handelnden umfasst, eine bereits begonnene medizinische Behandlungsmaßnahme gemäß dem Willen des Betroffenen oder seines Betreuers nach Maßgabe jeweils indizierter Pflege- und Versorgungserfordernisse zu reduzieren.“*; vgl. hierzu auch: *Gaede*, Durchbruch ohne Dammbruch – Rechtsichernde Neuvermessung der Grenzen strafloser Sterbehilfe, NJW 2010, 2925 ff.

5. Urteil des Bundesverfassungsgerichts vom 26.2.2020

Gemäß Urteil des BVerfG vom 26.2.2020[27] ist die Regelung des bis dato bestehenden § 217 StGB, der die „Geschäftsmäßige Förderung der Selbsttötung" unter Strafe stellte, nicht mit dem Grundgesetz vereinbar. 36

In seiner Urteilsbegründung arbeitet das BVerfG u.a. heraus:

> *„Das allgemeine Persönlichkeitsrecht in seiner Ausprägung als Recht auf selbstbestimmtes Sterben umfasst deshalb nicht nur das Recht, nach freiem Willen lebenserhaltende Maßnahmen abzulehnen und auf diese Weise einem zum Tode führenden Krankheitsgeschehen seinen Lauf zu lassen. Das Recht auf selbstbestimmtes Sterben erstreckt sich auch auf die Entscheidung des Einzelnen, sein Leben eigenhändig zu beenden. Das Recht, sich selbst das Leben zu nehmen, stellt sicher, dass der Einzelne über sich entsprechend dem eigenen Selbstbild autonom bestimmen und damit seine Persönlichkeit wahren kann. (...) Das den innersten Bereich individueller Selbstbestimmung berührende Verfügungsrecht über das eigene Leben ist insbesondere nicht auf schwere oder unheilbare Krankheitszustände oder bestimmte Lebens- und Krankheitsphasen beschränkt."*

Das Gericht stellt in seiner Urteilsbegründung klar, dass das allgemeine Persönlichkeitsrecht auch das Recht umfasst, für das selbstbestimmte Sterben Hilfe bei Dritten zu suchen. Eine Verpflichtung für den behandelnden Arzt, Suizidhilfe zu leisten, besteht jedoch nicht.

Unmittelbare Folgen für eine Patientenverfügung lassen sich dem Urteil nicht entnehmen. Da der Gesetzgeber aber – auch dies ist der Urteilsbegründung zu entnehmen – verschiedene Möglichkeiten hat, die Suizidhilfe zu regulieren, ist die Entwicklung bzw. die zukünftige Regulierung im Auge zu behalten, um ggf. diese Regularien oder sich hieraus ableitende Vorgaben im Rahmen einer Patientenverfügung zu berücksichtigen.

6. Muster

a) Patientenverfügung mit Wunsch nach Behandlungsabbruch, Bereitschaft zur Organspende

Sofern die Patientenverfügung zu einem Zeitpunkt abgefasst wird, in dem der Verfügende kein spezifisches Krankheitsbild aufweist, empfiehlt sich folgende Formulierung:[28] 37

27 BVerfG, Urt. v. 26.2.2020 – 2 BvR 2347/15, NJW 2020, 905.

28 Sobald ein medizinischer Befund über eine Erkrankung vorliegt, sollte nach umfassender ärztlicher Aufklärung eine individuelle, auf das Krankheitsbild und deren Verlauf bezogene Patientenverfügung abgefasst werden.

Muster 2.1: Patientenverfügung mit Wunsch nach Behandlungsabbruch, Bereitschaft zur Organspende

Patientenverfügung

des

Ich, , geb. am , derzeit wohnhaft , verfüge für den Fall, dass ich nicht mehr in der Lage sein sollte, meine Angelegenheiten selbst zu regeln, und meinen Willen nicht mehr bilden oder verständlich äußern kann, im jetzigen Vollbesitz meiner geistigen Kräfte und in voller Kenntnis von Inhalt und Tragweite meines hier geäußerten Willens als Anweisung an die mich behandelnden Ärzte wie folgt:

Vorbemerkung:

Ich errichte diese Patientenverfügung vor dem Hintergrund der folgenden ethischen, religiösen und persönlichen Werteinstellung sowie meiner folgenden Erfahrungen:

Wenn bei schwersten Gehirnschäden die überwiegende Wahrscheinlichkeit des Verlusts der Fähigkeit, Einsichten zu gewinnen, Entscheidungen zu treffen und mit anderen Menschen zu kommunizieren, verbunden ist, wenn ich mich in einem Zustand der Dauerbewusstlosigkeit bzw. im Zustand eines Wachkomas befinde oder im Falle eines schleichenden Gehirnabbauprozesses, aufgrund dessen es mir nicht mehr möglich ist, selbst oder mit Hilfe Dritter Flüssigkeit oder Nahrung auf natürliche Weise zu mir zu nehmen – ausdrücklich umfasst sein sollen hier auch alle Formen der Demenzerkrankungen, auch bei einem noch nicht absehbaren Todeszeitpunkt und vor Eintritt des direkten Sterbeprozesses –,

- sollen an mir keine lebenserhaltenden Maßnahmen (z.B. Beatmung, Dialyse, Bluttransfusion, Medikamente) vorgenommen werden bzw. bereits begonnene abgebrochen werden, insbesondere wünsche ich auch das Unterlassen des Versuchs einer Wiederbelebung
- wünsche ich die Durchführung fachgerechter Pflege von Mund- und Schleimhäuten sowie Körperpflege und das Lindern von Atemnot, Übelkeit, Angst, Unruhe und anderen belastenden Symptomen
- wünsche ich keine künstliche Ernährung, unabhängig von der Form der Zuführung der Nahrung, und bestimme im Weiteren, dass eine bereits erfolgte künstliche Ernährung eingestellt wird
- wünsche ich eine Reduzierung der künstlichen Flüssigkeitszufuhr nach ärztlichem Ermessen
- wünsche ich die Gabe von Antibiotika nur zur Linderung meiner Beschwerden, nicht zur Lebensverlängerung und nicht zur Behandlung von Begleitinfekten
- wünsche ich weitestgehende Beseitigung von Begleitsymptomen, insbesondere von Schmerzen. Dabei dürfen auch bewusstseinsdämpfende Mittel zur Beschwerdelinderung eingesetzt werden. Eine damit unter Umständen verbundene Lebensverkürzung nehme ich in Kauf
- wünsche ich, dass mein Hausarzt und sowie verständigt werden, um mir persönlichen Beistand zu leisten
- bin ich mit einer Obduktion zur Befunderklärung einverstanden/nicht einverstanden

- bin ich mit einer Organentnahme einverstanden.
- Es ist mir bewusst, dass Organe nur nach Feststellung des Hirntods bei aufrechterhaltenem Kreislauf entnommen werden können. Deshalb gestatte ich ausnahmsweise für den Fall, dass bei mir eine Organspende medizinisch in Frage kommt, die kurzfristige (Stunden bis höchstens wenige Tage umfassende) Durchführung intensivmedizinischer Maßnahmen zur Bestimmung des Hirntods nach den Richtlinien der Bundesärztekammer und zur anschließenden Entnahme der Organe.[29]

Die in dieser Verfügung getroffenen Entscheidungen erfolgten nach eingehender und reiflicher Überlegung und stellen meine generelle ethische Grundeinstellung zu Fragen eines Behandlungsabbruchs dar.

In einer konkreten Situation, in der über einen Behandlungsabbruch der an mir vorgenommenen Heilmaßnahmen zu entscheiden ist, bitte ich meine behandelnden Ärzte, diese Patientenverfügung als verbindlich anzunehmen und entsprechend meinem Willen zu verfahren.

Sofern ich auf eine Behandlung oder die Fortführung einer Behandlung oder einen Abbruch verzichte, verzichte ich auf eine Aufklärung/Information. Im Fall meiner Einwilligungsunfähigkeit verzichte ich für mich und meine(n) Vertreter auf eine Aufklärung über vorgesehene bzw. medizinisch indizierte Möglichkeiten/Behandlungen/Eingriffe.

[alternativ:]

Sofern ich auf eine Behandlung oder die Fortführung einer Behandlung oder einen Abbruch verzichte, verzichte ich auf eine Aufklärung/Information. Im Fall meiner Einwilligungsunfähigkeit soll die von mir bevollmächtigte Person, mein(e) Betreuer(in) oder mein mich gesetzlich vertretender Ehegatte umfassend aufgeklärt werden.

Eine andere Entscheidung als die hier zum Ausdruck gebrachte kommt für mich nicht in Frage.

Über die rechtlichen Konsequenzen dieser Patientenverfügung wurde ich durch Herrn Rechtsanwalt aufgeklärt, in medizinischer Hinsicht erfolgte dies durch meinen Hausarzt, .

Ort, Datum Unterschrift

Die nachfolgend aufgeführten Zeugen bestätigen, dass ich die Patientenverfügung im Vollbesitz meiner geistigen Kräfte verfasst habe, und stehen als Ansprechpartner für eine Äußerung nach § 1828 Abs. 2 BGB zur Verfügung:

1.

Name/Vorname/Geburtsdatum:

Straße/PLZ/Wohnort:

Ort, Datum Unterschrift

29 Formulierung nach dem Arbeitspapier der Bundesärztekammer zum Verhältnis von Patientenverfügung und Organspendeerklärung.

2.

Name/Vorname/Geburtsdatum:

Straße/PLZ/Wohnort:

Ort, Datum Unterschrift

Diese Patientenverfügung entspricht nach wie vor meinem Willen:

Ort, Datum Unterschrift

b) Patientenverfügung mit Wunsch nach Maximalbehandlung, keine Bereitschaft zur Organspende

38 Bindend kann ein solcher Behandlungswunsch nur im Rahmen des generellen Heil- und Pflegeauftrags des Adressaten sein. Insbesondere zu Maßnahmen, die nicht mehr als medizinisch indiziert anzusehen sind, kann der Arzt auch auf diesem Weg nicht gezwungen werden.

Muster 2.2: Patientenverfügung mit Wunsch nach Maximalbehandlung, keine Bereitschaft zur Organspende

Patientenverfügung

von

Name:

Vorname:

Geburtsdatum:

Straße:

PLZ/Wohnort:

Für den Fall, dass ich nicht mehr in der Lage sein sollte, meine Angelegenheiten selbst zu regeln, verfüge ich im jetzigen Vollbesitz meiner geistigen Kräfte und in voller Kenntnis von Inhalt und Tragweite meines hier geäußerten Willens wie folgt:

- In der Hoffnung und im Vertrauen auf den medizinischen Fortschritt und die damit verbundene Hoffnung auf zukünftige Heilung derzeit unheilbar erscheinender Krankheiten und Verletzungen wünsche ich in jedem Stadium einer möglichen Erkrankung oder Verletzung, dass mir eine optimale medizinische Maximalbehandlung gewährt wird.

Des Weiteren

- wünsche ich mir geistlichen Beistand durch:
  Name/Vorname:
  Adresse:
  Telefonnummer:

- wünsche ich, dass mein Hausarzt:
  Name/Vorname:
  Adresse:
  Telefonnummer:
  sowie folgende Person:
  Name/Vorname:
  Adresse:
  Telefonnummer:
  verständigt werden, um mir persönlichen Beistand zu leisten.
- bin ich mit einer Obduktion zur Befunderklärung einverstanden/nicht einverstanden.
- Ich lehne eine Entnahme meiner Organe nach meinem Tod zu Transplantationszwecken ab.

Sofern ich ärztlicher Behandlung bedarf, will ich informiert und aufgeklärt werden. Sollte ich einwilligungsunfähig sein, ist mein(e) Betreuer(in), die von mir hierzu bevollmächtigte Person oder mein mich gesetzlich vertretender Ehegatte umfassend aufzuklären.

[alternativ:]

Ich verzichte für mich und meine Vertreter auf eine Aufklärung über vorgesehene medizinische Eingriffe/medizinische Behandlungen.

Die in dieser Verfügung getroffenen Entscheidungen erfolgten nach eingehender und reiflicher Überlegung und stellen meine generelle ethische Grundeinstellung zu Fragen eines Behandlungsabbruchs dar, die ich nochmals wie folgt zusammenfassen möchte:

Für den Fall, dass für mich ein Betreuer bestellt wird, ist dieser ebenfalls an diese Erklärung gebunden. Meine in dieser Patientenverfügung abgegebenen Erklärungen gelten dann als Betreuungsverfügung. Als Betreuer wünsche ich:

Name/Vorname:

Adresse:

Telefonnummer:

Ort, Datum Unterschrift

Die nachfolgend aufgeführten Zeugen bestätigen, dass der/die Verfügende die Patientenverfügung im Vollbesitz der geistigen Kräfte verfasst hat, und stehen als Ansprechpartner für eine Äußerung nach § 1828 Abs. 2 BGB zur Verfügung:

Name:

Vorname:

Geburtsdatum:

Straße:

PLZ/Wohnort:

Ort, Datum Unterschrift

Name:

Vorname:

Geburtsdatum:

Straße:

PLZ/Wohnort:

Ort, Datum | Unterschrift

Diese Patientenverfügung entspricht nach wie vor meinem Willen:

Ort, Datum | Unterschrift

Ort, Datum | Unterschrift

c) Verfahrensbevollmächtigung nach § 276 Abs. 5 FamFG

39 **Muster 2.3: Verfahrensbevollmächtigung nach § 276 Abs. 5 FamFG**

Ich, , geb. am , derzeit wohnhaft , verfüge wie folgt:

Die Bestellung eines Verfahrenspflegers soll unterbleiben bzw. im Falle einer bereits erfolgten Bestellung aufgehoben werden. Für sämtliche in Zusammenhang mit meiner Patientenverfügung vom notwendigen Verfahrenspflegschaften bevollmächtige ich hiermit, soweit rechtlich zulässig und im größtmöglichen Umfang als meinen Vertreter:

Frau Rechtsanwältin/Herrn Rechtsanwalt , Kanzleisitz derzeit .

Sollte der voranstehende Verfahrensbevollmächtigte aus tatsächlichen oder rechtlichen Gründen nicht antreten oder die Bevollmächtigung ausüben können, bestimme ich ersatzweise folgenden Verfahrensbevollmächtigten:

Ein jeweiliger Verfahrensbevollmächtigter hat den Inhalt meiner Patientenverfügung vom zu beachten und entsprechend meinem dort schriftlich manifestierten Patientenwillen im Rahmen eines etwaigen betreuungsgerichtlichen Verfahrens zu handeln.

Mein Verfahrensbevollmächtigter erhält folgende Vergütung:

Ort, Datum | Unterschrift

H. Patientenverfügung in Kombination mit Betreuungsverfügung oder Vorsorgevollmacht

Es ist sinnvoll, eine Patientenverfügung mit einer Vorsorgevollmacht oder Betreuungsverfügung zu kombinieren. Zur wirksamen Durchsetzung der in einer Patientenverfügung niedergelegten Wünsche gegenüber den behandelnden Ärzten und dem Pflegepersonal ist ein Bevollmächtigter bzw. Betreuer immer dann erforderlich, wenn diese sich nicht an die in der Patientenverfügung erklärten Wünsche gebunden sehen, beispielsweise weil sie statt eines Behandlungsabbruchs eine lebensverlängernde Behandlung für geboten erachten. Damit eine Patientenverfügung wirkungsvoll umgesetzt werden kann, ist diese bereits bei Erstellung mit dem Bevollmächtigten abzustimmen und zu besprechen. Nur so kann letztlich gewährleistet werden, dass der erklärte Wille in der Patientenverfügung auch tatsächlich umgesetzt wird. 40

§ 3 Das Verfahren im Betreuungsrecht

A. Einleitung

I. Zweck der Betreuung

Das Institut der Betreuung ist bifunktional: Zum einen sollen Volljährige, die ganz oder teilweise ihre Angelegenheiten nicht (mehr) selbst besorgen können, vor Gefährdungen ihrer Person oder ihres Vermögens geschützt werden. Darüber hinaus sollen dem Betreuten staatlicher Beistand und Hilfestellung an die Hand gegeben werden. Er soll also nicht lediglich „verwaltet" werden.[1] Entscheidend ist, was in der Praxis immer wieder übersehen wird, dass der Betreuer nur für die rechtlichen Angelegenheiten des Betroffenen zuständig ist, jedoch keine tatsächlichen Hilfestellungen zu gewähren hat. Ganz im Gegenteil: Sind hilfsbereite Angehörige vorhanden, z.B. durch eine Vorsorgevollmacht mit Befugnissen ausgestattet, die so weit gehen, dass die Aufgaben und Bedürfnisse des Betroffenen auf diese Art und Weise geregelt werden können, ist eine Betreuerstellung weder angezeigt noch erforderlich.[2] 1

Es ist nicht einmal Aufgabe des Staates, seine Bürger daran zu hindern, sich z.B. gesundheitlich – etwa durch exzessiven Alkoholgenuss – selbst zu schädigen. Diese vom Staat zu akzeptierende Entscheidung des Betroffenen zur „Selbstaufgabe" setzt jedoch voraus, dass der Betroffene seinen Willen frei bilden konnte. Ist er außer Stande, seine Entscheidungen von vernünftigen Erwägungen abhängig zu machen, fehlt es an einer solchen freien Willensbildung und der Staat kann im Rahmen der Betreuungsanordnung eingreifen, z.B. durch eine Unterbringung.[3]

Diese Aufgaben, nämlich Schutz und Hilfe zu gewähren, setzt der Betreuer um. 2
Er hat sich dabei vorrangig am Wohl des Betreuten zu orientieren (§ 1821 Abs. 2 S. 1 BGB), dem möglichst viel Selbstbestimmung verbleiben soll. Um dieses Spannungsfeld zwischen Eigenverantwortlichkeit des Betreuten und staatlichem Eingriff durch Bestellung eines Betreuers aufzulösen, werden dem Betreuer nur einzelne Aufgabenkreise zugewiesen, innerhalb derer er befugt ist, die Rechte des Betreuten auszuüben. Daher hat das Betreuungsgericht den Aufgabenkreis immer lediglich so eng zu bemessen, dass nur solche Aufgaben erfasst werden, welche der Betreute nicht (mehr) selbst besorgen kann.[4]

1 Grüneberg/*Götz*, vor § 1814 Rn 1.
2 AG Neuruppin FamRZ 2009, 1942.
3 OLG Rostock FamRZ 2010, 1272.
4 Grüneberg/*Götz*, § 1814 Rn 6; KG FamRZ 2008, 1114; BGH FamRZ 2012, 1365.

Freilich kann dies – insbesondere bei geistig schwer behinderten oder altersbedingt kranken Menschen – bis zur Totalbetreuung reichen.[5] Hierbei ist jedoch der aktuelle Handlungsbedarf immer konkret darzulegen.[6]

II. Geschäftsfähigkeit und Betreuung

3 Durch die Anordnung der Betreuung allein wird die Geschäftsfähigkeit des Betroffenen noch nicht berührt.[7] Er kann daher weiterhin selbstständig Verträge schließen. Dazu gehört auch, dass er jederzeit Vollmachten erteilen kann, sofern die Geschäftsfähigkeit noch besteht. Laut § 104 Abs. 2 BGB ist geschäftsunfähig, wer sich in einem die freie Willensbestimmung ausschließenden Zustand krankhafter Störung der Geistestätigkeit befindet, sofern nicht der Zustand seiner Natur nach ein vorübergehender ist. Der Ausschluss der freien Willensbildung liegt vor, wenn der Betroffene nicht in der Lage ist, seinen Willen unbeeinflusst und frei von der vorliegenden Geistesstörung zu bilden und nach von ihm selbst zutreffend gewonnenen Einsichten zu handeln. Entscheidend ist, ob der Betroffene noch eine freie Entscheidung treffen kann, welche durch eine Abwägung des Für und Wider, eine sachliche Prüfung aller in Betracht kommender Aspekte und ein dementsprechendes Handeln möglich ist, vor allem, ob der Betroffene infolge der krankhaften Geistesstörung fremden Willenseinflüssen unterliegt oder sein Wille durch unkontrollierte Triebe und Vorstellungen beherrscht wird. Eine bloße Willensschwäche oder leichte Beeinflussbarkeit genügen nicht, um eine Geschäftsunfähigkeit positiv zu bejahen. Selbst wenn der Betroffene länger an einer geistigen Störung leidet, vermutet das Gesetz nicht den Ausschluss seiner freien Willensbestimmung.[8] Nur wenn die Geschäftsunfähigkeit feststeht, sei diese auch nur auf partielle Rechtsbereiche beschränkt,[9] kann der Betroffene in diesen Teilbereichen nicht mehr handeln. Der Grundsatz der Selbstbestimmung, der auch im Betreuungsrecht gilt, soll dem Betroffenen hingegen soweit als möglich eigene, selbstständige Handlungen ermöglichen.

Solche rechtlichen Handlungsmöglichkeiten wollte der Gesetzgeber dem Betroffenen gerade belassen. Um den Betreuten jedoch auch zu schützen, sind Sicherungen notwendig. Diese liegen in gerichtlichen Genehmigungserfordernissen für verschiedene Tätigkeiten.

Praxistipp

Der Betreuer sollte daher bei zweifelhaften Rechtsgeschäften, welche der Betreute selbst noch vornimmt, mit dem Betreuungsgericht Kontakt aufnehmen.

---

5 BT-Drucks 11/4528, 123 f.; BayObLG FamRZ 2002, 1225; Grüneberg/*Götz*, § 1814 Rn 1.
6 BGH FamRZ 2018, 1186.
7 BGH NJW 1970, 1680; *Roth*, Erben und Vererben bei rechtlicher Betreuung, S. 30.
8 Grüneberg/*Ellenberger*, § 104 Rn 2a.
9 BayObLG NJW 1992, 2100.

Dies wird offenbar und umso dringlicher, wenn der bereits unter Betreuung Stehende noch General- oder sonstige Vollmachten erteilt. Mangels anderweitiger Anhaltspunkte sind solche Vollmachten zunächst wirksam. Hier erwächst jedoch ein Spielraum für das Gericht, um einen Kontrollbetreuer (siehe Rdn 35) zur Überwachung der Ausübung dieser Vollmachten einzusetzen. 4

Unter Umständen wird durch die Erteilung der Vollmacht die Betreuerbestellung selbst hinfällig. Gerade dann ist, um den Betreuten vor Missbrauch der Vollmacht zu schützen, die Anordnung eines Überwachungsbetreuers angezeigt. Nach neuerer Rechtsprechung ist nun, wenn Anhaltspunkte dafür vorliegen, dass der Vorsorgebevollmächtigte die Vorsorgevollmacht missbraucht, trotz der Vorsorgevollmacht die Bestellung eines Betreuers erforderlich.[10] Ist ein Vorsorgebevollmächtigter vorhanden, ist er hingegen nicht befugt, in eigenem Namen gegen einen die Einrichtung einer Betreuung ablehnenden Beschluss Beschwerde einzulegen.[11]

B. Voraussetzungen der Betreuung (§ 1814 Abs. 1, Abs. 4 S. 1 BGB)

Eine Betreuung kann nach § 1814 Abs. 1, Abs. 4 S. 1 BGB nur eingerichtet werden, wenn ein Volljähriger aufgrund einer psychischen Krankheit oder einer körperlichen, geistigen oder seelischen Behinderung seine Angelegenheiten ganz oder teilweise nicht besorgen kann. Ob nach § 1814 Abs. 3 BGB eine Betreuung erforderlich ist, hängt von der subjektiven Betreuungsbedürftigkeit und dem Betreuungsbedarf ab; diese Voraussetzungen gelten sowohl für die erste Einrichtung einer Betreuung als auch für deren Verlängerung.[12] § 1814 BGB regelt zur Umsetzung des Erforderlichkeitsgrundsatzes die allgemeinen Voraussetzungen für eine Betreuerbestellung, während § 1815 BGB den Umfang der Betreuung regelt; beide Normzwecke wurden bis 1.1.2023 in § 1896 BGB a.F. beschrieben. 5

I. Minderjährige Betroffene

Ein Minderjähriger bedarf keiner Betreuung im Sinne dieser Norm, da er von seinen Eltern oder einem Vormund betreut wird (§§ 1626 Abs. 1, 1629 Abs. 1 BGB). 6

Ist allerdings bei einem Minderjährigen, der das 17. Lebensjahr vollendet hat, absehbar, dass bei Eintritt der Volljährigkeit eine Betreuung erforderlich wird, kann vorsorglich schon vor dessen Volljährigkeit ausnahmsweise ein Betreuer

10 BVerfG BtPrax 2009, 118 ff.; BGH BtPrax 2015, 235; BayObLG FGPrax 2003, 171 = ZEV 2003, 471 (Ls.); BayObLG FamRZ 2005, 1403; OLG München BtPrax 2010, 36 f.
11 BGH, Beschl. v. 21.8.2019 – XII ZB 156/19, BeckRS 2019, 22247.
12 BGH FamRZ 2018, 1186; BGH FamRZ 2017, 1866 zu § 295 FamFG.

bestellt werden (§§ 1814 Abs. 5, 1825 Abs. 4 BGB); hierbei stehen den Eltern als gesetzliche Vertreter nach § 279 Abs. 4 FamFG Anhörungsrechte zu. Die Anordnung der Betreuung erfolgt entweder von Amts wegen oder auf Antrag. Bei einer reinen körperlichen Behinderung geschieht dies nur auf einen Antrag hin; der Antrag kann als höchstpersönliches Recht nur vom Minderjährigen selbst gestellt werden, wobei „Anträge" der Eltern als Anregungen auszulegen sind.[13]

II. Volljährige Betroffene

1. Unfähigkeit zur Geschäftsbesorgung

7 Der zu betreuende Volljährige muss unfähig sein, seine Angelegenheiten ganz oder teilweise zu besorgen. Diese Unfähigkeit zur Geschäftsbesorgung muss derart krankheitsbedingt sein, dass der Betreute nicht in der Lage ist, seinen Willen frei zu bestimmen.[14] Unter der freien Willensbestimmung ist die Fähigkeit des Betroffenen zu verstehen, seinen Willen ohne Einfluss durch Krankheit oder Behinderung zu bilden und nach der gewonnenen Einsicht zu handeln.[15] Dies muss der Tatrichter feststellen. Wird festgestellt, dass die freie Willensbildung des Betroffenen „erheblich beeinträchtigt" ist, folgt daraus noch nicht, dass der Betroffene zu einer freien Willensbildung bezüglich seiner Betreuung nicht mehr in der Lage ist.[16]

8 Bloße Nachlässigkeiten des Betroffenen bei Ausübung seiner eigenen Geschäfte oder tolerable Normabweichungen genügen demnach noch nicht, um eine Betreuung einzurichten. Eine mangelhafte Schulausbildung, die Begehung von Straftaten, Arbeitsunlust oder soziale Fehlentwicklungen erfüllen noch nicht die medizinischen Kriterien, um einen Betreuer zu bestellen.[17] Anders, wenn die Normabweichungen zu Gesundheitsgefährdungen führen können oder Rechtskreise Dritter betreffen (z.B. Rattenbefall in einer Messie-Wohnung; Maden- und/oder Schimmelbildung in Essensrückständen, die „gehamstert" werden, u.a.), sofern der Betroffene dies krankheitsbedingt nicht erkennen kann. Selbst wenn sich der Betroffene bis auf Weiteres in Strafhaft befindet, kann eine Betreuungseinrichtung unterbleiben, sofern er bei Bedarf auf die Unterstützung durch den Sozialdienst und das Entlassungsmanagement der Haftanstalt zurückgreifen kann.[18]

13 Grüneberg/*Götz*, § 1814 Rn 22.
14 Grüneberg/*Götz*, § 1814 Rn 4 ff.
15 BayObLG FamRZ 2001, 1558.
16 BGH BtPrax 2019, 30.
17 AG Neuruppin FamRZ 2006, 1629.
18 AG Hamburg-Bergedorf BtPrax 2019, 254.

2. Kausalität: Krankheit – Unfähigkeit zur Geschäftsbesorgung

Die Ursache der o.g. Unfähigkeit muss in einer psychischen Krankheit oder einer körperlichen, geistigen oder seelischen Behinderung liegen. Geistige Behinderungen können angeboren oder im Laufe der Zeit aufgetreten sein (z.B. Altersdemenz). 9

Vorab sind immer sog. soziale Behinderungen, wie z.B. Unangepasstheit, Neigung zu Straftaten, Abweichungen vom „Durchschnittsverhalten", auszuscheiden.

a) Suchterkrankungen

Schwierig ist die Einordnung von Suchterkrankungen als psychische Krankheiten, welche bei entsprechender Schwere die Einrichtung einer Betreuung ebenfalls begründen können:[19] 10

Das bloße Vorliegen einer Alkohol- oder Drogenabhängigkeit genügt als Voraussetzung für die Anordnung einer Betreuung noch nicht. Hinzukommen muss, dass diese Abhängigkeit Symptom einer vorhandenen psychischen Krankheit ist oder zu einer solchen geführt hat. Die Abgrenzung ist problematisch und letztlich nur an Hand eines medizinischen Sachverständigengutachtens möglich.[20]

Psychische Krankheiten im Sinne des § 1814 Abs. 1, Abs. 4 S. 1 BGB sind zunächst die „klassischen", nämlich endogene (z.B. Schizophrenie) wie auch exogene organische Psychosen (Parkinsonerkrankung, Folgen von Enzephalitis u.a.).[21] Hierzu zählt seit jüngerer Zeit auch die Spielsucht als Form der Verhaltenssucht, die gesundheitsbedingt entstanden ist.[22] 11

Eine Suchterkrankung (siehe Rdn 10) rechtfertigt erst dann die Einrichtung einer Betreuung, wenn sie in kausalem Zusammenhang mit einem der vorbezeichneten Befunde steht.[23]

b) Rehabilitationsmaßnahmen

Hat eine Sucht- oder sonstige Erkrankung zur Installation einer Betreuung geführt, hat der Betreuer darauf hin zu wirken, die Krankheit so weit als möglich zu beseitigen. Dies kann durch Einleitung geeigneter Rehabilitations- oder Kurmaßnahmen geschehen, sofern die Maßnahme Erfolg versprechend ist. 12

19 BT-Drucks 11/4528, 116 f.

20 BayObLG FamRZ 1999, 1306; BayObLG FamRZ 2001, 1403; *Allgeier*, Alkohol- und Medikamentenabhängigkeit im Alter, BtPrax 2017, 144; Grüneberg/*Götz*, § 1814 Rn 6; BGH FamRZ 2018, 950; zur Computer- bzw. Internetsucht: LG Essen FamRZ 2008, 183.

21 Siehe dazu: www.kompetenznetz-schizophrenie.de; *Dodegge/Roth*, Systematischer Praxiskommentar Betreuungsrecht, 2023, Teil A Rn 6 ff.

22 BGH BtPrax 2019, 30.

23 OLG Hamm BtPrax 2001, 40 f.

Bei der Beurteilung der Erfolgsaussicht einer Rehabilitation zur Wiederherstellung der Erwerbsfähigkeit bedarf es im jeweils ärztlichen Gutachten eingehender Darlegung und Abwägung der Gründe, die für und gegen eine Gewährung dieser Rehabilitationsmaßnahme sprechen.[24]

Hierbei genügt keinesfalls allein die Stellungnahme des behandelnden Hausarztes oder gar eine nur formularmäßige Beurteilung durch den ärztlichen Dienst. Vielmehr ist ein detailliertes Gutachten eines fachlich entsprechenden Sachverständigen notwendig.[25]

3. Körperbehinderte

13 Für Körperbehinderte (z.B. Blinde, Stumme, Taube) darf ein Betreuer nur auf deren eigenen Antrag hin bestellt werden (§ 1814 Abs. 4 S. 2 BGB), außer der Betroffene kann seinen Willen nicht äußern, § 1814 Abs. 2 BGB. Hintergrund der Ausnahmevorschrift ist, dass die Körperbehinderung vielfach den Betroffenen nicht daran hindert, seinen rechtsgeschäftlichen Willen kund zu tun[26] oder ihn in seiner Entscheidung über die Ausübung einer Angelegenheit nicht beschränkt. Wenn hierfür regelmäßig Helfer zur Umsetzung der Tätigkeiten benötigt werden und dies auch erledigen können (z.B. soziale Dienste, Krankenpfleger, Familienangehörige, Nachbarn), rechtfertigt dies noch nicht den staatlichen Eingriff in die Sphäre des Körperbehinderten durch eine Betreuerbestellung.[27]

4. Spezielle Verfahrensfragen zur Betreuungsanordnung

a) Einholung ärztlicher Zeugnisse

14 Unklarheiten darüber, ob ein Gutachten über die Notwendigkeit einer Betreuung einzuholen ist und wann lediglich ein ärztliches Zeugnis für die Anordnung der Betreuung genügt, sind seit Einführung des FamFG regelmäßig beseitigt: Die Einholung von Gutachten in Verfahren wegen Betreuungssachen ist in §§ 280 ff. FamFG ausführlich geregelt worden. Insbesondere § 280 Abs. 2 und Abs. 3 FamFG stellen die Grundlage sowie den Gegenstand des Sachverständigengutachtens dar. Die Vorschrift des § 283 FamFG ermöglicht ausdrücklich den Zutritt zur Wohnung des Betroffenen unter den dort genannten Voraussetzungen. Dies ist insbesondere wichtig bei Betroffenen, welche hinsichtlich ihrer Erkrankung nicht einsichtig sind oder nicht sein können und sich in ihrer Wohnung „verschanzen".

---

24 BSG v. 31.5.1989 – 4 RA 50/88.

25 *Dodegge/Roth*, Systematischer Praxiskommentar Betreuungsrecht, 2023, Teil A Rn 173 mwN.

26 *Roth*, Erben und Vererben bei rechtlicher Betreuung, S. 43.

27 LG Essen FamRZ 2008, 183;

Selbst wenn das Gericht durch persönliche Anordnung des Betroffenen die eindeutige Erkenntnis gewonnen hat, dass eine Betreuung erforderlich ist, oder dies beim Betreuungsgericht offenkundig ist, ist zusätzlich das Gutachten eines Sachverständigen einzuholen.[28] Hierauf kann grundsätzlich nicht verzichtet werden.[29] Hierzu muss der Gutachter den Betroffenen grundsätzlich persönlich untersuchen und befragen.[30] Nicht selten wollen Betroffene während der Untersuchung mit dem Sachverständigen kommunizieren. Sofern sich für den Gutachter aus dem persönlichen Eindruck des Betroffenen, ihm zur Verfügung stehenden Unterlagen und Angaben des ihn behandelnden (Haus-)Arztes hinreichend Anhaltspunkte ergeben, kann er hierauf die gutachterliche Expertise erstellen.[31]

Ausnahmsweise ist ein Sachverständigengutachten entbehrlich, und zwar dann, 15
wenn die Betreuung abgelehnt, eingeschränkt oder aufgehoben werden soll, der Betroffene selbst die Betreuerbestellung beantragte, aber auf die Begutachtung verzichtete und das Gutachten unverhältnismäßig wäre (§ 281 Abs. 1 FamFG). In diesen Fällen genügt ein ärztliches Zeugnis, § 281 Abs. 1 FamFG.

b) Einholung von Sachverständigengutachten

aa) Inhalt von Sachverständigengutachten

Das Sachverständigengutachten hat sich mit der „Notwendigkeit der Betreuung" 16
auseinanderzusetzen, § 280 Abs. 1 S. 1 FamFG. Es dient zur Vorbereitung der Entscheidung dieser Rechtsfrage durch das Gericht.

Der Betroffene ist zur Erstellung des Gutachtens zu untersuchen oder zu befragen. Er ist ärztlich zu explorieren.[32] Dadurch werden die Mitwirkungs- und Anhörungsrechte des Betroffenen gewahrt. Keinesfalls genügt eine Begutachtung allein nach Lage der Akten.[33] Dies ist nur möglich, wenn der Betroffene den verbalen Kontakt im Rahmen der Untersuchung verweigert; dann muss allerdings der Gutachter aus seinem persönlichen Eindruck, ihm zur Verfügung stehenden Unterlagen und Angaben des den Betroffenen behandelnden Arztes hinreichende Anhaltspunkte gewinnen, um darauf sein Gutachten stützen zu können.[34]

Zwar eröffnet § 282 FamFG nunmehr die Möglichkeit, ärztliche Gutachten aus 17
dem Bereich der Pflegeversicherung oder des medizinischen Dienstes zu verwerten und auf die Einholung eines Gutachtens im Verfahren auf die Betreuerbestel-

28 OLG Stuttgart FamRZ 1993, 1365; Sternal/*Giers*, § 280 FamFG Rn 4.
29 Sternal/*Giers*, § 280 FamFG Rn 1.
30 BGH FamRZ 2018, 1601.
31 BGH NJW-RR 2018, 449.
32 OLG Köln FamRZ 1999, 1873; OLG Köln FamRZ 2001, 310; BGH NJW-RR 2017, 642; BGH FamRZ 2018, 1601.
33 OLG Brandenburg FamRZ 2001, 40, *Zimmermann*, FamRZ 1991, 270, 274.
34 BGH NJW-RR 2018, 449.

lung zu verzichten. Allerdings wird dabei vorausgesetzt, dass ein vom medizinischen Dienst für die Pflegekasse erstelltes Gutachten dem Gericht die Feststellung ermöglicht, ob die medizinischen – und damit inhaltlich materiellen – Voraussetzungen zur Bestellung des Betreuers nach § 1814 Abs. 1 BGB gegeben sind. Die Verwertung des in einem anderen Gerichtsverfahren eingeholten Gutachtens setzt grundsätzlich immer voraus, dass sich dieses auf das konkrete Betreuungsverfahren und die dort notwendigen, relevanten Aspekte erstreckt.[35] Diese Gutachten darf das Gericht anfordern, jedoch nur mit Einverständnis des Betroffenen verwerten.[36] Die vorgenannte Vorschrift stellt allerdings sicher, dass der Betroffene zumindest einmal begutachtet wurde, so dass die Vorlage eines Gutachtens zwingend bleibt.

18 Nach § 280 Abs. 3 FamFG muss sich das Gutachten inhaltlich bei einer anstehenden Entscheidung über die Unterstellung des Betroffenen unter eine Betreuung damit beschäftigen, welchen Umfang der Aufgabenkreis und welche voraussichtliche Dauer die Betreuungsbedürftigkeit hat.

Inhaltlich sind vor allem die Anknüpfungstatsachen seitens des Sachverständigen darzulegen, nach welchen er im Ergebnis die Erforderlichkeit der Betreuung bejaht; seine Schlussfolgerungen müssen nachvollziehbar sein.[37] Das Gutachten muss Art und Ausmaß der Erkrankung, deren Folgen für die Fähigkeit zur freien Willensbildung beim Betroffenen, die durchgeführten Untersuchungen und die weiteren Erkenntnisse plausibel darstellen und wissenschaftlich begründen, damit das Betreuungsgericht das Gutachten überprüfen und sich eine darauf gestützte eigene Meinung von der Richtigkeit der vom Gutachter gezogenen Schlussfolgerungen bilden kann.[38] In der Regel ist für die Erstellung des Gutachtens ein Sachverständiger mit der Qualifikation als Arzt für Psychiatrie oder als Arzt mit Erfahrung auf dem Gebiet der Psychiatrie heranzuziehen.[39]

bb) Zweitgutachten

19 Ein Zweitgutachten kann angeordnet werden, wenn das Gericht das Erstgutachten für ungenügend ansieht (§ 30 FamFG, § 412 Abs. 1 ZPO). Werden die Anknüpfungstatsachen nicht oder ungenügend dargelegt oder hat der Sachverständige nicht niedergelegt, welche Befragungen und Untersuchungen er vornahm, welche Tests und/oder Forschungsergebnisse er anwandte und welchen Befund er erhob, ist das Sachverständigengutachten unvollständig, widersprüchlich oder nicht nachvollziehbar, oder fehlt dem Gutachter die angedachte Sachkunde, dann

35 BGH NJW-RR 2019, 1345.

36 *Dodegge*, Das zweite Betreuungsrechtsänderungsgesetz, NJW 2005, 1896.

37 OLG Zweibrücken FamRZ 1990, 545.

38 BGH, Beschl. v. 30.10.2019 – XII ZB 144/19; *Dodegge*, Aktuelles aus dem Betreuungsrecht, BtPrax 2020, 3.

39 BGH BtPrax 2017, 79.

ist das Gutachten für das Gericht nicht verwertbar. Es muss dann ein weiteres Gutachten beauftragen.[40]

Daher hat das Gericht bei der Verwertung des Gutachtens zu prüfen, ob der Sachverständige den richtigen Sachverhalt zugrunde legte und ihn vollständig und nachvollziehbar bewertet hat.[41] Inhaltlich unterliegt das Sachverständigengutachten der gerichtlichen Prüfung nach den Grundsätzen freier Beweiswürdigung. Daher hat das Gericht das Gutachten insgesamt einer kritischen Prüfung zu unterziehen sowie die Zulässigkeit der Befunderhebung und die Nachvollziehbarkeit der daraus gezogenen medizinischen Schlussfolgerungen zu überprüfen.[42] 20

Liegen verschiedene Krankheiten, die schon jeweils einzeln eine Betreuung bedingen, kumulativ vor, ist für jede einzelne Krankheit ein separates Gutachten zu erstellen. Unabhängig davon, ob nur eine oder mehrere Krankheiten vorliegen, erfordert die Untersuchung stets zum persönlichen Kontakt des Gutachters mit dem Betroffenen als Bestandteil der durchzuführenden ärztlichen Exploration. Daher ist es nicht ausreichend, wenn der Sachverständige den Betroffenen nur kurz z.B. im Hausflur oder anderweitig anspricht.[43] 21

Das Gutachten hat die Frage „der Notwendigkeit der Betreuung" zu beantworten. Da es dem Gericht überlassen bleibt, in welchem Umfang es zu den einzelnen Punkten gutachterliche Stellungnahmen einholt,[44] hat es sich im Rahmen der Amtsermittlungspflicht und unter Berücksichtigung des schwerwiegenden Eingriffs, den die Anordnung der Betreuung für den Betroffenen darstellt, umfassend über dessen erkennbare Krankheitsbilder zu informieren. 22

cc) Mitwirkungspflichten des Betroffenen

Dem Betroffenen obliegen zur Erstellung des Gutachtens Mitwirkungspflichten. Erscheint er zur Untersuchung nicht, kann er vorgeführt werden, § 283 FamFG. Die Vorführung ist nach dem Verhältnismäßigkeitsprinzip allerdings nur dann zulässig, wenn andernfalls die Begutachtung sonst nicht möglich wäre. Wurde dem Betroffenen vor der Vorführung beim Gutachter kein rechtliches Gehör gewährt oder wurde dieser nicht persönlich angehört wurde, stellt dies einen Verfassungsverstoß dar.[45] Die Anordnung der Untersuchung sowie die Vorführung zum Sachverständigen sind nicht anfechtbar.[46] 23

40 Sternal/*Giers*, § 280 FamFG Rn 30; BayObLG FamRZ 2001, 1403.
41 BayObLG FamRZ 1994, 1059.
42 Sternal/*Giers*, § 281 FamFG Rn 29 ff.
43 OLG Köln FamRZ 2001, 310; OLG Köln OLGR 2005, 271; Sternal/*Giers*, § 280 FamFG Rn 19.
44 BT-Drucks 11/4528, 174.
45 BVerfG BtPrax 2019, 198.
46 BayObLG BtPrax 2002, 215; Sternal/*Giers*, § 283 FamFG Rn 8.

Weiterhin kann der Betroffene nach § 284 FamFG befristet untergebracht werden, sofern dies zur Vorbereitung des Gutachtens erforderlich ist. Auch diese Maßnahme unterliegt dem Verhältnismäßigkeitsprinzip, wobei die Unterbringung als ultima ratio anzusehen ist.[47] Vor seiner Unterbringung ist der Betroffene anzuhören, § 284 Abs. 1 S. 2 FamFG. Gegen den Willen des Betroffenen muss dieser nicht in seiner Wohnung angehört und dort vom Gutachter untersucht werden.[48]

dd) Einsichtsrechte in Gutachten

24 Sofern das Gutachten schriftlich erstattet wurde, ist es vor der gerichtlichen Entscheidung über die Betreuerbestellung dem Betroffenen bekannt zu geben, damit dieser sein rechtliches Gehör – notfalls über einen Verfahrenspfleger – ausüben kann. Er hat die Möglichkeit, zum Gutachten eine Stellungnahme abzugeben.[49] Das Gutachten ist nur verwertbar, wenn es mit seinem vollen Wortlaut dem Betroffenen – oder einem für ihn bestellten Verfahrenspfleger – zur Verfügung gestellt wurde.[50] Dies gilt nicht, wenn die Voraussetzungen des § 288 FamFG dargelegt werden[51] oder das Sachverständigengutachten dem Verfahrensbevollmächtigten des Betroffenen bereits anderweitig, beispielsweise durch Akteneinsicht, bekannt ist, da sich dessen Kenntnis der Betroffene zurechnen lassen muss,[52] wobei die Bekanntgabe an den Verfahrenspfleger oder den Betreuer nicht genügt.

Fällt das Gutachten zum Nachteil des Betroffenen aus, können er oder sein Verfahrenspfleger den Gutachter ablehnen, wenn die Besorgnis der Befangenheit besteht (§ 30 FamFG, § 406 ZPO).

25 Angehörigen des Betroffenen steht ein Einsichtsrecht in das Gutachten nicht zu. Sofern ihnen ein Beschwerderecht zusteht, können sie über den Umweg der Akteneinsicht nach der Vorschrift des § 13 Abs. 1 FamFG jedoch Einblick in das Gutachten erhalten. Allerdings hat ein Abkömmling des Betroffenen grundsätzlich kein berechtigtes Interesse an der Einsicht in die Betreuungsakte, wenn die Einsichtnahme nur dem Zweck dienen soll, die Erfüllung der Rechnungslegungspflicht des Betreuers zu überwachen.[53]

47 Siehe auch BVerfG BtPrax 2010, 75 ff.; BayObLG BtPrax 2002, 215.
48 BVerfG NJW 2018, 2135; BGH NJW 2013, 691.
49 BayObLG FamRZ 1995, 1441; OLG Frankfurt FamRZ 2008, 1477.
50 BGH BtPrax 2017, 196; BGH FamRZ 2018, 1770.
51 BGH MDR 2018, 1517; BGH NJW 2019, 237.
52 BGH NJW 2018, 1824.
53 OLG München FamRZ 2007, 2097.

5. Betreuung im Drittinteresse?

Grundsätzlich muss es sich um **eigene Angelegenheiten** des Betroffenen handeln, für die eine Betreuung eingerichtet wird. 26

Ausnahmsweise ist eine Betreuung im Drittinteresse möglich, beispielsweise wenn ohne Betreuerbestellung Willenserklärungen Dritter nicht wirksam werden können. So wurde bereits entschieden, dass für einen geschäftsunfähigen Mieter eine Betreuung anzuordnen ist, weil diesem gekündigt wird.[54] In der Schnittstelle zwischen Betreuungsbestellung und Vorsorgevollmacht ist vom LG Leipzig entschieden worden, dass z.B. für die Wirksamkeit des Zugangs eines notariellen Testamentswiderrufs es nicht zwingend eines gesetzlichen Vertreters des Zugangsempfängers (Betroffenen) bedarf. Ein Vorsorgebevollmächtigter, der auch als Betreuer geeignet wäre, kann insoweit bereits als gesetzlicher Vertreter für einen wirksamen Zugang angesehen werden.[55] Im Umkehrschluss bedeutet die Entscheidung, dass, wenn ein Vorsorgebevollmächtigter nicht bestellt ist, ein Betreuer für dieses „Drittinteresse", nämlich des Nachweises des Zugangs eines notariellen Testamentswiderrufs, bestellt werden kann.

Gefährdet der Betroffene Dritte aufgrund seiner Eigenerkrankung, ist die Betreuung in der Regel schon im eigenen Interesse notwendig. Zu beachten ist, dass eine Betreuung stets alleine dem Schutz des Betreuten dient. Es ist nicht Aufgabe einer Betreuung, Dritte vor dem Verhalten des Betreuten zu schützen. So hat das OLG München die Einrichtung einer Betreuung mit dem Aufgabenkreis „Überwachung des Fernmeldeverkehrs" zwar bestätigt, jedoch ausgeführt, dass die Betreuerbestellung zur Regelung des Fernmeldeverkehrs gegen den Willen des Betroffenen allein damit begründet werden kann, dass diese Maßnahme geeignet und erforderlich ist, ihn selbst vor berechtigten Reaktionen und Maßnahmen Dritter zu schützen, welche als Folge seines Verhaltens künftig zu erwarten sind. Die Eindämmung störenden Verhaltens des Betroffenen gegenüber Dritten hingegen kann nicht als Grundlage für eine Betreuung herangezogen werden. Im entschiedenen Fall wehrte sich ein Betroffener, der an einer chronisch verlaufenden schizophrenen Psychose litt, gegen eine eingerichtete Betreuung mit mehreren Aufgabenkreisen. Unter anderem war der Aufgabenkreis „Überwachung des Fernmeldeverkehrs" angeordnet worden. Dies wurde damit begründet, dass er Dritte mit Telefonanrufen bombardierte, unter anderem auch einen Richter auf dessen Privatanschluss sowie die Notrufzentrale der Polizei ca. 200-mal hintereinander angerufen hatte. Der Aufgabenkreis „Gesundheitssorge" war ebenfalls angeordnet, jedoch zu umfangreich, wie das OLG München feststellt.[56] Der Senat sieht ein Bedürfnis für die Anordnung dieser Betreuung im „Drittinteresse" darin, dass der Betroffene davor bewahrt werden muss, von der Polizei durch 27

54 BayObLG BtPrax 1996, 106.
55 LG Leipzig ZErb 2009, 360, bespr. in NJW-Spezial 2010, 71, 72.
56 OLG München FGPrax 2008, 110.

seine missbräuchliche Verwendung des Notrufs ständig aufgesucht zu werden. Darüber hinaus besteht die Gefahr aufgrund des Notrufmissbrauchs, dass ihm sein Handy weggenommen wird, um die Erreichbarkeit der Polizei im Notfall sicherzustellen.

6. Kausalität: Krankheit – Hilfsbedürftigkeit

28 Die Hilfsbedürftigkeit des Betroffenen muss auf dessen Krankheit oder der Behinderung beruhen. Daher hat die sachverständige Beurteilung einer schweren Krankheit aufzuzeigen, inwieweit sich diese auf die Fähigkeiten des Betroffenen auswirkt.[57]

7. Der Erforderlichkeitsgrundsatz der §§ 1814 Abs. 3 S. 1, 1815 Abs. 1 S. 3 BGB

29 Der Erforderlichkeitsgrundsatz zur Betreuerbestellung folgt aus §§ 1814 Abs. 3 S. 1, 1815 Abs. 1 S. 3 BGB. Er stellt eine der Leitlinien des gesamten Betreuungsrechts dar.[58] Durch ihn wird die Betreuung sowohl zeitlich als auch sachlich eingeschränkt. Die Frage, ob ein Betreuer zu bestellen ist, ist ebenso am Erforderlichkeitsprinzip zu messen wie der Umfang der Aufgabenkreise, der Auswirkungen der Betreuung und deren Dauer. An der Erforderlichkeit einer Betreuung kann es allerdings im Einzelfall dann fehlen, wenn der Betroffene jeden Kontakt mit dem Betreuer verweigert und der Betreuer dadurch handlungsunfähig ist, also eine „Unbetreubarkeit" vorliegt. Bei der Annahme einer Unbetreubarkeit ist jedoch Zurückhaltung geboten.[59]

30 Selbst wenn der Betroffene überhaupt keine seiner Angelegenheiten mehr besorgen kann, gebietet der Erforderlichkeitsgrundsatz dann eine Begrenzung des Aufgabenkreises, wenn für nur einzelne Teilaufgaben ein Fürsorgebedürfnis besteht.[60] Dies kann beispielsweise die Vertretung in einem Scheidungsverfahren, Erledigung von Steuerangelegenheiten, oder bei sonstigen punktuellen Aufgabengebieten (sog. Teilbetreuung) der Fall sein.[61]

31 § 1814 Abs. 3 S. 2 BGB zeigt deutlich, dass eine Betreuung nicht erforderlich ist, soweit der Betroffene einen Bevollmächtigten bestellt hat[62] oder sonst anderweitig Hilfe in Anspruch nehmen kann. Dieses Subsidiaritätsprinzip eröffnet die Möglichkeit, durch eine Vorsorgevollmacht oder andere, eine Betreuung erset-

57 *Dodegge/Roth*, Teil A Rn 18.
58 BVerfG FamRZ 1999, 1419 f.
59 BGH BtPrax 2019, 114.
60 BGH FamRZ 1961, 370; Grüneberg/*Götz*, § 1814 Rn 16 ff.
61 BayObLG FamRZ 1965, 341; *Dodegge/Roth*, Teil A Rn 24.
62 Bei der Bundesnotarkammer sind zum 31.12.2023 bereits 6 Mio. Vorsorgevollmachten hinterlegt gewesen, siehe https://www.vorsorgeregister.de/fileadmin/user_upload_zvr/Dokumente/Jahresberichte_ZVR/2023-JB-ZVR.pdf.

zende Verfügungen einzelne oder alle Aufgabenkreise selbst auf Dritte zu übertragen.[63] Das OLG Köln hatte gegen die herrschende Rechtsprechung argumentiert und eine gemäß § 6 Abs. 2 S. 1 BtBG öffentlich beglaubigte transmortale Vorsorgevollmacht nach dem Tod des Vollmachtgebers als nicht den Anforderungen des § 29 GBO genügend angesehen. Die Beglaubigung von Unterschriften auf Vorsorgevollmachten durch die Urkundsperson bei der Betreuungsbehörde gemäß § 6 Abs. 2 S. 1 BtBG genügt laut BGH, der dieser Entscheidung letztinstanzlich widersprochen hat, den Anforderungen des § 29 GBO.[64]

Praxistipp

Wird eine solche Vorsorgevollmacht zur Vermeidung einer Betreuung eingerichtet, sollte darauf geachtet werden, dass diese über den Tod – transmortal – hinaus gilt, andernfalls die Vollmacht mit dem Tod des Vollmachtgebers erlöschen kann.[65]

Bestehen hingegen erhebliche Zweifel an der Redlichkeit des Bevollmächtigten, steht das Vorliegen einer Vorsorgevollmacht der Anordnung einer Betreuung nicht entgegen. Vor allem, wenn zu befürchten ist, dass der Bevollmächtigte die Wahrnehmung der Interessen des Betroffenen konkret gefährdet oder eine konkrete Gefahr für das Wohl des Betroffenen begründet, ist nach der Rechtsprechung des BGH die Anordnung einer Betreuung trotz Vorhandenseins einer Vorsorgevollmacht angezeigt;[66] notfalls ist ein Kontrollbetreuer zu installieren, § 1820 Abs. 3 Nr. 2 BGB (siehe Rdn 35 ff.).

8. Dauer der Betreuung

Nach § 1871 Abs. 1 S. 1 BGB ist die Betreuung aufzuheben, wenn deren Voraussetzungen wegfallen. Die Betreuung endet nur durch ausdrückliche gerichtliche Entscheidung, nicht bereits mit Wegfall der Betreuungsvoraussetzungen von selbst. 32

Der Erforderlichkeitsgrundsatz gebietet zudem, dass einzelne Aufgabenkreise einzuschränken sind, wenn für diese einzelnen Kreise die Betreuungsvoraussetzungen wegfallen (§ 1871 Abs. 1 S. 2 BGB).

Unabhängig vom jeweiligen Aufgabenkreis besteht für jeden Betreuer zudem die Pflicht zur Mitteilung von Umständen an das Betreuungsgericht, die zur Aufhebung, Einschränkung oder Erweiterung des Aufgabenkreises Anlass geben könnten (§§ 1864 Abs. 2, 1821 Abs. 6 BGB).

63 Grüneberg/*Götz*, § 1814 Rn 17; LG Leipzig NJW-Spezial 2010, 71 f.
64 OLG Köln FGPrax 2019, 255; BGH, Beschl. V. 12.11.2020 – V ZB 148/19.
65 OLG München NJW 2014, 3166 ff.
66 BGH NJW 2011, 2135; BGH NJW 2014, 1733 ff.

33 Spätestens nach sieben Jahren ist über die Aufhebung oder Verlängerung der Betreuung zu entscheiden, § 295 Abs. 2 FamFG.

Weiterhin endet die Betreuung mit dem Tod des Betreuten. Allerdings entstehen hierbei fortwirkende Pflichten des Betreuers, die er ausnahmsweise weiterhin wahrzunehmen hat, § 1874 Abs. 2 BGB.[67] Insbesondere ist der Betreuer verpflichtet, nach dem Tod des Betroffenen (über die Abwicklung hinaus) noch Geschäfte zu besorgen, die nicht ohne Gefahr aufgeschoben werden können, bis der Erbe anderweitig Fürsorge treffen kann, §§ 1698b,1874 Abs. 2 BGB.

Praxistipp

Erkennt der Betreuer nach dem Tod des Betreuten unter den möglichen Erben über deren Erbenstellung einen Streit, sollte er einen Nachlasspfleger beim Nachlassgericht beantragen. Voraussetzung dafür ist, dass der Erbe „ungewiss" gemäß § 1960 Abs. 1 S. 3 BGB ist, was auch dann der Fall ist, wenn Streit über die Erbenstellung herrscht.[68]

C. Sonderfälle der Betreuungsarten

34 In der täglichen Gerichtspraxis sowie innerhalb einzelner Betreuungen besteht oft das Bedürfnis, für spezielle Betreuungsbereiche Sonderbetreuer einzusetzen.

I. Die Kontrollbetreuung

1. Aufsicht des Betreuungsgerichts

35 §§ 1815 Abs. 3, 1820 Abs. 3 BGB sehen die Anordnung einer Vollmachtsüberwachungsbetreuung (sog. Kontrollbetreuung) vor. Dieser besondere Betreuer kann für den Betroffenen Rechte gegenüber dessen Bevollmächtigten wahrnehmen. Originäre Betreuungsaufgaben übernimmt der Kontrollbetreuer nicht;[69] seine Befugnisse gegenüber dem Bevollmächtigten ergeben sich aus dem der Vollmacht zugrunde liegenden Rechtsgeschäft, was in der Regel einen Auftrag oder Geschäftsbesorgungsvertrag nach §§ 662 ff. BGB darstellt. Ihm stehen sämtliche Kontrollrechte, die auch der Vollmachtgeber hat, zu. Dies sind insbesondere die Rechte gegenüber dem Bevollmächtigten auf

- Auskunft, § 666 BGB
- Erteilung von Weisungen, § 665 BGB
- Untersagung bestimmter Geschäfte gegenüber dem Bevollmächtigten, § 665 BGB

67 *Roth*, Erben und Vererben bei rechtlicher Betreuung, S. 281 ff.
68 Grüneberg/*Weidlich*, § 1960 Rn 6.
69 BGH FamRZ 2017, 1777.

- eine geordnete Aufstellung der Einnahmen und Ausgaben über die Vermögenstätigkeiten des Bevollmächtigten zu verlangen, § 666 BGB
- Belegeinsicht oder Herausgabe der Belege, § 667 BGB
- Erteilung eines Zugeständnisses zur Abweichung der ursprünglichen Weisung des Auftraggebers, § 665 S. 2 BGB
- Geltendmachung von Schadenersatzansprüchen gegen den Bevollmächtigten, §§ 823, 280 Abs. 1, Abs. 3, 281–283 BGB.[70]

Das bloße Vorhandensein von Angehörigen macht die Bestellung eines Betreuers nach §§ 1815 Abs. 3, 1820 Abs. 3 BGB noch nicht entbehrlich.

Die Kontrollbetreuung stellt das Korrelat dazu dar, dass der nach Erteilung der Vollmacht geschäftsunfähig gewordene Betroffene die Vollmacht nicht mehr selbst widerrufen und/oder die Ausübung derselben durch den Betreuer nicht (mehr) überwachen kann.[71] Gegen den Willen des Betroffenen kann ein Kontrollbetreuer grundsätzlich nicht bestellt werden, sondern nur dann, wenn dessen freie Willensbestimmung aufgehoben ist. Der Ausschluss der Einsichts- und Steuerungsfähigkeit muss sich hierbei auf die vorzunehmenden Rechtshandlungen beziehen.[72] Allein die Tatsache, dass der Vollmachtgeber seine Rechte aus dem zugrunde liegenden Auftragsverhältnis gegenüber dem Bevollmächtigten nicht mehr ausüben kann, rechtfertigt noch nicht die Bestellung eines Kontrollbetreuers; vielmehr muss ein besonderes Überwachungsbedürfnis hinzutreten, welches z.B. in einem Vollmachtsmissbrauch oder in Mängeln der Tauglichkeit des Bevollmächtigten gesehen werden kann.[73] Die Einrichtung der Kontrollbetreuung ist dann erforderlich, wenn hinreichende Anhaltspunkte den Verdacht bestätigen, dass mit der Vollmacht dem Betreuungsbedarf nicht genüge getan wird, was sich aus Interessenskonflikten ergeben kann.[74] In der Praxis häufig sind Interessenkonflikte zwischen dem Bevollmächtigten und dem Vollmachtgeber, z.B. aufgrund etwaiger potentiell künftiger Miterbenstellungen. Eine nur mögliche Erbanwartschaft gilt für die Bestellung des Kontrollbetreuers hingegen noch nicht.[75] Ist die Bevollmächtigte jedoch Miterbin und mit den übrigen gesetzlichen Erben vollständig zerstritten, zu denen auch der Betroffene/Vollmachtgeber gehört, kann die Kontrollbetreuung gem. § 1816 Abs. 6 BGB angeordnet werden; selbst wenn eine Generalvollmacht zugunsten des „streitbaren" Miterben vorliegt, welche auf ein besonderes Vertrauen des Vollmachtgebers in den Bevollmächtigen hinweist, schließt ein solcher Miterbenstreit die Bestellung des Kontrollbetreuers nicht aus.[76] Ein solcher Interessengegensatz zur Einrichtung der Kontrollbetreu- 36

70 *Walther*, Widerruf einer (Vorsorge-)Vollmacht durch den Betreuer, BtPrax 2019, 92, 93.
71 LG Wiesbaden FamRZ 1994, 778.
72 BGH BtPrax 2018, 163.
73 A.A. LG München FamRZ 2007, 2008.
74 BGH NJW-RR 2017.
75 OLG Düsseldorf FamRZ 1996, 1373.
76 LG Kleve FamRZ 2008, 303.

ung kann aus erbrechtlicher Sicht auch dadurch entstehen, dass der Bevollmächtigte Erbe wird und ein Vermächtnis des Vollmachtgebers erfüllen muss.[77] Die Rechtsprechung verlangt zur Einrichtung der Kontrollbetreuung nicht, dass eine Vollmacht bereits faktisch missbraucht wurde; es genügen konkrete Aspekte dafür, dass der Bevollmächtigte nicht entsprechend der Vollmachtsvereinbarung und im Interesse des Vollmachtgebers/des Betroffenen handelt.[78]

37 Für die Einrichtung der Kontrollbetreuung ist der Rechtspfleger funktionell zuständig, §§ 3 Nr. 2 lit. b, 15 Abs. 1 Nr. 1 RPflG. Das Betreuungsgericht führt dabei die Aufsicht über den Vollmachtsüberwachungsbetreuer, § 1862 Abs. 1 BGB. Dem Gericht gegenüber muss der Kontrollbetreuer jederzeit Auskunft über die Führung seiner Überwachungsbetreuung und die persönlichen Verhältnisse des Betreuten erteilen. Auch hat er Abrechnungen und Belege des Bevollmächtigten zur Einsichtnahme auszuhändigen. Da seine Tätigkeit keine Vermögensverwaltung darstellt, ist er zur geordneten Rechnungslegung nicht verpflichtet.[79]

38 Der Kontrollbetreuer seinerseits unterliegt der Kontrolle des Betreuungsgerichts, § 1821 Abs. 2 S. 1, Abs. 2 S. 3 und 4 BGB. Ist eine umfassende Vorsorgevollmacht erteilt worden, kann eine nur im Vermögensbereich erforderliche Kontrollbetreuung entsprechend beschränkt werden. In diesem Fall kann der Betreuer im Falle eines rechtmäßigen Widerrufs der Vertretungsmacht nicht die Herausgabe der Vollmachtsurkunde insgesamt, sondern nur deren Vorlage zur Anbringung des diesbezüglichen Vermerks verlangen.[80] Aufgrund des Subsidiaritätsprinzips der Betreuung ist im Fall der Durchführung eines Vollmachtswiderrufs immer noch zu prüfen, ob ein Teilwiderruf für einzelne Bereiche (z.B. den Aufgabenkreis der Vermögensangelegenheiten) oder nur einzelner Geschäfte ausreichend ist, um die drohenden Gefahren für den Betroffenen abzuwenden.[81]

39 Der vom Betroffenen bestellte Bevollmächtigte hat kein Beschwerderecht gegen die Bestellung des Kontrollbetreuers.[82] Wurde z.B. dem Betreuer unter anderem auch der Aufgabenkreis „Widerruf von Vollmachten" übertragen und widerruft er auf dieser Grundlage eine Vorsorgevollmacht, ist der Bevollmächtigte weder im eigenen noch im Namen des Betroffenen befugt, Rechtsmittel gegen die Betreuerbestellung zu erheben.[83] Der Bevollmächtigte ist aufgrund der Gerichtsent-

77 BGH FamRZ 2017, 1714.

78 BGH FamRZ 2016, 1671; *Nedden-Boeger*, Die Vorsorgevollmacht in der betreuungsgerichtlichen Praxis, BtPrax 2019, 87, 89.

79 *Dodegge/Roth*, Teil A Rn 35.

80 OLG München BtPrax 2009, 189.

81 BGH FamRZ 2014, 192.

82 OLG Stuttgart FamRZ 1995, 427.

83 KG NJW 2009, 1425.

scheidung nicht in seiner Eigenrechtsposition beeinträchtigt, da die Entscheidung im Interesse des Betroffenen erfolgte.[84]

Der Betroffene hingegen kann gegen die Anordnung dieser Art der Betreuung Beschwerde einlegen, §§ 58, 59 Abs. 1 FamFG.[85]

Verfahrensrechtlich räumt § 19 Abs. 1 Nr. 1 RPflG dem Landesgesetzgeber die Möglichkeit ein, die Auswahl und Bestellung eines (weiteren) Betreuers vom Richter auf den Rechtspfleger zu übertragen. 40

2. Besondere Kontrollrechte

a) Auskunftsrechte nach § 666 BGB

Praktisch bedeutsam ist diese Art der Betreuung, wenn Bankvollmachten erteilt wurden. Liegen konkrete Umstände vor,[86] die auf einen Missbrauch der Vollmacht schließen lassen, liegt ein Bedürfnis für die Anordnung dieser Betreuungsform vor. Ebenso, wenn der Betroffene seine Kontrollrechte aus § 666 BGB wegen psychischer oder sonstiger Erkrankungen nicht mehr selbst wahrnehmen kann.[87] Ob und wenn ja, welche Auskunftsrechte in concreto vorliegen, hängt von dem der Vollmacht zugrunde liegenden Innenverhältnis ab. Ohne ausdrückliche Regelung kann es sich dabei um einen Auftrag (§§ 662 ff. BGB) oder eine entgeltliche Geschäftsbesorgung (§ 675 BGB) handeln. Ein entsprechender Rechtsbindungswille, der ein Auftragsverhältnis hergibt, wird vom BGH jedenfalls dann angenommen, wenn durch die Vollmacht erhebliche Vermögensinteressen zugunsten des Betroffenen vorgenommen werden sollen.[88] Für das Rechtsverhältnis zwischen bevollmächtigten Ehepartnern wird in der Regel ein „besonderes Vertrauensverhältnis" angenommen, das Auskunfts- und Rechenschaftspflichten ausschließt.[89] Ob diese Grundsätze auch unter Lebensgefährten oder zwischen Betroffenen und deren Kindern anzuwenden ist, ist streitig.[90] 41

Der Vollmachtsüberwachungsbetreuer besitzt eigene Auskunftsrechte sowie Rechte auf Rechenschaftslegung gegenüber dem Bevollmächtigten. Er kann vom Bevollmächtigten neben der Auskunft nach § 666 BGB zusätzlich eine Aufstel- 42

84 BGH FamRZ 2018, 1607.
85 BGH BtPrax 2019, 112.
86 BGH NJW-RR 2020, 449; OLG Köln FamRZ 2000, 909 L; Grüneberg/*Götz*, § 1814 Rn 20.
87 BayObLG FamRZ 1999, 1302.
88 BGH FamRZ 2001, 23.
89 BGH FamRZ 2001, 23.
90 OLG Düsseldorf ZEV 2007, 184 zu Lebensgefährten; OLG Köln ZEV 2013, 339 zu Abkömmlingen. Für die Anwendung des Auftragsrechts: OLG Schleswig BeckRS 2014, 12054 = NJW-Spezial 2014, 455; AG Bad Mergentheim FamRZ 2014, 971.

lung über das Vermögen des Betreuten sowie der Einnahmen und Ausgaben, die der Bevollmächtigte für den Betreuten tätigte, verlangen. Ihm stehen auch Weisungsrechte gegenüber dem Bevollmächtigten zu, um auf den Bevollmächtigten einzuwirken, jedoch immer im Hinblick auf Wünsche und Wohl des Betreuten, § 1821 Abs. 6 BGB. Ebenso kann er den Bevollmächtigten dahingehend anweisen, bestimmte Rechtsgeschäfte oder solche gegenüber bestimmten Personen oder einer gewissen Größenordnung nur noch mit der Zustimmung des Kontrollbetreuers vorzunehmen.[91]

b) Herausgabe von Belegen nach § 667 BGB

43 Weiterhin kann er die Herausgabe der Belege nach § 667 BGB verlangen und gestatten, dass der Bevollmächtigte von den Weisungen des Betreuten abweicht (§ 665 S. 2 BGB).

3. Widerrufsrecht hinsichtlich der erteilten Vollmacht

44 Darüber hinaus hat er das Recht, Schadenersatzansprüche (§§ 280 Abs. 1, 823 BGB) gegen den Bevollmächtigten anzumelden, die der Vollmacht zugrunde liegende causa zu kündigen, und letztlich als ultima ratio die Vollmacht zu widerrufen (§ 671 BGB).

45 Das stärkste Recht des Vollmachtsüberwachungsbetreuers ist die Möglichkeit, die erteilte Vollmacht zu widerrufen.[92] Dies ist jedoch nur unter engen Voraussetzungen möglich. Hierfür müssen mindestens konkrete Anhaltspunkte über den Missbrauch der ursprünglich erteilten Vollmacht vorliegen.[93] Auch die stetige und beharrliche Weigerung des Bevollmächtigten, die entsprechenden Auskünfte und Rechenschaften gegenüber dem Überwachungsbetreuer zu legen, indiziert diese Missbrauchsgefahr.

Praxistipp

Der Betroffene kann bei Erteilung einer Vorsorgevollmacht die Einsetzung eines Vollmachtsüberwachungsbetreuers durch das Gericht umgehen, indem

91 BGH FamRZ 2018, 1188; *Nedden-Boeger*, BtPrax 2019, 87, 90; Horn/*Bienwald/Horn*, Anwaltformulare Vorsorgevollmachten, § 6 Rn 22.

92 BayObLG FamRZ 1994, 1550; zu den Schwierigkeiten bei Widerruf der Vollmacht durch den Überwachungsbetreuer BayObLG FamRZ 1992, 341 m. Anm. *Zimmermann*; *Böhl*, Probleme beim Widerruf einer Vorsorgevollmacht durch einen – für diesen Zweck bestellten – Kontrollbetreuer, Anm. zu BGH FamRZ 2013, 1571 in FamRZ 2013, 1703 ff.; *Nedden-Boeger*, BtPrax 2019, 87, 91; zum Vollmachtswiderruf ohne Vorliegen eines wichtigen Grundes *Walther*, BtPrax 2019, 92, 94.

93 OLG Schleswig Rpfleger 2003, 245; Horn/*Bienwald/Horn*, Anwaltformulare Vorsorgevollmachten, § 6 Rn 15 ff.

er selbst einen **Überwachungsbevollmächtigten** in der Vorsorgevollmacht benennt.[94]

Hat der gerichtlich bestellte Kontrollbetreuer die Vorsorgevollmacht widerrufen, ist eine eigene Beschwerdeberechtigung der in der Vorsorgevollmacht benannten Person gegen die Betreuerbestellung nicht mehr gegeben.[95] Der einmal erklärte Widerruf der Vollmacht kann durch den Betreuer nicht mehr rückgängig gemacht werden.[96] 46

Praxistipp

Da der Vollmachtswiderruf das letzte Mittel darstellt, zu dem der Kontrollbetreuer greifen soll, sollte er versuchen, durch Ausübung seiner Weisungs- und Auskunftsrechte den Bevollmächtigten dazu zu bewegen, im Interesse und zum Wohl des Betreuten zu handeln.[97]

Der Kontrollbetreuer, dem (auch) die Befugnis zum Widerruf der Vorsorgevollmacht durch das Betreuungsgericht eingeräumt ist, muss von diesem „Gesamtrecht" nicht vollständig Gebrauch machen. Ihm steht die Option offen, einen Teilwiderruf der Vollmacht herbeizuführen und dadurch die restliche Vollmacht bestehen zu lassen, was in der Regel dem Wunsch des Betreuten/Vollmachtgebers entsprechen dürfte.

II. Die Ergänzungsbetreuung gemäß § 1817 Abs. 5 BGB

Ist ein Betreuer an der Vertretung des Betreuten teilweise verhindert, bestellt das Betreuungsgericht einen Ergänzungsbetreuer (§ 1817 Abs. 5 BGB). Es ist unerheblich, ob die Verhinderung auf rechtlichen oder tatsächlichen Gründen beruht.[98] Ein rechtliches Vertretungshindernis kann z.B. darin liegen, dass der Betreuer unter Umständen für den Betreuten mit sich selbst einen Vertrag abschließen müsste (§§ 181, 1824 BGB). 47

Tatsächliche Gründe für die Verhinderung des Betreuers an der Ausübung seines Amtes können z.B. ein zeitweiliger Wohnsitzwechsel des Betreuers oder eine vorübergehende Verlegung des Betroffenen in ein anderes Heim sein. 48

In der Gerichtspraxis wird häufig auch bei erheblichen Interessengegensätzen ein Ergänzungsbetreuer bestellt. Dies kann der Fall sein, wenn zwar keine rechtliche oder tatsächliche Verhinderung des Betreuers vorliegt, aber abzusehen ist, dass der Betreuer Rechtsgeschäfte abschließen oder Handlungen vornehmen müsste, welche sich zumindest mittelbar auf den Betroffenen auswirken. Häufig ist in 49

94 *Dodegge/Roth*, Teil A Rn 30.
95 OLG Frankfurt BtPrax 2009, 194 f.
96 OLG Frankfurt FamRZ 2009, 911; KG NJW 2009, 1425.
97 BGH FamRZ 2018, 1188.
98 OLG Dresden BtPrax 2001, 260; OLG Schleswig FamRZ 2004, 835.

erbrechtlichen Fallkonstellationen eine solche Kollision gegeben, beispielsweise wenn der Betroffene und der Betreuer selbst Mitglieder einer Erbengemeinschaft sind oder der Betroffene Pflichtteilsansprüche gegen den Betreuer geltend machen müsste.[99]

III. Die Gegenbetreuung gemäß §§ 1792, 1799 BGB a.F.

50 Neben dem Betreuer konnte vom Betreuungsgericht auch ein Gegenbetreuer bestellt werden (§§ 1908i Abs. 1, 1792, 1799 BGB a.F.). Diese Art der Betreuung wurde insbesondere bei großem Vermögen des Betroffenen vorgenommen. Bestehende Gegenbetreuungen wurden zum 1.1.2023 wirkungslos (Art. 229 § 54 Abs. 2 EGBGB).

D. Der Betreuer

I. Personenkreis

51 Betreuer können natürliche oder juristische Personen sein.

1. Betreuungsvereine und Betreuungsbehörden

52 Als juristische Person kann ein Betreuungsverein oder die Betreuungsbehörde auftreten. Nach § 1818 Abs. 1 S. 1 BGB ist die Betreuerbestellung eines Betreuungsvereines subsidiär zur Betreuung durch natürliche Personen. Als „Auffangbecken“ wird nach § 1818 Abs. 4 BGB die Betreuungsbehörde eingesetzt, wenn weder eine natürliche Person noch ein Betreuungsverein die Betreuungsaufgaben übernimmt.

Der einzelne Vereins- bzw. Behördenbetreuer ist gegenüber dem Verein oder der Behörde weisungsgebunden.[100]

53 Vom Gesetzgeber beabsichtigt ist, dass die privatrechtliche Vorsorge der Bürger einen höheren Stellenwert erhält. Nicht zuletzt deshalb hat die örtliche Betreuungsbehörde weitere gesetzliche Zuständigkeiten zur Beratung und Unterstützung von Bevollmächtigten erhalten. Diese Pflichten werden in einer nun fixierten Beglaubigungszuständigkeit der Betreuungsbehörde für Vorsorgevollmachten oder Betreuungsverfügungen konkretisiert. Diese Beglaubigungsmöglichkeit der Betreuungsbehörde konkurriert frei mit der Beglaubigungsmöglichkeit bei Notaren. Hierfür zuständig ist jeweils diejenige örtliche Betreuungsbehörde, in deren Bezirk sich der gewöhnliche Aufenthalt des Vollmachtgebers befindet. Die Vor-

---

99 *Roth*, Erben und Vererben bei rechtlicher Betreuung, S. 235 ff.; LG Kleve Rpfleger 2008, 200.

100 Siehe hierzu *Dodegge/Roth*, Teil A Rn 164 ff.

schriften zur Unterschriftenbeglaubigung gemäß § 40 BeurkG sind sinngemäß anzuwenden. Entgegen der herrschenden Rechtsprechung hat das OLG Köln eine nach § 6 Abs. 2 S. 1 BtBG a.F. (jetzt: § 7 Abs. 1 BtOG) öffentlich beglaubigte transmortale Vorsorgevollmacht nach dem Tod des Vollmachtgebers als den Anforderungen des § 29 GBO nicht genügend angesehen, was vom BGH jedoch aufgehoben wurde.[101] Die Beratungspflichten der Betreuungsbehörde sind in §§ 5, 6 BtOG geregelt.

2. Natürliche Personen

Vorrangig ist daher nach § 1816 Abs. 1 BGB eine natürliche Person als Betreuer zu bestellen, deren Auswahl primär vom Willen des Betroffenen abhängt, sofern er sich hierzu äußern kann. Dies gilt auch hinsichtlich des Wunsches des Betroffenen, eine natürliche Person nicht als Betreuer zu installieren. Regelmäßig sind als natürliche Personen ehrenamtliche Einzelbetreuer zu bestellen. Dabei handelt es sich üblicherweise um Verwandte, Freunde oder sonstige Angehörige des Betroffenen, wobei verwandtschaftliche Bindungen des Betroffenen zu beachten sind.[102] Allerdings muss, auch wenn es sich um Verwandte handelt, die zum Betreuer bestellt werden sollen, die entsprechende Person zur Betreuungsführung geeignet sein, um die Pflichten des § 1821 BGB erfüllen zu können.[103] 54

Die ehrenamtlichen Betreuer erhalten Aufwendungsersatz nach §§ 1877, 1878 BGB sowie – bei Vorliegen der Voraussetzungen – eine Vergütung nach §§ 1875, 1876 BGB.

3. Berufsbetreuer

Üben die Betreuer ihre Tätigkeit im Rahmen ihrer Berufsausbildung aus, handelt es sich in aller Regel um Berufsbetreuer. Dies können z.B. Rechtsanwälte, Steuerberater, Kaufleute usw. sein. Die Bestellung eines Berufsbetreuers ist wiederum nachrangig zur Bestellung eines ehrenamtlichen Betreuers, § 1816 Abs. 5 BGB.[104] 55

II. Anhörungsrechte vor Betreuerbestellung

1. Anhörungsrechte des Betroffenen

Es ist vorgesehen, dass vor einzelnen Entscheidungen des Betreuungsgerichts die Anhörung des Betroffenen zu erfolgen hat, § 278 Abs. 1 FamFG.[105] Die Intensität 56

---

101 OLG Köln FGPrax 2019, 255; BGH, Beschl. V. 12.11.2020 – V ZB 148/19.

102 OLG Hamm FGPrax 2003, 27; OLG Zweibrücken FamRZ 2009, 1180.

103 Grüneberg/*Götz*, § 1816 Rn 10.

104 BGH BeckRS 2018, 22368.

105 BGH BtPrax 2018, 235, wonach das Betreuungsgericht auch non-verbale Kommunikationsmöglichkeiten mit dem Betreuten nutzen muss.

der Anhörung ist gesetzlich gestaffelt, da sie teilweise erfolgen muss („die Anhörung hat zu erfolgen") oder lediglich empfohlen wird („soll"). Teilweise ist die persönliche Anhörung des Betroffenen vorgesehen, kann jedoch auch auf andere Weise (z.B. schriftlich) erfolgen.

a) Gesetzlich geregelte Fälle

57 Die Anhörung des Betroffenen erfolgt beispielsweise in folgenden gesetzlich geregelten Fällen:
- vor Anordnung der Betreuung oder eines Einwilligungsvorbehaltes (§ 278 Abs. 1 S. 1 FamFG)
- vor Genehmigung der Einwilligung in eine Sterilisation (§ 297 Abs. 1 S. 1 FamFG)
- vor Verfügungen/Verpflichtungen über Grundstücke (§ 299 FamFG, § 1850 Nr. 1 BGB)
- vor Veräußerung oder Auflösung eines Geschäfts, Verpachtung eines Gewerbebetriebs (§ 299 FamFG, §§ 1852 Nr. 2, 1847 BGB)
- vor Verfügungen über Erbrechte, Pflichtteile oder Vermächtnisse (§ 1851 Nr. 1, 2 BGB, § 299 FamFG)
- sonstige wichtige Geschäfte (§ 299 FamFG, § 1854 BGB)
- vor Genehmigung einer Einwilligung in gefährliche Untersuchungen, Heilbehandlungen oder ärztliche Eingriffe (§ 1829 BGB, § 298 Abs. 1 S. 2 FamFG)
- vor der Kündigung oder Auflösung der vom Betroffenen angemieteten Wohnung (§ 1833 Abs. 3 Nr. 1, 2 BGB, § 299 FamFG)
- vor Eingehung eines Mietverhältnisses über Wohnraum, bei denen der Betreuer als Vermieter auftritt (§§ 1833 Abs. 3 Nr. 3, 1853 S. 1 Nr. 1 BGB, § 299 FamFG)
- vor Bewilligung einer Betreuervergütung aus dem Vermögen des Betreuten (§§ 1876, 1875 BGB)
- vor Aufnahme eines Darlehens oder Eingehung einer Bürgschaft (§ 1854 Nr. 2, 3 BGB)
- vor Genehmigung gefährlicher ärztlicher Maßnahmen (§ 297 FamFG, §§ 1829, 1830 BGB)
- vor Unterbringung oder unterbringungsähnlichen Maßnahmen (§ 319 Abs. 1 FamFG, § 1831 BGB)
- vor der Bestellung eines neuen Betreuers bzw. der Entlassung des Betreuers gegen den Widerspruch des Betreuten (§ 296 FamFG)
- nach § 26 FamFG im Rahmen der Amtsermittlungspflicht als Ausgestaltung der Pflicht zur Gewährung des rechtlichen Gehörs aus Art. 103 GG, jeweils einzelfallabhängig.

b) Verfahrenspfleger

Entscheidet das Betreuungsgericht dahingehend, dass von der persönlichen Anhörung des Betroffenen abgesehen werden soll, so ist regelmäßig ein Verfahrenspfleger zu bestellen (§ 276 Abs. 1 FamFG). Der Bestellung eines Verfahrenspflegers bedarf es auch, wenn der Betroffene sich zu gestellten Anträgen (z.B. Anbringung eines Bettgitters) nicht äußern kann oder den Umfang der beantragten Maßnahmen nicht erkennt,[106] wenn eine Totalbetreuung eingerichtet werden soll[107] oder ein Einwilligungsvorbehalt für die vollständigen Vermögensangelegenheiten angeordnet werden soll.[108] 58

Der Bestellungszeitpunkt zur Installierung des Verfahrenspflegers ist so zu bemessen, dass jener die Möglichkeit hat, am Anhörungstermin des Betroffenen teilzunehmen, andernfalls ist die Anhörung fehlerhaft. Vor der Bestellung des Verfahrenspflegers wiederum ist rechtliches Gehör zu gewähren.[109]

Der Verfahrenspfleger hat die Verfahrensstellung des Betroffenen inne. Er kann dessen Recht auf rechtliches Gehör wahrnehmen. Ihm stehen dafür Akteneinsichtsrechte, welche sich auch in die erstellten Sachverständigengutachten fortsetzen, zu.[110] 59

Er hat ein eigenes Fragerecht bei Anhörungen und das Anwesenheitsrecht bei Beweisaufnahmen. Daher ist er zu diesen gerichtlichen Verfahrenshandlungen zu laden und kann unabhängig vom Betreuten Rechtsmittel einlegen.[111] Streitig ist, ob er zu eigener Ermittlungstätigkeit befugt ist.[112] Er kann jedoch nicht gleichzeitig Betreuer des Betroffenen sein. Seine Bestellung zum Verfahrenspfleger wäre dann unwirksam.[113]

Der Verfahrenspfleger besitzt die Stellung eines gesetzlichen Vertreters, handelt selbstständig und ist weder gegenüber dem Betroffenen noch dem Betreuungsgericht gegenüber weisungsabhängig.[114]

Da im Rahmen der Verfahrenspflegerbestellung häufig rechtliche Mitwirkungshandlungen und Akteneinsichtsgesuche vorzunehmen sind, liegt in diesem Bereich ein breites Betätigungsfeld für juristisch Ausgebildete, z.B. Rechtsanwälte. Auch wenn die Vergütung nach § 277 Abs. 1, Abs. 2 FamFG, §§ 1875 ff. BGB, 60

---

106 OLG Köln FamRZ 2003, 171; BayObLG FamRZ 2004, 1231, 1232.

107 BGH FamRZ 2018, 1111.

108 BGH FamRZ 2018, 1193; BGH, Beschl. v. 23.10.2019 – XII ZB 208/19; BGH FamRZ 2019, 1647.

109 VerfGH BW, Beschl. v. 27.2.2017 – 1 VB 103/16.

110 BayObLG FamRZ 1993, 148.

111 LG München I FamRZ 1995, 1440.

112 Dagegen: *Dodegge/Roth*, Teil A Rn 148.

113 OLG Naumburg FamRZ 2002, 986.

114 OLG Frankfurt BtPrax 2009, 194 f.

§§ 7, 13 VBVG relativ gering ist (33,50 EUR/Stunde zzgl. Auslagenpauschale und MwSt.), ist die Tätigkeit als Verfahrenspfleger für Einblicke in die praktische Umsetzung des Betreuungsrechts wertvoll.

2. Anhörungsrechte naher Verwandter

61 Angehörige und Ehepartner des Betroffenen haben kein eigenes Antragsrecht auf eine Betreuerbestellung. Ein solcher „Antrag“ ist als Anregung an das Betreuungsgericht auszulegen. Diese Anregung soll dem Ehegatten, den Abkömmlingen und Eltern des Betroffenen Gelegenheit zur Äußerung vor der Betreuerbestellung geben, außer es liegen Gründe des § 279 FamFG vor.

Nach § 279 FamFG ist vorgesehen, dass vor gerichtlicher Entscheidung (also vor Betreuerbestellung) weiteren Personen Gelegenheit zur Äußerung gegeben werden soll. Der Betroffene hat nach § 279 Abs. 3 FamFG das Recht, die Anhörung seiner Angehörigen zu verlangen.

62 Die Anhörung kann gegenüber dem Ehegatten, den Eltern, dem nichtehelichen Vater sowie ehelichen und nichtehelichen Kindern erfolgen, sofern diese das 14. Lebensjahr vollendet haben (§ 279 Abs. 4 FamFG). In aller Regel erfolgt die Anhörung schriftlich.

Die Anhörung liegt im Ermessen des Gerichts, ist jedoch aufgrund des erheblichen Eingriffs durch eine Betreuerbestellung seitens des Betreuungsgerichts regelmäßig einzuhalten.

Von der Anhörung der nahen Verwandten kann abgesehen werden, wenn der Betroffene widerspricht, die Anhörung zu keiner weiteren Sachverhaltsaufklärung oder erheblichen Verfahrensverzögerungen führt. Auch kann die Anhörung unterbleiben, wenn der Anzuhörende nicht in der Lage ist, sich zu verständigen, unerreichbar ist oder sie zu gesundheitlichen Beeinträchtigungen führen würde.

Unterbleibt die gebotene Anhörung, ist die Anordnung der Betreuung dennoch wirksam. Auf eine Beschwerde hin kann die unterbliebene Anhörung in der Beschwerdeinstanz zur Aufhebung der Betreuerbestellung führen. Die Beschwerdebefugnis derjenigen, die als „Betroffene“ gelten, ist nur gegeben nach §§ 303 Abs. 2, 274 Abs. 4 FamFG, wenn die genannten Personen in erster Instanz ordnungsgemäß beteiligt gewesen sind; dies hat dergestalt zu erfolgen, dass der Beteiligte die Möglichkeit haben muss, auf das Betreuungsverfahren Einfluss zu nehmen und dies mitteilen zu können.[115]

63 Da durch die Einholung des Sachverständigengutachtens und Anhörung des Betroffenen regelmäßig der Sachverhalt hinreichend aufgeklärt ist, sind weitere

115 BGH NJW-RR 2019, 577, wonach nur eine Akteneinsicht zwecks Information des Beteiligten keine ordnungsgemäße Verfahrensbeteiligung darstellt.

Beweiserhebungen (z.B. Zeugenanhörungen) zur Frage der Betreuungseinrichtung nur ausnahmsweise zusätzlich notwendig.

Abschließend ist nach § 278 Abs. 2 S. 3 FamFG ein Schlussgespräch zu führen. 64
Hierbei teilt das Gericht das Ergebnis der Anhörung, des Gutachtens und den voraussichtlichen Aufgabenkreis sowie die Person des Betreuers dem Betroffenen mit, sofern das Schlussgespräch zur Gewährung des rechtlichen Gehörs oder Sachaufklärung erforderlich ist.

III. Geeignetheit des Betreuers

1. Qualifikationen

Grundsätzlich ist jede natürliche Person geeignet, als Betreuer bestellt zu werden 65
(§ 1816 Abs. 1 BGB). Eine Verpflichtung zur Übernahme der Betreuung trifft Ausländer und Staatenlose nicht, allerdings ist die mangelnde Staatsangehörigkeit kein Entlassungsgrund.[116]

Um die Rechte des Betroffenen optimal wahrnehmen zu können, muss der Be- 66
treuer für den ausgewählten Aufgabenkreis hinreichend qualifiziert sein und den Betroffenen im erforderlichen Maße auch tatsächlich betreuen können.

Eine bestimmte Fachqualifikation wird üblicherweise von den Betreuungsgerich- 67
ten nicht vorausgesetzt. Entscheidend sind der Schwierigkeitsgrad und Aufgabenkreis, für den der Betreuer bestellt wird. Sofern er dem Anforderungsprofil gerecht wird bzw. sich weiterbildet, um die Aufgabenkreise entsprechend auszuüben, kann von der Bestellung eines Berufsbetreuers (siehe Rdn 55) abgesehen und beispielsweise ein Familienangehöriger eingesetzt werden. Nach § 1816 Abs. 2 S. 1–3 BGB hat das Gericht einen Verwandten, den der Betroffene zum Betreuer vorschlägt, zu bestellen. Fehlt es an einem solchen Vorschlag, ist bei der Betreuerauswahl auf verwandtschaftliche Beziehungen Rücksicht zu nehmen (§ 1816 Abs. 3 BGB).[117] Zu beachten ist, dass der Betreuer in der Lage sein muss, den Betroffenen in der Findung seiner Entscheidungen unterstützen zu können, wozu er sich selbst fortbilden kann.[118]

2. Tatsächliche – rechtliche Betreuung

Die persönliche Betreuung wird seitens des Betroffenen oft verkannt und miss- 68
verstanden. Sie meint keine tatsächliche Versorgung des Betroffenen (z.B. für diesen einkaufen, putzen), da regelmäßig nur eine rechtliche Betreuung besteht.

---

116 Grüneberg/*Götz*, § 1785 Rn 1.

117 Zur Gewichtung der Kriterien bei der Betreuerauswahl: BayObLG FamRZ 2004, 1600; KG FGPrax 2010, 133; OLG Hamm FGPrax 2009, 217.

118 *van Doornick*, Unterstützte Entscheidungsfindung personenzentriert umgesetzt; Ein Schulungskonzept für ehrenamtliche rechtliche Betreuer, BtPrax 2020, 18 ff.

Die tatsächlichen Verrichtungen des täglichen Lebens sind durch Dritte, z.B. Caritas, soziale Hilfsdienste, Essen auf Rädern usw., vorzunehmen; der Betreuer hat hierauf hinzuwirken und diese Dienste im erforderlichen und finanzierbaren Umfang einzusetzen.

69 Einer Betreuerbestellung können Ausschlusskriterien entgegenstehen, wie z.B. in §§ 1816 Abs. 6, 1824 BGB genannt. Selbst dann, wenn eine Vorsorgevollmacht vorliegt, kann eine Betreuung angeregt und eingerichtet werden, wenn zu besorgen ist, dass die Wahrnehmung der Interessen des Betroffenen durch jenen eine konkrete Gefahr für das Wohl des Betroffenen begründet. Vor allem, wenn der Bevollmächtigte wegen erheblicher Bedenken an seiner Geeignetheit als ungeeignet erscheint, kann eine Betreuung eingerichtet und der als bevollmächtigt Genannte als Betreuer ausgeschlossen werden.[119] Ein Ausschlussgrund sind auch erhebliche finanzielle Interessengegensätze gegenüber dem Betroffenen.[120] Nur deshalb, weil ein Betreuer lebenserhaltende Maßnahmen gegenüber dem Betroffenen unter Berufung auf dessen unterstellten Willen ablehnt, ist der Betreuer weder ungeeignet noch wegen Ungeeignetheit nach § 1868 Abs. 1, 3 BGB zu entlassen.[121] Vielmehr ist zu beachten, dass der Wunsch des Betroffenen, sterben zu dürfen, regelmäßig als Leitlinie für das Betreuerhandeln dient. Hatte der äußerungsunfähige Betroffene im Rahmen z.B. einer Patientenverfügung den Wunsch, unter besonderen Voraussetzungen nicht mehr weiterleben zu müssen, getroffen, ist dieser vom Betreuer umzusetzen.[122]

70 Aus § 1784 BGB ist zu entnehmen, dass Geschäftsunfähige nicht zum Betreuer bestellt werden können. Eine entgegen diesen Normen erfolgte Bestellung ist nicht nichtig,[123] jedoch ist der zum Betreuer Bestellte nach § 1868 Abs. 1 BGB zu entlassen.

---

119 BGH, Beschl. v. 25.4.2018 – XII ZB 216/17, BtPrax 2018, 163 (Ls.); BGH NJW-RR 2016, 1156; BGH NJW-RR 2017, 642.

120 KG FGPrax 2010, 133.

121 OLG Frankfurt NJW 2006, 3436; OLG München FamRZ 2007, 1128 f.; LG Kleve FamRZ 2010, 1841 ff.

122 BGH FamRZ 2011, 108; BGH FamRZ 2010, 1551 m. Anm. *Lipp* = NJW 2010, 2963; LG Dortmund FamRZ 2010, 1012; *Coeppicus*, Erfordernis der Zustimmung eines Betreuers und einer gerichtlichen Genehmigung für einen Behandlungsabbruch, NJW 2013, 2939 ff.; zur inhaltlichen Ausgestaltung der Patientenverfügung siehe *Schuhr*, Grundlagen eines (betreuungs- und strafrechtlich) rechtmäßigen Behandlungsabbruchs – Patientenverfügung und Alternativen, BtPrax 2018, 139 ff.; BGH BtPrax 2019, 27; BGH BtPrax 2019, 250.

123 Grüneberg/*Götz*, § 1868 Rn 2.

IV. Bestellungsverfahren

1. Verpflichtung durch das Betreuungsgericht

Nach § 1861 Abs. 2 BGB ist der ehrenamtliche Betreuer vom Betreuungsgericht mündlich zu verpflichten, wobei er über seine Aufgaben zu unterrichten ist. Dies hat mündlich zu erfolgen. Das bloße Aushändigen von Informationsblättern seitens des Gerichts genügt nicht.[124] Ob eine fernmündliche Verpflichtung zulässig ist, ist streitig. Die Rechtsprechung verneint dies. Wird ein Berufsbetreuer bestellt, kann der Betroffene nach § 12 Abs. 2 BtOG vor der Betreuerbestellung die Vermittlung des persönlichen Kennenlernens verlangen. 71

Die persönliche Anwesenheit des zu Verpflichtenden vor Gericht ist hierzu notwendig. Die Verpflichtung ist reiner Formalakt und ohne konstitutive Wirkung. Sie ist somit nicht Voraussetzung für die Wirksamkeit seiner Bestellung.[125] 72

Die Verpflichtung obliegt dem Rechtspfleger (§ 3 Nr. 2 lit. b RPflG), wobei sie auch im Wege der Rechtshilfe durch ein ersuchtes Gericht vorgenommen werden kann.

Vereins- und Behördenbetreuer sowie Vereine und Behörden müssen ausnahmsweise nicht mündlich als Betreuer verpflichtet oder über ihre Aufgaben unterrichtet werden. Ein beruflicher Betreuer muss – ebenso wie der ehrenamtliche – persönlich geeignet und zuverlässig sein, § 23 Abs. 1 Nr. 1 BtOG. Außerdem muss der berufliche Betreuer vor seiner erstmaligen Bestellung ein Registrierungsverfahren nach § 24 BtOG bei der örtlich zuständigen Betreuungsbehörde durchlaufen und in diesem Verfahren seine Voraussetzungen für die Registrierung nach § 23 BtOG nachweisen. 73

2. Einführungsgespräch

Im Einführungsgespräch, welches bei „geeigneten Fällen" vorzunehmen ist, ist eine Basis für eine vertrauensvolle Zusammenarbeit aller Beteiligten mit dem Gericht zu schaffen. Dabei sind zu erwartende Schwierigkeiten im Verlauf der Betreuung zu erörtern und Möglichkeiten aufzuzeigen, künftige Probleme in der Betreuungsführung mit dem Gericht zu erörtern. Ob das Gericht ein Einführungsgespräch durchführt, liegt in seinem pflichtgemäßen Ermessen. Ist ein Betreuer erstmals tätig, ist er über seine Pflichten als Betreuer umfassend aufzuklären. In der Praxis wird das Einführungsgespräch mit der Aushändigung der Bestallungsurkunde und der Verpflichtung des Betreuers vom zuständigen Rechtspfleger gemeinsam durchgeführt. 74

124 *Dodegge/Roth*, Teil B Rn 210.

125 Sternal/*Giers*, § 288 FamFG Rn 5.

3. Bestallungsurkunde

75 Die nach § 290 S. 1 FamFG auszuhändigende Bestellungsurkunde hat keine konstitutive Wirkung.[126]

§ 174 BGB ist nicht anwendbar. Allerdings werden beispielsweise Banken, Behörden oder Versicherungen, mit denen der Betreuer in Kontakt tritt, erst „zugänglich" und geben Auskünfte, sobald die Bestallungsurkunde dort vorgelegt wird. Wird die Bestallungsurkunde der Bank des Betroffenen einmal vorgelegt, genügt dies für die weitere Tätigkeit des Betreuers im vermögensrechtlichen Bereich. Auf die Vorlage der Bestallungsurkunde oder des Betreuerausweises für jede weitere oder einzelne Verfügung darf die Bank nicht bestehen.[127]

76 Das Amt des Betreuers beginnt bereits mit der Bekanntmachung der Entscheidung an ihn (§ 287 Abs. 1 FamFG) und nicht erst mit seiner Verpflichtung. Hierbei hat die Aushändigung der Verpflichtungsurkunde nur deklaratorische Bedeutung.[128]

77 Bei Differenzen zwischen der Bestellungsurkunde und dem anordnenden Beschluss ist der Inhalt des Beschlusses maßgebend.[129]

E. Die wichtigsten Aufgabenkreise des Betreuers

I. Allgemeines

78 Wegen des Erforderlichkeitsgrundsatzes hat das Gericht den Aufgabenkreis des Betreuers so eng zu fassen, dass keine Angelegenheiten tangiert werden, die der Betreute selbst besorgen kann. Hierdurch entsteht in der sachlichen Ausgestaltung der zu übertragenden Bereiche eine Vielzahl von Differenzierungsmöglichkeiten für das Gericht.

79 Dabei sind die Gerichte regelmäßig auf die Hilfe von medizinischen Sachverständigen angewiesen, die in den Gutachten auch zu der Frage des aus medizinischer Sicht aufgrund der Krankheit oder Behinderung erforderlichen Unterstützungsbedarfs Stellung zu nehmen haben (§ 280 Abs. 3 Nr. 4 FamFG); dadurch wird der Aufgabenkreise der Betreuung eingegrenzt. Der Gutachter hat deshalb ebenfalls darzulegen, in welchen Beziehungen dem Betroffenen die Fähigkeiten verblieben sind, seine Angelegenheiten selbst zu besorgen.[130]

---

126 BayObLG FamRZ 1994, 1059.
127 BGH, Beschl. v. 30.3.2010 – XI ZR 154/09, BeckRS 2010, 09780.
128 BayObLG FamRZ 1994, 1059.
129 Sternal/*Giers*, § 290 FamFG Rn 1.
130 BT-Drucks 11/4528, 121.

II. Erste Handlungen des Betreuers

Die praktisch bedeutsamsten Aufgabenkreise stellen die Bereiche „Personensorge“ und „Vermögenssorge“ dar. 80

Praxistipp

Unabhängig von der Art der vom Betreuungsgericht festgelegten Aufgabenkreise sollte der Betreuer unverzüglich folgende Maßnahmen ergreifen:

- Einsichtnahme in die Gerichtsakte
- Erfassen der Kontoauszüge nebst Belegen (sofern vom Aufgabenkreis gedeckt)
- Kontaktaufnahme mit Angehörigen des Betroffenen, gegebenenfalls mit dem Pflegeheim
- Persönliche Kontaktaufnahme mit dem Betroffenen
- Anlage eines Tätigkeitsnachweisblatts (gegliedert nach Datum, Art der Tätigkeit, Zeitaufwand und Auslagen).

III. Die Vermögenssorge

1. Unverzüglich vorzunehmende Handlungen

Zunächst ist der Umfang und Bestand des zu verwaltenden Vermögens festzustellen. Hilfreich sind hierzu Kontoauszüge, Sparbücher und etwaige Steuerbelege des Betroffenen. 81

Eine erste Kontaktaufnahme mit den kontoführenden Banken des Betroffenen sollte unter allen Umständen die Abfrage nach dem Kontostand zum Stichtag (Tag der Betreuungsübernahme) beinhalten. Daueraufträge, Kontovollmachten und Schließfächer sind ebenso in Erfahrung zu bringen.

Beim zuständigen Sozialamt und Rentenversicherungsträger ist nachzufragen, ob und welche Leistungen von dort erbracht werden.

Sind Immobilien oder Erbbaurechte im Vermögen des Betroffenen, sind die Grundbücher einzusehen.

Praxistipp

Der Betreuer sollte sich hierzu unbeglaubigte Grundbuchauszüge anfordern, um den aktuellen Grundbuchstand zu ermitteln.

Eine (gegebenenfalls beglaubigte) Kopie der Bestallungsurkunde ist den Anfragen beizufügen, um den Auskunft erteilenden Stellen die Auskunftsberechtigung darzulegen.

2. Vermögenssicherung

a) Bankvollmachten, Sperrvermerke, Sammelkonten

82 In einem zweiten Schritt ist das Vermögen des Betroffenen vom Betreuer zu sichern. Hierzu sind zunächst vordringlich bestehende Kontovollmachten zu widerrufen.

Für die Praxis des Betreuers gegenüber Banken stellt sich häufig das Problem, dass die kontoführenden Banken für jede Vermögensverfügung des Betreuers die Vorlage des Original-Betreuerausweises verlangen. Dies ist allerdings nach der Rechtsprechung nicht zulässig. Auch wenn das AG Oldenburg[131] dies erstinstanzlich befürwortet, hat das LG Oldenburg[132] gegenteilig entschieden: Da der Betreuerausweis selbst keine materiell-rechtlichen Wirkungen entfaltet, kann er auch keine Rechtschutzwirkungen im Hinblick auf die Wirksamkeit der Bestellung oder des Fortbestandes des Amtes zeitigen. Die einmalige Vorlage des Original-Betreuerausweises ist daher geeignet, die Legitimation des Betreuers gegenüber der Bank zu dokumentieren. Notfalls müssten die Banken, wenn sie Zweifel an der Wirksamkeit der Bestellung bzw. der Fortdauer der wirksamen Bestellung des Betreuers haben, gem. § 34 FamFG durch Nachfrage bei Gericht diese Fragen aufklären.[133] Da das Risiko, dass die Wirksamkeit und der wirksame Fortbestand eines Betreuerausweises nicht mehr gegeben ist, jedoch sehr gering ist, genügt es, wenn der Betreuer gegenüber der Bank einmalig durch Vorlage des Original-Betreuerausweises seine Legitimation offenlegt.[134]

Umgekehrt gilt, dass, wenn eine Bank einen Vorsorgebevollmächtigten zur Stellung eines Betreuungsantrages anhält, weil sie die vorgelegte Vorsorgevollmacht nicht akzeptiert, sondern eine bankinterne Vollmacht für erforderlich hält, dies jedenfalls dann unzulässig ist und der Bank die Kosten aufzuerlegen sind für das Betreuungsverfahren, wenn keine Rechtsgrundlage für das Zurückweisen der vorgelegten Vorsorgevollmacht besteht.[135]

83 Die Banken sind aufzufordern, die Konten und, soweit vorhanden, die Wertpapierdepots mit einem Sperrvermerk nach § 1845 BGB zu versehen.

Da der Betreuer für den Betroffenen auch ein Konto zur Bestreitung der laufenden Ausgaben führen soll, ist der Sperrvermerk dort nicht anzubringen.

84 Der Betreuer darf dabei unter keinen Umständen das Vermögen des Betroffenen mit seinem Eigenvermögen vermischen, sondern hat dieses streng davon zu tren-

131 AG Oldenburg BeckRS 2010, 09783.

132 LG Oldenburg BeckRS 2010, 09782.

133 BGH FamRZ 2010, 968.

134 *Dinther*, Legitimationsprüfungen bei Erben, Betreuern und Bevollmächtigten, NJW 2013, 3681, 3684 f.

135 LG Hamburg, Beschl. v. 30.8.2017 – 301 T 280/17, FamRZ 2018, 773; LG Detmold BeckRS 2015, 03780 = NJW-Spezial 2015, 360.

nen. Geld des Betroffenen darf daher nicht auf ein Konto des Betreuers eingezahlt werden. Legt der Betreuer Geld des Betroffenen bei einer Bank an, die nicht Mitglied des Einlagensicherungsfonds des Bundesverbandes Deutscher Banken e.V. ist, kann er sich sogar schadenersatzpflichtig machen.[136]

Führt ein Betreuer mehrere Betreuungen, ist die Einrichtung eines Sammelkontos für die Gelder mehrerer Betroffener nicht gestattet.[137] 85

b) Wünsche des Betroffenen

Ob sich der Betreuer bei der Vermögenssorge nach den Wünschen des Betroffenen zu richten hat oder ihm vorrangig die Aufgabe obliegt, dessen Vermögen zu erhalten und/oder zu mehren, ist einzelfallabhängig zu beurteilen. Die Richtschnur bildet § 1821 BGB. Der Gesetzgeber sieht vor, dass der Betreuer den Wünschen des Betreuten vorrangig zu entsprechen hat, soweit dies dessen Wohl nicht zuwiderläuft (§ 1821 Abs. 2 S. 3, 4 BGB). Der BGH hat zu diesem Aspekt eine wichtige Klarstellung getroffen: Grundsätzlich ist ein Wunsch des Betreuten beachtlich und zu berücksichtigen, sofern dessen Erfüllung nicht die gesamte Lebens- und Versorgungssituation erheblich verschlechtern würde und nicht allein Ausdruck der Erkrankung ist. Der Wunsch des Betreuten muss zudem dessen Selbstbestimmungsrecht entspringen und darf sich nicht als Vorstufe zur Erreichung eines weitergehenden Zwecks darstellen.[138] Dazu muss der Betreute aber trotz seiner Erkrankung überhaupt in der Lage sein, eigene Wünsche und Vorstellungen zu bilden und diese zur Orientierung seiner Lebensführung zu machen. 86

Daraus folgt, dass der Betreuer nicht verpflichtet ist, möglichst sparsam mit dem ihm anvertrauten Vermögen zu wirtschaften. Der Betreuer ist kein Beauftragter gem. § 667 BGB. Seine Befugnisse leitet er aus der ihm vom Betreuungsgericht übertragenen Amtsstellung ab, § 1816 BGB. Der Betreuer hat jedoch einem Beauftragten vergleichbare Rechte und Pflichten. Daher hat er – ebenso wie ein Beauftragter – die Pflicht, Geld, welches ihm vom Vermögen des Betreuten zur Verfügung gestellt ist, zum Wohl des Betroffenen zu verwenden und auch zurückzugeben, soweit diese Gelder nicht bestimmungsgemäß verwendet worden sind.[139] 87

Wenn der Betroffene einen gehobeneren Lebensstil zu führen wünscht, hat der Betreuer dem zu folgen, sofern entsprechende Mittel vorhanden sind.[140] Nur dann, wenn absehbar ist, dass beim gewünschten Lebensstil in einem überschaubaren Zeitrahmen die Mittel aufgebraucht werden und Verarmung droht, ent- 88

136 LG Waldshut-Tiengen BtPrax 2008, 88.

137 OLG Köln FamRZ 1997, 899.

138 BGH NJW 2009, 2814.

139 OLG Naumburg FamRZ 2008, 182.

140 OLG Düsseldorf FamRZ 1999, 1166.

spricht dieser Wunsch nicht dem Wohl des Betroffenen. Das Bayerische Oberste Landesgericht[141] konkretisierte diese Verpflichtung des Betreuers so, dass er bei einem behinderten alten Menschen dessen Vermögen primär dazu verwenden muss, die Lage des Betroffenen zu erleichtern und ihm den früher gewohnten Lebensstandard zu erhalten. Sofern das in vernünftiger Weise möglich ist, sind dabei die früher vom Betroffenen festgelegten Bestimmungen und Belange zu beachten.

Besonders zu beachten sind auch die Wünsche des Betroffenen, wenn dieser z.B. in einer Patientenverfügung vorrangig festgelegt hatte, unter bestimmten Voraussetzungen sterben zu dürfen. In diesem Bereich akzeptiert die Rechtsprechung das auf dieser Grundlage ausgeübte Selbstbestimmungsrecht des Betroffenen auf einen Abbruch bzw. Einstellung lebenserhaltender Maßnahmen und geht davon aus, dass der Betreuer verpflichtet ist, diesen mutmaßlichen Patientenwillen, sofern dieser auf einer freien Willensbestimmung getroffen wurde, umzusetzen.[142]

89 Die Betreuungsgerichte übertragen häufig den Aufgabenkreis „Vermögenssorge“, ohne diesen weiter einzugrenzen. Damit erhält der Betreuer eine umfassende Befugnis, sämtliche Tätigkeiten im Vermögensbereich für den Betroffenen durchzuführen. Der Betreuer hat dann Ansprüche des Betreuten, beispielsweise auch aus schuldrechtlichen Verträgen, Unterhaltsansprüche, die Geltendmachung renten- oder sozialhilferechtlicher Ansprüche, durchzuführen. Selbstverständlich gehören hierzu auch die Befugnisse, Pflegegeldanträge oder Anträge nach SGB zu stellen.

Einem Betreuer, dem hingegen nicht sämtliche Aufgabenkreise übertragen oder der nicht zum Vollmachtsüberwachungsbetreuer bestellt wurde, steht hingegen nicht die Befugnis zu, eine vom Betroffenen erteilte Vorsorgevollmacht zu widerrufen. Im Interesse der Rechtsklarheit ist erforderlich, die Befugnis zum Vollmachtswiderruf bei der Bestimmung der Aufgabenkreise ausdrücklich festzulegen.[143]

90 Auch etwaige finanzielle Ermäßigungen, beispielsweise bei der Befreiung von Telefon- oder Rundfunkgebühren, sind vom Betreuer anzustreben. Die Abwehr unberechtigter Ansprüche gegen den Betroffenen und die Vertretung in Steuerfragen hat der Betreuer dann ebenfalls vorzunehmen.

141 BayObLG Rpfleger 42, 10.

142 *Coeppicus*, Erfordernis der Zustimmung eines Betreuers und einer gerichtlichen Genehmigung für einen Behandlungsabbruch, NJW 2013, 2939 ff. m.w.N.; OLG Frankfurt NJW 2006, 3436; OLG München FamRZ 2007, 1128.

143 KG FamRZ 2007, 1041.

c) Vermögensverzeichnis

Der Betreuer hat nach § 1835 Abs. 1 BGB ein Vermögensverzeichnis über den Umfang des Vermögens des Betroffenen zu erstellen. Es dient dazu, Klarheit über das Vermögen des Betroffenen und dessen wirtschaftliche Lage zu erhalten und dient als Grundlage für die Vermögensverwaltung und Aufsicht durch das Betreuungsgericht.[144] Der Betreuer hat sämtliche Vermögenswerte, gleich wo diese sich befinden (beispielsweise im Ausland belegene Grundstücke oder Bankkonten), im Verzeichnis anzugeben. Verbindlichkeiten des Betroffenen sind ebenfalls vollständig aufzuführen.[145] Das Vermögensverzeichnis dient dazu, einen vollständigen und übersichtlichen Vermögensstatus des Betreuten zu dokumentieren. Zu- und Abgänge des Vermögens sind in einer Jahresabrechnung zu erfassen, § 1865 Abs. 3 S. 1 BGB, während für später hinzukommendes Vermögen (z.B. aus einer Erbschaft) ein Nachtragsverzeichnis zu erstellen und gesondert einzureichen ist.[146] Bewegliche Gegenstände des verzeichneten Vermögens (z.B. Pkw, Schmuck) oder Immobilien muss der Betreuer nicht bewerten, da ihn eine Bewertungspflicht selbst nicht trifft. 91

Praxistipp

Sind Immobilien im verwalteten Vermögen vorhanden, sollte sich der Betreuer mit dem Betreuungsgericht abstimmen, ob hierfür ein Sachverständigengutachten auf Kosten des verwalteten Vermögens eingeholt werden soll. Gleiches gilt für Schmuck, Pkw u.a.

Das Verzeichnis muss grundsätzlich nicht unter Verwendung von Formularen errichtet werden. 92

Praxistipp

Die von den Betreuungsgerichten verwendeten Vordrucke sollten hierbei verwendet werden, um Nachfragen seitens des Gerichts zu vermeiden.

aa) Stichtag

Der Stichtag für die Erstellung des Verzeichnisses ist auf den Zeitpunkt der Anordnung der Betreuung auszurichten. Diese Anordnung ist dem Betreuer nach §§ 288, 287 Abs. 1 FamFG seitens des Gerichts bekanntzumachen. Daher kommt es für den Erstellungszeitpunkt des Vermögensverzeichnisses auf den Tag des Zugangs des Anordnungsbeschlusses beim Betreuer an, da er erst mit der Bekanntmachung seinen Aufgaben nachkommen kann.[147] 93

---

144 Grüneberg/*Götz*, § 1835 Rn 1.

145 Zur Anfertigung eines Nachtragsvermögensverzeichnisses in Folge eines Erwerbs durch erbrechtlichen Anfall: *Roth*, Erben und Vererben bei rechtlicher Betreuung, S. 168.

146 Grüneberg/*Götz*, § 1835 Rn 4.

147 Sternal/*Giers*, § 287 FamFG Rn 5, § 288 FamFG Rn 3.

bb) Hinzuziehung Dritter

94 Im Grundsatz hat der Betreuer das Vermögensverzeichnis selbst zu erstellen. Er ist jedoch nach § 1835 Abs. 3 BGB befugt, die Betreuungsbehörde, einen zuständigen Beamten, einen Notar oder einen Sachverständigen hinzuzuziehen, und kann die Kosten hierfür nach § 1877 Abs. 1 BGB vom Betroffenen ersetzt verlangen.

Zu der Inventarisierung kann ein Dritter hinzuzuziehen sein, der das Vermögensverzeichnis mit Gegenbemerkungen versehen oder seine Richtigkeit und Vollständigkeit zu bestätigen hat, § 1835 Abs. 4 S. 1 BGB.

95 Legt der Betreuer innerhalb angemessener Frist das Vermögensverzeichnis nicht vor, setzt das Gericht hierzu nochmals eine Nachfrist und droht ein Zwangsgeld an. Bei fruchtlosem Fristablauf erfolgt die Zwangsgeldfestsetzung und Androhung der Entlassung. Auch hat das Betreuungsgericht die Möglichkeit, die Aufnahme des Vermögensverzeichnisses nach § 1835 Abs. 5 BGB durch die zuständige Betreuungsbehörde oder einen Notar anzuordnen.

Praxistipp

Da der Betreuer dem Betreuungsgericht gegenüber zu jeder Zeit Auskunft über das Vermögen des Betreuten zu erteilen und jährlich Rechnung zu legen hat, sollte der Betreuer auf ein exaktes Vermögensverzeichnis Wert legen.

cc) Vermögenslose Betroffene

96 Ist beim Betroffenen kein Vermögen vorhanden, genügt die Versicherung des Betreuers, dass kein aufzeichnungsfähiges Vermögen vorhanden ist.

Bei einem Betreuerwechsel ist regelmäßig kein erneutes Verzeichnis zu erstellen; der neue Betreuer hat jedoch das vorhandene Vermögen zu überprüfen und kann – Übereinstimmung seiner Prüfung mit dem vom Vorgänger aufgestellten Verzeichnis vorausgesetzt – sich auf das ehemalige Verzeichnis beziehen.

dd) Befreite Betreuung im Vermögensbereich

97 Nach §§ 1859 ff. BGB sind bestimmte Kreise der Betroffenen von der Aufsicht des Betreuungsgerichts und Genehmigungspflichten in vermögensrechtlichen Angelegenheiten befreit.

Einem Betreuungsverein oder Vereinsbetreuer steht kraft Gesetzes die Befreiung nach § 1859 Abs. 2 Nr. 4 BGB zu. Gleiches gilt für die Betreuungsbehörde oder einen Behördenbetreuer (§ 1859 Abs. 2 Nr. 5 BGB).

98 Des Weiteren sind die Bundesländer ermächtigt, durch eigene Regelungen die Betreuungsbehörde weitgehend von der Aufsicht durch das Betreuungsgericht zu befreien (§ 1862 Abs. 4 BGB).

IV. Aufgabenkreis Personensorge

Dieser Aufgabenkreis ermächtigt den Betreuer insbesondere dazu, über die Gesundheitsfürsorge, Aufenthaltsbestimmung, den Umgang und die Unterbringung des Betroffenen zu entscheiden.[148] 99

1. Wünsche des Betroffenen

Da auch in diesem Bereich § 1821 BGB als Richtschnur gilt, sind das Wohl und die Wünsche des Betreuten vorrangig zu berücksichtigen und eine persönliche Betreuung ist durchzuführen. Wichtige Entscheidungen hat der Betreuer daher mit dem Betreuten abzusprechen und nach Möglichkeit nach dessen Wünschen zu entscheiden, sofern sie nicht dem Wohl des Betreuten zuwiderlaufen (siehe Rdn 86). 100

Hat der Betreute in einer Vorsorgevollmacht bereits seine Wünsche vorab festgelegt, sind diese nach Möglichkeit zu erfüllen. 101

2. Nicht umfasste Bereiche

Der Bereich „Personensorge“ umfasst nicht die Aufgabenkreise der „Postkontrolle“, „Wohnungsangelegenheiten“ und der „Sterilisation“. Der Gesetzgeber hat insbesondere den grundrechtlich geschützten Bereich der Postkontrolle nach § 1815 Abs. 2 Nr. 5, 6 BGB als speziellen Aufgabenkreis gesetzlich ausgestaltet. 102

Diese Sonderbereiche sind auch nicht von einer „Totalbetreuung“ umfasst, sondern – sofern notwendig – gesondert vom Gericht anzuordnen. 103

a) Aufgabe der Mietwohnung des Betroffenen

Ebenso steht die Aufgabe der Mietwohnung des Betroffenen unter der besonderen Regelung des § 1833 Abs. 3 Nr. 1, 2 BGB: Die Wohnung stellt den Mittelpunkt der Lebensverhältnisse des Betroffenen sowie dessen vertraute Umgebung dar. An die Wohnung knüpfen auch enge soziale Beziehungen (Nachbarschaft, Bekanntenkreis, Mitgliedschaften in nahen Sportvereinen u.a.) des Betroffenen an. Verliert er seine Wohnung, entfallen oder vermindern sich diese sozialen Kontakte zwangsläufig. Infolgedessen kann eine Beendigung des Mietverhältnisses nach § 1833 Abs. 3 Nr. 1, 2 BGB nur mit Genehmigung des Betreuungsgerichts erfolgen, wobei die vorherige Anhörung des Betroffenen zwingend ist, § 299 S. 1 FamFG. 104

Der Betreuer kann daher eine Wohnung des Betreuten nur kündigen, wenn ihm der Aufgabenkreis „Wohnungsangelegenheiten“ oder „Wohnungsauflösung“ ausdrücklich übertragen wurde. 105

148 *Dodegge/Roth*, Teil A Rn 25.

b) Wohnraumkündigung

106 Nach § 1833 Abs. 3 Nr. 1, 2 BGB ist nur die Wohnungskündigung genehmigungsbedürftig, nicht hingegen die Wohnungsauflösung als solche. Zu beachten ist dabei, dass §§ 1853, 1833 Abs. 3 Nr. 3 BGB auch auf unbefristete Mietverträge anzuwenden sind.[149]

Die Genehmigung zur Wohnraumkündigung hat das Betreuungsgericht auszusprechen, wenn sie dem Wohl des Betreuten entspricht; dessen Wünsche sind wiederum zu beachten (§ 1821 Abs. 1, 2 BGB).

107 In diese Entscheidung sind insbesondere der körperliche und geistige Zustand des Betroffenen einzubeziehen. Kann der Betroffene aus gesundheitlichen Gründen nicht mehr in die Wohnung zurückkehren, wird die Genehmigung auszusprechen sein. In aller Regel werden die Gerichte hierzu einen Verfahrenspfleger einsetzen, der diese Fragen durch persönliche Anhörung des Betroffenen, Ansprache der Ärzte, Besichtigung der Wohnungsmöglichkeiten (z.B. rollstuhlgerecht, Aufzug vorhanden u.a.) zu klären hat.[150]

Nicht selten wohnen Angehörige mit dem Betroffenen, dessen Wohnung vom Betreuer gekündigt wurde, in derselben Wohnung. Wenn der Betreuer mit Genehmigung des Betreuungsgerichts das ausschließlich mit dem Betroffenen bestehende Mietverhältnis kündigt, ist nach einer Entscheidung des Kammergerichts der ebenfalls in der Wohnung lebende Angehörige (hier: der Sohn) des Betroffenen zur Beschwerde gegen die Genehmigung nicht befugt. Dies ändert sich selbst dann nicht, wenn er nach dem Tod des Betreuten zum Erben wird.[151] Hintergrund ist, dass es für die Beschwerdebefugnis nur auf die Beeinträchtigung subjektiver Rechte ankommt. Die Beeinträchtigung rechtlicher oder berechtigter oder allgemeiner (menschlicher, verwandtschaftlicher) Interessen genügt nicht, um eine solche subjektive Rechtsverletzung Dritter anzunehmen.[152]

c) Verzicht auf nicht mehr nutzbares Wohnungsrecht

108 Aufgrund der aktuellen Alterspyramide mehren sich diejenigen Fälle, in welchen ein Wohnungsrecht faktisch gar nicht mehr ausgeübt werden kann, weil z.B. alters- oder krankheitsbedingt der Wohnungsberechtigte sich dauerhaft in einem Alten- oder Pflegeheim aufhält. Ob der Betreuer ein zugunsten des Betroffenen grundbuchlich eingetragenes Wohnungsrecht dadurch aufgeben darf, indem er auf dieses verzichten und eine entsprechende Löschungsbewilligung abgeben möchte, hat der BGH nun abschließend geklärt. In dem höchstrichterlich entschiedenen Fall war eine demenzerkrankte Dame auf eigenen Wunsch in ein

149 AG Nidda BtPrax 2007, 187.
150 Zur Wohnungsauflösung und Verfahrenspflegschaft: *Kitsch*, Rpfleger 1992, 381.
151 KG FamRZ 2010, 494.
152 BayObLG FamRZ 2005, 302.

Pflegeheim umgezogen, wobei die Rückkehr in die frühere Wohnung krankheitsbedingt weder tatsächlich möglich noch von der Betroffenen angestrebt war. Zu ihren Gunsten war im Grundbuch ein lebenslanges unentgeltliches Wohnungsrecht von ihrem früheren Lebensgefährten, der zwischenzeitlich verstorben war, eingetragen. Das Wohnungsrecht war dergestalt beschränkt, dass es zur Ausübung Dritten nicht überlassen werden durfte und der Wohnungsberechtigte die Hausgelder nebst Nebenkosten zu tragen hatte. Die Erben beantragten die Löschung des Wohnungsrechts, welches die Betreuerin bewilligen wollte.

Die gerichtliche Genehmigung hierzu war streitig und wurde von den Vorinstanzen abgelehnt. Der BGH stellt zunächst heraus, dass das Wohnungsrecht eine besondere Art der beschränkten persönlichen Dienstbarkeit (§ 1093 Abs. 1 S. 1 BGB) ist und es sich daher um ein Recht an einem Grundstück handelt, über welches der Betreuer nur mit gerichtlicher Zustimmung verfügen kann. Des Weiteren folgt die Genehmigungsbedürftigkeit einer etwaigen Löschung aus einer Analogie zu § 1907 Abs. 1 BGB a.F. (jetzt § 1833 Abs. 3 Nr. 2 BGB), da die Aufgabe des Wohnungsrechts eine endgültige Wohnungsauflösung bedeutet und deshalb vom Schutzzweck des § 1833 BGB der Kündigung eines Mietverhältnisses über Wohnraum gleichsteht. Die beabsichtigte Löschungsbewilligung ist ein einseitiges Rechtsgeschäft, über deren gerichtliche Genehmigung zu entscheiden ist, § 1858 Abs. 1 BGB. Hierbei kommt es auf die Interessen des Betreuten an, wobei das Gericht im Rahmen einer Gesamtabwägung alle Vor- und Nachteile abzuwägen hat. Vorrangig sind die Wünsche des Betreuten (§ 1821 Abs. 2 S. 3, 4 BGB). Der Wunsch, in die Wohnung nicht mehr zurückzukehren, ist zu respektieren, wobei eine anderweitige Nutzung des Wohnungsrechts, vor allem mittels Vermietung, dann ausscheidet, wenn dies – wie im entschiedenen Fall – vertraglich vereinbart ist. 109

Grundsätzlich hat das Wohnungsrecht für die Betreuten einen Vermögenswert, der vom Betreuer nicht schenkweise weggegeben werden darf. Insoweit unterliegt der Betreuer einem Schenkungsverbot, § 1854 Nr. 8 BGB. Die ratio legis dient dazu, das Vermögen des Betreuten zu schützen, aus dem nicht zu seinem Nachteil unentgeltlich etwas weggegeben werden soll. Auch der Erlass einer Forderung fällt unter diesen Schutzzweck und somit unter den Schenkungsbegriff.[153] Ebenso wird der Verzicht auf ein grundbuchlich gesichertes Recht vom Schutzzweck der Norm umfasst, wenn die wegzugebende Rechtsposition einen realen Vermögenswert des Betreuten darstellt. Fehlt ein solcher Vermögenswert hinsichtlich der wegzugebenden Rechtsposition, greift § 1854 Nr. 8 BGB nicht ein. Die persönliche Nutzungsmöglichkeit stellt einen solchen aktiven Vermögenswert des Wohnungsrechts dar. Dies gilt allerdings nur, solange die Wiederaufnahme der Wohnungsnutzung durch den Betreuten in Betracht kommt. Fehlt ein solches Interesse oder tritt dies endgültig hinsichtlich tatsächlicher Umstände nicht mehr zu 110

153 OLG Stuttgart FamRZ 1969, 39 f.

Tage, verliert das Wohnungsrecht den Nutzwert und damit seinen gesamten Vermögenswert.

111 Der Verzicht auf ein solches wertlos gewordenes Wohnungsrecht erfüllt somit nicht den Schenkungsbegriff nach § 1854 Nr. 8 BGB. Die nur noch vorhandene Sperrwirkung hat zur Folge, dass das Wohnungsrecht von niemandem mehr genutzt werden kann, insbesondere weil der Betreute aus tatsächlichen (krankheitsbedingten) Gründen gehindert ist, sein Recht wahrzunehmen. Die Erben sind wegen des Fortbestandes des Wohnungsrechts nicht befugt, die Räume ohne Zustimmung des Betreuten einer eigenen Nutzung oder Überlassung an Dritte zuzuführen. Um diese Sperrwirkung zu beseitigen, entspricht die Aufgabe des Wohnungsrechts in der Regel auch dem Interesse des Betreuten, vor allem deshalb, um sich der monatlichen Kostenlast zu entledigen. Bejaht der Betroffene im Rahmen der Anhörung diesen Aspekt (§ 299 S. 1, 2 FamFG), ist die Genehmigung des Verzichts des Betreuers auf das Wohnungsrecht des Betroffenen zu erteilen.[154]

d) Zutrittsbefugnisse des Betreuers

112 Häufig kündigt der Vermieter das Mietverhältnis, weil der Betroffene verhaltensauffällig wird. Vielfach lassen insbesondere ältere Menschen die Wohnung herunterkommen oder teilweise vermüllen. Hier kann der Betreuer weiterhelfen, wenn er beispielsweise die Wohnung entrümpelt, um einen solchen Kündigungsgrund zu beseitigen. Häufig gestattet der Betroffene dem Betreuer oder anderen Personen hierbei jedoch nicht, dessen Wohnung zu betreten, um die Missstände abzustellen. Dadurch riskiert der Betroffene den Verlust der Wohnung.

113 Streitig ist, ob dem Betreuer durch das Betreuungsgericht entsprechende Befugnisse zum Zutritt eingeräumt werden können, um sich auch gegen den Willen des Betroffenen Zugang zur Wohnung zu verschaffen und diese zu entrümpeln.

Kann der Betroffene in diesen Fällen krankheitsbedingt seinen Willen nicht frei bilden und ist dem Betreuer der Aufgabenkreis „Wohnungsangelegenheiten" übertragen, stellen sich erhebliche Probleme. Streitig ist teilweise auch in der Rechtsprechung, ob das Betreuungsgericht eine Zutrittsbefugnis wegen der damit verbundenen Verletzung der Grundrechte des Betroffenen aus Art. 13 Abs. 1 GG überhaupt erteilen kann.[155]

114 Da der Gesetzgeber in § 1821 Abs. 1, 2 BGB jedoch gerade die „Wünsche des Betroffenen" in den Vordergrund rückt, ist dieser Leitgedanke auch hier zu berücksichtigen. Andernfalls würde der gesetzgeberische Zweck nicht erreicht, so dass auch ein zwangsweises Betreten der Wohnung und Entrümpelung derselben

---

154 BGH FamRZ 2012, 968.

155 *Abram*, FamRZ 2004, 11 ff., verneinend BayObLG FamRZ 2002, 348; a.A. *Dodegge*, NJW 2001, 2761.

durch den Betreuer zulässig sein muss. Andernfalls droht der Wohnungsverlust, was regelmäßig nicht im Interesse des Betroffenen liegen kann.

F. Verhaltensanforderungen an den Betreuer

I. Kontakt zum Betroffenen und Dritten

Unabhängig vom jeweiligen Aufgabenkreis verlangt § 1816 Abs. 1 BGB, dass die Betreuung persönlich geführt wird. Dies bedeutet vor allem, dass der Betreuer mit dem Betroffenen Kontakt aufnimmt und den Kontakt zu ihm pflegt. Andernfalls kann der Betreuer den Anforderungen, welche ihm auferlegt werden, nicht gerecht werden. Da der Betreuer sich insbesondere an den Wünschen des Betroffenen zu orientieren hat (§ 1821 Abs. 2 S. 1–3 BGB), können die Wünsche des Betroffenen zwangsläufig nur im Rahmen des persönlichen Kontakts festgestellt werden. 115

Sofern der Betreuer den Aufgabenkreis der „Wohnungsangelegenheiten" übertragen erhalten hat, muss er den Betroffenen bei einer möglichen Wohnungssuche unterstützen, wenn dieser hierzu nicht in der Lage ist. Notfalls geschieht dies über die Einschaltung eines Maklers oder es ist, sofern dies angezeigt ist, eine Wohnung nach § 68 Abs. 1 S. 1 SGB XII zu beantragen.[156] Sofern der Betreuer die Aufenthaltsbestimmung und Behördengänge als Aufgabenkreis zu erledigen hat, muss er das BAMF über einen Aufenthaltswechsel des Betreuten informieren.[157] Sofern die Gesundheitsfürsorge zu erledigen ist, muss der Betreuer ärztliche Behandlungen sicherstellen und kontrollieren und ärztliche Anweisungen zugunsten des Betroffenen befolgen, was nur dadurch geschehen kann, dass er auch persönlichen Kontakt mit dem Betreuten aufnimmt.[158] 116

Zwangsläufig muss der Betreuer persönlichen Kontakt zum Betroffenen halten, um dessen Wünsche und Vorstellungen, die er in aller Regel zu beachten hat, soweit dies möglich ist, zu ermitteln. Allein wegen einer Vermögensgefährdung darf der Wunsch eines Betreuten nicht abgelehnt werden, was jedenfalls dann gilt, wenn die Einkünfte und das Vermögen des Betroffenen bis zu dessen Tod seinen Lebensunterhalt sichern können. Der Wunsch des Betroffenen ist jedenfalls dann unbeachtlich, wenn er krankheitsbedingt nicht in der Lage ist, eigene Wünsche und Vorstellungen zu bilden und dadurch diese Grundlage der Lebensgestaltung selbst zu gewinnen oder wenn der Betroffene die für seine Willensbildung entscheidenden Tatsachen krankheitsbedingt nicht erkennt.[159] 117

156 LSG Bayern BeckRS 2018, 8123.
157 VG Aachen BtPrax 2017, 162.
158 LG Osnabrück JurBüro 2017, 429.
159 BGH NJW 2018, 1255; Grüneberg/*Götz*, § 1821 Rn 8.

118 Die Häufigkeit des persönlichen Kontakts hängt von der jeweiligen Art und dem Umfang der Aufgabenkreise, dem tatsächlichen Verlauf der Betreuung, der Art der Erkrankung des Betroffenen sowie der Bedeutung der zu regelnden Angelegenheiten ab.[160]

119 Aus diesem Grund können Personen, die in zu großem räumlichem Abstand zum Betroffenen leben, in aller Regel nicht als Betreuer bestellt werden. Es ist jedoch einzelfallabhängig, ob angesichts der Entfernung noch der persönliche Kontakt zum Betroffenen gehalten werden kann.[161] Eine schlichte „Vermögensverwaltung“, welche beispielsweise beim isolierten Aufgabenkreis „Vermögenssorge“ zu erfüllen sein kann und dann nur in der Verwaltung von Konten besteht, kann daher auch von einem Betreuer wahrgenommen werden, der nicht in räumlicher Nähe zum Betroffenen lebt.

120 Der Betreuer hat auch zu Dritten, welche als Ansprechpartner dienen, regelmäßig und umfassend Kontakt zu halten. Es kann sich dabei um Banken, Versicherungsgesellschaften, Rentenstellen, das Sozialamt, Ärzte, Vermieter u.a. handeln. Da diese Außenstehenden unmittelbaren Einfluss auf die Führung der Betreuung haben, muss der Betreuer zu ihnen den jeweiligen Kontakt halten. Er führt seine Betreuung nicht ordnungsgemäß, wenn er dies unterlässt, was unter Umständen sogar einen Entlassungsgrund darstellen kann.

Ob dieser Kontakt stattfindet, kontrolliert das Betreuungsgericht. Gemäß § 1863 Abs. 3 S. 3 Nr. 1 BGB ist der Betreuer verpflichtet, dem Betreuungsgericht gegenüber Mitteilungen zum persönlichen Kontakt zum Betreuten zu machen. Vor allem Häufigkeit, Ort und Umfang des Kontakts sind mitzuteilen. Ist der Kontakt nicht genügend oder fehlt er komplett, kann das Gericht den Betreuer nach § 1868 Abs. 1 S. 2 BGB entlassen.[162] Eine Mindestkontakt-/Besuchshäufigkeit gibt das Gesetz selbst nicht vor. Unterbleiben die persönlichen Kontakte über längere Zeit grundlos oder finden sie z.B. weniger als einmal im Jahr statt, wird ein solches Verhalten zur Entlassung des Betreuers führen können.[163] Die Pflicht zum persönlichen Kontakt zum Betreuten und die Besprechung wichtiger Angelegenheiten mit diesem (§ 1821 Abs. 5 BGB) gehören zum Kernbereich der Betreuerpflichten.

Grundsätzlich ist auch die Delegation der Betreuerpflicht, persönliche Kontakte mit dem Betroffenen zu halten, an Dritte nicht möglich und unzulässig.[164]

---

160 *Dodegge/Roth*, Teil B Rn 70.
161 OLG Köln FamRZ 1996, 506.
162 *Dodegge/Roth*, Teil B Rn 75.
163 *Dodegge/Roth*, Teil B Rn 152.
164 AG Siegen BtPrax 2019, 80.

II. Versicherungsschutz

121 Ehrenamtliche Betreuer könne eine Haftpflichtversicherung abschließen und die Kosten nach § 1877 BGB weitergeben. Dieser Versicherungsschutz muss jedoch im Interesse des Betroffenen geboten sein, etwa wenn ein großes Vermögen zu verwalten ist oder besondere Risiken bestehen (z.B. Prozessführungen, besondere gesundheitliche Gefahren u.a.).[165]

Die Kosten für eine solche Haftpflichtversicherung sind erstattungsfähig.

122 Ist ein Betreuungsverein bestellt, hat dieser zur Abwehr von Schäden, welche dessen Mitarbeiter dem Betroffenen zufügen können, eine Versicherung abzuschließen.[166] Die Versicherungspflicht erstreckt sich nur auf die Vereinsmitarbeiter, nicht auf Ehrenamtliche.

123 Bei Berufsbetreuern ist nunmehr der Abschluss einer Versicherung Voraussetzung für deren Registrierung, § 23 Abs. 1 Nr. 3 BtOG. Der Betreuer hat eine Haftpflichtversicherung für den Betroffenen jedoch dann nicht abzuschließen, wenn der Betreute die Kosten hierfür nicht aufbringen kann.

Ist dies jedoch der Fall, sind die angemessenen Kosten der Versicherung nach § 1877 Abs. 2 BGB erstattungsfähig, wobei Kostenvorteile einer eventuell abzuschließenden Sammelversicherung auszunutzen sind.[167]

III. Schenkungen/Zuwendungen

124 Bei Schenkungen im Rahmen der Betreuung ist zu unterscheiden zwischen Schenkungen des Betreuers aus dem ihm anvertrauten Vermögen und Schenkungen, die der Betroffene selbst vornimmt.

1. Schenkungen durch den Betreuer

a) Schenkungsverbot vs. Genehmigungsvorbehalt nach § 1854 Nr. 8 BGB

125 Vor der Reform des Betreuungsrechts unterlag der Betreuer dem Schenkungsverbot nach § 1804 BGB a.F. Der Betreuer unterliegt diesem grundsätzlichen Schenkungsverbot nach § 1854 Nr. 8 BGB nicht mehr, da die neu eingeführte Norm aus dem Verbot ein Genehmigungserfordernis statuiert, um eine größere Flexibilität zu gewährleisten. Das „Schenkungsverbot" ist durch die Einführung der neuen Vorschriften zum 1.1.2023 also zu einem **Genehmigungserfordernis** geworden, um damit eine größere Variabilität für das Handeln des Betreuers zu gewährleisten. Für den Begriff der „Schenkung" gilt der allgemeine Schenkungs-

---

165 Grüneberg/*Götz*, § 1837 Rn 2.
166 *Dodegge/Roth*, Teil B Rn 30.
167 Grüneberg/*Götz*, § 1877 Rn 5.

begriff des § 516 BGB. Liegt eine gemischte Schenkung vor, die in der Regel dann gegeben ist, wenn die Gegenleistung den Wert des aus dem Vermögen erbrachten Vermögensopfers nicht erreicht, ist im Zweifel die gesamte Schenkung nichtig nach § 139 BGB, sofern die Genehmigung nicht erteilt wird. Allerdings hat die Rechtsprechung angenommen, dass, wenn der entgeltliche Teil den unentgeltlichen i.H.v. 80 % des Verkehrswertes übersteigt, keine Unentgeltlichkeit vorliegt.[168] Insbesondere sind in der Praxis als Schenkung anzusehen der Verzicht auf ein Wohnrecht des Betreuten (jedoch nicht, wenn dieser das Wohnrecht nicht mehr ausüben kann und es keinen wirtschaftlichen Wert mehr besitzt)[169] sowie die Änderung der Bezugsberechtigung einer Lebensversicherung vom Betreuten auf einen Dritten hin.[170] Selbst wenn etwas Gemeinnütziges von Todes wegen durch den Betreuer beabsichtigt ist, ist dies nicht zulässig: Das vom Betreuer abgegebene Schenkungsversprechen, wodurch der Betreute den gesamten zu seinem Todestag bestehenden Nachlass einer gemeinnützigen Stiftung verspricht, unterfällt dem Schenkungs- bzw. Genehmigungsverbot des § 1854 Nr. 8 BGB.[171] Nicht als Schenkung werden die Erbausschlagung oder der Erbverzicht gewertet.

126 Selbst wenn eine Schenkung aus dem Vermögen des Betroffenen wirtschaftlich sinnvoll wäre (z.B. zur Steuerersparnis), war eine solche verbotene Schenkung unheilbar nichtig und vom Betreuer zurückzufordern. Ist die Schenkung allerdings tatsächlich nichtig, kann deren Heilung durch eine betreuungsgerichtliche Genehmigung auch nicht nachträglich erfolgen; auch eine Genehmigung durch den Betreuten selbst macht die Schenkung nicht wirksam.[172]

127 Nicht selten muss der Betreuer Gerichtsprozesse für den Betreuten führen und schließt dort einen gerichtlichen Vergleich ab. Das bloße Nachgeben im Rahmen eines gerichtlichen Vergleichs stellt noch keine Schenkung, die dem Verbot des § 1854 Nr. 8 BGB unterfällt, dar.[173]

Praxistipp

Der Betreuer sollte bei einem gerichtlich protokollierten Vergleich darauf achten, dass im Gerichtsprotokoll steht, dass der Vergleich „auf Anraten des Gerichts" abgeschlossen wird. Dadurch ist sichergestellt, dass bereits ein Gerichtszweig eine Sachprüfung vorgenommen hat und das Betreuungsgericht insoweit von einer etwaigen Prüfungspflicht befreit wird.

Eine Umgehung des Schenkungsverbots etwa durch die Bestellung eines Verfahrenspflegers oder eines Ergänzungsbetreuers ist nicht möglich. Die nach § 1854 Nr. 8 BGB verbotene Schenkung ist unheilbar nichtig, § 134 BGB.

168 OLG Frankfurt FamRZ 2008, 544; KG BtPrax 2012, 123; *Dodegge/Roth*, Teil E Rn 11.
169 BGH NJW 2012, 1956.
170 LG Düsseldorf FamRZ 2013, 1836.
171 BGH BtPrax 2020, 28.
172 Grüneberg/*Götz*, § 1854 Rn 9; BayObLG FamRZ 1996, 1359.
173 Grüneberg/*Götz*, § 1854 Rn 9.

b) Ausnahmen des § 1854 Nr. 8 BGB

Das Schenkungsverbot wird nur durch § 1854 Nr. 8 BGB selbst durchbrochen. 128
Der Betreuer kann eine Schenkung aus dem Vermögen des Betroffenen nach dieser Vorschrift nur dann vornehmen, sofern sie nach den Lebensverhältnissen des Betreuten angemessen oder als Gelegenheitsgeschenk üblich ist. Hierzu zählen die Unterstützung naher Angehöriger oder die im Interesse des Familienfriedens vorgenommenen Schenkungen.[174] Klassische Beispiele solcher Schenkungsmöglichkeiten sind Geburtstags-, Weihnachts- oder Hochzeitsgeschenke.

Zur Prüfung, ob es sich um eine nach § 1854 Nr. 8 BGB zulässige Schenkung 129
handelt, ist auf den Willen, die Interessenlage und das Vermögen des Betreuten abzustellen. Ebenfalls sind die bisherigen Lebensverhältnisse des Betroffenen zu berücksichtigen.

Es ist dabei retrospektiv zu bewerten, wie der Betroffene in der Vergangenheit mit solchen Schenkungsmöglichkeiten umging und ob er üblicherweise entsprechende Geschenke verteilte. Bei hohem Vermögen und entsprechendem Lebensstandard des Schenkenden können auch Übertragungen mit hohem Wert oder gar Grundstückszuwendungen zulässig sein, weil diese sich dann noch „im Rahmen" halten.[175]

Zu beachten sind jedoch immer eventuelle Genehmigungserfordernisse nach an- 130
deren Vorschriften, beispielsweise bei einer Grundstücksschenkung (§ 1850 Nr. 1 BGB).

2. Schenkungen durch den Betroffenen

a) Geschäftsunfähigkeit des Betroffenen

Ist der Betreute geschäftsunfähig, kann er kein wirksames Schenkungsverspre- 131
chen abgeben. Auch eine Schenkung, die er an den Betreuer selbst vornimmt, ist in dieser Konstellation nicht möglich, da der Betreuer den Betroffenen hierbei wegen eines verbotenen In-sich-Geschäfts nicht wirksam vertreten kann (§§ 1824, 181 BGB).

b) Geschäftsfähigkeit des Betroffenen

Wie bereits gezeigt, wird durch die Anordnung der Betreuung die Geschäftsfä- 132
higkeit des Betroffenen grundsätzlich nicht berührt. Ist der Betroffene weiterhin geschäftsfähig, kann er ohne Einschränkung und nach eigenem Ermessen Geschenke machen. Die Verbotsvorschrift des § 1854 Nr. 8 BGB gilt für ihn nicht.[176]

---

174 Grüneberg/*Götz*, § 1854 Rn 9.

175 BayObLG Rpfleger 1988, 22; siehe aber BayObLG FamRZ 2003, 1967 zur Schenkung einer Eigentumswohnung an die Tochter des Betreuten.

176 *Dodegge/Roth*, Teil E Rn 112.

133 Begibt sich der geschäftsfähige, aber unter Betreuung stehende Betroffene beispielsweise zum Notar, um durch notariellen Schenkungsvertrag Grundstücke aus seinem Vermögen an den Betreuer, dessen Familienangehörige oder sonstige Dritte zu schenken, ist das grundsätzlich zulässig. Der Notar prüft in einem längeren Eingangsgespräch lediglich die Geschäftsfähigkeit des Zuwendenden (§ 11 Abs. 1 BeurkG). Leider wird in der täglichen notariellen Praxis kaum ein eingehendes Gespräch zur Prüfung der Geschäftsfähigkeit durchgeführt; die in den notariellen Verträgen einleitend – bereits per Computermaske – „festgestellte Geschäftsfähigkeit" durch ein „längeres Gespräch" ist oft nur Makulatur.

134 Da die Beweislast für das Fehlen der Geschäftsfähigkeit derjenige trägt, der sich darauf beruft, ist es für einen Betreuer, der eine solche Schenkung anfechten und zurückfordern möchte, praktisch unmöglich, dies durchzusetzen. Der Betreuer müsste also Vollbeweis dafür erbringen, dass der Betreute geschäftsunfähig war, als er das Schenkungsversprechen abgab. Hierzu müsste er ein psychiatrisches oder psychologisches Sachverständigengutachten einholen und im Rahmen der Anfechtung der Schenkungserklärung vorlegen. Dies gelingt in der täglichen Praxis kaum. Gleiches gilt für die Pflichtteilsberechtigten oder Erben des Betreuten. Die von diesem Personenkreis nachzuweisende Geschäftsunfähigkeit des Betroffenen muss zum Zeitpunkt der Begründung des Kausalgeschäftes (also bei notarieller Beurkundung des Schenkungsvertrages) vorgelegen haben. Lediglich Zweifel genügen hierfür nicht.[177] Der Betreuer kann daher grundsätzlich die Schenkungen des Betroffenen, die dieser selbst vornimmt, bei vorliegender Geschäftsfähigkeit nicht angreifen oder zurückfordern. Nur wenn der Betreute unter einem Einwilligungsvorbehalt steht, ist hier ein enger Spielraum für den Betreuer eröffnet.

c) Gesetzliche Verbote

aa) § 138 BGB

135 Eine weitere Grenze des Schenkungsversprechens liegt vor, wenn ausnahmsweise eine Unwirksamkeit der Zuwendung wegen Sittenwidrigkeit gegeben ist (§ 138 BGB). Diese Fälle bilden jedoch die Ausnahme.

In der Literatur wird angedacht, die Schenkungen oder Vermögensübergaben, die im Rahmen einer zuvor festgelegten Betreuungsverfügung angeordnet wurden, dann als nichtig anzusehen, wenn die von der Rechtsprechung entwickelten Grundsätze zur Nichtigkeit des nachehelichen Unterhaltsverzichtes bei erkennbarer Sozialhilfebedürftigkeit angewendet werden können.[178] Folgt man dieser Meinung, wäre ein Schenkungsvertrag als Vertrag zu Lasten Dritter (gegenüber dem Sozialhilfeträger) unwirksam, wenn die Vertragsparteien voraussehen konn-

177 OLG Frankfurt ZEV 2003, 464.
178 *Dodegge/Roth*, Teil E Rn 88, 125.

ten, dass der Übergebende aufgrund der Schenkung künftig auf Sozialhilfe angewiesen wäre. Hierbei sind jedoch immer eine Einzelfallbetrachtung und Prognose notwendig, die unter Umständen schwierig ist. Allerdings wäre durch die Anwendung dieser Grundsätze das Nachrangprinzip des § 2 SGB XII verwirklicht.

Höchstrichterliche Rechtsprechung hierzu hat sich, soweit ersichtlich, noch nicht ausgebildet. Die analoge Übertragung der sozial- und unterhaltsrechtlichen Rechtsprechungskriterien erscheint jedoch durchaus möglich angesichts der herausragenden Stellung und Bedeutung des sozialhilferechtlichen Subsidiaritätsprinzips. 136

Zwar hat der BGH ausgeurteilt, dass bei einer Lebensversicherung auf den Tod eines anderen die Änderung der Bezugsberechtigung im Todesfall analog § 159 Abs. 2 S. 1 VVG die schriftliche Einwilligung der versicherten Person erfordert und analog § 159 Abs. 2 S. 2 VVG der für den Aufgabenkreis „Gesundheitsfürsorge" bestellte Betreuer der versicherten Person diese bei Erteilung der Einwilligung nicht vertreten kann, sofern die Bezugsberechtigung zu seinen eigenen Gunsten geändert werden soll;[179] letztlich war in diesem Fall der Aufgabenkreis nicht geeignet, die Einwilligung zu erteilen, so dass der Kernbereich des Schenkungsverbotes hier ebenfalls nicht entschieden wurde.

bb) § 14 Abs. 1 HeimG

Oftmals befindet sich der Betreute in einem Heim und möchte dem dortigen Personal oder dem Heimträger etwas zukommen lassen. Das gesetzliche Verbot des § 14 Abs. 1 HeimG, der inzwischen durch die Landesheimgesetze konkretisiert wurde,[180] verbietet jedoch, dem Heimträger, Heimleiter oder Heimpersonal etwas wirksam zu schenken. Die Vorschrift wird analog aufgrund des Schutzzwecks der Norm erheblich ausgedehnt. Das Verbot des § 14 HeimG soll auch bei Zuwendungen an Verwandte des Verbotsadressaten Anwendung finden, beispielsweise wenn die Tochter eines Heimmitarbeiters vom Betroffenen als Heimbewohner Zuwendungen erhält.[181] Nach der Tendenz der Rechtsprechung ist zur Vermeidung von Umgehungstatbeständen des § 14 HeimG davon auszugehen, dass Zuwendungen, welche der Betreute an Heimpersonal, deren Angehörige oder den Heimträger selbst vornimmt, unwirksam bleiben werden. 137

Die Rechtsprechung hat bereits entschieden, dass die Erbeinsetzung der Kinder des Heimleiters zu Nacherben,[182] die Ersatzerbeinsetzung der Ehefrau eines geschäftsführenden Alleingesellschafters einer Pflegeheim-GmbH,[183] ja sogar die

179 BGH BtPrax 2020, 29.
180 Übersicht zu den Landesheimgesetzen siehe Burandt/Rojahn/*Müller-Engels*, § 14 HeimG Rn 34 ff.
181 *Suyter*, ZEV 2003, 104 f.; *Roth*, Erben und Vererben bei rechtlicher Betreuung, S. 76.
182 OLG Düsseldorf MittBayNot 1998, 264.
183 BayObLG MittBayNot 2000, 453.

Erbeinsetzung der Ehefrau des Pförtners zur Miterbin[184] als unwirksam wegen Umgehung des Schutzzwecks der Norm angesehen wurden.

138 Hingegen wird nach allgemeiner Ansicht die analoge Anwendung des § 14 HeimG auf Schenkungen des Betroffenen an den Betreuer verneint. Nur in eng begrenzten Ausnahmefällen soll die Vorschrift solche Zuwendungen ergreifen, nämlich dann, wenn der Betreuer seine Vertrauensstellung missbraucht und den leicht beeinflussbaren Betroffenen gezielt anhält, ihm Vermögenswerte (notariell) zu übertragen.[185] Solcher Art „erschlichene" Zuwendungen tragen den Makel der Sittenwidrigkeit, was zur Nichtigkeit der Zuwendung führt. Insbesondere dann, wenn der Betreuer einen testierunfähigen Betreuten dazu veranlasst, ihn durch letztwillige Verfügung oder einen Dritten testamentarisch einzusetzen, kann dies strafrechtlich eine Untreue hergeben, was ebenfalls zur Nichtigkeit der Verfügung führen kann.[186] Ein gesetzliches Testierverbot zugunsten von Betreuern gab es zunächst nicht, dennoch konnte die Erbeinsetzung des Berufsbetreuers sittenwidrig sein.[187] Dasselbe gilt, wenn der Betreuer ohne Wissen und Wollen des testierunfähigen Betreuten einen Notar mit der Beurkundung eines Testaments beauftragt und dem Notar gegenüber falsche Angaben über den Testamentsinhalt macht.[188]

Durch die Neuregelung des BtOG ergibt sich zum 1.1.2023 auch eine neue Rechtsfolge für die Wirksamkeit eines zugunsten eines Berufsbetreuers errichteten Testaments: Die nach § 30 Abs. 1 S. 1, 2 BtOG untersagte Annahme einer Zuwendung von Todes wegen durch einen Berufsbetreuer stellt nur noch einen Verstoß gegen seine Berufspflichten dar, nicht jedoch gegen das gesetzliche Verbot nach § 134 BGB. Demnach bleiben die letztwillige Verfügung des Erblassers sowie der Vermögenstransfer gem. § 1922 Abs. 1 BGB wirksam, um dem umfassenden Schutz der Testierfreiheit Geltung zu verschaffen. Allerdings ist diese gesetzgeberische Wertung bei der Prüfung der Sittenwidrigkeit der letztwilligen Verfügung zu berücksichtigen.[189] Aufgrund der Neuregelung ist die Testierfreiheit des Betreuten umfassender geschützt als vor der Gesetzesänderung. Das Verdikt der Sittenwidrigkeit des § 138 BGB im Rahmen der letztwilligen Verfügung ist künftig kaum noch zu erreichen, wenn der Berufsbetreuer die Zuwendung annimmt. Der Berufsbetreuer sollte sich eine solche Annahme allerdings genau überlegen, denn wenn die Annahme der erbrechtlichen Zuwendung unter Verstoß gegen § 30 Abs. 1 S. 2 BtOG erfolgt, kann dies künftig auf die Bewertung seiner Zuverlässigkeit Einfluss haben.[190]

184 OLG Frankfurt NJW 2001, 1504.
185 Zusammenfassend: *Mayer*, ZEV 2004, 40 ff.; OLG Karlsruhe NJW 2001, 2804.
186 OLG Celle NJW 2013, 2456.
187 OLG Celle NJW 2021, 1681.
188 OLG Frankfurt FamRZ 2009, 1245.
189 OLG Nürnberg NJW-RR 2023, 1307.
190 *Roth*, NJW-Spezial 2023, 744.

Ebenso wird die analoge Anwendung des § 14 HeimG verneint, wenn der Betreute ein Testament zugunsten des Pflegedienstes errichtet. Nur wenn der Pflegedienst seine Stellung und das persönliche Vertrauensverhältnis zum Testierenden dazu einsetzt, diesen übermäßig zu beeinflussen, ist die letztwillige Verfügung sittenwidrig und nichtig.[191] 139

3. Besondere Berufsgruppen

Wendet der Betroffene einem Betreuer eine Schenkung zu, so ist zu berücksichtigen, dass bestimmte Betreuer Geschenke unter Umständen nur mit Zustimmung des jeweiligen Arbeitgebers annehmen dürfen. Ist der Betreuer nämlich Angestellter im öffentlichen Dienst oder Beamter, gelten für die Annahme des Schenkungsversprechens § 71 BBG, § 43 BRRG, § 3 Abs. 2 TVöD. 140

G. Ende der Betreuung

Es gibt verschiedene Gründe, welche zum Ende einer Betreuung[192] führen können: 141

I. Tod des Betroffenen

Durch den Tod des Betroffenen endet die Betreuung (und eine zu dessen Gunsten angeordnete Verfahrenspflegschaft)[193] automatisch, § 1870 BGB. Eines gerichtlichen Aufhebungsbeschlusses bedarf es nicht. 142

Das Vermögen des Betroffenen geht nach § 1922 BGB im Rahmen der Gesamtrechtsnachfolge auf die Erben des ehemals Betreuten über. Daher sind grundsätzlich alle weiteren Geschäfte des Verstorbenen von den Erben zu übernehmen und fortzuführen. War der Erblasser bis zu seinem Tod mehr als zehn Jahre in einem Pflegeheim, hatte er dort seinen letzten gewöhnlichen Aufenthalt. Dies gilt auch dann, wenn er in dieser Zeit wegen Demenz betreut wurde und der Betreuer das Aufenthaltsbestimmungsrecht ausübte. Insoweit ist das dortige Nachlassgericht für die Erteilung des Erbscheins örtlich zuständig.[194]

---

191 OLG Düsseldorf ZEV 2001, 366; zurückhaltend OLG Frankfurt BeckRS 2015, 09398; ausf. *Roth*, Erben und Vererben bei rechtlicher Betreuung, Kap. A IV 4.

192 Siehe zum Thema auch *Roth*, Erben und Vererben bei rechtlicher Betreuung, Kap. A IV.

193 OLG Frankfurt FGPrax 2010, 70.

194 OLG München NJW-RR 2023, 583.

1. Letzte Maßnahmen des Betreuers

143 Der Betreuer hat nach § 290 Abs. 3 FamFG seine Bestallungsurkunde an das Betreuungsgericht zurückzureichen.

Das Ableben des Betreuten soll den Angehörigen und dem Betreuungsgericht mitgeteilt werden.

Der Schlussbericht nebst Schlussabrechnung über das verwaltete Vermögen und die Abrechnung der restlichen Betreuervergütung ist an das Gericht einzureichen.

144 Zu berücksichtigen ist, dass es mit dem Tod des Betreuten kein Schonvermögen mehr gibt, so dass auch etwaige Schonbeträge zur Vergütung des ehemals mittellosen und nun „begüterten" Betreuten zur Verfügung stehen.[195] Dabei ist zu beachten, dass zum anzurechnenden Vermögen auch der Rückkaufswert einer vom Betroffenen abgeschlossenen Lebensversicherung gehört, soweit er den Schonbetrag (ggf. zusammen mit weiteren anrechenbaren Vermögenspositionen) übersteigt.[196]

2. Unaufschiebbare Geschäfte

145 Der Betreuer hat unaufschiebbare Maßnahmen noch vorzunehmen. Diejenigen Geschäfte, welche nicht ohne Gefahr aufschiebbar sind, hat der Betreuer noch für die Erben zu besorgen, bis diese anderweitige Fürsorge treffen können (§ 1874 BGB).[197] Selbstverständlich beziehen sich die Eilmaßnahmen nur auf solche Tätigkeiten, welche auf dem ehemaligen Aufgabenkreis des Betreuers lagen. Zu den unaufschiebbaren Maßnahmen – sofern im ursprünglichen Aufgabenkreis gelegen – zählen beispielsweise die Veranlassung dringendster Reparaturen, Einlegung eines Widerspruchs gegen einen behördlichen Bescheid, Abstellen des Stroms in der Wohnung des Betroffenen, Versorgung von Haustieren etc.

146 Sofern der Betreute einen Organspendeausweis besaß, ist dieser vorrangig zu beachten. Voraussetzung ist jedoch, dass der Betreute bei der Ausstellung des Ausweises geschäftsfähig bzw. einwilligungsfähig war. Die Organspendeverfügung kann auch in einer Patientenverfügung des verstorbenen Betroffenen enthalten sein.

Praxistipp

Wenn der Betreuer von den Ärzten nach dem Tod des Betroffenen mit der Frage der Organentnahme konfrontiert wird, sollte er unverzüglich Kontakt mit den Angehörigen des Verstorbenen aufnehmen. Dies kann unterbleiben,

---

195 LG Koblenz FamRZ 1996, 622; LSG Baden-Württemberg, Urt. v. 23.12.2010 – L 2 SO 5548/08, BeckRS 2011, 68034.

196 LG Koblenz FamRZ 2010, 329 LS.

197 *Roth*, Der Tod des Betreuten – Abschlusstätigkeiten des Betreuers, NJW-Spezial 2005, 253; *Roth*, Erben und Vererben bei rechtlicher Betreuung, Kap. N IV 1.

wenn der Betreute wirksam einen Organspendeausweis errichtet hatte, den der Betreuer dann „umsetzen“ muss, um dessen Willen Geltung zu verschaffen.

Den Zeitaufwand für die Übergabe des Nachlasses an die Erben sowie die Kosten und Auslagen dieser Tätigkeit (z.B. Porti, Transportversicherung u.a.) haben die Erben zu vergüten.[198] 147

Der Betreuer wird hierbei bei ehemals mittellosen Betreuten nur noch für diejenigen Tätigkeiten Aufwendungsersatz von der Staatskasse erhalten, welche dringend erforderlich sind und in einer kurzen Zeitspanne nach dem Ableben des Betroffenen erfolgen.[199] 148

Die Sicherung des Nachlasses, Wohnungsräumung, Schuldenwegfertigung des verstorbenen Betroffenen oder Abgabe der Erbschaftsteuererklärung gehören hingegen nicht zu den dringenden, vom Betreuer noch zu erledigenden Aufgaben.

3. Bestattung des Betroffenen

Problematisch und in der Rechtsprechung teilweise streitig ist die Frage, ob der Betreuer berechtigt ist, die Bestattung des verstorbenen Betreuten zu veranlassen. Vergütet erhält er seine Aufwendungen für Fahrten zur Beerdigung des vormals Betreuten jedenfalls nicht.[200] 149

Grundsätzlich haben die Angehörigen des Verstorbenen aus deren Recht zur Totensorge die Bestattung zu veranlassen. Tut dies dennoch der Betreuer, läuft er Gefahr, hierfür keine Vergütung zu erhalten.[201] Sofern der Betreuer nach dem Tod des Betreuten selbst einen Bestattungsauftrag mit Kostenübernahmeerklärung unterschreibt, haftet er persönlich auf die Bestattungskosten.[202] Daher hat der Betreuer lediglich die nächsten Angehörigen über das Ableben des Verstorbenen zu informieren. Sind solche Angehörigen nicht zu ermitteln, nicht rechtzeitig erreichbar oder nicht vorhanden, begeht der Betreuer jedenfalls keine Pflichtverletzung, wenn er die Bestattung selbst veranlasst.[203] Der Betreuer des verstorbenen Betroffenen ist weder nachrangig noch vorrangig nach dem Recht der Totenfürsorge verpflichtet, die Bestattung des verstorbenen Betroffenen zu veranlassen. Besonders zu berücksichtigen ist die Tatsache, dass die Bestattung keine Angelegenheit des Erben ist. Die Pflicht zur Fürsorge für einen Toten ist Ausfluss des 150

198 Grüneberg/*Götz*, § 1872 Rn 3; zur Durchsetzung der Betreuervergütung nach dem Tod des Betreuten siehe *Brauer*, BtPrax 2009, 226 ff.

199 LG Leipzig FamRZ 1996, 1361.

200 OLG Zweibrücken BtPrax 2010, 38.

201 BayObLG BtPrax 1998, 234.

202 VGH Mannheim, Beschl. v. 17.4.2018 – 1 S 419/18.

203 *Dodegge/Roth*, Teil H Rn 27; *Roth*, Erben und Vererben bei rechtlicher Betreuung, S. 284 ff.

familienrechtlichen Verhältnisses, welches den Verstorbenen zu Lebzeiten mit den überlebenden Angehörigen verbunden hat, was über den Tod hinaus fortdauert und gegenüber dem toten Familienmitglied Pietät und Pflege seines Andenkens gebietet. Der Erbe (§ 1968 BGB) oder der sonst Unterhaltsverpflichtete (§§ 1615 Abs. 2, 1361 Abs. 4 S. 3, 1360a Abs. 3 BGB) hat nur die Beerdigungskosten zu übernehmen. Die faktisch durchgeführte Beerdigung des verstorbenen Betroffenen ist daher dem Recht der Totenfürsorge zuzuordnen, nicht den Erben. Diese können, müssen aber nicht personengleich sein mit dem jeweils Totenfürsorgeberechtigten. Das Totenfürsorge- und somit auch das Bestattungsrecht obliegt vorrangig dem hinterbliebenen Ehegatten, nachrangig den Abkömmlingen und dann den weiteren Anverwandten.[204]

151 Der verstorbene Betreute kann das Recht der Totenfürsorge allerdings selbst noch zu seinen Lebzeiten einem Dritten, beispielsweise im Rahmen einer Vorsorgevollmacht oder einer Bestattungsverfügung, übertragen haben; der Dritte kann auch der Betreuer sein.[205] Ist dies der Fall, hat der Betreuer sich in dieser Eigenschaft um die Bestattung zu kümmern, sofern der Verstorbene bei der Übertragung dieser Befugnis geschäftsfähig war.

152 Auch aus öffentlich-rechtlichen Vorschriften heraus ist der ehemalige Betreuer kein zur Bestattung Verpflichteter. Das Verwaltungsgericht hat anhand des Sächsischen Bestattungsgesetzes diese Grundsatzfrage entschieden: Der nach §§ 1814 ff. BGB bestellte Betreuer ist kein „sonstiger Sorgeberechtigter" im Sinne von § 10 Abs. 1 S. 2 Nr. 5 Sächsisches Bestattungsgesetz und deshalb nicht für die Bestattung seines verstorbenen Betreuten verantwortlich. Eine solche Verpflichtung zur Bestattung besteht auch nicht nach dem BGB.[206]

Praxistipp

Je nach Landesgesetz kann der Betreuer jedoch noch verpflichtet sein, die Leichenschau durch einen Arzt vornehmen zu lassen.[207]

153 Der Betreuer läuft jedoch wiederum Gefahr, dass er für seine Tätigkeiten nicht vergütet wird. Hat der Verstorbene den Betreuer mit der Durchführung der Bestattung jedoch beauftragt (z.B. im Rahmen einer Vollmacht oder Betreuungsverfügung), erwächst dem Betreuer gegen die Erben für die veranlasste Bestattung ein Ersatzanspruch aus §§ 669 ff., 1968 BGB.

204 *Roth*, Leiche und Totenfürsorgerecht – Ein Überblick über die Rechtsprechung, NJW-Spezial 2015, 231.

205 LG München II, Schlussurt. v. 19.7.2012 – 8 S 1752/12, ZErb 2013, 16 m. Anm. *Enzensberger.*

206 VerwG Leipzig FamRZ 2007, 1686 m. Anm. *Bienwald.*

207 So z.B. die Bayerische Bestattungsverordnung.

4. Nachlasspflegschaft

Sind die Erben erst noch zu ermitteln oder besteht sonst bis zur Annahme der Erbschaft durch die Erben ein entsprechendes Bedürfnis, hat der Betreuer gegebenenfalls eine Nachlasspflegschaft anzuregen (§ 1960 BGB). Der Nachlasspfleger vertritt die (zunächst) unbekannten Erben.[208] Sinnvoll ist der Antrag auf Einrichtung einer Nachlasspflegschaft für den ehemaligen Betreuer nach dem Tod des Betroffenen auch dann, wenn ihm selbst noch Vergütungsansprüche zustehen. Sind die Erben unbekannt, sollte der Betreuer daher in seiner Eigenschaft als Nachlassgläubiger eine Nachlasspflegschaft beim Nachlassgericht unter Darlegung seines gegen den Nachlass gerichteten Vergütungsanspruchs beantragen, § 1961 BGB. In diesen Fällen steht dem Nachlassgericht kein Ermessen zu, ob es die Nachlasspflegschaft einrichtet oder nicht. Lehnt es die Anordnung der Pflegschaft ab, kann der Betreuer Beschwerde gem. §§ 58 ff. FamFG hiergegen einlegen. 154

Das Amtsgericht kann den ehemaligen Betreuer auch als Nachlasspfleger bestellen. Der Nachlasspfleger wird für „denjenigen, der Erbe wird“ (§ 1960 Abs. 2 BGB) bestellt, wenn Erben unbekannt oder nicht erreichbar sind. Er muss den Nachlass sichern, bis der oder die Erben ermittelt sind. Dabei handelt es sich um ein Antragsverfahren, wobei auch der Betreuer selbst den Antrag auf Einrichtung einer Nachlasspflegschaft stellen kann.[209] Im Rahmen einer Ermessensentscheidung prüft das Nachlassgericht, ob diesem Antrag stattgegeben wird. Nur bei einer Interessenkollision kann der ehemalige Betreuer nicht Nachlasspfleger werden; dies ist dann der Fall, wenn noch Vergütungsansprüche gegen den Nachlass seitens des ehemaligen Betreuers offenstehen, denn zu dieser Regulierung wäre ein Nachlasspfleger rechtszuständig. Hier kann keine Personenidentität zwischen ehemaligem Betreuer und (neuem) Nachlasspfleger bestehen.[210] Der Nachlass ist, sofern keine Personenidentität zwischen ehemaligem Betreuer und Nachlasspfleger vorliegt, an den Nachlasspfleger herauszugeben. 155

Eine weitere Möglichkeit für den ehemaligen Betreuer zur Abwicklung des Nachlasses liegt darin, dass die Erben ihm hierzu Vollmacht erteilen. Dies ist sinnvoll, wenn die Erben räumlich weit entfernt leben. 156

Praxistipp

Zur Absicherung der finanziellen Ansprüche des ehemaligen Betreuers, dem eine solche Vollmacht seitens der Erben erteilt wurde, ist es sinnvoll, vor Annahme dieser Aufgabe eine Honorarvereinbarung mit den Erben zu treffen.

---

208 OLG Stuttgart FamRZ 2007, 1912 f.

209 *Zimmermann*, Die Auswahl von Testamentsvollstreckern, Nachlasspflegern und Nachlassverwaltern durch das Nachlassgericht, ZEV 2007, 313 ff.

210 *Roth*, Erben und Vererben bei rechtlicher Betreuung, Kap. N IV 2b mit dennoch zulässigen Ausnahmen; *Dodegge/Roth*, Teil H Rn 29.

Eine entsprechende gesetzliche Vorgabe zur Honorierung dieser Tätigkeiten oder eine Vergütungstabelle fehlt nämlich.

II. Tod des Betreuers

1. Betreuerloser Zeitraum

157 Stirbt der Betreuer, hat dessen Erbe dies dem Betreuungsgericht unverzüglich anzuzeigen.[211] Verletzt der Erbe des Betreuers seine Mitteilungspflicht gegenüber dem Gericht schuldhaft und entsteht hierdurch ein Schaden, haftet der Erbe persönlich auf Schadenersatz nach allgemeinen Vorschriften.

Die Betreuung selbst endet durch den Tod des Betreuers nicht, da nicht das Betreuungsamt erlischt, sondern nur die dieses Amt ausfüllende Person wegfällt. Bis zur Bestellung eines neuen Betreuers ist der Betroffene also „betreuerlos“, obwohl er gleichzeitig noch unter Betreuung steht.

2. Handlungspflichten der Erben

158 Die Erben des verstorbenen Betreuers brauchen gegenüber dem Betreuungsgericht keine Rechenschaft zu legen (§ 1872 Abs. 2 BGB), sofern und soweit dies ihnen unmöglich ist.

Hingegen haben die Erben die Schlussrechnung vorzunehmen, wobei als Stichtag der Todestag des Betreuers maßgeblich ist. Die zur Fortführung der Betreuung notwendigen Unterlagen (nicht hingegen persönliche Aufzeichnungen des ehemaligen Betreuers, da diese Teile des Betreuernachlasses selbst sind) haben sie dem Betreuungsgericht oder einem zwischenzeitlich bestellten neuen Betreuer herauszugeben.

Da auf die Erben auch ein noch offener Vergütungsanspruch des verstorbenen Betreuers übergeht, können sie noch nicht geltend gemachte Vergütungsansprüche einfordern. Die Erben erlangen dadurch die Stellung von Nachlassgläubigern.

159 Die Erben des verstorbenen Betreuers können hingegen die Betreuungstätigkeit selbst nicht fortführen. Erst wenn das Betreuungsgericht einen neuen Betreuer bestellt, tritt dieser in das Amt ein und führt es weiter. Gerieren sich die Erben des Verstorbenen als „Betreuer“ für den Verstorbenen, haften sie für etwaige Schäden nach §§ 177 ff., 276 BGB persönlich.

---

211 *Roth*, Erben und Vererben bei rechtlicher Betreuung, S. 281.

III. Wegfall der Voraussetzungen

Wenn die Voraussetzungen wegfallen, unter denen die Betreuung angeordnet wurde, wird die Betreuung aufgehoben; ist dies zumindest teilweise der Fall, ist der jeweilige Aufgabenkreis einzuschränken (§ 1871 Abs. 1 S. 2 BGB). 160

Dies kann insbesondere der Fall sein, wenn der Betroffene (auch teilweise) gesundet und daher seine Angelegenheiten wieder selbst besorgen kann oder ein Bevollmächtigter für die Aufgabenkreise bestellt wird. Vor allem das „Nachschieben" einer General- oder Vorsorgevollmacht durch einen geschäftsfähigen Betreuten lassen die Betreuungsvoraussetzungen nachträglich entfallen; es fehlt dann an der Erforderlichkeit der Betreuung nach § 1814 Abs. 3 S. 2 Nr. 1 BGB. Dies setzt selbstverständlich voraus, dass der Betroffene zum Zeitpunkt der Erteilung der Vollmacht geschäftsfähig war, andernfalls ist diese nichtig, § 105 BGB, so dass die Betreuerbestellung dann wirksam bleibt. 161

Die Betreuung kann auch durch Erreichung des Zwecks enden. Ist beispielsweise eine Betreuung nur für eine einzelne Aufgabe (z.B. Rentenantragstellung; Betreuung nur für die Abwicklung erbrechtlicher Angelegenheiten) eingerichtet, endet die Betreuung mit der Erledigung des Geschäftes. 162

Die Aufhebung der Betreuung (§ 294 Abs. 1 FamFG) wird dabei erst in all diesen Fällen wirksam, wenn der gerichtliche Aufhebungsbeschluss erlassen ist.

IV. Ende der Betreuung nach Antrag

Sowohl der Betroffene als auch sonstige Dritte können beantragen, dass die Betreuung aufgehoben wird. Der Antrag ist als Anregung an das Gericht zu werten. Aufgrund der Amtsermittlungstätigkeit gem. § 26 FamFG hat das Gericht auf einen solchen Antrag hin ein Verfahren einzuleiten, in welchem geprüft wird, ob die Voraussetzungen der Betreuung noch gegeben sind. 163

Selbst wenn die Betreuung auf einen eigenen Antrag des Betroffenen hin eingerichtet wurde und er nunmehr die Aufhebung derselben beantragt, kann das Betreuungsgericht bei der Prüfung, ob die Voraussetzungen der Betreuung vorliegen, zu dem Ergebnis gelangen, dass dies immer noch der Fall ist. Dann ist entgegen dem Antrag die Betreuung nicht aufzuheben.

H. Pflichtverletzungen des Betreuers und dessen Abberufung

I. Entlassung als ultima ratio

Der Betreuer kann während seiner Tätigkeiten Fehler begehen. Seine Entlassung durch das Betreuungsgericht stellt jedoch die ultima ratio, also das letzte Mittel, dar. Auf Pflichtverletzungen des Betreuers hat das Betreuungsgericht unter An- 164 wendung des Verhältnismäßigkeitsgrundsatzes zu reagieren. Es kann ihn zunächst zu einem Beratungsgespräch laden. Auch kann es ihm konkrete Anweisungen für die Durchführung einzelner Geschäfte geben.

165 Als schärferes Mittel ist der Teilentzug der Betreuungsmacht, bzw. Teilentlassung und Bestellung eines Mitbetreuers möglich. Die gänzliche Entlassung des Betreuers stellt das letzte Mittel dar, sofern die vorherigen Maßnahmen nicht greifen. Der Betreuer ist vom Betreuungsgericht zu entlassen, wenn seine Eignung, die Angelegenheit des Betreuten zu besorgen, nicht mehr gewährleistet ist oder ein anderer wichtiger Grund für die Entlassung vorliegt (§ 1868 Abs. 1 S. 1 BGB). Der Entlassungsgrundsatz tendiert dahin, dass die Entlassung durchzuführen ist, wenn ein Verbleiben des Betreuers im Amt dem Wohl des Betreuten mehr als unerheblich schadet,[212] wenn der Betreuer gerichtliche Hinweise missachtet oder schlichtweg überfordert ist.[213]

II. Einzelne Pflichtverletzungen

166 Als von der Rechtsprechung zur Entlassung herangezogene Pflichtwidrigkeiten des Betreuers kommen vor allem in Betracht:
- Betreiben der Entlassung des gemeingefährlichen Betreuten
- Unangemessene Umgangsregelung mit den leiblichen Eltern oder Abkömmlingen
- Verhinderung des Kontakts zu Verwandten ohne vernünftigen Grund[214]
- Verweigerung der Bereitstellung von finanziellen Mitteln zur Behebung einer erheblichen Krankheit des Betroffenen
- Verschwenderisches Aufbrauchen des Vermögens des Betroffenen
- Dauernde Verstöße gegen die Pflicht zur mündelsicheren Vermögensanlage[215]
- Aussichtslose Prozessführung
- Kündigung einer privaten Zusatzversicherung zur Einsparung der monatlichen Zusatzkosten nur deswegen, weil der Betreute gesetzlich kranken- und pflegeversichert ist[216]
- Jahrelanges Verkennen eines über das Schonvermögen hinausgehenden Guthabens des Betreuten und darauf gründender Sozialhilfebezug[217]
- Fehlender Nachweis der ordnungsgemäßen Verwendung von Geldern[218]

---

212 BayObLG FamRZ 1998, 1183.

213 Grüneberg/*Götz*, § 1868 Rn 2 m.w.N.

214 OLG München BtPrax 2008, 74.

215 Zu den Pflichten eines Vermögenspflegers im unternehmerischen Bereich mit dem Risiko des Schadenersatzanspruchs BGH FamRZ 2005, 358, 359; LG Waldshut-Tiengen BtPrax 2008, 88; Grüneberg/*Götz*, § 1868 Rn 2.

216 OLG Koblenz NJW-RR 2018, 710.

217 SG Ulm BtPrax 2017, 251.

218 OLG Karlsruhe BtPrax 2017, 246: Nachweis auch gegenüber den Erben des Betreuten.

- Verletzung der Pflicht, die Auskunft zu Rentenanwartschaften des Betreuten beim Rentenversicherungsträger einzuholen, um zu prüfen, ob eine Erwerbsminderungsrente erlangt werden kann.[219]

Grobe Pflichtverletzungen des Betreuers können die Kündigung des Heimplatzes des Betroffenen rechtfertigen.[220]

III. Abberufungsverfahren

§ 294 FamFG verweist für die Aufhebung der Betreuung auf die dort genannten FamFG-Vorschriften. Die Verweisungen lösen insbesondere folgende Tätigkeitspflichten des Betreuungsgerichts aus und besagen vor allem Folgendes: 167

- Die örtliche Zuständigkeit des Gerichts richtet sich nach § 272 Abs. 1 Nr. 1 FamFG, so dass dasjenige Betreuungsgericht zuständig ist, bei welchem die Betreuung anhängig ist.
- Die persönliche Anhörung des Betroffenen durch den Richter ist vor der Aufhebung der Betreuung nicht vorgeschrieben. Nur wenn dies zur Sachverhaltsaufklärung notwendig erscheint (§ 26 FamFG), ist die persönliche Anhörung durchzuführen. Um dem Betroffenen jedoch rechtliches Gehör zu gewähren, ist er zumindest schriftlich anzuhören.
- Angehörigen des Betroffenen und der Betreuungsbehörde ist gegebenenfalls die Möglichkeit der Stellungnahme zu geben (§ 279 Abs. 1, § 7 FamFG).
- Der Aufhebungsbeschluss ist dem Betreuer, dem Betroffenen und der Betreuungsbehörde bekanntzumachen (§ 288 Abs. 2 FamFG).
- Dem Betreuer steht das Recht zur Beschwerde zu (§ 68 Abs. 3 FamFG); die Beschwerde gegen die Aufhebung der Betreuung steht ebenfalls dem Betroffenen selbst, weiterhin den in ihren Rechten verletzten Personen gemäß § 59 Abs. 1, 2 FamFG sowie dem Personenkreis des § 303 FamFG zu.

I. Auskunfts- und Rechenschaftspflichten nach Ende der Betreuung

I. Schlussrechnung und Rechnungslegung

Bei Beendigung der Betreuung hat der Betreuer dem Betroffenen gegenüber Rechnung zu legen und eine Schlussabrechnung zu erstellen. 168

II. Rechnungslegungsanspruch der Erben?

Reicht der Betreuer diese dann beim Betreuungsgericht ein, fragt sich, ob die Erben des Betroffenen einen zusätzlichen Anspruch auf die Rechnungslegung 169

---

219 LG Bonn Rpfleger 2019, 590.

220 OLG Frankfurt BtPrax 2019, 203.

haben. Dagegen spricht § 362 BGB, da der Betreuer gegenüber dem Betreuungsgericht bereits diesen Anspruch erfüllt hat. Allerdings wurde die Erfüllungshandlung (Erstellung und Einreichung der Schlussrechnung) nicht gegenüber den Erben, sondern dem Betreuungsgericht gegenüber vorgenommen.

170 Man wird dieses Problem auf die Ebene des Rechtschutzbedürfnisses reduzieren müssen. Haben die Erben einen einfacheren und schnelleren Weg, um die Unterlagen und die Schlussrechnung zu erhalten, als vom Betreuer, haben sie diesen Weg zu beschreiten. Die Erben können in aller Regel beim Betreuungsgericht Einsicht in die Betreuungsakte nehmen, in welcher sich die Rechnungslegung nebst Unterlagen befindet. Ein Rechtschutzbedürfnis, dies alles nochmals beim Betreuer anzufordern besteht insoweit nicht, außer besonders darzulegende Umstände liegen vor.

171 Zwar bleibt grundsätzlich der ehemalige Betreuer gegenüber den Erben verpflichtet, Rechnung zu legen, allerdings nur, wenn der Berechtigte dies verlangt, § 1872 Abs. 2 S. 1 BGB.

Nahe Angehörige, die ehemals als befreite Betreuer tätig waren, sind nach § 1863 Abs. 2 S. 1 BGB hingegen nicht verpflichtet, die jährliche Rechnungslegung vorzunehmen; von der Pflicht, Schlussrechnung mit dem Tod des Betreuten gegenüber dem Gericht vorzulegen, sind nahe Angehörige hingegen nicht befreit. Auch vor dem Tod ist eine Rechnungslegung durchzuführen, wobei das Gericht zu Nachweiszwecken auch Belege verlangen darf. Welche es verlangt, entscheidet es nach pflichtgemäßem Ermessen. Liegen konkrete Anhaltspunkte dafür vor, dass beispielsweise Kontoauszüge nicht richtig erstellt oder dass sie manipuliert wurden, sind die Belege im Original einzureichen.[221]

172 Nach § 1865 Abs. 1 BGB ist das Vermögensverzeichnis als Grundlage der Rechnungslegung heranzuziehen. Die Erben haben einen Akteneinsichtsanspruch gegenüber dem Betreuungsgericht beim Tod des Betroffenen. Da das Vermögensverzeichnis nebst Belegen und Rechnungslegungen des Betreuers Bestandteil der betreuungsgerichtlichen Akte ist, können die Erben aus den dargestellten Gründen eine erneute Vorlage vom (ehemaligen) Betreuer nicht mehr verlangen.

173 Allerdings ist zu beachten, dass nach der Beendigung einer gem. § 1814 BGB angeordneten rechtlichen Betreuung der Betreuer dem Betreuungsgericht gegenüber nicht mehr zur Rechnungslegung verpflichtet ist. An die Stelle der Rechnungslegungspflicht tritt die Rechenschaftspflicht. Wird diese nicht erfüllt, kann das Betreuungsgericht durch Verhängung von Zwangsgeld die Rechenschaftspflicht durchsetzen.

Sofern der vormals Betreute oder sein Rechtsnachfolger (z.B. Erbe) auf die Rechenschaft durch den Betreuer verzichtet, darf das Gericht zur Durchsetzung dieser Pflicht gegen den Betreuer jedoch ein Zwangsgeld nicht mehr anordnen.

221 LG Neuruppin BtPrax 2017, 39.

Sollten der vormals Betreute (oder sein Rechtsnachfolger) diese Verzichtserklärung wiederum anfechten, z.B. weil nachträglich Umstände bekannt werden, welche die Redlichkeit, Vollständigkeit oder Richtigkeit der Rechenschaft in Zweifel ziehen, so ist ein Prozess um die Wirksamkeit der Anfechtung vor dem Prozessgericht auszufechten.[222]

III. Auskunftsrechte Pflichtteilsberechtigter/Vermächtnisnehmer

Sofern Pflichtteilsberechtigte oder Vermächtnisnehmer nach dem Tod des Betroffenen Auskunftsrechte geltend machen, ist an den Einsatz eines Ergänzungspflegers zu denken. 174

In der Praxis tritt häufig folgende Konstellation ein: Ehepartner errichten ein Ehegattentestament (Berliner Testament) und setzen ihre Abkömmlinge nach dem Tod des Letztversterbenden zu deren Erben ein. Die Ehepartner nehmen zwischenzeitlich Schenkungen an fremde Dritte vor. Nach dem Tod des Erstversterbenden wird der überlebende Ehegatte unter Betreuung gestellt. Die Abkömmlinge machen anschließend Pflichtteils- und Pflichtteilsergänzungsansprüche geltend.

Bei diesen Fallgestaltungen ist ein Ergänzungsbetreuer für den Bereich „erbrechtliche Ansprüche nach dem Tod des/der …“ zu bestellen, um die Interessenkollision zwischen dem überlebenden Elternteil und den Abkömmlingen zu vermeiden. 175

Der Ergänzungsbetreuer kann die Auskunft für den Betroffenen nicht verweigern, da der Auskunftsanspruch den Hauptanspruch (Pflichtteils- bzw. Vermächtnisanspruch) vorbereitet.[223]

> **Praxistipp**
>
> Der erbrechtlich interessierte Anwalt wird nach Rücksprache mit den Betreuungsgerichten hier ein breites Betätigungsfeld (ggf. als Ergänzungsbetreuer) vorfinden.

J. Vermeidungsstrategien einer fremdbestimmten Betreuung

I. Vorsorge-/Generalvollmacht

Zur Vermeidung einer Betreuung ist es sinnvoll, vor Eintritt des Betreuungsfalls eine umfassende Vorsorge- oder Generalvollmacht zu errichten. Liegt eine solche Vorsorgevollmacht vor, hindert diese für die entsprechenden Aufgabenkreise eine 176

222 LG Saarbrücken BtPrax 2009, 195 f. = FamRZ 2009, 1350 (Ls.).

223 *Sarres*, Erbrechtliche Auskunftsansprüche, Rn 318 ff.

Betreuerbestellung.[224] Dies setzt allerdings voraus, dass die Angelegenheiten des Betroffenen durch den Bevollmächtigten ebenso gut besorgt werden können wie durch einen Betreuer. Außerdem muss die Vollmacht zweifelsfrei wirksam seitens des Betreuten erteilt worden sein; bestehen daran erhebliche Zweifel, ist im Interesse des Betroffenen ein Betreuungsverfahren einzuleiten.[225] Auch eine „vorläufige Aussetzung" der Wirksamkeit einer erteilten Vorsorgevollmacht ist unzulässig.[226] Ist der Bevollmächtigte weder Willens noch in der Lage, die Vollmacht zum Wohl des Betroffenen einzusetzen, ist eine Betreuung trotz Vorliegens der Vollmacht erforderlich.[227]

II. Betreuungsverfügung

177 Jedoch kann auch nur der Wunsch geäußert werden, einen bestimmten Betreuer zu benennen, um zu vermeiden, dass das Betreuungsgericht einen für den Vorschlagenden fremden Dritten als Betreuer bestellt.

Wird eine Person vom Volljährigen als Betreuer vorgeschlagen, hat das Betreuungsgericht dem Vorschlag zu entsprechen, wenn es dem Wohl des Volljährigen nicht zuwiderläuft; ist der Vorgeschlagene zur Führung der Betreuung ungeeignet, darf er ebenfalls nicht bestellt werden (§ 1816 Abs. 2 S. 1 BGB).[228]

III. Unterschiede Vorsorgevollmacht – Betreuungsverfügung

178 Häufig werden Vorsorgevollmacht und Betreuungsverfügung verwechselt. Dabei bestehen jedoch grundlegende Unterschiede zwischen den beiden Gestaltungsmöglichkeiten: Bei der Vorsorgevollmacht kann das sog. Grundverhältnis genau ausgestaltet werden. Dabei handelt es sich in aller Regel um einen der Vollmacht zugrunde liegenden Geschäftsbesorgungsvertrag (oder Auftrag) gemäß § 675 BGB. Hierdurch bindet der Vollmachtgeber seinen Bevollmächtigten im Innenverhältnis.

Praxistipp

Notare entwerfen – teilweise aus Zeitgründen – regelmäßig nur die Vorsorgevollmacht, nicht jedoch den ebenfalls notwendigen Geschäftsbesorgungsvertrag. Für auf Erbrecht spezialisierte Rechtsanwälte ist diese Zusatztätigkeit jedoch selbstverständlich. Daher sollte die Errichtung der Vorsorgevollmacht bei einem Anwalt erfolgen.

---

224 BGH NJW-RR 2016, 1025; BayObLG FPR 2003, 143.
225 OLG Brandenburg FamRZ 2008, 303; LG Neuruppin FamRZ 2007, 932.
226 LG München Rpfleger 2007, 661.
227 OLG Schleswig BtPrax 2008, 132 f.
228 BayObLG FamRZ 2005, 548 m. Anm. *Bienwald*, S. 549; BGH FamRZ 2017, 1779.

In einer Betreuungsverfügung werden regelmäßig Wünsche des Betroffenen niedergelegt. Der Betreuer muss sich hieran jedoch nicht halten, wenn sie dem Wohl des Betreuten entgegenstehen oder zuwiderlaufen und dem Betreuer nicht zuzumuten ist, den Wunsch zu befolgen; dies ist direkte Folge aus §§ 1816 Abs. 2 S. 1, 1821 Abs. 3 BGB. Der diesbezüglich geäußerte Wille des Betreuten kann also nur dann unberücksichtigt bleiben, wenn sich auf der Basis einer Abwägung aller relevanten Umstände Gründe von erheblichem Gewicht ergeben, die eine konkrete Gefahr für den Betreuten und dessen geäußerte Wünsche zeitigen.[229] 179

Weiterhin kann die Vorsorgevollmacht nach Eintritt einer Geschäftsunfähigkeit grundsätzlich nicht widerrufen werden. Sofern der Vollmachtgeber nicht mehr an den von ihm in der Vollmacht niedergelegten Wünschen festhalten will bzw. sie sich als nicht mehr sinnvoll erweisen, ist er darauf angewiesen, dass ein Dritter dies erkennt und entsprechend berichtigt. 180

Der Betreute kann hingegen auch nach Verlust seiner Geschäftsfähigkeit seine in der Betreuungsverfügung geäußerten Wünsche widerrufen oder ergänzen. Insoweit kommt es nach §§ 1816 Abs. 2 S. 1–3, 1821 Abs. 2 S. 1 BGB nämlich nicht auf die Geschäftsfähigkeit, sondern den natürlichen Willen des Betreuten an.

Des Weiteren sind Geschäfte nach § 1850 ff. BGB für den Betreuer genehmigungspflichtig, nicht jedoch für den Bevollmächtigten. 181

Letztlich gibt es keine festen Kriterien, nach denen entschieden werden könnte, ob die Vorsorgevollmacht oder die Betreuungsverfügung generell das „bessere“ Instrument zur Regelung eigener Angelegenheiten ist. Sinnvollerweise wird man beide Möglichkeiten in einer einzigen Verfügung kombinieren. 182

Praxistipp

Die Betreuungsverfügung unterliegt keiner Formvorschrift. Aus Beweisgründen ist die Einhaltung der Schriftform zweckmäßig.

IV. Form und Inhalt einer Betreuungsverfügung

Bei der Errichtung der Betreuungsverfügung ist die notarielle Beurkundung oder die Unterschriftsbeglaubigung durch den Notar ebenso wenig notwendig wie die Hinzuziehung von Zeugen. Zum Nachweis der vollen Geschäftsfähigkeit zum Zeitpunkt der Errichtung der Betreuungsverfügung ist es jedoch sinnvoll, unbeteiligte Dritte als Zeugen hinzuzuziehen. Außerdem wird dadurch auch die Entscheidungsfähigkeit des Verfügenden hinsichtlich der Bedeutung und Tragweite seines Selbstbestimmungsrechts dokumentiert. 183

229 BGH FamRZ 2018, 1191; BGH FamRZ 2016, 1758; Grüneberg/*Götz*, § 1816 Rn 3, 8; *Dodegge/Roth*, Teil C Rn 187.

184 Nach der Entscheidung des BGH vom 17.3.2003 zur Betreuungsverfügung[230] ist es nicht mehr notwendig, sich die Betreuungsverfügung nach gewissen Zeitabständen vorzulegen und neu zu unterzeichnen. Es ist auch nicht mehr nötig, den einmal niedergelegten Willen beispielsweise im Rahmen einer Patientenverfügung „zu erneuern". Die vom BGH für die Patientenverfügung entwickelten Grundsätze sind, da sie den einmal dargelegten und fortgeltenden Willen des Betroffenen betreffen, von der Patienten- auf die Betreuungsverfügung übertragbar.

Praxistipp

Sinnvoll erscheint alleine noch, dass der zur Betreuungsübernahme Bezeichnete die Betreuungsverfügung mitunterschreibt. Hierdurch wird dokumentiert, dass die Übernahmebereitschaft besteht, was dazu führt, das Auswahlermessen in Bezug auf die Person des Betreuers beim Betreuungsgericht auf null zu reduzieren, sofern nicht die o.g. Einschränkungen bei der Betreuerauswahl vorliegen.

185 In der Betreuungsverfügung kann sowohl die Auswahl der Person des Betreuers als auch dessen künftiges Tätigkeitsfeld niedergelegt werden. Soweit die zulässige Tätigkeit des Betreuers reicht, sind auch Anweisungen an ihn möglich.[231] Der künftige Betroffene ist bei der Wahl seines Betreuers grundsätzlich frei. Lediglich ein Abhängigkeitsverhältnis oder eine andere Beziehung zu der Anstalt, dem Heim oder sonstigen Einrichtung, in welcher der Betreuungsbedürftige untergebracht ist, sprechen gegen die Betreuerbestellung, § 1816 Abs. 6 BGB. Ebenfalls sollte davon abgesehen werden, behandelnde Ärzte als Betreuer einzusetzen, sofern diese in einem engen Verhältnis zur Unterbringungsanstalt des Betreuten stehen.

V. Auswahl des Betreuers

186 Bei der Auswahl des Betreuers kann der Betroffene verschiedene Personen für jeweils unterschiedliche Aufgabenbereiche benennen, so beispielsweise eine Person für die Besorgung der vermögensrechtlichen Angelegenheiten und eine weitere Person für die Erledigung der Gesundheitssorge. Des Weiteren ist es genauso möglich, mehrere Alternativvorschläge bezüglich einer Betreuerbestellung zu machen, wie auch die Benennung eines Ersatzbetreuers für den Fall, dass der vorrangig Benannte die Betreuung nicht übernehmen will oder kann, möglich ist. Über den Auswahlwunsch der Person des Betreuers muss sich das Gericht allerdings hinwegsetzen, wenn sich nach einer Abwägung aller relevanten Aspekte Gründe ergeben, die gegen die Bestellung des Vorgeschlagenen sprechen,

230 BGH NJW 2003, 1588.

231 *Perau*, Betreuungsverfügung und Vorsorgevollmacht, MittRhNotK 1996, 285 ff. mit ausführlicher Darstellung zu den Regelungsinhalten einer Betreuungsverfügung.

und die konkrete Gefahr besteht, dass dieser die Betreuung nicht zum Wohl des Betroffenen führen kann oder will.[232]

Wenngleich grundsätzlich nur eine natürliche Person vorgeschlagen werden kann,[233] wird in der Benennung einer juristischen Person der Wunsch liegen, einen Mitarbeiter dieser Institution als Vereins- oder Behördenbetreuer bestellt zu bekommen. 187

Die Staatsangehörigkeit ist bei einer Betreuerauswahl unerheblich. Auch Personen, die nicht die deutsche Staatsangehörigkeit besitzen, können zu Betreuern bestellt werden und sind gem. § 1819 Abs. 1 BGB zur Übernahme verpflichtet.

So wie der Verfügende eine Person zum Betreuer bestimmen kann, kann er umgekehrt nach § 1816 Abs. 2 S. 2 BGB auch bestimmen, dass eine bestimmte Person nicht zum Betreuer zu bestellen ist.

Die Gefahr einer Interessenkollision besteht bei der Bestellung naher Angehöriger zu Betreuern, weil sie für den Fall der gesetzlichen Erbfolge auch Erben des Betreuten sein können. Ein darauf zu stützender Ausschlussgrund ist jedoch grundsätzlich nicht normiert. Die bloße Erbberechtigung ist daher kein Fall, der zur Ablehnung der Betreuerbestellung eines nahen Angehörigen führt. Andernfalls könnten nahe Verwandte nie zu Betreuern bestellt werden, obwohl gerade das in aller Regel gewünscht wird. 188

Die rein abstrakte Gefahr von Interessenkollision reicht regelmäßig nicht aus, um einen Betreuer abzulehnen. Dies ist nur möglich, wenn konkrete Anhaltspunkte hierfür vorliegen.

VI. Aufbewahrung

Die Betreuungsverfügung ist so aufzubewahren, dass diese unverzüglich bei Eintritt des Betreuungsfalles dem Betreuungsgericht zugeleitet wird. Je nach Bundesland kann eine Betreuungsverfügung auch beim Betreuungsgericht hinterlegt werden. 189

VII. Wünsche des Betroffenen in der Betreuungsverfügung

Die individuellen Wünsche zur Ausgestaltung des Betreuungsverhältnisses können sich auf alle der Betreuung unterliegenden Lebensbereiche (Aufgabenbereiche) beziehen. Der Verfügende wird hierfür insbesondere anstreben, seine bisherigen Lebensgewohnheiten auch für den Fall einer erforderlich werdenden Be- 190

232 Grüneberg/*Götz*, § 1816 Rn 3, 8 m.w.N.; Horn/*Horn*, Anwaltformulare Vorsorgevollmachten, § 5 Rn 25; BGH NJW-RR 2019, 834.

233 Vgl. § 1818 BGB, der das Prinzip des Vorrangs privater Einzelbetreuer vor Vereins- und Behördenbetreuern manifestiert.

treuung soweit als möglich fortführen zu können. Da jedoch weder Eintritt noch Umfang und/oder Dauer der Betreuung sowie die tatsächlichen Verhältnisse vorhersehbar sind, ist es schwierig, eine Betreuungsverfügung im Einzelfall konkret auszugestalten.

191 Neben Regelungen und Anweisungen an den künftigen Betreuer im Rahmen der Vermögensverwaltung kommen hier insbesondere auch Regelungen zur Einwilligung und dem Versagen von Heilbehandlungen nach § 1829 BGB, Entscheidungen über die Unterbringung oder freiheitsentziehende oder freiheitsbeschränkende Maßnahmen (§ 1831 BGB) sowie Regelungen zur Aufenthalts- und Umgangsbestimmung in Betracht.

192 Dagegen kann der Betreuer von den gesetzlichen Beschränkungen, vor allem von der Kontrolle durch das Betreuungsgericht sowie der Genehmigungsbedürftigkeit bestimmter Angelegenheiten, nicht befreit werden.

VIII. Bindungswirkung der Betreuungsverfügung

1. Selbstbindung des Betreuten

193 Der Betreuungsbedürftige ist nach § 1816 Abs. 2 BGB an früher geäußerte Wünsche nicht gebunden. Er kann sie jederzeit widerrufen. Es besteht somit keine Selbstbindung des Verfügenden. Dies gilt sowohl im Hinblick auf die Auswahl des Betreuers als auch auf die sonstigen Wünsche; der jeweils aktuelle Wille des Betreuten ist daher maßgeblich. Betreuungsbedürftige sind in aller Regel leicht beeinflussbar. Daher muss besonders darauf geachtet werden, ob eine Willensänderung vorliegt, oder der Betreute nicht vielmehr dem Willen anderer nachgibt, wenn er von seinen ursprünglichen Vorstellungen abrücken will. Ebenso muss sicher sein, dass die geänderten Vorstellungen des Betreuten keiner momentanen Stimmungsschwankung entsprungen, sondern ernsthaft gewollt sind.[234]

2. Bindung des Betreuungsgerichts

194 Wie bereits dargestellt, sind insoweit § 1816 Abs. 2 S. 1 BGB maßgeblich, soweit es dem Vorgeschlagenen an der erforderlichen Eignung für die Amtsübernahme fehlt.

Der Vorgeschlagene muss zur Übernahme der Betreuung geeignet sein. Dies ist im Rahmen einer Einzelfallabwägung zu prüfen. Ein Abhängigkeitsverhältnis zwischen dem Vorgeschlagenen und dem Betroffenen, erkennbares Desinteresse, Unvermögen oder eigene Gebrechlichkeit des Betreuers heben den Vorschlag des Verfügenden daher auf.

234 BayObLG FamRZ 2004, 1750.

Die „Eignung“ ist ein unbestimmter Rechtsbegriff und unterliegt der vollen Nachprüfung in der Rechtsbeschwerde.[235] Das Gesetz stellt dabei auf zwei Merkmale entscheidend ab: 195

- Die notwendigen intellektuellen und emotionalen Kenntnisse und Fähigkeiten zur Besorgung des Aufgabenkreises müssen ebenso vorhanden sein wie die Möglichkeit der persönlichen Betreuung.[236] Welche Anforderungen konkret zu erfüllen sind, hängt von den Umständen des Einzelfalles ab, insbesondere von den zu erledigenden Aufgaben.
- Der Vorschlag des Verfügenden läuft dem eigenen Wohl beispielweise zuwider, wenn ein gefährliches Abhängigkeitsverhältnis, ein erkennbares Desinteresse, Unvermögen oder eigene Gebrechlichkeit des Betroffenen besteht. Steht eine weitaus besser geeignete Person als Betreuer zu Verfügung, ist der Vorgeschlagene aber nicht ungeeignet, hat der Wille des Verfügenden Vorrang.[237]

Ist der als Betreuer Vorgeschlagene nicht willens, die Betreuungsaufgabe zu übernehmen, wird er in aller Regel kein guter Sachwalter sein, so dass er vom Betreuungsgericht kaum zur Übernahme des Amtes gezwungen werden wird. Zwar besteht nach § 1819 Abs. 1 BGB die Übernahmepflicht, jedoch ist die Ablehnung mit keiner Sanktion verbunden. 196

Praxistipp

Es gilt festzuhalten, dass es eine absolute Garantie, dass das Betreuungsgericht dem Wunsch des Verfügenden folgt, nicht gibt.

3. Bindung des Betreuers

Ist in der Betreuungsverfügung Näheres zur Ausgestaltung des Betreuungsverhältnisses niedergelegt, hat sich der Betreuer hieran grundsätzlich zu halten. Das Betreuungsgericht kann gegen ein unbegründetes Übergehen der Wünsche des Betreuten einschreiten (§ 1862 Abs. 3 S. 1 BGB). 197

Auch bei der Entscheidung über den Abbruch von Heilbehandlungen sind die Wünsche des Verfügenden vorrangig zu beachten, was nach der oben zitierten Entscheidung des BGH umso mehr gilt.[238] Dies zeigt auch der gesetzgeberische Handlungsbedarf, der durch die Einfügung des § 1827 Abs. 1 S. 1 BGB (Patientenverfügung) im Abschnitt der rechtlichen Betreuung im BGB aufgenommen wurde. Die Selbstbestimmung des Betroffenen bzw. Bürgers wurde nach langjäh- 198

235 BayObLG FamRZ 1996, 244 f.; allerdings kann die Beurteilung der persönlichen Eigenschaften und deren Anwendung vom Beschwerdegericht nur beschränkt nachgeprüft werden.

236 Grüneberg/*Götz*, § 1816 Rn 7.

237 *Eisenbart*, S. 191 *t*, Patienten-Testament und Stellvertretung in Gesundheitsangelegenheiten, 2. Aufl. 2000; BGH NJW-RR 2017, 642.

238 BGH NJW 2003, 1588.

rigen gesetzgeberischen Diskussionen und unter Beachtung der Rechtsprechung des BGH[239] in Gesetzesform gegossen.

Praxistipp

Dem Betreuten ist nahezulegen, noch im einwilligungsfähigen Zustand eine separate Patientenverfügung abzufassen, in welcher diese Bereiche gesondert niedergelegt werden.

199 Der Betreuer selbst beurteilt, ob ein niedergelegter Wunsch des Betreuten dessen Wohl zuwiderläuft. Diejenigen Wünsche, welche die gesamte Lebens- und Versorgungssituation des Betreuten merklich verschlechtern würden, sind unbeachtlich.[240] Kann dieser (mutmaßliche) Wille oder Wunsch des Betreuten nicht festgestellt werden, ist im Zweifel ein Behandlungsabbruch nicht vorzunehmen.[241]

200 Verstößt der Betreuer gegen die in einer Verfügung geäußerten Wünsche des Betroffenen, wird dadurch zunächst nur das Innenverhältnis zwischen Betreuer und Betreutem berührt. Insoweit unterliegt der Betreuer aber der Kontrolle des Betreuungsgerichts. Bei wiederholter Vernachlässigung der Wünsche des Betroffenen können Zweifel an der Eignung des Betreuers begründet werden, was gar zu dessen Entpflichtung führen kann.

201 Insgesamt ist jedoch davon auszugehen, dass eine grundsätzliche Bindung des Betreuers an die Wünsche des Betreuten besteht, auch wenn der Betroffene keine absolute Sicherheit hat, dass sich der Betreuer nicht über seine Vorgaben hinwegsetzt.

K. Ausblick auf Rechtsentwicklungen im Betreuungsrecht

202 Das Betreuungsrecht unterliegt wie kaum ein anderes Rechtsgebiet der Ausgestaltung durch die Rechtsprechung und dem tatsächlichen Zuwachs der Verfahren bei den Betreuungsgerichten. Derzeit stehen ca. 1,5 Millionen Menschen unter Betreuung, Tendenz steigend. Der Gesetzgeber hat den Handlungsbedarf erkannt. Das gesamte Betreuungsrecht steht wegen seiner Dynamik und extremen Praxisrelevanz vor ständigen Änderungen und Ergänzungen. Durch die zum 1.7.2005 und 1.9.2009 eingeführten Gesetzesänderungen und obergerichtliche Rechtsprechung wurden Kernbereiche des Betreuungsrechts, insbesondere die Vergütungsregelungen, neu strukturiert. Zum 1.1.2013 wurden Korrekturen des Betreuungsrechts durch den Gesetzgeber vorgenommen. Die §§ 278, 283, 319 und 326 FamFG wurden jeweils um eine ausdrückliche Rechtsgrundlage für die Anwendung unmittelbaren Zwangs und der Grundrechtseingriffe im Rahmen

239 BGH NJW 2003, 1588.
240 *Schwab*, Probleme des materiellen Betreuungsrechts, FamRZ 1992, 493 ff.
241 LG Kleve BtPrax 2009, 199 f.; AG Mannheim BtPrax 2009, 256 f.

der Unverletzlichkeit der Wohnung ergänzt.[242] Außerdem wurde das Gesetz zur Regelung der betreuungsrechtlichen Einwilligung in eine ärztliche Zwangsmaßnahme ebenso verabschiedet[243] wie auch die Neuregelung des Kostenrechts, welche seit dem 1.8.2013 im Rahmen des 2. KostRMoG zu berücksichtigen ist.[244] Des Weiteren wurden zum 1.7.2014 Änderungen im FamFG und im BtBG vorgenommen, um die Funktion der Betreuungsbehörden zu stärken.[245]

Darüber hinaus trat zum 1.1.2020 die dritte Stufe des Bundesteilhabegesetzes **203**
(BTHG) in Kraft. Es soll auch dazu beitragen, die selbstbestimmt Teilhabe im Sinne der UN-BRK zu gewährleisten, weshalb die Eingliederungshilfe von der Sozialhilfe in das SGB IX überführt. Dies hat Konsequenzen für das Betreuungsrecht.[246] Der Zweck des BTHG liegt darin, Behinderten an der Gesellschaft eine volle Teilhabemöglichkeit einzuräumen und die dadurch verbundene Selbstständigkeit und Eigenverantwortlichkeit zu fördern. Die Betreuungsgerichte werden deshalb vor allem den Grundsatz der Erforderlichkeit einer Betreuungseinrichtung schwerpunktmäßig zu prüfen haben: Wenn Betroffene bisher ohne rechtliche Betreuer ihre Angelegenheiten regeln konnten, ist künftig zu klären, ob die nach dem BTHG notwendigen Schritte außerhalb einer rechtlichen Betreuung erfolgen können. Hierzu müssen nicht unbedingt rechtliche Betreuer installiert werden, sondern Sozialämter (§ 17 SGB I), Kostenträger, Beratungsstellen, Kommunen oder die neu geschaffenen unabhängigen Teilhabeberatungsstellen können hierzu Unterstützung leisten. Diese Unterstützung kann auch den Betreuern zugutekommen.[247]

Zum 1.1.2023 erfolgte die große Reform des Vormundschafts- und Betreuungs- **204**
rechts. Die Rechtsbereiche wurden neu geregelt, modernisiert und auch neu strukturiert. Primär soll die Unterstützung des Betreuten bei der Besorgung seiner Angelegenheiten durch eigenes, selbstbestimmtes Handeln gewährleistet werden. Seine Wünsche sind vorrangig zu beachten. Auch die Wahrnehmung gerichtlicher Aufsichtstätigkeiten ist neu geregelt.[248] Für den erbrechtlichen Bereich ist für die Praxis die Voraussetzung für die Bestellung eines Kontrollbetreuers (§§ 1815, 1820 BGB) zentral. § 1851 BGB fasst Genehmigungspflichten für erbrechtliche Rechtsgeschäfte zusammen. Neu eingeführt ist auch ein Notvertretungsrecht für Ehegatten im Gesundheitsbereich für die Dauer von sechs Monaten (siehe dazu näher § 1 Rdn 193 ff.); nach Fristablauf ist die Installation eines Betreuers vorgesehen. Neben der neuen Zählung der Paragraphen beinhaltet das zum 1.1.2023 in Kraft getretene Gesetz auch inhaltlich eine neue Konzeption, da

242 *Dodegge*, Die Entwicklung des Betreuungsrechts bis Anfang Juni 2013, NJW 2013, 2636.
243 BGBl I 2013, 266.
244 BGBl I 2013, 2586; *Dodegge*, NJW 2013, 2639, 2640.
245 *Bienwald*, FamRZ 2013, 258; *Dodegge*, NJW 2013, 2639, 2640.
246 *Dodegge*, Aktuelles aus dem Betreuungsrecht, BtPrax 2020, 8 und BtPrax 2023, 8.
247 *Dodegge*, Die Entwicklung des Betreuungsrechts bis Juli 2023, NJW 2023, 2688.
248 *Mazur*, Reform des Betreuungsrechts aus richterlicher Sicht, Teil 1, BtPrax 2021, 128.

die betreuungsrechtlichen Vorschriften jetzt weitgehend von den vormundschaftsgerichtlichen abgekoppelt sind.[249]

205 Ob in weiteren Gesetzgebungsverfahren insbesondere die Schaffung einer größeren Kontrolldichte durch die Betreuungsgerichte, die Ausweitung der Wirkungskreise von Vorsorgevollmachten in Gesetzesform gegossen wird, erscheint fraglich. Insbesondere das Zusammenspiel zwischen Vorsorgevollmacht, Patientenverfügung und Betreuungsverfügung zur Schnittstelle des Betreuungsrechts steht immer wieder in der tagespolitischen Diskussion.

> **Praxistipp**
>
> Als Alternative für die Betreuungstätigkeit sollte daher verstärkt von Vorsorgevollmachten und Betreuungsverfügungen Gebrauch gemacht werden; dort können die zur Betreuung Vorgesehenen als Bevollmächtigte eingesetzt werden, um gerichtlich bestellte Betreuer zu umgehen. Mit geregelt werden sollte auch die Vergütung des Bevollmächtigten, da dieser Aspekt der Privatautonomie und Vertragsfreiheit unterliegt.

L. Formularteil

206 **Muster 3.1: Betreuungsverfügung**

Ich,

Name: Vorname: Geburtsdatum:

Straße: PLZ/Wohnort:

Telefon:

wünsche ich für den Fall, dass für mich ein gesetzlicher Betreuer bestellt werden muss, gemäß § 1816 Abs. 2 S. 1 BGB hierfür die folgende Person als Betreuer für alle erforderlichen Angelegenheiten:

Frau/Herrn:

Name: Vorname: Geburtsdatum:

Straße: PLZ/Wohnort:

Telefon:

249 Übersicht: *Schnellenbach/Waßenberg/Heyder*, Das Änderungsgesetz 2022 zum Gesetz zur Reform des Vormundschafts- und Betreuungsrechts – ein Überblick über die wesentlichen Neuerungen, BtPrax 2022, 155.

Falls die vorbenannte Person die Betreuung nicht übernehmen will oder daran gehindert ist, wünsche ich ersatzweise folgende Person als Betreuer:

Frau/Herrn:

Name:		Vorname:		Geburtsdatum:
Straße:		PLZ/Wohnort:		
Telefon:				

Auf keinen Fall wünsche ich, dass folgende Person zum Betreuer bestellt wird:

Frau/Herrn:

Name:		Vorname:		Geburtsdatum:
Straße:		PLZ/Wohnort:		
Telefon:				

Die Betreuung soll meinen Wünschen entsprechend geführt werden, die ich wie folgt umschreibe:

Über mein Einkommen sowie mein bewegliches und unbewegliches Vermögen soll wie folgt verfügt werden:

Meine bisherigen Lebensgewohnheiten (z.B. Freizeit, Urlaub) sollen wie folgt beibehalten werden:

Folgende Personen sollen mich jederzeit besuchen können:

Die in meiner Patientenverfügung vom niedergelegten Wünsche sind von meinem Betreuer zu befolgen. Insbesondere obliegt es ihm auch, die in der Patientenverfügung aufgezeigten Wünsche gegenüber Ärzten, dem Pflegepersonal und dem Betreuungsgericht durchzusetzen. Falls Pflegebedürftigkeit eintritt, soll die häusliche Pflege erfolgen durch Herrn/Frau . Diese/r hat sich dazu bereit erklärt und soll dafür ein Entgelt in Höhe von monatlich EUR erhalten. Sollte die persönliche Pflege der vorbezeichneten Person nicht mehr möglich sein, soll ein Pflegedienst meine häusliche Pflege sicherstellen. Eine rechtsverbindliche Verpflichtung lege ich der vorbezeichneten Pflegeperson hierdurch nicht auf. Sofern eine stationäre Pflege notwendig wird, möchte ich in folgendem Pflegeheim/Krankenhaus untergebracht werden:

Sollte dies dort nicht möglich sein, möchte ich in einem Pflegeheim/Krankenhaus mit entsprechendem Standard untergebracht werden.

Sofern aus meinem laufenden Einkommen eine Finanzierung der Ausübung der Betreuung/Unterbringung nicht möglich sein sollte, soll folgendes Grundstück/Eigentumswohnung/Sammlung/Mobiliar/Wertpapiere/etc. zur Finanzierung der Pflege verkauft werden:

Ort/Datum   Unterschrift des Verfügenden

207 **Muster 3.2: Erstanschreiben des Betreuers an Dritte**

Betr.: Betreuung für Herrn/Frau …

Sehr geehrte Damen und Herren,

unter Beifügung einer Kopie des Betreuerausweises zeige ich an, dass ich vom Betreuungsgericht … für Herrn/Frau … zum Betreuer bestellt wurde. Mein Aufgabenkreis ergibt sich aus der anliegenden Kopie des Betreuerausweises.

Um die Betreuung ordnungsgemäß zu führen bitte ich, künftige Korrespondenz, welche Ihrerseits an den Betroffenen gerichtet ist, direkt an mich zu senden.

Für Rückfragen stehe ich gerne jederzeit zur Verfügung.

Unterschrift: Betreuer

208 **Muster 3.3: Erstanschreiben des Betreuers an Bankinstitute**

Betr.: Betreuung für Herrn/Frau …

Sehr geehrte Damen und Herren,

unter Beifügung einer Kopie des Betreuerausweises zeige ich an, dass ich vom Betreuungsgericht … zum Betreuer für Herrn/Frau … bestellt wurde. Mein Aufgabenkreis umfasst unter anderem die Vermögensangelegenheiten.

Ich darf Sie höflichst bitten, mir über alle bei Ihnen geführten Konten des Betroffenen einen aktuellen Auszug über die Kontenstände, bezogen auf den … *(Datum der Betreuungseinrichtung)* bekanntzugeben. Außerdem bitte ich, ohne mein Einverständnis zunächst keine weiteren Transaktionen über die Konten des Betreuten zu tätigen.

Bitte teilen Sie mir mit, ob der Betroffene bei Ihnen oder Ihnen bekannten Banken und Kreditinstituten Schließfächer, Wertpapierdepots, Sparkonten oder sonstige Vermögensbestände innehat.

Gleichzeitig bitte ich um Mitteilung, ob Konten und Depots in den letzten sechs Monaten vor Anordnung der Betreuung aufgelöst wurden; ebenfalls wollen Sie mir die Buchungen aus den letzten sechs Monaten mitteilen.

Bestehen für Dritte Kontovollmachten? Bestehen Daueraufträge?

Ob und welche Konten mit einem Sperrvermerk zu versehen sind, werde ich in den nächsten Tagen bekanntgeben. Vorläufig darf ich Sie auffordern, keinerlei finanzielle Transaktionen ohne mein Einverständnis vorzunehmen.

Die Kontoauszüge sowie weitere Korrespondenz wollen Sie künftig an mich richten.

Mit freundlichen Grüßen

Unterschrift: Betreuer

Muster 3.4: Entlassungsantrag des Betreuers 209

An das Amtsgericht/Betreuungsgericht

Geschäftszeichen:

Betreuung für Herrn/Frau

Antrag auf Betreuerwechsel

Sehr geehrte Damen und Herren,

ich bin in vorbezeichnetem Verfahren als Betreuer für Herrn/Frau mit dem Aufgabenkreis: bestellt. Ich beantrage, mich als Betreuer zu entlassen.

Begründung:

Die Fortführung des Amtes ist mir nicht mehr zumutbar.

Die Führung der Betreuung war von Anfang an schwierig. Der persönliche Kontakt mit dem/der Betroffenen ist leider nur sporadisch, da sich der/die Betroffene weigert, mit mir zusammenzuarbeiten, um die Betreuungstätigkeiten ordnungsgemäß zu erfüllen.

Zusätzlich hat der/die Betroffene mich nunmehr tätlich angegriffen. Es kam zu folgendem Vorfall: *(hier möglichst genaue Schilderung des Vorfalls, z.B. Beleidigungen, tätlicher Angriff)*

Unterschrift: Betreuer

Muster 3.5: Beschwerde des Betreuten gegen Betreuungsanordnung 210

An das Amtsgericht/Betreuungsgericht

Geschäftszeichen:

Betreuung für Herrn/Frau

Sehr geehrte Damen und Herren,

ich lege hiermit Beschwerde gegen den Beschluss des Amtsgerichts vom ein, mit welchem für mich eine Betreuung angeordnet wurde, und beantrage:

Der Beschluss des Amtsgerichts , Geschäftszeichen , vom wird aufgehoben.

Begründung:

Mit dem angefochtenen Beschluss des Amtsgerichts wurde für mich wegen Altersdemenz Herr/Frau zum Betreuer/zur Betreuerin bestellt. Dem Betreuer/Der Betreuerin wurde der Aufgabenkreis übertragen.

Das Gutachten des medizinischen Sachverständigen vom stellt fest, dass ich an einer Altersdemenz leiden und nicht mehr in der Lage sein soll, den im Aufgabenkreis bezeichneten Geschäften selbst nachzukommen.

Jedoch wurde vor Einrichtung der Betreuung Herrn/Frau durch eine Generalvollmacht/Vorsorgevollmacht dieser Aufgabenkreis übertragen.

Beweis: Kopie der Vollmachtsurkunde

Die Bestellung des Betreuers/der Betreuerin ist daher nicht erforderlich und aufzuheben.

Mit freundlichen Grüßen

Unterschrift: Betreuter

211 **Muster 3.6: Beschwerde des Berufsbetreuers gegen Vergütungsfestsetzung**

Amtsgericht

Geschäftszeichen

Betreuung für Herrn/Frau

Sofortige Beschwerde gegen den Vergütungsfestsetzungsbeschluss vom

Sehr geehrte Damen und Herren,

gemäß Beschluss vom ist für meine Tätigkeiten im Zeitraum vom bis eine Vergütung in Höhe von EUR festgesetzt worden. Hiergegen lege ich sofortige Beschwerde ein. Der Beschluss wurde mir am zugestellt.

Begründung:

Der festgesetzte Vergütungsbetrag ist zu niedrig bemessen. Der/Die Betroffene ist vermögend. Es ist ein Vermögen von EUR vorhanden. Die Führung der Betreuung war im dargestellten Zeitraum mit besonderen Schwierigkeiten verbunden. Nach der Rechtsprechung des Bundesgerichtshofs ist bei besonderen Schwierigkeiten der Betreuung ein erhöhter Stundensatz angemessen. Vorliegend halte ich einen Stundensatz von EUR für angemessen.

Die Schwierigkeiten und der Umfang der Betreuung ergeben sich aus Folgendem:

Mit freundlichen Grüßen

Unterschrift: Betreuer

§ 4 Die Vergütung im Vorsorge- und Betreuungsrecht

A. Allgemeines

Anwaltliche Gebühren sollten für den Mandanten immer **transparent** sein, dies gilt auch im Vorsorge- und Betreuungsrecht. Der Mandant sollte schon im Rahmen der Erstberatung und bevor er dem Rechtsanwalt das Mandat erteilt über die Höhe der zu erwartenden Anwaltsgebühren informiert und eine Gebührenvereinbarung getroffen werden.[1] 1

Im Vorsorge- und Betreuungsrecht sind folgende anwaltliche Tätigkeiten zu unterscheiden: 2
- Gestaltung von Vorsorgeregelungen
- Übernahme von Bevollmächtigungen
- Vertretung in Betreuungsverfahren
- Übernahme von Betreuungen

B. Gebühren bei der Gestaltung von Vorsorgeregelungen

I. Anwaltliche Gebühren

Anders als noch nach § 118 Abs. 1 Nr. 1 BRAGO fällt die Mitwirkung des Rechtsanwalts bei der Errichtung von Urkunden nicht mehr unter die Geschäftsgebühr nach VV 2300 RVG. Von der Geschäftsgebühr nach VV 2300 RVG umfasst wird unter anderem die Mitwirkung bei der Gestaltung von Verträgen. 3

Ob eine Geschäftsgebühr nach VV 2300 RVG oder aber nur eine Beratungsgebühr nach den Grundsätzen des § 34 RVG für die Mitwirkung des Rechtsanwalts bei der Erstellung einer einseitigen Willenserklärung, wie z.B. eines Testamentsentwurfs, entsteht, war lange umstritten.

Mit dem Urteil des **BGH vom 22.2.2018**[2] wurde diese Frage eindeutig dahingehend entschieden, dass jedenfalls das Entwerfen eines Einzeltestaments oder einer sonstigen einseitigen Urkunde **keine Geschäftsgebühr** nach VV 2300 RVG auslöst. Weder liegt darin ein Betreiben des Geschäfts noch eine Mitwirkung bei der Gestaltung eines Vertrags i.S.d. VV Vorb. 2.3 Abs. 3 RVG, so der BGH.[3] 4

1 Vgl. ausführlich zu den Hinweispflichten im Rahmen einer Vergütungsvereinbarung und zur Argumentierung der angemessenen Honorierung des Rechtsanwalts gegenüber standardisierten Verfügungen sowie verschiedenen Mustern zu Gebührenvereinbarungen: Horn/*Schons*, Anwaltformulare Vorsorgevollmachten, § 8 Rn 12 ff.

2 BGH v. 22.2.2018 – IX ZR 115/17, NJW 2018, 1479 Rn 8.

3 BGH v. 22.2.2018 – IX ZR 115/17, NJW 2018, 1479 Rn 8.

Danach ist die auftragsgemäß auf den Entwurf eines Testaments beschränkte Tätigkeit eines Rechtsanwalts als Beratung und nicht als Betreiben eines Geschäfts zu vergüten. Auch der auftragsgemäße Entwurf zweier aufeinander abgestimmter Testamente sei keine die Geschäftsgebühr auslösende Mitwirkung bei der Gestaltung eines Vertrags, so der BGH.

Nach der Konzeption des RVG soll der Rechtsanwalt bei einem Auftrag zu außergerichtlicher Beratung in erster Linie auf eine **Gebührenvereinbarung hinwirken** (§ 34 Abs. 1 S. 1 RVG).[4] Lehnt der Mandant die Vereinbarung eines angemessenen Honorars ab, so stehe es dem Rechtsanwalt frei, das Mandat abzulehnen. Sieht der Rechtsanwalt davon ab, ist ihm die gesetzliche Begrenzung zumutbar, so der BGH weiter.

Erstellt der Rechtsanwalt somit einem Verbraucher i.S.d. § 13 BGB eine Vorsorgevollmacht, so ist die Vergütung – sofern es keine anderweitige Vereinbarung gibt – auf 190 EUR zzgl. Umsatzsteuer gedeckelt, wenn sich die Beratertätigkeit auf ein erstes Beratungsgespräch beschränkt, sowie auf 250 EUR zzgl. Umsatzsteuer, wenn ansonsten weitere Beratungen geleistet wurden.[5]

5 Der **BGH** hat zwischenzeitlich mit Urteil vom **15.4.2021**[6] die (mit Urteil vom **22.2.2018** zunächst offengelassene) Frage deutlich verneint, ob jedenfalls der Auftrag eines Entwurfs eines gemeinschaftlichen Testaments mit wechselseitigen Verfügungen nach Zweck und Wortlaut der VV Vorb. 2.3 Abs. 3 RVG als „Mitwirkung bei der Gestaltung eines Vertrags" eine Geschäftsgebühr auslösen würde,[7] wie dies teilweise in der Literatur gefordert wurde.

Praxistipp

Nachdem nunmehr abschließend durch die umstrittene Rechtsprechung des BGH[8] geklärt ist, dass der Entwurf einer Vorsorgevollmacht durch einen Rechtsanwalt keine Geschäftsgebühr nach VV 2300 RVG auslöst, ist dem Rechtsanwalt, der eine Vorsorgevollmacht, ein Einzel- oder ein gemeinschaftliches Testament zu entwerfen hat, im Hinblick auf das Gesagte **dringend zu raten**, vor Mandatsübernahme eine **Vergütungsvereinbarung nach § 34 RVG** mit dem Mandanten zu schließen. In Ermangelung einer solchen Verein-

4 BT-Drucks 15/1971, 238 zu Art. 5.

5 Horn/*Schons*, Anwaltformulare Vorsorgevollmachten, § 8 Rn 6.

6 BGH v. 15.4.2021 – IX ZR 143/20, NJW 2021, 1680 Rn 8 ff.

7 *Kroiß* in der Anm. zu BGH v. 22.2.2018 – IX ZR 115/17, NJW 2018, 1479; *Schneider*, NJW-Spezial 2017, 731.

8 BGH v. 22.2.2018 – IX ZR 115/17, NJW 2018, 1479 Rn 7 ff. (betr. Entwurf Vorsorgevollmachten, Patientenverfügungen, Testamente) m. Anm. *Kroiß*; bekräftigend BGH v. 15.4.2021 – IX ZR 143/20, NJW 2021, 1680 Rn 8 ff. (betr. gemeinschaftliches Testament); kritische Analyse dieser Urteile mit Darstellung des Meinungsstandes bei *Hansens*, ZAP 2021, 765, 767 ff.

barung gilt § 34 Abs. 1 S. 2 und 3 RVG.[9] Es bieten sich insbesondere die **Gebührenvereinbarung nach Zeitaufwand** oder die **Vereinbarung eines Pauschalhonorars** an.[10]

Grundsätzlich ist es ausreichend, eine Vorsorgevollmacht – mit oder ohne Patientenverfügung – durch einen Rechtsanwalt entwerfen zu lassen und diese abschließend zu unterschreiben. Eine anschließende **notarielle Beurkundung** oder die **Unterschriftsbeglaubigung** ist nicht zwingend notwendig. Zwingend ist eine notarielle Beurkundung nur dann erforderlich, wenn Grundvermögen vorhanden ist und die Generalvollmacht auch zur Veräußerung oder Belastung des Grundvermögens berechtigen soll. Dennoch wird in der Praxis zur Feststellung der Identität des Vollmachtgebers und somit auch zur besseren Akzeptanz im Rechtsverkehr oft mindestens die notarielle Unterschriftsbeglaubigung empfohlen.[11] 6

II. Notargebühren

Da der Notar seine Tätigkeit nach dem **GNotKG** abzurechnen hat, kommt eine Vergütungsvereinbarung – wie bei der Anwaltstätigkeit dringend empfohlen – schon von vornherein nicht in Betracht. 7

Bei der reinen **Unterschriftsbeglaubigung** des Notars ohne vorherigen Entwurf fällt eine Gebühr gem. **KV 25100 GNotKG** an. Für die notarielle Beglaubigung der Unterschrift auf einer privatschriftlichen Vorsorgevollmacht fallen Gebühren in Höhe von mindestens 20 EUR bis maximal 70 EUR an (§ 121, KV 25100 GNotKG: halbe Gebühr).

Bei der **Beurkundung einer Vollmacht** als „sonstige Erklärung" (einseitige Erklärung) wird nach **KV 21200 GNotKG** eine 1,0-Gebühr erhoben, mindestens 60 EUR. Bei der Beurkundung eines Vertrags wird nach KV 21100 GNotKG eine 2,0-Gebühr erhoben.

Für die Bestimmung des **Geschäftswerts** ist die Vorschrift des **§ 98 GNotKG** einschlägig:[12] Gem. § 98 Abs. 3 GNotKG ist der Geschäftswert bei der Beurkundung einer „allgemeinen Vollmacht" nach **billigem Ermessen** zu bestimmen. Angemessen zu berücksichtigen sind dabei der **Umfang der erteilten Vollmacht** und das **Vermögen des Vollmachtgebers ohne Schuldenabzug**. Gem. § 98 Abs. 3 S. 2 GNotKG darf der zu bestimmende Geschäftswert die **Hälfte des Vermögens** des Auftraggebers nicht überschreiten. Gem. § 98 Abs. 4 GNotKG

---

9 BGH v. 22.2.2018 – IX ZR 115/17, NJW 2018, 1479 Rn 7 ff.; vgl. auch Scherer/*Schrader*/*Lipp*, Münchener Anwaltshandbuch Erbrecht, § 44 Rn 73.

10 Sehr ausführlich zu den Vor- und Nachteilen mit Formulierungsbeispielen Horn/*Schons*, Anwaltformulare Vorsorgevollmachten, § 8 Rn 16 ff.

11 Horn/*Schons*, Anwaltformulare Vorsorgevollmachten, § 8 Rn 55 ff.

12 Vgl. hierzu Jürgens/*Luther*, Betreuungsrecht, § 98 GNotKG Rn 1; *Zimmermann*, Vorsorgevollmacht, Rn 301.

beträgt der anzunehmende Geschäftswert in allen Fällen **höchstens 1 Mio. EUR.**[13] Es gilt gem. § 98 Abs. 3 S. 3 GNotKG der Auffangwert in Höhe von 5.000 EUR, sofern für die Wertermittlung nicht genügend Anhaltspunkte vorhanden sind.

8 Wenn die Vollmacht im Innenverhältnis nur für den Vorsorgefall verwendet werden soll, soll dies noch nicht zu einem **Wertabschlag** führen.[14] Bei der notariellen Beurkundung einer Generalvorsorgevollmacht mit Beschränkung im Innenverhältnis auf den Eintritt der Betreuungsbedürftigkeit wird zumindest dann kein wertmäßiger Abschlag für angemessen erachtet, wenn dem Bevollmächtigen sofort eine Ausfertigung erteilt oder ausgehändigt wird.[15] Allerdings soll die Einschränkung im Außenverhältnis, z.B. Rückbehalt der Ausfertigung der Vollmachtsurkunde durch den Vollmachtgeber oder Aushändigung der Vollmacht erst bei Geschäftsunfähigkeit des Vollmachtgebers, zu Abschlägen führen.[16]

Handelt es sich um eine Vorsorgevollmacht nicht nur zur Vermögenssorge, sondern auch zur Personensorge, führt dies nicht zu einer Erhöhung des Geschäftswertes, es ist eine einheitliche Geschäftswertbestimmung vorzunehmen.

Wird die Vorsorgevollmacht nur für nichtvermögensrechtliche Angelegenheiten erteilt, müssen die Vermögens- und Einkommensverhältnisse berücksichtigt werden, was wohl eher bei außerordentlich großen Vermögen in Betracht kommt.[17]

Im Einzelnen ist vieles umstritten.[18]

13 Diese Obergrenze bezieht sich auf den jeweiligen Beurkundungsgegenstand, bei einer Mehrheit von Vollmachten kann daher der Höchstwert mehrmals zum Ansatz kommen; vgl. BeckOK-KostR/*Bachmayer*, § 98 GNotKG Rn 16 sowie Bormann/Diehn/Sommerfeldt/*Diehn*, GNotKG, § 98 Rn 46.

14 Horn/*Schons*, Anwaltformulare Vorsorgevollmachten, § 8 Rn 70 ff.; nach der Rspr. sollen Abschläge erlaubt sein, wenn der Vorsorgecharakter überwiegt: vgl. z.B. OLG Stuttgart ZNotP 2001, 37; Korintenberg/*Tiedtke*, GNotKG, § 98 Rn 21 ff.

15 OLG Frankfurt FamRZ 2007, 1182; OLG Zweibrücken ZNotP 2008, 462; Horn/*Schons*, Anwaltformulare Vorsorgevollmachten, § 8 Rn 70 f.; vgl. auch Korintenberg/*Tiedtke*, GNotKG, § 98 Rn 22.

16 Es wird vertreten, dass der Notar in solchen Fällen anstatt des halben Wertes nur 30–40 % des Aktivvermögens ansetzen darf, so z.B. Horn/*Schons*, Anwaltformulare Vorsorgevollmachten, § 8 Rn 71; *Renner*, NotBZ 2005, 45; *Bund*, RNotZ 2005, 559.

17 Vgl. Bormann/Diehn/Sommerfeldt/*Diehn*, GNotKG, § 98 Rn 31; Korintenberg/*Tiedtke*, GNotKG, § 98 Rn 24. Müller-Engels/Braun/*Renner/Braun*, Betreuungsrecht und Vorsorgeverfügungen in der Praxis, Rn 684 bejahen dagegen einen Regelgeschäftswert von 5.000 EUR gem. §§ 98 Abs. 3 S. 3, 36 Abs. 3 GNotKG, der sich bei guten wirtschaftlichen Verhältnissen erhöht.

18 Vgl. Korintenberg/*Tiedtke*, GNotKG, § 98 Rn 21 ff.; Müller-Engels/Braun/*Renner/Braun*, Betreuungsrecht und Vorsorgeverfügungen in der Praxis, Rn 672 ff.; *Zimmermann*, Vorsorgevollmacht, Rn 305 ff.

Auch die Patientenverfügung und die Betreuungsverfügung fallen unter KV 21200 GNotKG. Beglaubigt der Notar unter dem von ihm gefertigten Entwurf einer Patientenverfügung die Unterschrift, so fällt ebenfalls gem. KV 24101 GNotKG eine 1,0-Gebühr an, mindestens 60 EUR. 9

Die Betreuungsverfügung löst nach KV 21200 GNotKG eine 1,0-Gebühr aus. Wie auch die Patientenverfügung ist die Betreuungsverfügung eine nichtvermögensrechtliche Angelegenheit i.S.v. **§§ 97, 36 GNotKG.** Nach dem Gesetzeswortlaut ist der Gegenstandswert unter Berücksichtigung aller Umstände des Einzelfalls nach billigem Ermessen zu bestimmen und ein Rückgriff auf den Auffangwert des § 36 Abs. 3 GNotKG (5.000 EUR) nur dann zulässig, wenn es keine Anhaltspunkte für die Wertbestimmung gibt, § 36 Abs. 2 GNotKG.[19] Auch hier sind demnach höhere Werte möglich, wenn es die Vermögens- und Einkommensverhältnisse des Vollmachtgebers hergeben.[20] Gleiches gilt für Patientenverfügungen, wobei bei der Betreuung- und Patientenverfügung der Wert nach § 109 Abs. 2 S. 2 GNotKG nur einmal angesetzt werden darf, weil es sich um denselben Gegenstand handelt.

Bei einer **gemeinsamen Beurkundung** von Betreuungsverfügung und Patientenverfügung sind gem. § 109 Abs. 2 S. 1 Nr. 1 GNotKG **Betreuungsverfügung** und **Patientenverfügung derselbe Beurkundungsgegenstand.**[21] 10

Wegen der Regelung des § 110 Nr. 3 GNotKG sind **Vorsorgevollmacht** und **Patientenverfügung/Betreuungsverfügung verschiedene Beurkundungsgegenstände.**[22]

Da jedoch jeweils der gleiche Gebührensatz gilt, erfolgt gem. **§ 35 GNotKG** eine Addierung der Werte. Anders als für die Verbindung zweier Vollmachten in einer Urkunde dürfte für die Verbindung von Vorsorgevollmacht und Patientenverfügung wohl ein sachlicher Grund gem. § 93 Abs. 2 S. 1 GNotKG bestehen. Gem. § 19 Abs. 3 Nr. 3 GNotKG sind die Werte der einzelnen Gegenstände gesondert aufzuführen.[23] Dies gilt nicht nur, wenn z.B. eine Vorsorgevollmacht mit einer Patientenverfügung kombiniert wird, sondern auch dann, wenn mehrere Vollmachtgeber in einer Urkunde auftreten.

---

19 Münchener Vertragshandbuch/*Heinze*, Bürgerliches Recht II, VIII. 10 Anm. 14.

20 Vgl. mit vielen Berechnungsbeispielen versehen die Ausführungen Horn/*Schons*, Anwaltformulare Vorsorgevollmachten, § 8 Rn 73 ff.; Münchener Vertragshandbuch/*Heinze*, Bürgerliches Recht II, VIII. 10 Anm. 14.

21 Horn/*Schons*, Anwaltformulare Vorsorgevollmachten, § 8 Rn 75.

22 Horn/*Schons*, Anwaltformulare Vorsorgevollmachten, § 8 Rn 74.

23 Münchener Vertragshandbuch/*Heinze*, Bürgerliches Recht II, VIII. 10 Anm. 14.

C. Übernahme von Bevollmächtigungen

11 Sofern sich der Anwalt zur Vermeidung einer rechtlichen Betreuung des Mandanten bereiterklärt, seine private Vorsorgebevollmächtigung zu übernehmen, ist ihm – vor der Vollmachtserteilung und der Tätigkeitsaufnahme – der Abschluss eines **entgeltlichen Geschäftsbesorgungsvertrags** dringend zu raten. Dann findet § 675 BGB für das Entgelt und § 670 BGB für den Aufwendungsersatz Anwendung. Eine ausdrückliche Vereinbarung über die Vergütung vor Vollmachtserteilung und Tätigkeitsaufnahme als Vorsorgebevollmächtigter ist wichtig, um spätere Streitigkeiten zu vermeiden und weil der anwaltliche Vorsorgebevollmächtigte die reine Vollmachtstätigkeit gerade nicht nach dem RVG abrechnen kann.[24] Die Übernahme der Tätigkeiten aus einer Vorsorge- oder Generalvollmacht für einen Dritten gehört nicht zum Berufsbild, weshalb das RVG nicht angewendet wird.[25]

In der Vergütungsvereinbarung ist festzuhalten, dass der anwaltliche Bevollmächtigte seine Tätigkeit als Bevollmächtigter vergütet erhält. In Betracht kommt die Vereinbarung eines **festen Stundensatzes** oder einer **regelmäßigen (z.B. monatlichen) Pauschalzahlung.**[26]

12 Die Höhe der Vergütung kann grundsätzlich einvernehmlich vereinbart werden und sollte angemessen sein.

Bei einer anwaltlichen Vergütungsvereinbarung wird ein **Stundensatz** zwischen 100 EUR und 300 EUR als angemessen angesehen.[27] Bei der Höhe des Stundensatzes ist zu berücksichtigen, dass der Anwalt erforderlichenfalls auch nachts und am Wochenende zur Verfügung stehen sollte. Denkbar wäre auch beispielsweise die Vereinbarung eines Aufschlags bei Abend- und Wochenendtätigkeiten, z.B. um 30 EUR bis 70 EUR die Stunde, oder sich beispielsweise an den regionalen Gepflogenheiten zu orientieren.

Denkbar ist auch die Vereinbarung einer Pauschale zur Abgeltung der gesamten Tätigkeit, z.B. einen festen monatlichen Betrag oder eine gleitende Vergütungserhöhung, wenn schon bei Vollmachtserteilung davon auszugehen ist, dass die Tätigkeit sich über einen langen Zeitraum hinziehen wird.

13 **Anwaltsspezifische** weitere **Leistungen**, wie beispielsweise Vertretung des Vollmachtgebers in gerichtlichen Angelegenheiten, können darüber hinaus nach

---

24 Vgl. *Fiala/Deinert*, FamRZ 2017, 1899, 1900; Horn/*Bienwald*, Anwaltformulare Vorsorgevollmachten, § 12 Rn 30 ff.

25 Vgl. Horn/*Bienwald*, Anwaltformulare Vorsorgevollmachten, § 12 Rn 32.

26 Horn/*Bienwald*, Anwaltformulare Vorsorgevollmachten, § 12 Rn 27 f.

27 Lipp/*Spalckhaver*, Vorsorgeverfügungen, § 15 Rn 147; Horn/*Bienwald*, Anwaltformulare Vorsorgevollmachten, § 12 Rn 36.

Rechtsanwaltsvergütungsgesetz gesondert abgerechnet werden. Auch dies sollte geregelt werden.[28]

Die Frage der Vergütung als Vorsorgebevollmächtigter sollte in einem der Vorsorgevollmacht zugrunde liegenden **Geschäftsbesorgungsvertrag** eindeutig geregelt sein. Hier ist auch festzulegen, inwieweit und zu welchen Konditionen Tätigkeiten im Rahmen einer Vorsorgebevollmächtigung delegiert werden können (vgl. hierzu die Muster in § 1 Rdn 254, 325). 14

D. Vertretung in Betreuungsverfahren

Bei der Vertretung des Mandanten im Betreuungsverfahren besteht die Gefahr, dass der Gegenstandswert gering bemessen und die Leistung des Rechtsanwalts in diesem FamFG-Verfahren somit nicht hinreichend honoriert wird.[29] Es ist daher in jedem Fall empfehlenswert, gem. § 34 RVG eine schriftliche Gebührenvereinbarung mit dem Mandanten zu treffen. 15

Die Gefahr bei einer Gebührenvereinbarung im Betreuungsverfahren ist, dass die Geschäftsfähigkeit des Mandanten in Frage gestellt wird, was dann zur Nichtigkeit der Gebührenvereinbarung führen könnte. Da der **geschäftsunfähige Betreute in Betreuungssachen** i.S.v. § 271 FamFG nach § 275 FamFG **verfahrensfähig** ist, kann er auch einen Rechtsanwalt wirksam bevollmächtigen.[30] Ist der Betroffene nach § 275 FamFG fähig, einem Rechtsanwalt zur anwaltlichen Vertretung Vollmacht zu erteilen, ist es folgerichtig, aus dieser Vorschrift auch die Rechtsfolge zu entnehmen, dass der Betroffene ungeachtet seiner etwaigen Geschäftsunfähigkeit und eines Einwilligungsvorbehalts die rechtliche Befugnis hat, den der Vollmachterteilung zugrunde liegenden schuldrechtlichen Geschäftsbesorgungsvertrag wirksam abzuschließen.[31] 16

Im Zweifelsfall kann zusätzlich eine **Schuldübernahme der Gebühren** aus der Gebührenvereinbarung mit einer dritten, unzweifelhaft geschäftsfähigen Person vereinbart werden. 17

28 Horn/*Bienwald*, Anwaltformulare Vorsorgevollmachten, § 12 Rn 41.

29 Vgl. BayObLG, Beschl. v. 28.6.2000 – 3 Z BR 143/00, NJW-RR 2001, 1301 f.

30 Vgl. BGH, Beschl. v. 20.10.2013 – XII ZB 317/13, NJW 2014, 215; zuletzt BGH, Beschl. v. 3.5.2023 – XII ZB 442/22, NJW 2023, 2571, wonach in einem Betreuungsverfahren nicht geklärt zu werden braucht, ob ein Betroffener bei Erteilung der Vollmacht geschäftsfähig gewesen ist, weil die dem Betroffenen durch § 275 FamFG ohne Rücksicht auf seine Geschäftsfähigkeit uneingeschränkt gewährte Verfahrensfähigkeit auch die Befugnis einschließt, einen Verfahrensbevollmächtigten zu bestellen.

31 Vgl. OLG Koblenz, Urt. v. 13.2.2014 – 6 U 747/13, NJW 2014, 315.

E. Vergütungsansprüche des Betreuers

I. Allgemeines

18 Die zentralen Normen für die **Vergütung** und den **Aufwendungsersatz** von Betreuern befinden sich nunmehr in den §§ 1875–1881 BGB, §§ 292 f. FamFG, im überarbeiteten **Vormünder- und Betreuervergütungsgesetz (VBVG)**, im neuen **Betreuungsorganisationsgesetz (BtOG)** sowie in der neuen **Betreuerregistrierungsverordnung (BtRegV)**.

19 Zunächst muss hinsichtlich der **Vergütung** und des **Aufwendungsersatzes** grundsätzlich zwischen ehrenamtlichen Betreuern und nicht-ehrenamtlichen Betreuern (berufliche Betreuer, Betreuungsvereine, Behördenbetreuer sowie Betreuungsbehörde) unterschieden werden:
- Gem. § 1875 Abs. 1 BGB gelten für den **ehrenamtlichen Betreuer** die **§§ 1876–1881 BGB.**
- Gem. § 1875 Abs. 2 BGB gilt für den beruflichen Betreuer, den Betreuungsverein, den Behördenbetreuer und die Betreuungsbehörde, also für alle **nicht-ehrenamtlichen Betreuer**, das **VBVG** (im VBVG sind neben der Vergütung und dem Aufwendungsersatz für Berufsbetreuer auch die Vergütung und der Aufwendungsersatz für Betreuungsvereine sowie Behördenbetreuer und Betreuungsbehörden geregelt, §§ 7 ff. VBVG).[32]

20 Die Regelungen über die Vergütungsansprüche des Betreuers sind demnach differenziert ausgestaltet. Grundsätzlich wird weiterhin nicht nur zwischen **Berufsbetreuern** und **ehrenamtlichen (nicht berufsmäßigen) Betreuern**, sondern auch zwischen **vermögenden** und **nicht vermögenden (mittellosen) Betreuten** unterschieden.

21 Das Gesetz geht – wie bisher auch – grundsätzlich davon aus, dass der **ehrenamtliche Betreuer**, welcher sein Amt als **staatsbürgerliches Ehrenamt** ausübt, die Betreuung gem. § 1876 BGB im Regelfall **unentgeltlich** führt. Nur ausnahmsweise steht dem ehrenamtlichen Betreuer gem. § 1876 BGB eine angemessene Vergütung zu, sofern der Betreute nicht mittellos ist und der Umfang oder die Schwierigkeit der betreuungsrechtlichen Geschäfte dies rechtfertigen. Im Übrigen sieht das Gesetz im Regelfall für den ehrenamtlichen Betreuer den **Aufwendungsersatz** gem. § 1877 BGB oder die **Aufwandspauschale** gem. § 1878 BGB vor.

Wird hingegen die **Berufsmäßigkeit** des Betreuers nach § 19 Abs. 2 BtOG festgestellt, so handelt der Berufsbetreuer **entgeltlich** und hat einen Anspruch auf **Vergütung**, §§ 7 ff. VBVG. Das Nähere ist im **VBVG** geregelt.

---

32 Die weiteren Ausführungen beziehen sich aus Umfanggründen auf den Berufsbetreuer und nicht auf die Besonderheiten betreffend die Betreuungsvereine, Behördenbetreuer und die Betreuungsbehörde.

Obwohl das VBVG zuletzt erst durch das **Gesetz zur Anpassung der Betreuer- und Vormündervergütung**[33] geändert wurde, indem die für die bisherige Betreuervergütung maßgebliche Kombination von Stundensatz und Stundenansatz durch ein stark verändertes Fallpauschalensystem ersetzt wurde, musste es im Zuge des **Gesetzes zur Reform des Vormundschafts- und Betreuungsrechts** zum 1.1.2023 erneut überarbeitet werden. 22

Im Rahmen der Reform wurde ferner das Betreuungsbehördengesetz durch das **Betreuungsorganisationsgesetz (BtOG)** abgelöst. Darin sind alle öffentlich-rechtlichen Regelungen rund um das Betreuungswesen enthalten; diese wurden durch die **Betreuerregistrierungsverordnung (BtRegV)** ergänzt. In der BtRegV befinden sich ergänzende Regelungen zu den Voraussetzungen, wann der Antragsteller die persönliche Eignung sowie die erforderliche Sachkunde für eine Registrierung als beruflicher Betreuer erfüllt, zu den Anforderungen an einen Sachkundelehrgang, zur Berufshaftpflichtversicherung, zur Anerkennung ausländischer Berufsqualifikationen sowie zum Registrierungsverfahren.

Für den Zeitraum vom 1.1.2024 bis zum 31.12.2025 können Betreuer nach den §§ 8 und 9 VBVG eine Inflationsausgleichs-Sonderzahlung nach § 1 ff. des Gesetzes zur Regelung einer Informationsausgleichs-Sonderzahlung für berufliche Betreuer, Betreuungsvereine und ehrenamtliche Betreuer (**Betreuer-Inflationsausgleichs-Sonderzahlungsgesetz – BetrInASG**) geltend machen. Ein ehrenamtlicher Betreuer kann vom Betreuten gem. § 4 BetrInASG eine zusätzliche Zahlung einer Inflationsausgleichs-Sonderzahlung in Höhe von 24 EUR jährlich verlangen. Berufliche Betreuer und Betreuungsvereine können gem. § 2 BetrInASG eine Inflationsausgleichs-Sonderzahlung in Höhe von 7,50 EUR je geführter Betreuung und je angefangenem Monat geltend machen.

II. Vergütungsansprüche des Berufsbetreuers

Die Grundregeln für die Vergütung und den Aufwendungsersatz des Berufsbetreuers sind nunmehr in § 1875 Abs. 2 BGB und §§ 7 ff. VBVG zu finden. 23

Wer „**beruflicher**" Betreuer ist, ergibt sich aus § 19 Abs. 2 BtOG. Das BtOG ersetzte zum 1.1.2023 das bis dahin geltende Betreuungsbehördengesetz. Nach § 19 Abs. 2 BtOG sind berufliche Betreuer natürliche Personen, die selbstständig oder als Mitarbeiter eines anerkannten Betreuungsvereins rechtliche Betreuungen führen und nach § 24 BtOG **registriert** sind oder nach § 32 Abs. 1 S. 6 BtOG als **vorläufig registriert** gelten.

Zur Qualitätssicherung der Berufsbetreuung wurde zum 1.1.2023 ein Registrierungsverfahren eingeführt, vgl. §§ 23 ff. BtOG.

33 Gesetz zur Anpassung der Betreuer- und Vormündervergütung v. 22.6.2019 (BGBl I 2019, 866), am 27.7.2019 in Kraft getreten.

1. Registrierungsverfahren

24 Vor der Betreuungsrechtsreform zum 1.1.2023 wurde die Berufsmäßigkeit eines Betreuers durch ein sog. Berufsmäßigkeitsfeststellungsverfahren beim Betreuungsgericht festgestellt. Die Feststellung durch Beschluss war Voraussetzung für den Vergütungsanspruch (konstitutive Bedeutung) und führte automatisch zur Entgeltlichkeit, § 1836 Abs. 1 S. 2 und 3 BGB a.F. i.V.m. § 1 VBVG a.F.

Seit dem 1.1.2023 gelten das **Betreuungsorganisationsgesetz (BtOG)** sowie die Verordnung über die Registrierung von beruflichen Betreuern (**Betreuerregistrierungsverordnung – BtRegV**).Voraussetzung eines Vergütungsanspruchs des beruflichen Betreuers nach § 19 Abs. 2 BtOG ist, dass dieser nach § 24 BtOG **registriert** ist oder nach § 32 Abs. 1 S. 6 BtOG als **vorläufig registriert** gilt. Zuständig für die Registrierung ist gem. § 2 Abs. 4 BtOG die sog. **Stammbehörde.**

Die bisherige Anknüpfung, die sich an einer bestimmten Zahl von Betreuungen oder an der für die Führung der Betreuungen erforderlichen Zeit orientierte, wurde zum 1.1.2023 abgeschafft.

25 Seit dem 1.1.2023 haben nur registrierte (sowie als vorläufig registriert geltende) Berufsbetreuer einen Anspruch auf Vergütung.

Die **Voraussetzungen** für eine **Registrierung** ergeben sich aus § 23 Abs. 1 BtOG. Demnach müssen vorliegen:

1. die persönliche Eignung und Zuverlässigkeit;
2. cinc ausreichende Sachkunde für die Tätigkeit als beruflicher Betreuer;
3. eine Berufshaftpflichtversicherung zur Deckung der sich aus der Berufstätigkeit ergebenden Haftpflichtgefahren mit einer Mindestversicherungssumme von 250.000 EUR für jeden Versicherungsfall und von 1 Mio. EUR für alle Versicherungsfälle eines Versicherungsjahres.

26 Dem **Antrag** auf Registrierung bei der Stammbehörde sind gem. § 24 BtOG folgende **Dokumente beizulegen**:

1. ein Führungszeugnis nach § 30 Abs. 5 BZRG (nicht älter als drei Monate);
2. ein Auszug aus dem Zentralen Schuldnerverzeichnis nach § 882b ZPO (nicht älter als drei Monate)
3. eine Erklärung, ob ein Insolvenz-, Ermittlungs- oder Strafverfahren anhängig ist;
4. ein Versicherungsnachweis;
5. eine Erklärung, ob in den letzten drei Jahren vor Antragstellung eine Registrierung als Berufsbetreuer versagt, zurückgenommen oder widerrufen wurde;
6. geeignete Nachweise über den Erwerb der nach § 23 BtOG erforderlichen Sachkunde.

27 Die **Gebühren** für die Registrierung ergeben sich aus § 24 Abs. 5 BtOG und betragen 200 EUR. Über den Antrag ist innerhalb von drei Monaten von der

Stammbehörde durch **Verwaltungsakt** zu entscheiden, § 24 Abs. 3 S. 1 BtOG. Bei Ablehnung der Registrierung ist der Rechtsweg zu den **Verwaltungsgerichten** eröffnet.

2. Persönliche Eignung und Zuverlässigkeit

Um die persönliche **Eignung** des Antragstellers festzustellen, führt die Stammbehörde ein **persönliches Gespräch** mit ihm, § 24 Abs. 2 BtOG. Nähere Einzelheiten ergeben sich aus § 12 BtRegV. 28

Die persönliche **Zuverlässigkeit** liegt unter den in § 23 Abs. 2 BtOG aufgezählten Voraussetzungen in der Regel nicht vor. Eine Registrierung erfolgt dann nicht.

3. Sachkunde und Sachkundenachweis

Die erforderliche Sachkunde ist gem. § 23 Abs. 3 BtOG gegenüber der Stammbehörde durch Unterlagen nachzuweisen. Sie hat zu umfassen: 29

1. Kenntnisse des Betreuungs- und Unterbringungsrechts, des dazugehörigen Verfahrensrechts sowie auf den Gebieten der Personen- und Vermögenssorge,
2. Kenntnisse des sozialrechtlichen Unterstützungssystems und
3. Kenntnisse der Kommunikation mit Personen mit Erkrankungen und Behinderungen und von Methoden zur Unterstützung bei der Entscheidungsfindung.

Nähere Einzelheiten ergeben sich aus den §§ 3 ff. BtRegV.

4. Vergütungsbewilligung durch das Betreuungsgericht

§ 292 FamFG (i.V.m. § 7 Abs. 3 VBVG) regelt das bei der Festsetzung von Aufwendungsersatz, Aufwandspauschale und Vergütung für den Betreuer nach den Vorschriften der §§ 1875 ff. BGB und § 7 ff. VBVG anzuwendende Verfahrensrecht für das **Bewilligungsverfahren**. 30

§ 292 Abs. 4 FamFG sieht die **Anhörung** des Betreuten vor der Festsetzung einer von ihm zu leistenden Zahlung vor; § 292a Abs. 3 FamFG sieht die Anhörung des Betroffenen bzw. des Erben, gegen den die Zahlung einer Vergütung an die Staatskasse bestimmt werden soll, vor. Kann sich der Betroffene aufgrund Krankheit oder sonstiger Gebrechen zum Vergütungsfestsetzungsantrag nicht äußern, ist ihm ein Verfahrenspfleger gem. § 276 FamFG zur Gewährung seines rechtlichen Gehörs zu bestellen. Bei mittellosen Betreuten ist die Anhörung des Bezirksrevisors für die vergütungspflichtige Staatskasse möglich.

Auf Antrag des Betreuers oder des Betreuten auf Vergütung setzt das Betreuungsgericht die Höhe der Vergütung des Berufsbetreuers durch **Festsetzungsbeschluss** fest (§§ 292 Abs. 1, 38 FamFG).

31 Übersteigt der Beschwerdewert 600 EUR nicht oder wird die Beschwerde vom Rechtspfleger nicht zugelassen, so ist gegen den Festsetzungsbeschluss des Betreuungsgerichts die befristete **Erinnerung** statthaft, § 61 FamFG i.V.m. §§ 11 Abs. 2 S. 1, 15 RPflG. Übersteigt der Beschwerdewert 600 EUR oder lässt das Gericht die befristete Beschwerde zu, ist gegen den Festsetzungsbeschluss des Rechtspflegers die **Beschwerde** binnen eines Monats ab Bekanntgabe statthaft, §§ 58 Abs. 1, 63 FamFG. Die **Rechtsbeschwerde** gegen die Beschwerdeentscheidung ist nur statthaft, wenn das Beschwerdegericht sie zugelassen hat, § 70 FamFG.

5. Höhe der Vergütung

32 Die Betreuungsrechtsreform zum 1.1.2023 hat zwar leider keine generelle Vergütungsanhebung mit sich gebracht. Vielmehr bleibt es bei den monatlichen Fallpauschalen, welche sich aus den Vergütungstabellen A–C der Anlage zu § 8 VBVG ergeben. Dennoch gibt es im Bereich der Vergütung der Berufsbetreuer einige Verbesserungen durch die Betreuungsrechtsreform, auf welche im Folgenden eingegangen wird.

a) Monatliche Fallpauschalen nach § 8 VBVG

33 Die **Höhe** der Vergütung wird vom Betreuungsgericht festgesetzt. Das VBVG sieht hierfür monatliche Fallpauschalen vor, indem § 8 Abs. 1 VBVG auf die Vergütungstabellen A–C der Anlage verweist, die konkrete Eurobeträge als Fallpauschalen ausweisen.

34 Die **monatlichen Fallpauschalen** werden –unabhängig vom tatsächlichen Zeitaufwand – durch drei **Vergütungstabellen** (A–C), welche dem VBVG als Anlage zu § 8 Abs. 1 beigefügt sind, festgesetzt. Die Zuordnung zu der jeweiligen Tabelle erfolgt aufgrund der Kenntnisse/Qualifikation des Betreuers, § 8 Abs. 2 VBVG.

So gilt die **Vergütungstabelle A**, sofern der Betreuer weder über eine abgeschlossene Lehre noch über eine abgeschlossene Ausbildung an einer Hochschule oder eine vergleichbare Ausbildung verfügt. Die **Vergütungstabelle B** kommt zur Anwendung, wenn der Betreuer über eine abgeschlossene Lehre oder eine vergleichbare abgeschlossene Ausbildung verfügt. Die **Vergütungstabelle C** kommt zur Anwendung, wenn der Betreuer über eine abgeschlossene Ausbildung an einer Hochschule oder eine vergleichbare abgeschlossene Ausbildung verfügt.

35 **Praxistipp**

Bereits vor dem 1.1.2023 tätige Berufsbetreuer sollten überprüfen, ob sie nunmehr eine Vergütung nach einer **höheren Tabellenstufe** nach § 8 Abs. 2 VBVG beanspruchen können:

Seit dem 1.1.2023 reicht für die Vergütungsstufe C ein beliebiger Studienabschluss. Vorher musste die betreuungsrechtliche Fachkenntnis durch das Studium vermittelt werden; jetzt reicht es aus, wenn ein Studienabschluss vorliegt und die betreuungsrechtliche Fachkenntnis durch Berufserfahrung und Fortbildung nachgewiesen wird.

Dasselbe gilt für die Vergütungstabelle B, wenn ein Berufsabschluss als nicht betreuungsrechtlich relevant eingestuft wurde.

Im Einzelfall entscheidet der Tatrichter, ob Tabelle B oder C zur Anwendung kommt.[34]

Praxistipp 36

Berufsbetreuer, die sich unsicher sind, in welche Vergütungsstufe sie einzugruppieren sind, haben seit dem 1.1.2023 die Möglichkeit, eine **verbindliche Einstufungsentscheidung** für die von ihnen geführten Betreuungen gem. § 8 Abs. 3 VBVG zu beantragen.

Innerhalb der jeweiligen Tabelle richtet sich die **Höhe der Fallpauschalen** nach § 8 VBVG im Einzelnen nach der **Dauer der Betreuung (Spalte 1)**, dem **gewöhnlichen Aufenthaltsort des Betreuten (Spalte 2)** und dessen **Vermögensstatus (Spalte 3)**, § 9 Abs. 1 VBVG. 37

Vergütungstabelle A: 38

Nr.	Dauer der Betreuung	Nr.	gewöhnlicher Aufenthaltsort	Nr.	Vermögensstatus	monatliche Pauschale
A1	in den ersten drei Monaten	A1.1	stationäre Einrichtung oder gleichgestellte ambulant betreute Wohnform	A1.1.1	mittellos	194,00 EUR
				A1.1.2	nicht mittellos	200,00 EUR
		A1.2	andere Wohnform	A1.2.1	mittellos	208,00 EUR
				A1.2.2	nicht mittellos	298,00 EUR
A2	im vierten bis sechsten Monat	A2.1	stationäre Einrichtung oder gleichgestellte ambulant betreute Wohnform	A2.1.1	mittellos	129,00 EUR
				A2.1.2	nicht mittellos	158,00 EUR
		A2.2	andere Wohnform	A2.2.1	mittellos	170,00 EUR
				A2.2.2	nicht mittellos	208,00 EUR

34 BGH FamRZ 2018, 956.

Nr.	Dauer der Betreuung	Nr.	gewöhnlicher Aufenthaltsort	Nr.	Vermögensstatus	monatliche Pauschale
A3	im siebten bis zwölften Monat	A3.1	stationäre Einrichtung oder gleichgestellte ambulant betreute Wohnform	A3.1.1	mittellos	124,00 EUR
				A3.1.2	nicht mittellos	140,00 EUR
		A3.2	andere Wohnform	A3.2.1	mittellos	151,00 EUR
				A3.2.2	nicht mittellos	192,00 EUR
A4	im 13. bis 24. Monat	A4.1	stationäre Einrichtung oder gleichgestellte ambulant betreute Wohnform	A4.1.1	mittellos	87,00 EUR
				A4.1.2	nicht mittellos	91,00 EUR
		A4.2	andere Wohnform	A4.2.1	mittellos	122,00 EUR
				A4.2.2	nicht mittel los	158,00 EUR
A5	ab dem 25. Monat	A5.1	stationäre Einrichtung oder gleichgestellte ambulant betreute Wohnform	A5.1.1	mittellos	62,00 EUR
				A5.1.2	nicht mittellos	78,00 EUR
		A5.2	andere Wohnform	A5.2.1	mittellos	105,00 EUR
				A5.2.2	nicht mittellos	130,00 EUR

39 **Vergütungstabelle B:**

Nr.	Dauer der Betreuung	Nr.	gewöhnlicher Aufenthaltsort	Nr.	Vermögensstatus	monatliche Pauschale
B1	in den ersten drei Monaten	B1.1	stationäre Einrichtung oder gleichgestellte ambulant betreute Wohnform	B1.1.1	mittellos	241,00 EUR
				B1.1.2	nicht mittellos	249,00 EUR
		B1.2	andere Wohnform	B1.2.1	mittellos	258,00 EUR
				B1.2.2	nicht mittellos	370,00 EUR

Nr.	Dauer der Betreuung	Nr.	gewöhnlicher Aufenthaltsort	Nr.	Vermögensstatus	monatliche Pauschale
B2	im vierten bis sechsten Monat	B2.1	stationäre Einrichtung oder gleichgestellte ambulant betreute Wohnform	B2.1.1	mittellos	158,00 EUR
				B2.1.2	nicht mittellos	196,00 EUR
		B2.2	andere Wohnform	B2.2.1	mittellos	211,00 EUR
				B2.2.2	nicht mittellos	258,00 EUR
B3	im siebten bis zwölften Monat	B3.1	stationäre Einrichtung oder gleichgestellte ambulant betreute Wohnform	B3.1.1	mittellos	154,00 EUR
				B3.1.2	nicht mittellos	174,00 EUR
		B3.2	andere Wohnform	B3.2.1	mittellos	188,00 EUR
				B3.2.2	nicht mittellos	238,00 EUR
B4	im 13. bis 24. Monat	B4.1	stationäre Einrichtung oder gleichgestellte ambulant betreute Wohnform	B4.1.1	mittellos	107,00 EUR
				B4.1.2	nicht mittellos	113,00 EUR
		B4.2	andere Wohnform	B4.2.1	mittellos	151,00 EUR
				B4.2.2	nicht mittellos	196,00 EUR
B5	ab dem 25. Monat	B5.1	stationäre Einrichtung oder gleichgestellte ambulant betreute Wohnform	B5.1.1	mittellos	78,00 EUR
				B5.1.2	nicht mittellos	96,00 EUR
		B5.2	andere Wohnform	B5.2.1	mittellos	130,00 EUR
				B5.2.2	nicht mittellos	161,00 EUR

40 **Vergütungstabelle C:**

Nr.	Dauer der Betreuung	Nr.	gewöhnlicher Aufenthaltsort	Nr.	Vermögensstatus	monatliche Pauschale
C1	in den ersten drei Monaten	C1.1	stationäre Einrichtung oder gleichgestellte ambulant betreute Wohnform	C1.1.1	mittellos	317,00 EUR
				C1.1.2	nicht mittellos	327,00 EUR
		C1.2	andere Wohnform	C1.2.1	mittellos	339,00 EUR
				C1.2.2	nicht mittellos	486,00 EUR
C2	im vierten bis sechsten Monat	C2.1	stationäre Einrichtung oder gleichgestellte ambulant betreute Wohnform	C2.1.1	mittellos	208,00 EUR
				C2.1.2	nicht mittellos	257,00 EUR
		C2.2	andere Wohnform	C2.2.1	mittellos	277,00 EUR
				C2.2.2	nicht mittellos	339,00 EUR
C3	im siebten bis zwölften Monat	C3.1	stationäre Einrichtung oder gleichgestellte ambulant betreute Wohnform	C3.1.1	mittellos	202,00 EUR
				C3.1.2	nicht mittellos	229,00 EUR
		C3.2	andere Wohnform	C3.2.1	mittellos	246,00 EUR
				C3.2.2	nicht mittellos	312,00 EUR
C4	im 13. bis 24. Monat	C4.1	stationäre Einrichtung oder gleichgestellte ambulant betreute Wohnform	C4.1.1	mittellos	141,00 EUR
				C4.1.2	nicht mittellos	149,00 EUR
		C4.2	andere Wohnform	C4.2.1	mittellos	198,00 EUR
				C4.2.2	nicht mittellos	257,00 EUR

Nr.	Dauer der Betreuung	Nr.	gewöhnlicher Aufenthaltsort	Nr.	Vermögensstatus	monatliche Pauschale
C5	ab dem 25. Monat	C5.1	stationäre Einrichtung oder gleichgestellte ambulant betreute Wohnform	C5.1.1	mittellos	102,00 EUR
				C5.1.2	nicht mittellos	127,00 EUR
		C5.2	andere Wohnform	C5.2.1	mittellos	171,00 EUR
				C5.2.2	nicht mittellos	211,00 EUR

b) Gesonderte Monatspauschale von 30 EUR bei vermögenden Betreuten

Ist der Betreute nicht mittellos i.S.d. § 1880 BGB, so wird der Betreuer gem. § 10 Abs. 1 VBVG mit einer **zusätzlichen monatlichen Pauschale** in Höhe von **30 EUR** vergütet, wenn er die Verwaltung 41

1. von Geldvermögen in Höhe von mindestens 150.000 EUR,
2. von Wohnraum, der nicht vom Betreuten oder seinem Ehegatten genutzt wird, oder
3. eines Erwerbsgeschäfts des Betreuten

zu besorgen hat.

Die Pauschale kann gem. § 10 Abs. 1 S. 2 VBVG dann geltend gemacht werden, wenn einer der Fälle an mindestens einem Tag im Abrechnungsmonat vorliegt. Auch wenn mehrere Ziffern erfüllt sind, fällt die Pauschale nur einmal monatlich an.

c) Gesonderte Pauschalen bei Betreuerwechsel

Bei Betreuerwechsel vom ehrenamtlichen Betreuer zum Berufsbetreuer (Abs. 2) 42
oder im umgekehrten Fall (Abs. 3) sind zusätzlich einmalige Pauschalen in § 10 VBVG geregelt.

6. Mittellose Betreute

Da die Inanspruchnahme des Betreuten gem. § 16 Abs. 1 VBVG auf dessen einzu- 43
setzende Mittel nach § 1880 BGB beschränkt ist, steht dem Betreuer der Vergütungsanspruch neben dem mittellosen Betreuten auch gegen die Staatskasse zu. Bei Mittellosigkeit des Betreuten i.S.d. § 1880 BGB kann der Betreuer die ihm nach § 1875 Abs. 2 BGB i.V.m. dem VBVG zustehende Vergütung somit aus der **Staatskasse** verlangen (vgl. § 16 Abs. 1 VBVG). Die Festsetzung gegen die Staatskasse ist auch geboten, wenn nach dem Tod des Betreuten der Verwertung

des Nachlasses ein Hindernis entgegensteht oder die Verwertung nicht in angemessener Zeit durchgeführt werden kann, z.B. bei zerstrittenen Erbengemeinschaften.[35]

Der Vergütungsanspruch geht kraft **gesetzlichen Forderungsübergangs** auf die Staatskasse über, wenn diese den Betreuer befriedigt, § 16 Abs. 2 VBVG i.V.m. § 1881 BGB.

44 Ob der Betroffene **mittellos** ist, ist nunmehr in **§ 1880 BGB** geregelt. Der Betreute war nach §§ 1908i Abs. 1 S. 1, 1836d Nr. 1 BGB a.F. mittellos, wenn er die Vergütung aus seinem einzusetzenden Vermögen oder Einkommen nicht, nur zum Teil, nur in Raten oder nur im Wege gerichtlicher Geltendmachung von Unterhaltsansprüchen aufbringen konnte, § 1836d BGB a.F. Sein Vermögen hatte der Betreute gem. § 1836c Nr. 2 BGB a.F. nach Maßgabe des § 90 SGB XII für die Betreuervergütung aufzubringen.

In § 1880 BGB wurde der Einkommenseinsatz beim mittellosen Betreuten gestrichen. Für den **Vermögenseinsatz** gilt gem. § 1880 Abs. 2 BGB weiterhin die Verweisung auf § 90 SGB XII; das **Schonvermögen** beträgt seit dem 1.1.2023 10.000 EUR.

Aus der Staatskasse kann eine Vergütung nur geleistet werden, wenn sie zuvor vom Gericht nach §§ 292, 292a Abs. 2 FamFG festgesetzt wurde. Die der Staatskasse gegen den mittellosen Betreuten nach gem. § 1881 BGB übergegangenem Recht zustehenden Ansprüche soll das Gericht zugleich mit der Vergütung festsetzen, §§ 292, 292a FamFG.[36]

7. Vermögende Betreute

45 Der Vergütungsanspruch richtet sich bei vorhandenen Mitteln gegen den Betreuten selbst. Ist der Betreute verstorben, wird die Vergütung gegen den Erben festgesetzt.[37]

Der Vergütungsanspruch entsteht erst als Zahlungsanspruch, nachdem das Gericht die Vergütung bewilligt hat. Erst ab Rechtskraft der Bewilligung ist der Vergütungsanspruch nach § 291 BGB zu verzinsen.[38] Zuvor hat er nur einen Anspruch auf Bewilligung. Daraus resultiert, dass der Betreuer auch kein Recht hat, sich wegen einer Vergütung aus dem Vermögen des Betreuten selbst zu befriedigen, solange das Gericht die Vergütung nicht bewilligt hat.

35 OLG Naumburg FamRZ 2011, 1252.
36 Grüneberg/*Götz*, § 1881 Rn 5.
37 BayObLG FamRZ 1999, 1609.
38 OLG Hamm BtPrax 2003, 81.

8. Erlöschen des Vergütungsanspruchs

Gem. § 16 Abs. 3 VBVG **erlischt** der Vergütungsanspruch des Berufsbetreuers, wenn er nicht binnen **15 Monaten** nach Entstehung beim Betreuungsgericht geltend gemacht wird. 46

Über die Verweisung in § 16 Abs. 3 S. 2 VBVG auf § 1877 Abs. 4 S. 2 und 3 sowie Abs. 5 BGB gilt die Geltendmachung beim Betreuungsgericht als Geltendmachung gegen den Betreuten. Die Geltendmachung gegen den Betreuten gilt auch als Geltendmachung gegen die Staatskasse.

Das Gericht kann eine abweichende kürzere oder längere Frist für das Erlöschen des Anspruchs bestimmen sowie die gesetzte Frist auf Antrag verlängern. Mit der Fristbestimmung ist über das Erlöschen des Ersatzanspruchs bei Versäumung der Frist zu belehren. Der Anspruch ist innerhalb der Frist zu beziffern.

9. Abrechnungszeitraum für die Betreuervergütung

Für die pauschalisierte Vergütung des Berufsbetreuers gelten als periodischer Abrechnungszeitraum die jeweils zurückliegenden drei Monate, § 15 Abs. 1 VBVG. Dies gilt nicht für die Geltendmachung von Vergütung und Aufwendungsersatz in den Fällen der §§ 12 und 13 Abs. 2 VBVG. 47

Der Betreuer darf auch mehrere Monate auf einmal abrechnen. Die Abrechnung muss jedoch mindestens drei Monate zusammenfassen. Der Vergütungsanspruch kann demnach erstmals drei Monate nach der Wirksamkeit der Bestellung des Betreuers und danach nur alle weitere drei Monate geltend gemacht werden.[39]

Die **Ausschlussfrist** nach § 16 Abs. 3 VBVG ist zu beachten. Danach erlöschen die Ansprüche auf Vergütung und Aufwendungsersatz, wenn sie nicht binnen 15 Monaten nach ihrer Entstehung gerichtlich geltend gemacht werden. § 1877 Abs. 4 S. 2 und 3 sowie Abs. 5 BGB gelten entsprechend (siehe Rdn 46). 48

Vor der Betreuungsrechtsreform war ein **in die Zukunft gerichteter Dauervergütungsantrag** des Betreuers unzulässig.[40] Dies hat sich zum 1.1.2023 geändert. 49

> **Praxistipp**
>
> Gem. § 292 Abs. 2 FamFG kann das Betreuungsgericht eine dem beruflichen Betreuer oder dem Betreuungsverein zu bewilligende Vergütung nach dem VBVG auf Antrag des Betreuers oder des Betreuungsvereins auch für zukünftige Zeiträume festsetzen, wenn die Voraussetzungen des § 15 Abs. 2 VBVG vorliegen. Dies ist der Fall, wenn eine Veränderung der für die Höhe der

39 BGH FGPrax 2016, 226 Rn 12.

40 BGH FGPrax 2016, 226. Gleichwohl hat der BGH in dem konkreten Einzelfall dem Vertrauensschutz des Betreuers den Vorrang gegenüber der Rückforderung der überzahlten Betreuervergütung eingeräumt.

Vergütung maßgeblichen Kriterien des § 9 Abs. 1 Nr. 2 und 3 VBVG nicht zu erwarten ist.

Auf einen einmaligen Antrag hin kann somit in vielen Fällen[41] künftig automatisch quartalsweise ausgezahlt werden, wodurch die langwierige Bearbeitungszeit (hoffentlich) verkürzt werden kann.

50 Ferner gab es eine Vereinfachung beim Aufenthaltswechsel in ein Heim und zurück in die eigene Wohnung. Nun wird nicht mehr tageweise gequotelt, sondern es gilt der Stand am Ende des jeweiligen Abrechnungsmonats.

10. Übergangsregelungen

51 In § 18 VBVG ist eine Übergangsregelung enthalten, wonach auf Vergütungsansprüche von Betreuern für Leistungen, die vor dem 1.1.2023 erbracht wurden, das VBVG vom 21.4.2005, zuletzt geändert durch Gesetz vom 22.6.2019,[42] bis zum Ende des angefangenen Abrechnungsmonats in seiner bis dahin geltenden Fassung anzuwenden ist.

Für Ansprüche von Betreuern, die vor Inkrafttreten des BtOG bereits berufsmäßig Betreuungen geführt haben, ist § 19 VBVG zu beachten.

III. Ermessensvergütung des ehrenamtlichen (nicht berufsmäßigen) Betreuers

52 Am 1.1.2023 ist das Betreuungsorganisationsgesetz (BtOG) in Kraft getreten. Gem. § 19 Abs. 1 S. 1 BtOG sind **ehrenamtliche Betreuer** natürliche Personen, die außerhalb einer beruflichen Tätigkeit rechtliche Betreuungen führen.

Ehrenamtliche Betreuer können gem. § 19 Abs. 1 S. 2 BtOG sowohl Personen, die familiäre Beziehungen oder persönliche Bindungen zum Betroffenen haben, als auch andere Personen sein. Näheres zu den Voraussetzungen für eine ehrenamtliche Betreuung enthalten die §§ 21 f. BtOG.

1. Ermessensvergütung

53 Eine Vergütung für den ehrenamtlichen Betreuer ist in § 1875 Abs. 1 i.V.m. § 1876 S. 1 BGB grundsätzlich nicht vorgesehen. Nur ausnahmsweise kann eine **Ermessensvergütung** gem. § 1876 S. 2 BGB bewilligt werden, wenn die Tätigkeit aufgrund des **Umfangs** oder der **Schwierigkeit** eine angemessene Vergütung rechtfertigt. Dies gilt jedoch nicht, wenn der Betreute mittellos ist. Eine Vergütung aus der Staatskasse ist somit bei mittellosen Betreuten ausgeschlossen, vgl. § 1876 S. 2 Nr. 2 BGB.

---

41 Die quartalsweise „Dauerauszahlung“ ist beispielsweise nicht geeignet für Fälle, in denen der Status „vermögend/mittellos“ unklar ist oder des Öfteren wechselt.

42 BGBl I 2019, 866.

2. Auslagenerstattung

Betreuern können Auslagen, die durch die Wahrnehmung der Betreuung entstehen, erstattet werden. Es kann zwischen einer **Aufwandspauschale** (§ 1878 BGB) und einem **Aufwendungsersatz** (§ 1877 BGB) gewählt werden. Die **Wahl** ist innerhalb des Betreuungsjahres bindend. 54

a) Aufwandspauschale

Die Aufwandspauschale beträgt seit dem 1.1.2023 **425 EUR pro Jahr** (davor 399 EUR). Wird die Aufwandspauschale geltend gemacht, müssen dem Betreuungsgericht regelmäßig keine Belege vorgelegt werden. Die Erstattung erfolgt jährlich. 55

Der Anspruch erlischt, wenn der Antrag nicht jeweils bis zum 30.6. des Folgejahres eingereicht wird (Ausschlussfrist!). Bei den Gerichten sind regelmäßig Antragsformulare erhältlich. Der Antrag kann aber auch formlos gestellt werden.

b) Aufwendungsersatz

Falls die entstandenen Aufwendungen den Betrag von **425 EUR** übersteigen, müssen diese **detailliert** beim Betreuungsgericht **nachgewiesen** werden. Fahrten mit dem eigenen Pkw werden mit 0,42 EUR pro Kilometer erstattet. 56

Die Ansprüche auf Ersatz der einzelnen Aufwendungen erlöschen, wenn sie nicht jeweils innerhalb von 15 Monaten nach ihrer Entstehung geltend gemacht werden.

3. Mittellose Betreute

§ 1876 S. 2 Nr. 2 BGB stellt klar, dass dem ehrenamtlichen Betreuer keine Ermessensvergütung bewilligt werden darf, wenn der Betreute nach § 1880 BGB mittellos ist. 57

Da die Staatskasse als Schuldner der Ermessensvergütung nicht in Betracht kommt, kommt bei einem mittellosen Betreuten lediglich **Ersatz der Aufwendungen** über § 1877 BGB oder eine **Aufwandspauschale** nach § 1878 BGB aus der Staatskasse in Betracht.

Der Betreute galt vor dem 1.1.2023 als mittellos, wenn sein Einkommen und Vermögen ihm nur erlaubten, die Vergütung des Betreuers nur zum Teil oder nur in Raten aufzubringen, § 1836d BGB a.F. Seit dem 1.1.2023 gilt der Betreute gem. § 1880 BGB als mittellos, wenn er den Vorschuss, den Aufwendungsersatz oder die Aufwandspauschale aus seinem **einzusetzenden Vermögen** nicht, nur zum Teil oder nur in Raten aufbringen kann. Es wird nunmehr lediglich auf das Vermögen abgestellt; das Einkommen spielt keine Rolle mehr. 58

Entscheidend sind die wirtschaftlichen Verhältnisse des Betreuten zum **Zeitpunkt der Vergütungsfestsetzung.** Das einzusetzende Vermögen bestimmt sich nach § 1880 Abs. 2 BGB, § 90 SGB XII. Danach hat der Betreute zur Deckung der Vergütungs- und Aufwendungsersatzansprüche des Betreuers lediglich sein Vermögen nach § 90 SGB XII einzusetzen, sofern nicht Verschonungs- oder Härtefalltatbestände greifen, etwa für Vermögenswerte aus einem Bestattungsvorsorgevertrag, oder der Verwertung rechtliche Hindernisse entgegenstehen.

Die Grenze für das sog. **Schonvermögen** stieg zum 1.1.2023 gem. § 90 Abs. 2 Nr. 9 SGB XII i.V.m. § 1 der VO zur Durchführung des § 90 Abs. 2 Nr. 9 SGB XII von 5.000 EUR auf **10.000 EUR.**

Praxistipp

Die Anhebung der Schonvermögensgrenze kann für die sog. „Altbetreuer" bedeuten, dass sie in manchen Fällen nunmehr die höhere Vergütung für die Betreuung von nicht mittellosen Personen beanspruchen können.

4. Vermögende Betreute

59 Bei einem vermögenden Betreuten kann dem ehrenamtlichen Betreuer vom Betreuungsgericht nach §§ 1875 Abs. 1, 1876 BGB eine **Ermessensvergütung** bewilligt werden. Ob und in welcher Höhe eine Vergütung bewilligt wird, liegt im Ermessen des Gerichts und richtet sich nach dem **Umfang** und der **Schwierigkeit** der Betreuung.[43] Es genügt, wenn entweder das eine oder das andere der Fall ist. Die Tätigkeit muss deutlich über dem bei Betreuungen allgemein zu Erwartenden liegen. Maßgebend für den Umfang ist insbesondere der Zeitaufwand.[44] Eine Vergütung ist bereits dann gerechtfertigt, wenn der wöchentliche Zeitaufwand zwei Stunden übersteigt oder die schwierigen sozialen Verhältnisse des Betreuten ein das normale Maß übersteigendes Engagement erforderlich machen.

60 Das Vermögen des Betreuten ist für sich genommen kein Kriterium für die Gewährung oder Nichtgewährung einer Vergütung, ein hohes Vermögen kann aber die Bewertung von Umfang und Schwierigkeit beeinflussen. Das OLG Düsseldorf hat neben dem Umfang auch auf den Grad der Verantwortung und auf den Erfolg bei der Erfüllung der Pflichten abgestellt.[45]

Der **Höhe** nach muss die Vergütung „angemessen" sein. Die beim Berufsbetreuer dargelegten Grundsätze in den §§ 8 ff. VBVG sollen nicht anwendbar sein. Vielmehr soll vom Gericht unter Berücksichtigung von Umfang und Schwierigkeit[46]

43 LG Mainz, Beschl. v. 18.2.2013 – 8 T 225/12; Horn/*Bienwald*, Anwaltformulare Vorsorgevollmachten, § 12 Rn 52.

44 Vgl. BayObLG FamRZ 1992, 854; BayObLG FamRZ 1996, 1166.

45 OLG Düsseldorf BtPrax 2000, 219.

46 OLG Karlsruhe NJW 2015, 2051; OLG Saarbrücken NJW-RR 2015, 844; OLG Oldenburg FamRZ 2018, 1858.

und insbesondere des Zeitaufwands[47] nach Ermessen eine Vergütung festgesetzt werden. Die Bewilligung der Vergütung liegt auch bei Vorliegen beider Voraussetzungen (Umfang und Schwierigkeit) im pflichtgemäßen, im Rechtsmittelzug nur noch auf Ermessensfehler überprüfbaren Ermessen des Gerichts. Da es keine Mindest- oder Höchstbeträge gibt, kann die Vergütung an die Vergütung des Berufsbetreuers heranreichen. Ob die Obergrenze die Vergütung, die im Rahmen der Berufstätigkeit bewilligt werden könnte, darstellt oder diese sogar übersteigen darf, ist umstritten.[48]

Praxistipp 61

Da dem Gericht in diesem Teilbereich ein Ermessen eingeräumt ist,[49] ist es sinnvoll, dass der ehrenamtliche Betreuer vor Übernahme der Betreuung Rücksprache mit dem Betreuungsgericht wegen der Vergütungshöhe hält und schon im Vorfeld etwaige Streitpunkte beseitigt.

5. Verjährung der Ermessensvergütung des ehrenamtlichen Betreuers

Da § 16 Abs. 3 VBVG nur für Berufsbetreuer gilt, unterliegt der Anspruch des 62
nicht berufsmäßigen Betreuers gegen den vermögenden Betreuten auf Vergütung der gewöhnlichen Verjährung, §§ 195, 199 BGB.[50]

47 OLG Köln FamRZ 2009, 76.

48 BayObLG FamRZ 2004, 1138; OLG Köln FamRZ 2009, 76 und 79; a.A. OLG Frankfurt FamRZ 2008, 2153; LG Kassel FamRZ 2006, 1302; LG Kleve BtPrax 2008, 138.

49 Grüneberg/*Götz*, § 1876 Rn 5.

50 Grüneberg/*Götz*, Einleitung von § 1875 Rn 2.

§ 5 Registrierung

A. Einführung

Am 31.7.2004 trat das Gesetz vom 23.4.2004 zur **Registrierung von Vorsorgeverfügungen** und zur Einführung von Vordrucken für die Vergütung von Berufsbetreuern in Kraft. Nach § 78a Abs. 3 BNotO bestand eine Verordnungsermächtigung zugunsten des Bundesministeriums der Justiz, aufgrund derer dieses die Vorsorgeregister-Verordnung (VRegV) erlassen und das **Zentrale Vorsorgeregister der Bundesnotarkammer (ZVR)**[1] ins Leben gerufen hat. Zum Zweck der Gebührenerhebung war zugunsten der Notarkammer eine Satzungsermächtigung in § 78b Abs. 2 BNotO enthalten. Mit der **Vorsorgeregister-Gebührensatzung** (VRegGebS) vom 2.2.2005 wurde eine entsprechende Regelung getroffen. 1

Seit dem 1.9.2009 ist es möglich, **isolierte Betreuungsverfügungen** registrieren zu lassen; seit dem 1.1.2023 können auch **Patientenverfügungen isoliert** in das Zentrale Vorsorgeregister eingetragen werden.[2] Davor war dies jeweils nur in Verbindung mit einer Vorsorgevollmacht möglich. 2

B. Verfahren der Registrierung

Den Betreuungsgerichten und Ärzten, welche im Rahmen einer Entscheidung über eine dringende medizinische Behandlung um Auskunft ersuchen (§ 78b Abs. 1 BNotO), ist es somit möglich, online auf den Datenbestand des Zentralen Vorsorgeregisters zuzugreifen. Betreuer, Betreuungsbehörden sowie Bevollmächtigte haben nach wie vor kein Auskunftsrecht.[3] 3

Im Zentralen Vorsorgeregister können **öffentlich beurkundete, öffentlich beglaubigte und privatschriftliche Vorsorgevollmachten, Betreuungsverfügungen, Patientenverfügungen** und **Widersprüche gegen eine Vertretung durch den Ehegatten nach § 1358 BGB** registriert, jedoch auch nach der erneuten Reform nicht hinterlegt werden. Die Verwahrung der Vorsorgeurkunde selbst wäre im Hinblick darauf, dass der Bevollmächtigte sich mit dem Original gegenüber Behörden, Banken und Ärzten legitimieren muss, auch nicht sinnvoll; lediglich bei der notariell beurkundeten Vollmacht reicht eine Ausfertigung (vgl. § 47

1 Siehe www.vorsorgeregister.de.

2 Grundlage hierfür ist das Gesetz zur Reform des Vormundschafts- und Betreuungsrechts v. 4.5.2021 (BGBl I 2021, 882), das am 1.1.2023 in Kraft trat und eine weitere Änderung von § 78a Abs. 1 BNotO und § 9 VRegV bewirkte.

3 *Kurze*, ZErb 2023, 372, 376.

BeurkG). Die Hinterlegung einer digitalen Kopie und die Pflicht zur Abfrage durch die Ärzte wären jedoch sinnvoll.

Die Eintragung in das Vorsorgeregister erfolgt auf **schriftlichen Antrag des Vollmachtgebers** oder des einer Vertretung durch den Ehegatten widersprechen Ehegatten gemäß § 2 Abs. 1 VRegV bzw. auf dem Weg der Datenfernübertragung gemäß § 2 Abs. 2 S. 1 VRegV. Dabei sollen jeweils **Angaben zum Vollmachtsinhalt** gemacht werden, insbesondere zu den Aufgabenkreisen des Bevollmächtigten bzw. Betreuers. Eine Identitätsprüfung des Antragstellers erfolgt nur bei begründeten Zweifeln im Sinne von § 2 Abs. 3 VRegV.

4 Wenngleich der Bevollmächtigte in die Eintragung grundsätzlich **einwilligen** sollte, kann eine Eintragung auch ohne dieses Kriterium erfolgen. Jedoch wird gemäß § 4 VRegV jeder Bevollmächtigte von der Bundesnotarkammer über die ihn betreffende Eintragung unterrichtet. Dieser hat sodann die Möglichkeit, die Löschung seiner Daten gemäß § 1 Abs. 1 Nr. 2 VRegV zu verlangen. Eine weitergehende Datenlöschung darf nur auf Antrag des Vollmachtgebers vorgenommen werden.

5 Das **Auskunftsersuchen** eines Betreuungsgerichts oder Arztes sowie die **Auskunftserteilung** durch die Bundesnotarkammer erfolgt gemäß § 6 Abs. 2 VRegV schriftlich bzw. elektronisch, bei besonderer Dringlichkeit auch fernmündlich. Eine Zulässigkeitsprüfung des Auskunftsersuchens erfolgt nur, wenn im Einzelfall dazu Anlass besteht. Gemäß § 7 VRegV wird die elektronische Auskunftserteilung protokolliert. Vollmachtgeber und Bevollmächtigter können sich über erteilte Auskünfte informieren.

Nach erfolgter Eintragung beim Zentralen Vorsorgeregister versendet die Bundesnotarkammer die sog. **ZVR-Card**, eine Plastikkarte im Scheckkartenformat, welche die Registrierung dokumentiert und auf deren Rückseite die individuellen Angaben handschriftlich einzutragen sind. Die ZVR-Card sollte der Vollmachtgeber immer bei sich führen.

C. Gebühren der Registrierung

6 Die Höhe der Gebühren für die Registrierung richtet sich nach dem Gebührenverzeichnis der Anlage zu der **Vorsorgeregister-Gebührensatzung** (VRegGebS) und hängt zum einen von dem gewählten Meldeweg (online, schriftlich, Direktmeldung oder Meldung über institutionelle Stelle), von der gewählten Abrechnungsart (Lastschrift oder Überweisung nach Rechnung) sowie von der Zahl der gemeldeten Bevollmächtigten ab. Bei einer Direktmeldung durch den Vollmachtgeber und einem Bevollmächtigten beträgt die Grundgebühr 26 EUR. Sie erhöht sich für jeden weiteren Bevollmächtigten um 4 EUR bei schriftlicher Meldung und um 3,50 EUR bei Onlineübermittlung.

Die Grundgebühr von 26 EUR ermäßigt sich bei elektronischer Übermittlung um 3 EUR und bei Zahlung durch Lastschrifteinzug um weitere 2,50 EUR.

Wird die Vorsorgevollmacht bei einem Bevollmächtigten durch einen institutionellen Nutzer (siehe Rdn 11) übermittelt, beträgt die Grundgebühr 23,50 EUR. Für jeden weiter benannten Bevollmächtigten erhöht sich die Gebühr um 4 EUR, bei elektronischer Übermittlung um 3,50 EUR. Bei Zahlung durch Lastschrifteinzug reduzieren sich die Gebühren um 2,50 EUR, bei Onlinemeldung um 5 EUR. 7

Die beim Vorsorgeregister registrierten Stellen, die die Zahlung der Gebühr für den Vollmachtgeber übernehmen, können die gezahlte Gebühr dem Vollmachtgeber als durchlaufenden Posten in Rechnung stellen. 8

Die Gebühren können auch direkt beim Vollmachtgeber erhoben werden, wenn der institutionelle Nutzer dies beim konkreten Antrag auf Eintragung, Änderung oder Löschung erklärt. Dies hat gemäß den oben dargestellten Gebührentatbeständen eine Erhöhung der Gebühren um 2,50 EUR zur Folge.

Die **Änderung oder Ergänzung einer bestehenden Registrierung** ist für institutionelle Nutzer kostenlos, wenn die Meldung elektronisch erfolgt. Ansonsten fallen hierfür Kosten in Höhe der Eintragungsgebühren an.

D. Durchführung der Registrierung

Für die Registrierung selbst gibt es keinen Formzwang, die Bundesnotarkammer hat aber für die verschiedenen Gruppen registrierter Nutzer **Formularangebote** entwickelt. Eine Vorsorgevollmacht, die durch institutionelle Nutzer – außer durch Notare – registriert wird, soll folgende Angaben enthalten: 9

- Daten der registrierten Person oder Einrichtung:
  Name/Bezeichnung, Straße, Hausnummer, PLZ, Ort;
- Daten der Vorsorgevollmacht:
  Vollmachtsdatum, Vollmacht zur Erledigung von Vermögensangelegenheiten, Angelegenheiten der Gesundheitssorge, Maßnahmen nach § 1829 Abs. 1 S. 1 BGB ausdrücklich umfasst, Angelegenheiten der Aufenthaltsbestimmung, Maßnahmen nach § 1831 Abs. 1, 3 und 4 BGB ausdrücklich umfasst, sonstige persönliche Angelegenheiten;
- Vollmacht enthält Anordnungen oder Wünsche:
  für den Fall, dass das Gericht einen Betreuer bestellt (Betreuungsverfügung), hinsichtlich Art und Umfang medizinischer Versorgung (Patientenverfügung);
- weitere Angaben, wie z.B. Aufbewahrungsort der Vollmacht;
- Daten des Vollmachtgebers:
  Anrede, akademischer Grad, Nachname, Vorname, Geburtsname, Geburtsort, Straße, Hausnummer, PLZ, Ort, Geburtsdatum;
- Daten des Bevollmächtigten bzw. des vorgeschlagenen Betreuers:

Daten wie beim Vollmachtgeber außer Geburtsort, mit Angabe einer Rufnummer;
- Ort, Datum, Unterschrift des registrierten Nutzers.

10 Anmeldeformulare können direkt per Post von der Bundesnotarkammer, Zentrales Vorsorgeregister, Postfach 080151, 10001 Berlin, angefordert werden bzw. stehen auch unter www.vorsorgeregister.de zum Download zur Verfügung. An die vorgenannten Adressen erfolgt dann auch die Anmeldung der Registrierung der Vorsorgeverfügung.

E. Registrierung als institutionelle Stelle zur Übermittlung von Vorsorgeverfügungen

11 Eine Registrierung im Vorsorgeregister kann gemäß § 4 Abs. 3 VRegGebS durch Anmeldung bei der Bundesnotarkammer erfolgen. Mit der Anmeldung müssen die Voraussetzungen des § 4 Abs. 2 VRegGebS erfüllt sein. Demnach können nur Personen oder Einrichtungen, zu deren beruflicher, satzungsgemäßer oder gesetzlicher Tätigkeit es gehört, entsprechende Anträge für Vollmachtgeber zu übermitteln oder im Namen des Vollmachtgebers zu stellen, eine Registrierung beantragen. Dies sind insbesondere **Notare, Rechtsanwälte, Betreuungsvereine und Betreuungsbehörden**. Die anmeldende Person oder Einrichtung hat ihre Identität und die Erfüllung der Voraussetzungen des Abs. 2 nachzuweisen und darüber hinaus zu erklären, dass sie das Verfahren für die Vollmachtgeber, für die sie Anträge übermittelt oder in deren Namen sie Anträge stellt, abwickelt und die Gebührenzahlung auf deren Rechnung besorgt.

12 Zu beachten ist, dass die Bundesnotarkammer die Registrierung aufheben kann, wenn die Voraussetzungen des § 4 Abs. 2 VRegGebS nicht mehr vorliegen, die registrierte Person oder Einrichtung die Abwicklung des Verfahrens für den Vollmachtgeber nicht mehr übernimmt, wobei hiervon die Nichtbesorgung der Gebührenzahlung für den Vollmachtgeber ausgenommen ist, oder die registrierte Person oder Einrichtung länger als sechs Monate keinen Antrag für einen Vollmachtgeber übermittelt oder im Namen eines Vollmachtgebers gestellt hat.

F. Besonderheiten bei Patientenverfügungen

13 Reine **Patientenverfügungen** können im Zentralen Vorsorgeregister der Bundesnotarkammer nunmehr nach der Reform des Vormundschafts- und Betreuungsrechts gemäß § 78a Abs. 1 BNotO, § 9 VRegV eigenständig registriert werden. Eine Registrierung war zuvor lediglich möglich, wenn in einer Vorsorgevollmacht auch Angaben enthalten waren, die üblicherweise in einer Patientenverfügung

geregelt werden (vgl. insoweit Rdn 9 zu den Angaben zur Eintragung einer Vorsorgevollmacht).

Die Hinterlegung einer digitalen Kopie und die Pflicht zur Abfrage durch die Ärzte wären jedoch sinnvoll und wünschenswert.

Die Hinterlegung einer Patientenverfügung bei einer Hinterlegungsstelle ist nicht zwingend notwendig. Wichtig ist, dass der Bevollmächtigte bzw. zukünftige Betreuer sowohl Kenntnis vom Inhalt als auch vom Ort der Verwahrung der Patientenverfügung hat. Denn letztlich obliegt es einem Vorsorgebevollmächtigten oder Betreuer, den Willen des Vollmachtgebers bzw. Betreuten gegenüber Ärzten und Pflegepersonal im Zweifelsfalle durchzusetzen.

Ungeachtet dessen ist es sinnvoll, den Hinweis auf die Existenz einer Patientenverfügung zusätzlich zu dokumentieren und einen entsprechenden Hinweis auf diese (wie die ZVR-Card) stets mit sich zu führen.

Patientenverfügungen können darüber hinaus **hinterlegt** werden, etwa bei der 14
Stiftung Vorsorgedatenbank,[4] im Bundeszentralregister Willenserklärung bei der Deutschen Stiftung Patientenschutz,[5] beim Humanistischen Verband Deutschlands,[6] dem Zentralarchiv des Deutschen Roten Kreuzes,[7] bei der von der Deutschen Gesellschaft für Humanes Sterben eingerichteten Bundeszentrale für Patientenschutz[8] sowie bei weiteren lokalen und regionalen Betreuungsstellen und Betreuungsvereinen. Die Hinterlegung bzw. Registrierung ist zumeist kostenpflichtig bzw. von einer Mitgliedschaft und damit von der Zahlung von Mitgliedsgebühren in den jeweiligen Vereinigungen abhängig.

Da Patientenverfügungen sinnvollerweise mit einem Bevollmächtigten bzw. zu- 15
künftigen Betreuer, der durch Betreuungsverfügung bestimmt wird, abgestimmt sein sollten, ist es wichtig, dass der Bevollmächtigte bzw. zukünftige Betreuer sowohl Kenntnis vom Inhalt als auch vom Ort der Verwahrung der Patientenverfügung hat. Denn diesen Personen obliegt es später, den Willen des Bevollmächtigten gegenüber Ärzten und Pflegepersonal im Zweifelsfalle durchzusetzen.

G. Ablieferungs- und Vorlagepflicht

Gemäß § 1816 Abs. 2 S. 4 BGB besteht eine **Ablieferungspflicht für Betreuungs-** 16
verfügungen. Danach muss eine Person, die im Besitz eines Schriftstücks ist, in dem jemand für den Fall seiner Betreuung Vorschläge oder Wünsche geäußert

4 Informationen unter www.vorsorgedatenbank.de.
5 Informationen unter www.stiftung-patientenschutz.de.
6 Informationen unter www.patientenverfuegung.de.
7 Informationen unter www.drkovmainz.de.
8 Informationen unter www.dghs.de.

hat, das Schriftstück unverzüglich an das Betreuungsgericht abliefern, nachdem sie **von der Einleitung eines Betreuungsverfahrens Kenntnis erlangt** hat.

17 Hinsichtlich **Vorsorgevollmachten** besteht nach § 1820 Abs. 1 S. 1 BGB eine Pflicht des unmittelbaren Besitzers der Urkunde, das **Betreuungsgericht** hiervon zu **unterrichten**, jedoch ebenfalls erst ab **Kenntnis von der Einleitung eines Betreuungsverfahrens.** Dabei kann das Betreuungsgericht die Vorlage einer Abschrift der Vorsorgevollmacht verlangen, § 1820 Abs. 1 S. 2 BGB. Auch der Notar als Verwahrer der Urschrift einer notariell beurkundeten Vorsorgevollmacht ist zur Vorlage verpflichtet.[9]

Mit der Reform zum 1.1.2023 wurde das Wort „Schriftstück" durch „Dokument" ersetzt. Die Unterrichtungspflicht soll sich nunmehr neben den klassischen Schriftstücken in Papierform auch auf elektronische Dokumente erstrecken, in denen die geregelten Inhalte gemäß § 126b BGB verschriftlicht worden sind.[10] Dabei ist unerheblich, ob das Dokument unterzeichnet wurde.[11] Da eine Betreuung vermieden werden soll, erstreckt sich die Unterrichtungspflicht auf alle Unterlagen, die über den Bestand der Vollmacht Auskunft geben können, auch solche, die etwaige Regelungen oder Kündigungen des Grundverhältnisses oder eines möglichen Widerrufs der Vollmacht zum Inhalt haben.[12]

Reine Patientenverfügungen, die keine Wünsche des Betroffenen zur Wahrnehmung einer Betreuung enthalten, sind von der Vorschrift nicht erfasst.

Diese Pflichten nach § 1816 Abs. 2 S. 4 und § 1820 Abs. 1 BGB sollen gewährleisten, dass das Betreuungsgericht von den Vorsorgeverfügungen des Betroffenen Kenntnis erlangt und diesen Geltung verschaffen kann.

18 Zur Durchsetzung der in §§ 1816 Abs. 2 S. 4, 1820 Abs. 1 S. 2 BGB normierten Pflichten kann das Gericht nach **§ 285 FamFG** durch Beschluss die **Herausgabe der Betreuungsverfügung oder die Vorlage einer Abschrift der Vorsorgevollmacht** anordnen. Die Vollstreckung daraus findet nach § 35 FamFG statt, und zwar durch Festsetzung von Zwangsmitteln (Abs. 1) bzw. durch die in §§ 883, 886, 887 ZPO vorgesehenen Maßnahmen (Abs. 4).[13]

19 Trotz der Ablieferungs- und Vorlagepflichten nach § 1816 Abs. 2 S. 4 und § 1820 Abs. 1 S. 2 BGB besteht keine bundeseinheitliche Möglichkeit, **Betreuungsverfügungen** beim Betreuungsgericht zu **hinterlegen**.

---

9 BeckOK-BGB/*Müller-Engels*, § 1820 Rn 11.

10 BT-Drucks 19/24445, 245.

11 BT-Drucks 19/24445, 245.

12 BT-Drucks 19/24445, 245.

13 Für die Durchsetzung einer gerichtlichen Anordnung innerhalb eines laufenden Verfahrens ist § 35 FamFG einschlägig. Demgegenüber regeln §§ 86 ff. FamFG die Vollstreckung von Endentscheidungen; a.A. BeckOK-BGB/*Müller-Engels*, § 1816 Rn 28 u. § 1820 Rn 14.

Teilweise gab es ab dem Jahr 1992 nach Inkrafttreten des neuen Betreuungsrechts die Möglichkeit der gerichtlichen Verwahrung einer Vorsorgevollmacht oder Betreuungsverfügung. In der Praxis hat dies allerdings keine große Relevanz, seit das Zentrale Vorsorgeregister eingeführt wurde. In Bayern bspw. wurde diese Möglichkeit gemäß Art. 34a BayAGGVG[14] ausdrücklich abgeschafft.[15]

14 Gesetz v. 7.3.2007 (BayGVBl 2007, 212) m.W.v. 1.4.2007.

15 BeckOK-BGB/*Müller-Engels*, § 1820 Rn 15.

Stichwortverzeichnis

Fette Zahlen = §§, magere Zahlen = Randnummern